D1661400

Schriftenreihe

Studien zum bayerischen, nationalen und supranationalen Öffentlichen Recht

Herausgegeben von

Professor Dr. Heinrich Amadeus Wolff

Band 28

ISSN 1860-8728

Verlag Dr. Kovač

Staatszielbestimmung im Grundgesetz zugunsten des Sports?

Dissertation
zur Erlangung eines Doktors der Rechte
der Rechts- und Wirtschaftswissenschaftlichen Fakultät
der Universität Bayreuth

vorgelegt von

Jakob Michael Stasik

aus

Naugard

Dekan:	Prof. Dr. Martin Leschke
Erstberichterstatter:	Prof. Dr. Heinrich Amadeus Wolff
Zweitberichterstatter/in:	Prof. Dr. Markus Möstl
Tag der mündlichen Prüfung:	22.02.2017

Jakob Michael Stasik

Staatszielbestimmung im Grundgesetz zugunsten des Sports?

Verlag Dr. Kovač

Hamburg
2017

Leverkusenstr. 13 · 22761 Hamburg · Tel. 040 - 39 88 80-0 · Fax 040 - 39 88 80-55

E-Mail info@verlagdrkovac.de · Internet www.verlagdrkovac.de

Bibliografische Information der Deutschen Nationalbibliothek
Die Deutsche Nationalbibliothek verzeichnet diese Publikation
in der Deutschen Nationalbibliografie;
detaillierte bibliografische Daten sind im Internet
über http://dnb.d-nb.de abrufbar.

ISSN: 1860-8728

ISBN: 978-3-8300-9558-3

Zugl.: Dissertation, Universität Bayreuth, 2017

Printed in Germany

Gedruckt auf holz-, chlor- und säurefreiem, alterungsbeständigem Papier. Archivbeständig nach ANSI 3948 und ISO 9706.

Meinen Eltern

Vorwort

Obwohl die Frage nach der Aufnahme einer Staatszielbestimmung zugunsten des Sports in das Grundgesetz bereits mehrfach monographisch untersucht wurde, ist die Frage nach dem „Wie" nur stiefmütterlich behandelt worden. Auch die Frage nach dem „Ob" lässt, betrachtet unter einem anderen, neuen Blickwinkel, ein womöglich anderes Ergebnis zu, als die bis dato verfolgten Ansätze. Die Arbeit widmet sich daher diesen beiden Fragen mit zwei neuen Ansätzen und präsentiert am Ende ein argumentativ neu begründetes Ergebnis zum „Ob" und einen konkreten Regelungsvorschlag. Beides liefert hoffentlich neues Argumentationsmaterial für den erneuten verfassungspolitischen Diskurs.

Die Arbeit wurde der Rechts- und Wirtschaftswissenschaftlichen Fakultät der Universität Bayreuth im Sommersemester 2016 als Dissertation vorgelegt. Sie berücksichtigt den Stand der Literatur und Rechtsprechung bis zu diesem Zeitpunkt. Die mündliche Prüfung wurde im Februar 2017 abgelegt.

Mein Dank gilt zuvorderst Dr. Martin Düwel, der mich in meiner Entscheidung, die vorliegende Arbeit zu verfassen bestärkt hat. Für die fachliche Unterstützung danke ich ihm sowie Dr. Bijan Moini, Dr. Kostja von Keitz, Dr. Benjamin Weiler, Wolfgang Adelhardt und Oliver Lohmann. Herzlich danken möchte ich auch all jenen, die mir während der anstrengenden Zeit der Entstehung dieser Arbeit eine Stütze waren, allen voran Vanessa Sánchez. Mein besonderer Dank gilt jedoch meinem geschätzten Doktorvater, Herrn Prof. Dr. Heinrich Amadeus Wolff, für seine stete Förderung sowie den wissenschaftlichen Freiraum bei der Themenwahl und der Ausarbeitung dieser Arbeit. Danken möchte ich ferner Herrn Prof. Dr. Markus Möstl für die zügige Erstellung des Zweitgutachtens.

Besonders hervorheben und von ganzem Herzen danken möchte ich meinen Eltern. Durch ihre vorbehaltlose Unterstützung und Förderung während meines gesamten Lebensweges haben sie die Basis für meine persönliche und berufliche Entwicklung und damit für die vorliegende Arbeit geschaffen. Ihnen widme ich daher diese Arbeit.

Berlin, im Juni 2017 *Jakob Michael Stasik*

Inhaltsverzeichnis

Abkürzungsverzeichnis

16. BImSchV	16. Verordnung zur Durchführung des Bundes-Immissionsschutzgesetzes - Verkehrslärmschutzverordnung
a. A.	andere Auffassung
a. a. O.	am angegebenen Ort
Abs.	Absatz
a. E.	am Ende
a. F.	alte Fassung
Akt.	Aktualisierung
Alt.	Alternative
AöR	Archiv des öffentlichen Rechts (Zeitschrift)
APuZ	Aus Politik und Zeitgeschichte (Zeitschrift)
Art.	Artikel
Aufl.	Auflage
BaWüVerf	Verfassung des Landes Baden-Württemberg
BayVerf	Verfassung des Freistaates Bayern
BayVerfGH	Bayerischer Verfassungsgerichtshof
BayVGH	Bayerischer Verwaltungsgerichtshof
BbgVerf	Verfassung des Landes Brandenburg
Bd.	Band
BerlVerf	Verfassung von Berlin
BGBl. I; II	Bundesgesetzblatt Teil I; Teil I
BImSchG	Bundes-Immissionsschutzgesetz
BNatSchG	Bundesnaturschutzgesetz
BR-Drs.	Drucksachen des Bundesrats
BRD	Bundesrepublik Deutschland
BremVerf	Landesverfassung der Freien Hansestadt Bremen
BRRG	Beamtenrechtsrahmengesetz
bspw.	beispielsweise
BT	Bundestag

BT-Drs.	Drucksachen des Deutschen Bundestags
BVerfG	Bundesverfassungsgericht
BVerfGE	Entscheidungen des Bundesverfassungsgerichts
BVerfGG	Bundesverfassungsgerichtsgesetz
BVerwG	Bundesverwaltungsgericht
BVerwGE	Entscheidungen des Bundesverwaltungsgerichts
bzw.	beziehungsweise
DDR	Deutsche Demokratische Republik
d. h.	das heißt
DÖV	Die Öffentliche Verwaltung (Zeitschrift)
DVBl.	Deutsches Verwaltungsblatt (Zeitschrift)
Edt.	Edition
Erglf.	Ergänzungslieferung
EU	Europäische Union
EuGRZ	Europäische Grundrechte-Zeitschrift (Zeitschrift)
f.	folgende
ff.	fortfolgende
FFG	Gesetz über Maßnahmen zur Förderung des deutschen Films – Filmförderungsgesetz
FG	Festgabe
Fn.	Fußnote
FS	Festschrift
gem.	gemäß
GG	Grundgesetz
GIGA Focus	German Institute of Global and Area Studies Focus (Zeitschrift)
ggf.	gegebenenfalls
GMBl	Gemeinsames Ministerialblatt
GO BT	Geschäftsordnung des Bundestages

HambVerf	Verfassung der Freien und Hansestadt Hamburg
HessVerf	Verfassung des Landes Hessen
Hess-GVBl. I	Gesetz- und Verordnungsblatt des Landes Hessen Teil I
h. M.	herrschende Meinung
Hrsg.	Herausgeber
HS	Halbsatz
i. d. R.	in der Regel
i. S. v.	im Sinne von
JA	Juristische Arbeitsblätter (Zeitschrift)
JöR	Jahrbuch des Öffentlichen Rechts (Zeitschrift)
JuS	Juristische Schulung (Zeitschrift)
JZ	Juristen Zeitung (Zeitschrift)
KAS Auslandsinformationen	Auslandsinformationen der Konrad-Adenauer-Stiftung (Zeitschrift)
LG	Landgericht
Lit.	Literatur
M. M.	Mindermeinung
MVVerf	Verfassung des Landes Mecklenburg-Vorpommern
m. w. N.	mit weiteren Nachweisen
NdsVBl.	Niedersächsische Verwaltungsblätter (Zeitschrift)
NdsVerf	Niedersächsische Verfassung
NJ	Neue Justiz (Zeitschrift)
NJW	Neue Juristische Wochenschrift (Zeitschrift)
Nr.	Nummer

NRWVerf	Verfassung für das Land Nordrhein-Westfalen
NuR	Natur und Recht (Zeitschrift)
NVwZ	Neue Zeitschrift für Verwaltungsrecht (Zeitschrift)
NVwZ-RR	Neue Zeitschrift für Verwaltungsrecht-Rechtsprechungs-Report (Zeitschrift)
NWVBl.	Nordrhein-Westfälische Verwaltungsblätter (Zeitschrift)
NZA	Neue Zeitschrift für Arbeitsrecht (Zeitschrift)
OLG	Oberlandesgericht
Rn.	Randnummer
ROW	Recht in Ost und West (Zeitschrift)
RPVerf	Verfassung für Rheinland-Pfalz
Rspr.	Rechtsprechung
S.	Seite
SaarlVerf	Verfassung des Saarlandes
SächsVerf	Verfassung des Freistaates Sachsen
SAVerf	Verfassung des Landes Sachsen-Anhalt
SHVerf	Verfassung des Landes Schleswig-Holstein
sog.	sogenannte, -r, -s
SPD	Sozialdemokratische Partei Deutschlands
SpuRt	Sport und Recht (Zeitschrift)
ThürVBl.	Thüringer Verwaltungsblätter (Zeitschrift)
ThürVerf	Verfassung des Freistaats Thüringen
TierSchG	Tierschutzgesetz
Urt.	Urteil
v.	vom
VBlBW	Verwaltungsblätter für Baden-Württemberg (Zeitschrift)

v. Chr.	vor Christus
VerfGBbg	Verfassungsgericht des Landes Brandenburg
vgl.	vergleiche
VRÜ	Verfassung und Recht in Übersee (Zeitschrift)
VVDStRL	Veröffentlichungen der Vereinigung der Deutschen Staatsrechtlicher (Zeitschrift)
VwGO	Verwaltungsgerichtsordnung
ZAOERV	Zeitschrift für ausländisches öffentliches Recht und Völkerrecht (Zeitschrift)
z. B.	zum Beispiel
ZfA	Zeitschrift für Arbeitsrecht (Zeitschrift)
ZfBR-Beil.	Zeitschrift für deutsches und internationales Bau- und Vergaberecht-Beilage (Zeitschrift)
Ziff.	Ziffer
ZRP	Zeitschrift für Rechtspolitik (Zeitschrift)

Einleitung

A. Gegenstand der Untersuchung

Die Verfassung ist „die höchstrangige normative Grundordnung eines Staates"[1]. Deshalb war und ist die Anpassung des Grundgesetzes an veränderte tatsächliche gesellschaftliche Gegebenheiten stets ein langwieriger Prozess. So ging der Kodifikation der zuletzt in das Grundgesetz aufgenommenen Staatszielbestimmung zum Tierschutz in Art. 20a GG eine jahrelange verfassungspolitische Diskussion voraus[2]. Erst als Reaktion auf das sog. „Schächt-Urteil" des *BVerfG* vom Januar 2002[3] kam im Mai bzw. Juni desselben Jahres die für die Aufnahme einer Staatszielbestimmung zum Tierschutz notwendige verfassungsändernde Mehrheit zustande[4].

Ähnlich verhält es sich im Falle des Sports. Auch er ist mittlerweile jahrelang Thema im verfassungspolitischen Diskurs[5]. Im Gegensatz zum Tierschutz hat er trotz hinreichender Anlässe bislang nicht die notwendige Mehrheit für eine Verankerung im Grundgesetz gefunden. Ähnlich wie das Schächt-Urteil für den Tierschutz hätte aber, nach dem letzten größeren Diskurs im Bundestag im Juli 2013[6], das sog. „Burkini-Urteil" des *BVerwG* vom September 2013[7] auch An-

---

[1] *Stern*, Staatsrecht I, 2. Aufl. 1984, S. 78.
[2] Siehe dazu nur *Faller*, Staatsziel "Tierschutz," 2005, S. 23.
[3] *BVerfG*, Urt. v. 15.01.2002 - 1 BvR 1783/99 - BVerfGE 104, 337.
[4] Beschluss des Bundestags gem. BT-Plenarprotokoll Nr. 14/237 vom 17.05.2002, S. 23672 und Zustimmungsbeschluss des Bundesrats gem. BR-Drs. 453/02 vom 21.06.2002; so auch *Faller*, Staatsziel "Tierschutz," 2005, S. 23.
[5] Siehe dafür nur die öffentliche Anhörung im Rechtsausschuss zur Aufnahme einer Staatszielbestimmung zum Schutz und zur Förderung des Sports (Protokoll der 44. Sitzung des Rechtsausschusses des Bundestags vom 29.01.2007); die Aussprache im Bundestag zu einem Antrag der Partei *DIE LINKE* zur Schaffung eines Sportförderungsgesetzes des Bundes (BT-Plenarprotokoll Nr. 16/166 vom 05.06.2008, S. 17484 ff.); die Beratung zu einem Antrag der Partei *SPD* zur Aufnahme einer Staatszielbestimmung zum Schutz und zur Förderung des Sports in das Grundgesetz (BT-Plenarprotokoll Nr. 17/196 vom 28.09.2012, S. 23672 ff.); die Beratung zu den Berichten und Beschlussempfehlungen des Innen- und Sportausschusses zu Anträgen der Partei *DIE LINKE* und dem Gesetzesentwurf der Partei *SPD* zur Aufnahme einer Staatszielbestimmung zur Sportförderung in das Grundgesetz (BT-Plenarprotokoll Nr. 17/244 vom 07.06.2013, S. 30977 ff.).
[6] BT-Plenarprotokoll Nr. 17/244 vom 07.06.2013, S. 30977 ff.

lass sein können, um die Debatte um die Aufnahme einer Staatszielbestimmung zugunsten des Sports in das Grundgesetz neu anzufachen. Die Entscheidung hatte die Befreiung eines Mädchens vom koedukativen Schwimmunterricht wegen der Unvereinbarkeit mit dem islamischen Glauben zum Gegenstand. Hier hätte der Sport als Staatszielbestimmung auf Seiten des staatlichen Erziehungsauftrages aus Art. 7 Abs. 1 GG in die Abwägung zwischen diesem und der vorbehaltlos gewährleisteten Religionsfreiheit aus Art. 4 Abs. 1 GG einfließen können. Zu der Debatte kam es vermutlich deshalb nicht, weil es auf den Sport im Ergebnis nicht ankam[8].

Auch wenn der Anlass in der Politik nicht aufgegriffen wurde, so zeigt die wiederkehrende Auseinandersetzung mit der Frage nach einer Staatszielbestimmung zugunsten des Sports im Grundgesetz im Übrigen, dass dieses Thema in der Gesellschaft einen hohen Stellenwert besitzt und die Verfassungspolitik sich des Themas immer wieder aufs Neue anzunehmen hat. Dies muss in Zeiten sich mehrender Korruptions- und Dopingskandale im Sport, neuer Herausforderungen durch Veränderungen in der Gesellschaft und knapper staatlicher Ressourcen außerdem in engeren Abständen geschehen als bislang. Eines Tages kann es hierbei soweit kommen, dass das „Schächt-Urteil des Sports" zu anders gelagerten Mehrheitsverhältnissen in den verfassungsändernden Organen führt und eine passende Regelung gefunden werden muss.

B. Ziel der Untersuchung

Hier setzt die vorliegende Untersuchung an. Sie soll den Weg zu einer neuen Staatszielbestimmung im Grundgesetz abstrakt und konkret am Beispiel des Sports aufzeigen, indem sie den formellen Weg zu einer entsprechenden Regelung darstellt, zu der Frage der Notwendigkeit einer Staatszielbestimmung zu-

---

[7] *BVerwG*, Urt. v. 11.09.2013 – 6 C 25/12 - NVwZ 2014, 81, 81 ff.

[8] *BVerwG*, Urt. v. 11.09.2013 – 6 C 25/12 - NVwZ 2014, 81 ff., sah bereits wegen der von der Schule angebotenen Möglichkeit einen sog. „Burkini" beim Schwimmunterricht zu tragen keinen derart gravierenden Eingriff in die Religionsfreiheit, der einen Vorrang gegenüber dem staatlichen Erziehungsauftrag hätte begründen können.

gunsten des Sports im Grundgesetz eine Aussage trifft und einen konkreten Ausgestaltungsvorschlag unterbreitet. Letzterer stellt dabei das Hauptaugenmerk der vorliegenden Untersuchung dar, da zwar vielfach und unter Darstellung der verschiedenen Argumente für oder gegen eine Staatszielbestimmung zugunsten des Sports Position bezogen wurde[9], die Ausgestaltung der Regelung bislang jedoch nicht hinreichend gewürdigt wurde. Bedenkt man die Bedeutung der konkreten Ausgestaltung einer Staatszielbestimmung für ihre Wirkungsweise, und damit auch für die Beantwortung der Notwendigkeitsfrage, erscheint dies verwunderlich. Deshalb soll hier nicht „nur" ein Ausgestaltungsvorschlag unterbreitet werden, sondern der Ausgestaltungsaspekt auch bei der Untersuchung an allen Stellen verstärkte Beachtung finden.

Letztendlich liegt die Hoffnung der Abhandlung darin, die Debatte um die Aufnahme einer Staatszielbestimmung zugunsten des Sports wieder zu beleben und als Anregung für die weitere rechtliche Beurteilung dieses Komplexes zu dienen. Zumal die Antworten auf die hier behandelten Fragestellungen schon vor dem Hintergrund, dass Staatszielbestimmungen sich verstetigende Entwicklungen aufgreifen und typischerweise die für notwendig erachteten Reaktionen auf geänderte Gegebenheiten darstellen, heute anders ausfallen können als noch vor einigen Jahren.

C. Gang der Untersuchung

Um dieses Ziel zu erreichen, müssen zunächst die rechtlichen Rahmenbedingungen für die untersuchungsgegenständlichen Kernfragen festgelegt werden. Denn sowohl die Ermittlung des konkreten Wortlauts für eine Staatszielbestimmung zugunsten des Sports als auch eine Aussage zu ihrer Notwendigkeit sind nur dann ernsthaft möglich, wenn der rechtliche Rahmen, und hierbei insbesondere die Wirkungsweise von Staatszielbestimmungen, feststeht. Im ersten

---

[9] Siehe dafür nur die ausführlicheren Abhandlungen von *Dreher*, Staatsziele im Bundesstaat am Beispiel des Sports, 2005, S. 34 ff.; *Hölzl*, Der Sport als Staatszielbestimmung, 2002, S. 27 ff.; *Hix*, Probleme der Normierung einer Sportklausel im Grundgesetz, 2013, S. 269 ff., der auch einen Ausgestaltungsvorschlag unterbreitet, diesen jedoch eher knapp begründet und insbesondere die konkreten ausgestaltungsabhängigen Wirkungen bei seiner Argumentation im Vorfeld nicht hinreichend berücksichtigt.

Kapitel dieser Untersuchung wird mit der Festlegung der rechtlichen Rahmenbedingungen der Grundstein dafür gelegt. Im zweiten Kapitel wird dann untersucht, wann es der verfassungsrechtlichen Vorgabe eines neuen Staatsziels (abstrakt) bedarf und ob eine Staatszielbestimmung zugunsten des Sports im Grundgesetz heute (konkret) notwendig ist. Hierfür wird zunächst ein klares Prüfungsschema für die Bewertung dieser Frage erarbeitet, um anschließend anhand dessen den Sport einer Bewertung zu unterziehen. Am Ende des zweiten Kapitels steht eine Antwort auf die anhand der heutigen Verhältnisse bewertete Frage der Notwendigkeit einer Staatszielbestimmung zugunsten des Sports im Grundgesetz. Im dritten Kapitel wird ein konkreter Ausgestaltungsvorschlag für die Staatszielbestimmung zugunsten des Sports erarbeitet. Dabei werden für den Regelungswortlaut insbesondere entsprechende Regelungen zugunsten des Sports in den Verfassungen anderer Staaten bzw. deren Bestandteile auf ihre Auswirkungen bei Übertragung in das Grundgesetz untersucht, um auf diesem Wege Anregungen für den hiesigen Vorschlag zu finden. Untermauert wird dies durch eine Analyse ausgewählter Expertenvorschläge und der Regelungen in den Verfassungen der Bundesländer. Der Vorschlag zur systematischen Stellung muss dann wieder isoliert grundgesetzbezogen erarbeitet werden, da hier die spezifischen strukturellen Vorgaben des Grundgesetzes entscheidend sind. Die Untersuchung schließt mit einem Fazit, das die Untersuchungsergebnisse knapp zusammenfasst und einen Ausblick auf die weitere Bewertung des Untersuchungsgegenstandes wagt.

1. Kapitel: Rechtliche Rahmenbedingungen

Den rechtlichen Rahmen der vorliegenden Untersuchung bildet zum einen der Normtypus Staatszielbestimmung selbst und zum anderen die im Grundgesetz vorgesehenen formellen Möglichkeiten zur Änderung des Grundgesetzes, um die Staatszielbestimmung zugunsten des Sports in den Verfassungstext aufzunehmen.

A. Die Staatszielbestimmung

Der Normtypus und Begriff Staatszielbestimmung wird nachfolgend zunächst in Herkunft (dazu unter I.) und Entwicklung (dazu unter II.) näher beleuchtet. Dem schließen sich eine Begriffsdefinition (unter III.), eine Abgrenzung zu anderen abgrenzungsbedürftigen Normtypen (unter IV.) und eine Betrachtung der bereits im Grundgesetz kodifizierten Staatszielbestimmungen (unter V.) an. Im Anschluss daran wird ausführlich die Wirkungsweise von Staatszielbestimmungen (dazu unter VI.) behandelt, da diese Grundlage für die Bewertung der Notwendigkeit und des Wortlauts einer Staatszielbestimmung zugunsten des Sports ist. Die Darstellungen zu dem Normtypus Staatszielbestimmung schließen mit einer Analyse der Überprüfungsmöglichkeiten der Einhaltung von Staatszielbestimmungen durch die Judikative (unter VII.). Auch diese ist als Ausprägung der Wirkungsweise für die Bewertung der beiden Hauptfragen entscheidend.

I. Begriff der Staatszielbestimmung

„Terminologische Fragen lassen sich nicht allgemeingültig mit Richtig oder Falsch beantworten“[10]. Ihre Klärung ist jedoch nötig, um den Untersuchungsgegenstand genau zu bestimmen und ihn anschließend von anderen Normen und Instituten abgrenzen zu können. Im Ergebnis handelt es sich hierbei also um ei-

---

[10] *Quaritsch*, Staat und Souveränität, 1970, S. 21; so auch *Bull*, Die Staatsaufgaben nach dem Grundgesetz, 2. Aufl. 1977, S. 43; *Wolff*, Ungeschriebenes Verfassungsrecht, 2000, S. 16.

nen Zweckmäßigkeitsaspekt. Deshalb ist das entscheidende Kriterium für die Beantwortung terminologischer Fragen die Zweckmäßigkeit eines Begriffes[11]. Als besonders zweckmäßig gilt die Verwendung eindeutiger Begriffe, die sich in ihrem Adressatenkreis bereits durchgesetzt haben, während mehrdeutige Begriffe als unzweckmäßig gelten[12]. Denn je weiter verbreitet ein Begriff ist, desto weniger abgrenzungshemmende Unklarheit besteht. Vor diesem Hintergrund erscheint der Begriff „Staatszielbestimmung" besonders zweckmäßig und wird daher der hiesigen Untersuchung zu Grunde gelegt.

Dies mag zunächst verwirrend erscheinen, da der Begriff Staatszielbestimmung im Grundgesetz und in den Verfassungen der Bundesländer vergeblich gesucht wird. In den Verfassungen der Bundesländer sind vielmehr die Begriffe „Staatsziel" bzw. „Staatsziele" weit verbreitet[13], welches darauf zurückzuführen ist, dass Staatszielbestimmungen häufig verkürzend schlicht als Staatsziele bezeichnet werden[14]. Genau genommen stellen jedoch Staatsziele und Staatszielbestimmungen verschiedene Kategorien dar[15]. Erstere sind rein staatstheoretischer Natur, während Staatszielbestimmungen eine normtheoretische Kategorie darstellen[16]. Die Funktion von Staatszielen liegt darin, den Zielgehalt einer Staatszielbestimmung zu umschreiben[17]. Oder anders ausgedrückt: Jeder als Staatszielbestimmung zu qualifizierende Rechtssatz drückt mindestens auch ein

---

[11] *Klein*, DVBl. 1991, 729, 733; *Quaritsch*, Staat und Souveränität, 1970, S. 21; *Bull*, Die Staatsaufgaben nach dem Grundgesetz, 2. Aufl. 1977, S. 43.

[12] *Bull*, Die Staatsaufgaben nach dem Grundgesetz, 2. Aufl. 1977, S. 43; *Klein*, DVBl. 1991, 729, 733.

[13] Vgl. Überschrift des 2. Hauptteils der BbgVerf; Überschrift des Abschnitt II der BerlVerf; Überschrift der Ziff. IIa. im 1. Hauptteil der HesVerf; Überschrift der Ziff. III. des 1. Abschnitts der MVVerf; Überschrift des 1. Abschnitts der NdsVerf; Art. 7 Abs. 1 und 13 SächsVerf; Art. 3 Abs. 3 und Überschrift des 3. Abschnitts im 2. Hauptteil der SAVerf; Art. 15, 36, 43 und Überschrift des 7. Abschnitts der ThürVerf.

[14] *Sommermann*, Staatsziele und Staatszielbestimmungen, 1997, S. 482; anschaulich zum Verhältnis von Staatszielen und Staatszielbestimmungen *Michel*, Staatszwecke, Staatsziele und Grundrechtsinterpretation, 1986, S. 109 f.

[15] *Sommermann*, Staatsziele und Staatszielbestimmungen, 1997, S. 482; ähnlich *Michel*, Staatszwecke, Staatsziele und Grundrechtsinterpretation, 1986, S. 109 f.; *Scheuner*, in: Schnur, FS für Ernst Forsthoff, 2. Aufl. 1974, S. 343; *Schwind*, Zukunftsgestaltende Elemente im deutschen und europäischen Staats- und Verfassungsrecht, 2008, S. 252 f.

[16] *Sommermann*, Staatsziele und Staatszielbestimmungen, 1997, S. 482.

[17] *Bull*, Die Staatsaufgaben nach dem Grundgesetz, 2. Aufl. 1977, S. 44; *Herzog*, Allgemeine Staatslehre, 1971, S. 320; *Michel*, Staatszwecke, Staatsziele und Grundrechtsinterpretation, 1986, S. 109.

Staatsziel aus[18]. Damit knüpft die eine Kategorie an die andere an und es besteht regelmäßig auch eine weitreichende Deckungsgleichheit[19], sie sind jedoch nicht identisch. Deshalb hat sich nach einer langen Phase der uneinheitlichen Begriffsverwendung[20] mittlerweile für die Umschreibung der untersuchungsgegenständlichen Normkategorie der passende normtheoretische Begriff der Staatszielbestimmung nicht nur in der Rechtsprechung[21] und Fachliteratur[22], sondern auch darüber hinaus[23] durchgesetzt.

Zurück geht der Begriff auf *Ipsen*[24]. Er hat den Begriff in Anlehnung an *Wilk*[25], der ihn in Zusammenhang mit Regelungen in Verfassungspräambeln gebraucht und noch von „Staatsgrundlagen" und „staatsethischen Zielsetzungen" gesprochen hatte[26], erstmals in seiner Hamburger Universitätsrede vom 17. November

---

[18] *Schwind*, Zukunftsgestaltende Elemente im deutschen und europäischen Staats- und Verfassungsrecht, 2008, S. 253.

[19] *Schwind*, Zukunftsgestaltende Elemente im deutschen und europäischen Staats- und Verfassungsrecht, 2008, S. 253.

[20] Siehe dazu *Contiades*, Verfassungsgesetzliche Staatsstrukturbestimmungen, 1967, S. 66 ff.; *Lücke*, AöR 1982 (Bd. 107), 15, 21; *Stern*, Staatsrecht I, 2. Aufl. 1984, S. 121, Fn. 96, jeweils mit einer Aufzählung der verwendeten Begriffe.

[21] Siehe nur *BVerfG*, Beschl. v. 05.12.2001 - 2 BvG 1/00 - BVerfGE 104, 238, 242; *BVerwG*, Beschl. v. 15.10.2002 - 4 BN 51/02 - NVwZ-RR 2003, 171; *BayVerfGH*, Urt. v. 13.07.2009 - Vf. 3-VII/09 - NVwZ-RR 2009, 825, 827; *BbgVerfG*, Beschl. v. 21.01.2010 - VfGBbg 12/09 EA - NVwZ-RR 2010, 337.

[22] Siehe nur *Degenhart*, Staatsrecht I, 31. Aufl. 2015, Rn. 593 ff.; *Ipsen*, Staatsrecht I, 27. Aufl. 2015, Rn. 994; *Klein*, DVBl. 1991, 729, 733; *Kloepfer*, Verfassungsrecht I, 2011, § 6, Rn. 1 ff.; *Maurer*, Staatsrecht I, 6. Aufl. 2010, § 6, Rn. 1 ff.; *Stern*, NWVBl. 1988, 1, 5; obwohl zwischen der staatstheoretischen Kategorie „Staatsziele" und der normtheoretischen Kategorie „Staatszielbestimmungen" zu differenzieren ist, werden Staatszielbestimmungen häufig unsauber aber verkürzend auch nur als „Staatsziele" bezeichnet, so *Sommermann*, Staatsziele und Staatszielbestimmungen, 1997, S.5 und 482; *Faller*, Staatsziel "Tierschutz," 2005, S. 134; *Hix*, Probleme der Normierung einer Sportklausel im Grundgesetz, 2013, S. 207 ff.

[23] Siehe *Bannas*, Berliner Szenen: Staffelstäbe der Macht, FAZ v. 29.10.2009, abrufbar unter http://www.faz.net/themenarchiv/2.1242/bundestagswahl/berliner-szenen-staffelstaebe-der-macht-1872512.html (letzter Abruf v. 07.06.2016); *Prantl*, Verfassungsgericht: Karlsruhe bleibt gentechnisch unverändert, SZ v. 24.10.2010, abrufbar unter http://www.sueddeutsche.de/politik/urteil-zur-gentechnik-karlsruhe-bleibt-gentechnisch-unveraendert-1.1027746 (letzter Abruf v. 07.06.2016).

[24] Zu dieser allgemeinen Auffassung siehe nur *Isensee*, in: Isensee/Kirchhof, HdbStR, Band IV, 3. Aufl. 2006, § 73, Rn. 6; *Kloepfer*, Verfassungsrecht I, 2011, § 6, Rn. 1, 6 ff.; *Stern*, Staatsrecht I, 2. Aufl. 1984, S. 121.

[25] Dies klarstellend *Ipsen*, AöR 1978 (Bd. 103), 413, 423 f.

[26] *Wilk*, Die Staatsformbestimmung der Weimarer Reichsverfassung, 1932, S. 62.

1949[27] verwendet. *Ipsen* gebrauchte den Staatszielbestimmungsbegriff, um die Eigenart der nunmehrigen Ausgestaltung der *BRD* als sozialen Rechtsstaat durch die Art. 20 Abs. 1 und 28 Abs. 1 GG zu bezeichnen. Bei der Sozialstaatlichkeit handelte es sich nach *Ipsens* Feststellungen um eine „Staatszielbestimmung".

II. Entwicklungsgeschichte

Erste Vorläufer einzelner Staatszielbestimmungen finden sich in entsprechend definierten Gemeinschafsaufgaben oder -zielen der frühen Hochkulturen Mesopotamiens[28]. So soll *Hammurabi,* babylonischer König in der Zeit von 1728 bis 1686 v. Chr., „als erster den positiven und konstruktiven Begriff des Staates als ein auf Recht gegründetes Verwaltungssystem mit zivilisatorischer Aufgabe realisiert und definiert"[29] haben. Das moderne Verständnis *Hammurabis*, dem Staat obliegen zivilisatorische Staatsaufgaben, darf als erster Keim der heutigen Staatszielbestimmungen bezeichnet werden. Auch die Staatszwecklehren der klassischen Antike hatten Strukturelemente der normativen Systembildung von Leitprinzipien hoheitlichen Handelns zum Gegenstand, die bereits das begriffliche und systematische Grundgerüst der heutigen Staatslehren bilden[30]. So war nach *Platon* (427 bis 347 v. Chr.) die Erziehung der Kinder und Jugendlichen die wichtigste Aufgabe des Staates, während nach *Aristoteles* (384 bis 322 v. Chr.) der Zweck des Staates darin lag, seinen Bürgern zum sittlich vollkommenen Leben zu verhelfen[31].

Eine strukturelle Vergleichbarkeit zu den heutigen Staatszielbestimmungen kann aber erst den diesbezüglichen Ausführungen in Lehrbüchern zum Staatsrecht aus der zweiten Hälfte des 18. Jahrhunderts und den hierauf folgenden Gesetzestexten entnommen werden[32]. Hintergrund der Entwicklung ist insbesondere die einsetzende Aufklärungsbewegung, die zunächst versuchte, die Herrscher durch

---

[27] Abgedruckt in *Ipsen*, Über das Grundgesetz, 1988, A. 1. S. 8, Rn. 14.
[28] *Sommermann*, Staatsziele und Staatszielbestimmungen, 1997, S. 8.
[29] *Fischer*, in: Schmökel/Schmid, Exempla historica, Band I, 1985, S. 30.
[30] *Sommermann*, Staatsziele und Staatszielbestimmungen, 1997, S. 9.
[31] *Bull*, Die Staatsaufgaben nach dem Grundgesetz, 2. Aufl. 1977, S. 18 f.
[32] *Sommermann*, Staatsziele und Staatszielbestimmungen, 1997, S. 19 f.

in Pflichtenform formulierte Ratschläge aufzuklären[33]. So entwickelte etwa *Schlözer* in seiner Schrift zum allgemeinen Staatsrecht aus dem Jahr 1793 aus dem „Bürgerwohl" als „höchstem Zweck des Staates" die „Pflicht" des Staates darauf einzuwirken, dass das Volk „reich, zahlreich und aufgeklärt" ist[34]. Wie der Wortlaut des Beispiels zeigt, hatten die damaligen Gelehrten ausschließlich die Pflichten des Staates vor Augen. Mit diesen in den Lehrbüchern statuierten Staatspflichten gingen aber noch keine subjektiven Rechte der Untertanen einher[35]. Mit der rein objektiven Ausgestaltung entsprachen die so statuierten Staatspflichten in ihrer Struktur bereits weitestgehend den heutigen Staatszielbestimmungen.

Die Kodifizierung von Regelungen mit Staatszielbestimmungscharakter in einem deutschen Staat erfolgte erstmals in dem auf die Initiative von *Friedrich dem Großen* zurückgehenden Allgemeinen Landrecht für die Preußischen Staaten von 1794 (ALR)[36]. Nach § 1 des II. Teil, 17. Titel ALR[37] sollte der Staat seine „Untertanen in Ansehung ihrer Person, ihrer Ehre, ihrer Rechte und ihres Vermögens" schützen. Wie bereits die Lehrbücher aus dieser Epoche beinhaltete auch die Gesetzesregelung kein mit der in der Vorschrift vorgesehenen staatlichen Pflicht einhergehendes Recht der Untertanen und war somit strukturgleich mit dem heutigen Normtypus der Staatszielbestimmungen. Beachtenswert ist hierbei jedoch, dass das ALR in § 3, II. Teil, 13. Titel, der dem Staat die Pflicht zuwies „für Anstalten zu sorgen", die „den Einwohnern Mittel und Gelegenheiten" verschaffen sollten, „um ihre Fähigkeiten und Kräfte auszubilden und dieselben zur Beförderung ihres Wohlstandes anzuwenden", bereits ein soziales Staatsziel in kodifizierter Form erkennen ließ[38]. Damit wurde der Weg für das Sozialstaatsprinzip, eine der grundlegenden Staatszielbestimmungen des Grundgesetzes bereitet.

Auch den in den Verfassungen des 19. Jahrhunderts, wie etwa der deutschen Reichsverfassung von 1871, die im Übrigen noch keinen eigenen Grundrechts-

---

[33] *Sommermann*, Staatsziele und Staatszielbestimmungen, 1997, S. 19.
[34] *Schlözer*, Allgemeines Statsrecht und Statsverfassungslehre, 1793, S. 17 und 19.
[35] So auch *Sommermann*, Staatsziele und Staatszielbestimmungen, 1997, S. 20.
[36] *Merten*, DÖV 1993, 368, 369; *Sommermann*, Staatsziele und Staatszielbestimmungen, 1997, S. 23 ff.
[37] Einsehbar bei *Hattenhauer/Bernert*, Allgemeines Landrecht für die Preußischen Staaten von 1794, 3. Aufl. 1996, S. 626.
[38] *Sommermann*, Staatsziele und Staatszielbestimmungen, 1997, S. 25.

teil enthielt, proklamierten Freiheiten fehlte noch eine subjektiv-rechtliche Komponente, weshalb sie allenfalls als Aufträge, Zielvorgaben oder objektiv-rechtliche Leitprinzipien des staatlichen Handelns verstanden werden konnten, was nach heutigem normtheoretischen Verständnis ebenfalls Staatszielbestimmungen gleich käme[39].

Im Gegensatz dazu enthielt die Weimarer Reichtsverfassung vom 11.08.1919 (WRV) mit ihrem zweiten Hauptteil über „Grundrechte und Grundpflichten der Deutschen" ausdrücklich einen Grundrechtsteil. In diesem waren jedoch nicht nur, wie zu vermuten wäre, Vorschriften kodifiziert, die subjektiv-rechtliche Positionen vermitteln[40]. Nur die klassischen Freiheitsrechte, wie etwa die Meinungsfreiheit in Art. 118 WRV, die Versammlungsfreiheit in Art. 123 WRV oder die Eigentumsfreiheit in Art. 153 WRV, waren präziser gefasst, weshalb ihnen deshalb auch subjektiv-rechtliche Gehalte zu entnehmen waren[41]. Den darüberhaus in den Grundrechtsteil aufgenommenen, neuartigen Bestimmungen zur Sozial-, Wirtschafts und Bildungspolitik, wie etwa der Sicherung einer gesunden Wohnung in Art. 155 WRV, fehlte es dagegen an entsprechender Präzision, weshalb diese Bestimmungen auch als „Zielsetzungen der Zukunft" eingeordnet wurden[42]. Aufgrund dieser eindeutigen Unterscheidung zwischen rein objektiv-rechtlichen und (auch) subjektiv-rechtlichen Vorschriften, gilt die WRV als erste moderne deutsche Verfassung, die Staatszielbestimmungen enthielt, die dem heutigen Normtypus weitestgehend entsprechen[43].

Die Prägung, Ausgestaltung und Verfestigung der „Staatszielbestimmungen" als eigenständige Normkategorie ging aber erst mit *Ipsens* Hamburger Universitäts-

---

[39] *Sommermann*, Staatsziele und Staatszielbestimmungen, 1997, S. 328 f., 416.

[40] Ausführlich dazu *Sommermann*, Staatsziele und Staatszielbestimmungen, 1997, S. 330 ff.; siehe im Übrigen nur *Pieroth/Schlink/Kingreen/Poscher*, Staatsrecht II, 31. Aufl. 2015, Rn. 36 ff.

[41] Ausführlich dazu *Thoma*, in: Nipperdey, Die Grundrechte und Grundpflichten der Reichsverfassung, 1. Band, 1929, S. 28 ff.; *Sommermann*, Staatsziele und Staatszielbestimmungen, 1997, S. 331 ff.; siehe im Übrigen nur *Pieroth/Schlink/Kingreen/Poscher*, Staatsrecht II, 31. Aufl. 2015, Rn. 38.

[42] Ausführlich dazu *Thoma*, in: Nipperdey, Die Grundrechte und Grundpflichten der Reichsverfassung, 1. Band, 1929, S. 28 ff.; *Sommermann*, Staatsziele und Staatszielbestimmungen, 1997, S. 334 f.; von „Zielsetzungen der Zukunft" sprechend *Schmitt*, in: Anschütz/Thoma, Handbuch des deutschen Staatsrechts, Band 2, 1932, § 101, S. 603 f.; siehe im Übrigen nur *Pieroth/Schlink/Kingreen/Poscher*, Staatsrecht II, 31. Aufl. 2015, Rn. 38.

[43] *Maurer*, Staatsrecht I, 6. Aufl. 2010, § 2, Rn. 70.

rede und der sich daran anschließenden Rechtsprechung, Staatsrechtslehre und Verfassungsgebung zu den entsprechenden Verfassungsbestimmungen des Grundgesetzes, insbesondere dem Sozialstaatsprinzip in Art. 20 Abs. 3 GG einher, in der die Unterscheidung zwischen Grundrechten und Staatszielbestimmungen und damit die Normkategorie dogmatisch klar herausgearbeitet wurde[44].

III. Definition

Da sowohl das Grundgesetz als auch die Verfassungen der Bundesländer sich zu dem Staatszielbestimmungsbegriff ausschweigen, lässt sich nicht anhand einer Legaldefinition sagen, was unter einer Staatszielbestimmung zu verstehen ist[45]. Auch die zahlreichen Regelungen zu „Staatszielen" in den Verfassungen der Bundesländer liefern entgegen vereinzelt anderslautender Aussagen[46] keine Definition von Staatszielbestimmungen. Die Verfassungen der Bundesländer beschränken sich lediglich darauf, einzelne Staatsziele festzuschreiben[47] und Aussagen zum Verpflichtungsumfang zu treffen. So heißt es etwa in Art. 13 SachsVerf: „Das Land hat die Pflicht, nach seinen Kräften die in dieser Verfassung niedergelegten Staatsziele anzustreben und sein Handeln danach auszurichten."[48] Was Staatsziele sind, bleibt an dieser Stelle indes offen.

Auch der Begriffsbegründer *Ipsen* lieferte keine abstrakte Definition seiner Begriffskreation. Zurückgehend auf frühe Entscheidungen des *BVerfG*[49] zum Sozi-

---

[44] *Sommermann*, Staatsziele und Staatszielbestimmungen, 1997, S. 348 f., 351; *Scheuner*, in: Schnur, FS für Ernst Forsthoff, 2. Aufl. 1974, S. 325 ff.; *Bundesminister des Inneren/Bundesminister der Justiz (Hrsg.)*, Kommissionsbericht, 1983, S. 17 ff.; für die Rspr. siehe nur *BVerfG*, Beschl. v. 19.12.1951 - 1 BvR 220/51 - BVerfGE 1, 97, 105 und *BVerfG*, Urt. v. 18.07.1967 - 2 BvF 3-8/62; 2 BvR 139, 140, 334, 335/62 - BVerfGE 22, 180, 204.

[45] *Bock*, Umweltschutz, 1990, S. 241 geht sogar weiter – es werde „an keiner Stelle eindeutig gesagt", was unter einer Staatszielbestimmung zu verstehen sei.

[46] Anders *Degenhart*, Staatsrecht I, 31. Aufl. 2015, Rn. 593, für die SachsVerf; auch *Hahn*, Staatszielbestimmungen, 2010, S. 64; beide sehen in den Regelungen der Verfassungen der Bundesländer Legaldefinitionen.

[47] Beispielsweise beinhaltet die SAVerf einen übersichtlichen, weil in einem Abschnitt zusammengefassten Teil mit den Staatszielen; vgl. Art. 34 bis 40 SAVerf.

[48] Ähnliche Formulierungen sind zu finden in Art. 43 ThürVerf und Art. 3 Abs. 3 SAVerf.

[49] *BVerfG*, Beschl. v. 19.12.1951 - 1 BvR 220/51 - BVerfGE 1, 97, 105; *BVerfG*, Urt. v. 18.07.1967 - 2 BvF 3-8/62; 2 BvR 139, 140, 334, 335/62 - BVerfGE 22, 180, 204; a. A. *Bock*,

alstaatsprinzip kristallisierte sich jedoch mit der Zeit ein gemeines Verständnis von Staatszielbestimmungen in der damaligen Literatur heraus. Danach galten Staatszielbestimmungen als eine Kategorie von Verfassungsprinzipen, die dynamisch auf künftige noch zu gestaltende Fragen hinweisen und der staatlichen Aktivität die Bahnen weisen[50].

Die heute gebräuchliche Begriffsdefinition geht aber erst auf die 1981 eingesetzte Sachverständigenkommission Staatszielbestimmungen/Gesetzgebungsaufträge[51] zurück. Die Kommission hatte sich mit der Frage zu befassen, ob die aktuellen Gegebenheiten oder ein bereits absehbarer Wandel nach Änderungen oder Ergänzungen des Grundgesetzes im Bereich der Staatsaufgaben verlangt[52]. Hierbei lieferte sie in ihrem Abschlussbericht vom 06.09.1983 an die Bundesminister des Inneren und der Justiz die nachfolgende Definition:

„Staatszielbestimmungen sind Verfassungsnormen mit rechtlich bindender Wirkung, die der Staatstätigkeit die fortdauernde Beachtung oder Erfüllung bestimmter Aufgaben – sachlich umschriebener Ziele – vorschreiben.“[53]

Diese Definition ist nicht perfekt und wird deshalb von einem Teil der Literatur kritisiert. Sie sei „sprachlich und sachlich nicht ganz geglückt“[54], weil die Begriffe „Aufgaben“ und „Ziele“ verwendet und gleichgesetzt werden[55]. Diese Kritik muss sich die Definition gefallen lassen. Nach allgemein anerkannten

---

Umweltschutz, 1990, S. 243, die der Rspr. des *BVerfG* keine eigenen Definitionen entnehmen kann.

[50] *Scheuner*, in: Schnur, FS für Ernst Forsthoff, 2. Aufl. 1974, S. 336.

[51] Hingegen erachtet *Bock*, Umweltschutz, 1990, S. 241 ff., *Ipsens* Bezeichnung von Staatszielbestimmungen in seiner Hamburger Universitätsrede als „rechtsgrundsätzliche Zielbestimmungen“ für die „wohl älteste Definition“ und verweist auf weitere Definitionen in der Folgezeit u.a. bei *Scheuner*, in: Schnur, FS für Ernst Forsthoff, 2. Aufl. 1974, S. 325 ff.; *Herzog*, Allgemeine Staatslehre, 1971, S. 320; *Bull*, Die Staatsaufgaben nach dem Grundgesetz, 2. Aufl. 1977, S. 44.

[52] *Bundesminister des Inneren/Bundesminister der Justiz (Hrsg.)*, Kommissionsbericht, 1983, S. 21, Rn. 7.

[53] *Bundesminister des Inneren/Bundesminister der Justiz (Hrsg.)*, Kommissionsbericht, 1983, S. 21, Rn. 7.

[54] *Maurer*, Staatsrecht I, 6. Aufl. 2010, § 6, Rn. 9.

[55] *Bock*, Umweltschutz, 1990, S. 253; *Hölzl*, Der Sport als Staatszielbestimmung, 2002, S. 13; *Maurer*, Staatsrecht I, 6. Aufl. 2010, § 6, Rn. 9; *Michel*, Staatszwecke, Staatsziele und Grundrechtsinterpretation, 1986, S. 112.

Maßgaben des wissenschaftlichen Arbeitens soll ein Begriff nicht unter Verwendung desselben Begriffes oder eines Teiles davon definiert werden[56]. Die Verwendung des im Staatszielbestimmungsbegriff beinhalteten Wortes „Ziele" in der Definition ist daher unglücklich. Außerdem erscheint die vorgenommene Gleichsetzung von Zielen mit Aufgaben strukturell fraglich, weil sie, wenn überhaupt nur mit umgekehrten Vorzeichen hätte erfolgen dürfen. Aufgaben umschreiben Tätigkeitsfelder, während Ziele erst durch die Wahrnehmung von Aufgaben zu erreichende Zustände darstellen[57]. Ziele steuern also die Ausübung von Aufgaben und setzen deren Existenz voraus[58]. Sie knüpfen folglich an Aufgaben an und nicht umgekehrt. Indem die Definition Aufgaben als „sachlich umschriebene Ziele" bezeichnet, wird dieses Verhältnis verdreht.

Letztendlich gelingt es der Definition der Sachverständigenkommission trotz im Anschluss daran unterbreiteter umfassender[59] Definitionsvorschläge aus der Literatur[60] und Rechtsprechung[61], die Eigenart von Staatszielbestimmungen gut zu verdeutlichen. Staatszielbestimmungen sind danach in erster Linie Normen. Adressaten sind die Staatsgewalten. Sie verpflichten die Staatsgewalten verbindlich dazu, sie fortdauernd zu beachten und zu erfüllen. Damit sind sie auf eine Anpassung an die sich stets wandelnden gesellschaftlichen, wirtschaftlichen oder

---

[56] *Schmalz*, Methodenlehre, 4. Aufl. 1998, Rn. 158; ausführlich zum Definitionsbegriff *Weinberger*, Rechtslogik, 2. Aufl. 1989, S. 358 ff.
[57] *Michel*, Staatszwecke, Staatsziele und Grundrechtsinterpretation, 1986, S. 112.
[58] *Isensee*, in: Isensee/Kirchhof, HdbStR, Band IV, 3. Aufl. 2006, § 73, Rn. 15.
[59] Für eine ausführliche Darstellung der Definitionen anderer Verfasser und einen abschließenden eigenen Definitionsvorschlag siehe *Bock*, Umweltschutz, 1990, S. 241 ff.; eine ebenfalls ausführliche Herleitung einer Definition ist zu finden bei *Michel*, Staatszwecke, Staatsziele und Grundrechtsinterpretation, 1986, S. 132 f.
[60] Exemplarisch werden hier zwei Definition aus der Lit. angeführt; *Hix*, Probleme der Normierung einer Sportklausel im Grundgesetz, 2013, S. 209: Als Staatszielbestimmung wird „eine Vorschrift im Verfassungsrang (bezeichnet), die mit Rechtsverbindlichkeit und bindend programmatischem Charakter für alle drei Staatsgewalten die Erfüllung oder – im Falle der Konkurrenz mit anderen abstrakt gleichrangigen Verfassungswerten – wenigestens die Beachtung dieses ‚Ziels' bei der gesamten Staatstätigkeit vorschreibt"; *Sommermann*, DVBl. 1991, 34: „Staatszielbestimmungen lassen sich [...] definieren als Verfassungssätze, die die Staatsgewalt auf die Verfolgung eines bestimmten Ziels verpflichten, ohne dem Bürger subjektive Rechte zu gewähren"; auffällig dabei ist, dass in beiden Fällen auch ein Begriffsteil in der Definition wiederholt wird.
[61] Das *VerfGBbg*, Beschl. v. 21.01.2010 - VfGBbg 12/09 EA - NVwZ-RR 2010, 337 definiert Staatszielbestimmungen als „Verfassungsnormen, die dem Staat lediglich eine objektivrechtliche Verpflichtung auferlegen, sein Handeln (auch) an dem betreffenden Staatsziel auszurichten".

politischen Verhältnisse ausgerichtet[62]. Die Verpflichtung findet somit kein Ende mit dem Erlass eines Gesetzes, sondern muss immer wieder aufs Neue auf ihre Verwirklichung hin überprüft werden[63]. Dank dieser Grundaussagen der Definition ist eine weitergehende Konkretisierung der Wirkungsweise von Staatszielbestimmungen und saubere Abgrenzung zu anderen Normen und Rechtsinstituten möglich. Deshalb wird die Definition der Sachverständigenkommission heute „weitgehend [...] rezipiert"[64] und hat als „communis opinio"[65] „inzwischen allgemein Anerkennung gefunden"[66]. Sie wird deswegen auch dieser Abhandlung zu Grunde gelegt.

IV. Abgrenzung zu anderen Rechtsbegriffen

Zwar hat sich mittlerweile der Begriff Staatszielbestimmung zur Bezeichnung der hier untersuchungsgegenständlichen Normkategorie durchgesetzt. Wie aber bereits eingangs angedeutet, wurden früher uneinheitlich verschiedene Begriffe wie etwa Staatszielvorstellungen, Staatsgrundlagen, Zielsetzungen, Leitgrundsätze, verfassungsgestaltende Grundentscheidungen oder verfassungsgesetzliche Staatsstrukturprinzipien bzw. -bestimmungen verwendet[67], die teilweise noch heute in Zusammenhang mit anderen Normkategorien Verwendung finden.

---

[62] So allgemein für Staatszielbestimmungen *Hahn*, Staatszielbestimmungen, 2010, S. 64; *Scheuner*, in: Schnur, FS für Ernst Forsthoff, 2. Aufl. 1974, S. 335 f.; *Sommermann*, DÖV 1994, 596, 597 f.; speziell zum Sozialstaatsprinzip, *Robbers*, in: Kahl/Waldhoff/Walter, BK Grundgesetz, Stand: 178. Akt., April 2016, Art. 20, Rn. 1370; *Sommermann*, in: von Mangoldt/Klein/Starck, Grundgesetz, Band 2, 6. Aufl. 2010, Art. 20 Abs. 1, Rn. 103; in Zusammenhang mit den Staatszielbestimmungen in Art. 20a GG von einem „dynamischen Charakter" sprechend *Epiney*, in: von Mangoldt/Klein/Starck, Grundgesetz, Band 2, 6. Aufl. 2010, Art. 20a, Rn. 57 m. w. N.

[63] *Hahn*, Staatszielbestimmungen, 2010, S. 64; *Sommermann*, DÖV 1994, 596, 598.

[64] *Kloepfer*, Verfassungsrecht I, 2011, § 6, Rn. 6.

[65] *Stern*, NWVBl. 1988, 1, 5.

[66] *Maurer*, Staatsrecht I, 6. Aufl. 2010, § 6, Rn. 9; so etwa auch *Hahn*, Staatszielbestimmungen, 2010, S. 63, mit einem weitergehenden Verweis auf andere Verwender der Definition der Sachverständigenkommission unter Fn. 5; a. A. *Bock*, Umweltschutz, 1990, S. 241, die im rechtswissenschaftlichen Schrifttum keine Übereinstimmung bei der Definition einer Staatszielbestimmung erkennen kann.

[67] Aufzählungen u.a. bei *Lücke*, AöR 1982 (Bd. 107), 15, 21 und *Stern*, Staatsrecht I, 2. Aufl. 1984, S. 121, Fn. 96.

Aufgrund der verwirrenden Terminologie[68] und weil Staatszielbestimmungen strukturell und funktional einer Reihe anderer Normkategorien nahe stehen[69], ist – ohne sich vertieft mit den jeweiligen Kategorien auseinanderzusetzen – für diese Abhandlung jedenfalls eine Abgrenzung von Staatszielbestimmungen zu den konfusionsträchtigen Rechtsbegriffen bzw. Normkategorien unumgänglich. Denn nur durch eine klare Abgrenzung im Vorfeld kann verhindert werden, dass die hiesigen Bemühungen um einen Vorschlag für eine neue Staatszielbestimmung zugunsten des Sports nicht in einem Vorschlag eines Gesetzgebungsauftrags enden.

1) Staatsstrukturprinzipien

Eine frühere Bezeichnung für Staatszielbestimmungen, die heute für eine andere Normkategorie steht, ist die der sog. „Staatsstrukturprinzipien"[70]. Der schon daraus resultierende Abgrenzungsbedarf wird durch die Verwechslungsgefahr aufgrund heute noch bestehender inhaltlicher Schnittmengen zwischen den beiden Normkategorien verstärkt[71].

Staatsstrukturprinzipien geben der Verfassung und damit dem verfassten Staat in formeller und materieller Hinsicht das charakteristische und maßgebliche Gepräge und bilden das Fundament, auf dem das „staatliche Gebäude" errichtet wird[72]. Weil auch Staatszielbestimmungen formell- und materiell-verfassungsrechtliche Grundentscheidungen vorgeben, geben beide Normtypen dem politischen Prozess eine rechtliche Form und enthalten für diesen inhaltli-

---

[68] So auch *Hahn*, Staatszielbestimmungen, 2010, S. 65.
[69] *Sommermann*, Staatsziele und Staatszielbestimmungen, 1997, S. 362.
[70] Verwirrend ist hierbei auch die Vielfalt der verwendeten Begriffe, die in der Sache alle für das gleiche stehen sollen; so auch *Maurer*, Staatsrecht I, 6. Aufl. 2010, § 6, Rn. 2, bei dem auch eine ausführliche Darstellung der verschiedenen Begriffe samt deren Verwendern zu finden ist; noch ausführlicher *Dreier*, in: Dreier, GG, Band II, 2. Aufl. 2006, Art. 20 (Einführung), Rn. 8 ff.; wegen der plastischen Trefflichkeit des Begriffes „Staatsstrukturprinzipien" wird diese in Übereinstimmung etwa mit *Hahn*, Staatszielbestimmungen, 2010, S. 80, und *Stern*, Staatsrecht I, 2. Aufl. 1984, S. 551, auch hier verwendet.
[71] Dies aufzeigend *Jutzi*, in: Linck/Jutzi/Hopfe, ThürVerfKom, 1994, Art. 43, Rn. 4.
[72] *Maurer*, Staatsrecht I, 6. Aufl. 2010, § 6, Rn. 1; *Stern*, Staatsrecht I, 2. Aufl. 1984, S. 552, spricht in Übereinstimmung damit von maßgeblichen Leitgrundsätzen des staatlichen Aufbaus.

che Vorgaben[73]. Als Staatstrukturprinzipien gelten insbesondere auch[74] die in Art. 20 GG verankerten, von der Ewigkeitsgarantie des Art. 79 Abs. 3 GG erfassten staatsorganisatorischen und formellen Grundprinzipien der Verfassung: das Bundesstaatsprinzip, das Bekenntnis zur Republik, das Demokratieprinzip und vor allem das Rechtsstaatsprinzip und das Sozialstaatsprinzip[75]. Im Hinblick auf die beiden letztgenannten Prinzipien besteht erhebliche Verwechslungsgefahr, weil sie nach allgemeiner Auffassung Staatszielbestimmungen enthalten[76]. Dies führt dazu, dass vereinzelt angenommen wird, Staatsstrukturprinzipien seine eine spezielle Art von Staatszielbestimmungen, die die Verfasstheit des Staates zum Gegenstand haben[77].

Dem kann in dieser Pauschalität nicht gefolgt werden. Richtigerweise muss zwischen beiden Normkategorien unterschieden werden[78]. Staatszielbestimmungen sind dynamisch und zukunftsorientiert gestaltend, während Staatstrukturprinzipien eher statisch die Grundordnung für ein staatliches Gemeinwesen festlegen[79]. Der Umstand, dass etwa das Sozialstaatsprinzip nicht nur statische Ele-

---

[73] *Zippelius/Würtenberger*, Deutsches Staatsrecht, 32. Aufl. 2008, § 5, Rn. 31.

[74] Genaugenommen werden Staatstrukturprinzipien in 20 Abs. 1 GG und in Art. 1 Abs. 1 GG aufgeführt, durch Art. 23 Abs. 1 GG und Art. 28 Abs. 1 GG in Bezug genommen und durch Art. 79 Abs. 3 GG auch gegenüber dem verfassungsändernden Gesetzgeber abgesichert; vgl. dazu *Maurer*, Staatsrecht I, 6. Aufl. 2010, § 6, Rn. 3.

[75] *Denninger*, Menschenrechte und Grundgesetz, 1994, S. 20; *Maurer*, Staatsrecht I, 6. Aufl. 2010, § 6, Rn. 9; *Schulze-Fielitz*, in: Dreier, GG, Band II, 3. Aufl. 2015, Art. 20, Rn. 41; *Sommermann*, in: von Mangoldt/Klein/Starck, Grundgesetz, Band 2, 6. Aufl. 2010, Art. 20, Rn. 230 m. w. N.

[76] Siehe dafür nur *Aulehner*, Grundrechte und Gesetzgebung, 2011, S. 183; *Bull*, Die Staatsaufgaben nach dem Grundgesetz, 2. Aufl. 1977, S. 163 ff.; *Michel*, Staatszwecke, Staatsziele und Grundrechtsinterpretation, 1986, S. 181 ff.; sowie weiter unten unter 1. Kapitel, A. V. 1) m. w. N.

[77] *Jutzi*, ThürVBl. 1995, 25; in diesem Sinne auch *Scheuner*, in: Schnur, FS für Ernst Forsthoff, 2. Aufl. 1974, S. 340 ff.

[78] So auch *Hahn*, Staatszielbestimmungen, 2010, S. 80; *Hölzl*, Der Sport als Staatszielbestimmung, 2002, S. 24 ff.; *Merten*, DÖV 1993, 368, 369 f.; *Sommermann*, Staatsziele und Staatszielbestimmungen, 1997, S. 373; und im Ergebnis wohl auch *Ipsen*, Staatsrecht I, 27. Aufl. 2015, Rn. 994; *Klein*, DVBl. 1991, 729, 733; *Maurer*, Staatsrecht I, 6. Aufl. 2010, § 6, Rn. 9; *Michel*, Staatszwecke, Staatsziele und Grundrechtsinterpretation, 1986, S. 177 ff.; *Müller-Bromley*, Staatszielbestimmung Umweltschutz, 1990, S. 50 f.

[79] *Hahn*, Staatszielbestimmungen, 2010, S. 80; *Hix*, Probleme der Normierung einer Sportklausel im Grundgesetz, 2013, S. 214; *Klein*, DVBl. 1991, 729, 733; *Merten*, DÖV 1993, 368, 369 f.; *Müller-Bromley*, Staatszielbestimmung Umweltschutz, 1990, S. 49; *Scheuner*, in: Schnur, FS für Ernst Forsthoff, 2. Aufl. 1974, 336; *Zippelius/Würtenberger*, Deutsches Staatsrecht, 32. Aufl. 2008, § 5, Rn. 31.

mente enthält, sondern auch auf die ständige Verwirklichung der zum Ausdruck gebrachten Vorgaben drängt[80] und somit ebenfalls wie eine Staatszielbestimmung wirkt, liegt darin begründet, dass Staatsstrukturprinzipien eine Doppelnatur haben können, also Staatsstrukturprinzipien sind und auch Staatszielbestimmungen festschreiben[81]. Dies trifft in besonderem Maße für das Sozialstaats- und das Rechtsstaatsprinzip zu. Welche Eigenart in den Vordergrund tritt, ist im jeweiligen Einzelfall zu bestimmen. Die teilweise vorgenommene generelle Unterkategorisierung ist im Hinblick darauf als zu undifferenziert zu verwerfen[82]. Bei der Festlegung des Regelungswortlauts ist jedoch darauf zu achten, dass kein Staatsstrukturprinzip kodifiziert wird, da Sport, ungeachtet seiner heute hohen gesellschaftlichen Bedeutung, jedenfalls keine Staatsstrukturrelevanz besitzt und eine derart weitreichende Festlegung im Hinblick auf den Sport deshalb nicht zweckmäßig wäre.

2) Staatszwecke

Auch der Begriff „Staatszwecke" wird in der Literatur vielfach als Synonym für Staatsziele verwendet[83], obwohl sie der Sache nach nicht für dasselbe stehen. Um diese vermeintliche Ungereimtheit aufzulösen, muss der Regelungsgegenstand beider Normen verglichen werden.

---

[80] *Hix*, Probleme der Normierung einer Sportklausel im Grundgesetz, 2013, S. 215, 247; *Maurer*, Staatsrecht I, 6. Aufl. 2010, § 6, Rn. 9; *Michel*, Staatszwecke, Staatsziele und Grundrechtsinterpretation, 1986, S. 182 ff.

[81] *Denninger*, Menschenrechte und Grundgesetz, 1994, S. 20; *Hölzl*, Der Sport als Staatszielbestimmung, 2002, S. 24 ff.; *Michel*, Staatszwecke, Staatsziele und Grundrechtsinterpretation, 1986, S. 177 ff.; *Sommermann*, Staatsziele und Staatszielbestimmungen, 1997, S. 373; ähnlich *Grzeszick*, in: Maunz/Dürig, GG, Stand: 75. Erglf., September 2015, Art. 20, Rn. 1; *Ipsen*, Staatsrecht I, 27. Aufl. 2015, Rn. 994.

[82] In diesem Sinne auch *Hix*, Probleme der Normierung einer Sportklausel im Grundgesetz, 2013, S. 215.

[83] Siehe dazu nur die Darstellung bei *Isensee*, in: Isensee/Kirchhof, HdbStR, Band IV, 3. Aufl. 2006, § 73, Rn. 6 m. w. N.

Die Kategorie der Staatszwecke geht tief in die philosophische Tradition Europas zurück und wurde zur Rechtfertigung der Existenz des Staates entwickelt[84]. Als solche haben sie eine legitimatorische Wirkung für den Staat, aber keine unmittelbare Handlungsrelevanz, weil sie allenfalls das staatliche Handeln auf einen Zweck begrenzen, es aber nicht aktiv und verbindlich vorgeben[85]. Die Kategorie der Staatszielbestimmungen dagegen hat keinerlei legitimatorische Bedeutung für die Existenz des Staates[86], sondern setzt dessen Existenz voraus[87], hat aber sehr wohl unmittelbare Handlungsrelevanz, indem sie dem Staat rechtlich verbindliche Ziele aufgibt und ihn zum Handeln auffordert[88].

Dass Staatszielbestimmungen und Staatszwecke teilweise auch synonym gebraucht werden, hat eine einfache Erklärung: In bestimmten Konstellationen können sich beide Kategorien unter verschiedenen Gesichtspunkten auf dieselbe Sache beziehen – so ist etwa die öffentliche Sicherheit im Allgemeinen sowohl ein Staatszweck als auch ein Staatsziel[89]. Hier bietet sich daher ein Rückgriff auf den bei Staatstrukturprinzipien bereits herangezogenen Gedanken der Doppelnatur einer Norm an. Ebenso ist deshalb bei der Normierung Vorsicht geboten, was insbesondere die systematische Stellung, aber auch den Wortlaut anbetrifft.

3) Grundrechte

Die aus Sicht der Bürger wohl wichtigste Normkategorie des Grundgesetzes sind die Grundrechte. Auch zwischen diesen und Staatszielbestimmungen besteht eine inhaltliche Schnittmenge. So beinhalten sowohl Grundrechte als auch

---

[84] Statt vieler siehe nur *Bull*, Die Staatsaufgaben nach dem Grundgesetz, 2. Aufl. 1977, S. 43; *Bull*, NVwZ 1989, 801, 802; *Isensee*, in: Isensee/Kirchhof, HdbStR, Band IV, 3. Aufl. 2006, § 73, Rn. 6; *Link*, VVDStRL 1990 (Bd. 48), 7, 10 ff.
[85] *Isensee*, in: Isensee/Kirchhof, HdbStR, Band IV, 3. Aufl. 2006, § 73, Rn. 7 f.
[86] *Bull*, NVwZ 1989, 801, 802; *Isensee*, in: Isensee/Kirchhof, HdbStR, Band IV, 3. Aufl. 2006, § 73, Rn. 8.
[87] *Hix*, Probleme der Normierung einer Sportklausel im Grundgesetz, 2013, S. 213.
[88] *Isensee*, in: Isensee/Kirchhof, HdbStR, Band IV, 3. Aufl. 2006, § 73, Rn. 7 f.
[89] *Isensee*, in: Isensee/Kirchhof, HdbStR, Band IV, 3. Aufl. 2006, § 73, Rn. 6; in diesem Sinne etwa auch *Link*, VVDStRL 1990 (Bd. 48), 7, 17 ff.; *Scheuner*, in: Schnur, FS für Ernst Forsthoff, 2. Aufl. 1974, 336 f., 340 ff.

Staatszielbestimmungen objektive Wertentscheidungen[90]. Weil Grundrechte aber im Gegensatz zu Staatszielbestimmungen auch unmittelbar einklagbare subjektive öffentliche Rechte gegen den Staat vermitteln[91], sind sie schon deshalb eindeutig von Staatszielbestimmungen abgrenzbar. Sie begrenzen als einklagbare Rechte das staatliche Handeln, während Staatszielbestimmungen eher das Handeln steuern[92]. Grundrechte unterscheiden sich zudem nicht nur „innerlich" in ihrer Wirkungsweise, sondern auch äußerlich dadurch, dass sie wegen ihrer unmittelbaren anspruchsbegründenden Wirkung detaillierter gefasst sind als Staatszielbestimmungen[93]. Grundrechte gehen folglich wesentlich weiter als Staatszielbestimmungen und sind insbesondere wegen ihrer für die Bürger bedeutenden subjektiv-rechtlichen Wirkungsweise streng von Staatszielbestimmungen abzugrenzen.

Trotz der Unterschiede bietet diese Normkategorie wohl das größte Verwechslungspotenzial. Denn eine Regelung kann schnell ungewollt zu detailliert ausfallen, den verwendeten Wörtern, dem Satzbau und der systematischen Stellung nach einen subjektiv-rechtlichen Gehalt vermitteln, der nicht beabsichtigt war, sodass im Ergebnis ein Grundrecht anstelle einer Staatszielbestimmung kodifiziert wird. Bei dem Regelungsvorschlag ist deshalb hierauf in besonderem Maße zu achten.

---

[90] Für Staatszielbestimmungen siehe *Fischer*, Staatszielbestimmungen, 1994, S. 6; *Graf Vitzthum*, ZfA 1991, 695, 698; *Hahn*, Staatszielbestimmungen, 2010, S. 65, 70, 92; *Hölzl*, Der Sport als Staatszielbestimmung, 2002, S. 26; *Humberg*, ZRP 2007, 57, 60; *Vogel*, DVBl. 1994, 497, 499; zum objektiv-rechtlichen Gehalt von Grundrechten besonders prägend die sog. „Lüth-Entscheidung", *BVerfG*, Urt. v. 15.01.1958 - 1 BvR 400/51 - BVerfGE 7, 198, 204 f.; aus der Lit. siehe *Hesse*, Grundzüge des Verfassungsrechts, 20. Aufl. 1999, Rn. 290; *Herdegen*, in: Maunz/Dürig, GG, Stand: 75. Erglf., September 2015, Art. 1 Abs. 3, Rn. 16 ff.; *Ipsen*, Staatsrecht II, 18. Aufl. 2015, Rn. 97 f.; *Isensee*, in: Isensee/Kirchhof, HdbStR, Band IX, 3. Aufl. 2011, § 191, Rn. 158; *Pieroth/Schlink/Kingreen/Poscher*, Staatsrecht II, 31. Aufl. 2015, Rn. 97 ff.; *Stern*, Staatsrecht III/1, 1988, S. 890 ff., 911 ff.

[91] So auch *Hölzl*, Der Sport als Staatszielbestimmung, 2002, S. 26; zum subjektiv-rechtlichen Gehalt von Grundrechten ausführlich unter 1. Kapitel, A. VI. 3) b) bb) (2).

[92] *Fischer*, Staatszielbestimmungen, 1994, S. 20; *Hahn*, Staatszielbestimmungen, 2010, S. 69.

[93] *Dreher*, Staatsziele im Bundesstaat am Beispiel des Sports, 2005, S. 9.

4) Soziale Grundrechte

Noch komplizierter ist dies bei sog. „sozialen Grundrechten“ [94], weil es für diese schon keine allgemein anerkannte Definition gibt[95]. Bei der Bezeichnung handelt es sich vielmehr um einen Oberbegriff für staatliche Verpflichtungen zur Herstellung der Voraussetzungen zur tatsächlichen Ausübung der Freiheitsrechte und zur Entfaltung der Persönlichkeit[96]. Wesentliches Merkmal sozialer Grundrechte ist ihr Bezug auf das Soziale[97]. Die Wahl des Begriffes war eher sprachpolitisch motiviert und sollte das Gewicht der Kategorie betonen[98], nicht aber eine Kategorisierung als Grundrecht bewirken. Dadurch wurde jedoch erhebliches Verwirrungspotenzial geschaffen, weil der Großteil der sozialen Grundrechte, im Gegensatz zu „echten Grundrechten“ und trotz der oftmals verwendeten Formulierung als „Recht auf“[99] gerade keine subjektiven Rechte vermittelt[100]. Sie sind dafür inhaltlich zu offen und bedürfen regelmäßig einer inhaltlichen Konkretisierung und Ausgestaltung durch ein einfaches Gesetz[101]. Vor diesem Hintergrund erscheint die Begriffswahl als etwas unglücklich.

In der Offenheit der Regelungen und ihrer fehlenden Subjektivität liegt dagegen eine Gemeinsamkeit mit Staatszielbestimmungen, weshalb ebenfalls im Gleichlauf zu diesen angenommen wird, dass der Großteil der sozialen Grundrechte

---

[94] Zum Begriff siehe nur *Murswiek*, in: Isensee/Kirchhof, HdbStR, Band IX, 3. Aufl. 2011, § 192, Rn. 59.

[95] Siehe nur die „Auflistung“ der zahlreichen unterschiedlichen Definitionsversuche bei *Lange*, in: Böckenförde/Jekewitz/Ramm, Soziale Grundrechte, 1981, S. 49, der zu dem Ergebnis kommt: „Was soziale Grundrechte sind, ist alles andere als klar“.

[96] *Fischer*, Staatszielbestimmungen, 1994, S. 22; ähnlich *Lange*, in: Böckenförde/Jekewitz/Ramm, Soziale Grundrechte, 1981, S. 49;

[97] *Dörfler*, Vereinbarkeit sozialer Grundrechte, 1978, S. 76.

[98] *Murswiek*, in: Isensee/Kirchhof, HdbStR, Band IX, 3. Aufl. 2011, § 192, Rn. 59.

[99] Beispielsweise ist das in Art. 27 Satz 1 BremVerf verankerte „Recht auf Bildung“ nach der einschlägigen landesrechtlichen Lit. ein soziales Grundrecht; vgl. *Neumann*, BremVerf, 1996, Art. 27, Rn. 1 ff.

[100] *Badura*, Der Staat 1975 (Bd. 14), 17, 25, 27; *Böckenförde*, in: Böckenförde/Jekewitz/Ramm, Soziale Grundrechte, 1981, S. 12; *Fischer*, Staatszielbestimmungen, 1994, S. 22; *Graf Vitzthum*, VBlBW. 1991, 404, 405; *Hesse*, Grundzüge des Verfassungsrechts, 20. Aufl. 1999, Rn. 208; *Murswiek*, in: Isensee/Kirchhof, HdbStR, Band IX, 3. Aufl. 2011, § 192, Rn. 58 f.; *Nebendahl*, ZRP 1991, 257, 262; *Scheuner*, in: Schnur, FS für Ernst Forsthoff, 2. Aufl. 1974, 331; *Sterzel*, ZRP 1993, 13, 17.

[101] Ausführlich hierzu *Murswiek*, in: Isensee/Kirchhof, HdbStR, Band IX, 3. Aufl. 2011, § 192, Rn. 56 ff.

rein objektiv-rechtlich den Gesetzgeber auf ein mehr oder weniger verdichtetes Programm sozialer Gestaltung verpflichten[102]. Sie können daneben aber auch von der Exekutive und Judikative als Auslegungshilfen und Ermessensrichtlinien zu berücksichtigen sein[103]. Weil die beiden Kategorien damit im Adressatenkreis, im Wortlaut und in der Wirkung identisch sein können – vereinzelt werden auch Staatszielbestimmungen als „Recht auf" kodifiziert[104] – wird teilweise angenommen, dass Staatszielbestimmungen ein Unterfall sozialer Grundrechte, der sog. „sozialen Grundrechte im weiteren Sinne" seien[105].

Angesichts der aufgezeigten umfassenden Übereinstimmungen von sozialen Grundrechten im weiteren Sinne und Staatszielbestimmungen ist diesem Verständnis insoweit beizutreten, als auch Teilidentität bestehen kann. Denn liegt der seltenere Fall, dass auch subjektive Ansprüche und Freiheitsrechte mit sozialem Bezug vermittelt werden vor, kann dieser über die Kategorie der sog. „sozialen Grundrechte im engeren Sinne" dogmatisch sauber eingeordnet werden[106]. Zu denken ist hier insbesondere an das Recht auf gleichen Zugang zu bestehenden Leistungssystemen oder Einrichtungen[107], wie es in Form eines Anspruchs auf gleichberechtigten Zugang zum Hochschulstudium in der Numerus-Clausus-Entscheidung des *BVerfG* aus Art. 12 Abs. 1 GG in Verbindung mit

---

[102] *Badura*, Der Staat 1975 (Bd. 14), 17, 27; ähnlich *Murswiek*, in: Isensee/Kirchhof, HdbStR, Band IX, 3. Aufl. 2011, § 192, Rn. 60.

[103] *Badura*, Der Staat 1975 (Bd. 14), 17, 28; *Murswiek*, in: Isensee/Kirchhof, HdbStR, Band IX, 3. Aufl. 2011, § 192, Rn. 61 f.

[104] *Sommermann*, Staatsziele und Staatszielbestimmungen, 1997, S. 371; vgl. etwa zum „Recht auf angemessenen Wohnraum" in Art. 28 Abs. 1 BerlVerf oder Art. 47 Abs. 1 BbgVerf, bei dem es sich nach allgemeiner Auffassung in der landesspezifischen Lit. um eine Staatszielbestimmung handelt – *Driehaus*, in: Driehaus, BerlVerf, 3. Aufl. 2009, Art. 28, Rn. 2; *Stöhr*, in: Pfennig/Neumann, BerlVerf, 3. Aufl. 2000, Art. 28, Rn. 3; *Lieber*, in: Lieber/Iwers/Ernst, BbgVerf, 2012, Art. 47, Ziff. 1.1. alle m. w. N.

[105] *Hahn*, Staatszielbestimmungen, 2010, S. 74 ff.; *Müller-Bromley*, Staatszielbestimmung Umweltschutz, 1990, S. 60; *Ramm*, in: Böckenförde/Jekewitz/Ramm, Soziale Grundrechte, 1981, S. 30; so wohl auch *Hesse*, Grundzüge des Verfassungsrechts, 20. Aufl. 1999, Rn. 208; *Isensee*, in: Isensee/Kirchhof, HdbStR, Band IV, 3. Aufl. 2006, § 73, Rn. 9; *Murswiek*, in: Isensee/Kirchhof, HdbStR, Band IX, 3. Aufl. 2011, § 192, Rn. 60; *Sommermann*, Staatsziele und Staatszielbestimmungen, 1997, S. 372; *Stern*, Staatsrecht III/2, 1994, S. 1485 f.; ohne Einordnung als bloßen Unterfall *Graf Vitzthum*, VBlBW. 1991, 404, 405 f.; *Nebendahl*, ZRP 1991, 257, 262; *Sterzel*, ZRP 1993, 13, 17; *Vogelgesang*, DÖV 1991, 1045, 1050.

[106] In diesem Sinne auch *Badura*, Der Staat 1975 (Bd. 14), 17, 27; *Fischer*, Staatszielbestimmungen, 1994, S. 22; *Hahn*, Staatszielbestimmungen, 2010, S. 74 f.; *Ramm*, in: Böckenförde/Jekewitz/Ramm, Soziale Grundrechte, 1981, S. 30.

[107] Für weitere Kategorien siehe *Badura*, Der Staat 1975 (Bd. 14), 17, 27.

dem Sozialstaatsprinzip und Art. 3 Abs. 1 GG hergeleitet wurde[108]. Im Gegensatz zu „echten Grundrechten“ stehen diese stets unter dem Vorbehalt des Möglichen, da die Anspruchserfüllung kostenträchtig ist – Schaffung oder Gewährung von Studienplätzen kostet Geld – und somit von der wirtschaftlichen Leistungsfähigkeit des Staates abhängt[109]. Dieses Verständnis überzeugt, da auch die Autoren, die zwischen Staatszielbestimmungen und sozialen Grundrechten – gemeint sind solche im weiteren Sinne – differenzieren, einräumen, dass es in der Sache keine wesentlichen Unterschiede zwischen diesen beiden Kategorien gebe[110].

Danach besteht zwischen Staatszielbestimmungen und sozialen Grundrechten also Teilidentität. Soziale Grundrechte im weiteren Sinne sind zeitgleich Staatszielbestimmungen, die einen sozialen Bezug aufweisen. Soziale Grundrechte im engeren Sinne dagegen sind eine eigene Kategorie, die subjektive Rechte unter dem Vorbehalt des Möglichen vermitteln und sich von Staatszielbestimmungen unterscheiden. Zur Vermeidung von Verwechslungen zwischen diesen ist bei dem Ausgestaltungsvorschlag von der Verwendung von Begriffen wie „Recht auf“ abzusehen.

5) Gesetzgebungsaufträge

Ähnlich wie Staatszielbestimmung geben „Gesetzgebungsaufträge“ dem Gesetzgeber die Regelung bestimmter Bereiche oder Vorhaben auf, sei es über-

---

[108] *BVerfG*, Urt. v. 18.07.1972 - BvL 32/70 und 25/71 - BVerfGE 33, 303, 330 ff.; zur Herleitung sozialer Grundrechte siehe *Zippelius/Würtenberger*, Deutsches Staatsrecht, 32. Aufl. 2008, § 17, Rn. 5; im Gegensatz zu den Verfassungen der Bundesländer verzichtet das Grundgesetz weitestgehend auf soziale Grundrechte, vgl. dazu nur *Hesse*, Grundzüge des Verfassungsrechts, 20. Aufl. 1999, Rn. 208, mit Beispielen und weiteren Nachweisen unter Fn. 25.

[109] So etwa auch bereits *BVerfG*, Urt. v. 18.07.1972 - BvL 32/70 und 25/71 - BVerfGE 33, 303, 330 ff.; ausführlich hierzu *Murswiek*, in: Isensee/Kirchhof, HdbStR, Band IX, 3. Aufl. 2011, § 192, Rn. 63 ff. m. w. N.

[110] *Graf Vitzthum*, VBlBW. 1991, 404, 405 f.; *Vogelgesang*, DÖV 1991, 1045, 1050; *Nebendahl*, ZRP 1991, 257, 262.

haupt oder mit Bindung auch in zeitlicher Hinsicht[111], und bilden somit die Grundlage für verfassungsausführende einfache Gesetze[112]. Dies ist auch das primäre Ziel von Staatszielbestimmungen. Zwar sind Gesetzgebungsaufträge an sich mit dem Erlass der gesetzlichen Regelung erfüllt, doch implizieren sie auch eine Anpassungspflicht, wenn sich die Verhältnisse ändern[113]. Damit teilen sie ferner die Dynamik von Staatszielbestimmungen[114]. Zudem verbindet Gesetzgebungsaufträge und Staatszielbestimmungen, dass sie unmittelbar keine subjektiven Rechte vermitteln[115] und bei der Ermessensausübung und der Auslegung von Gesetzen zu berücksichtigen sein können[116], weshalb auch zwischen diesen Kategorien Verwechslungsgefahr besteht.

Trotz der Gemeinsamkeiten weisen die Normkategorien auch wichtige Unterschiede auf, die eine Abgrenzung notwendig machen. Gesetzgebungsaufträge richten sich nur ausdrücklich an den Gesetzgeber[117]. Damit unterscheiden sie

---

[111] *Bundesminister des Inneren/Bundesminister der Justiz (Hrsg.)*, Kommissionsbericht, 1983, S. 21, Rn. 8; *Dreher*, Staatsziele im Bundesstaat am Beispiel des Sports, 2005, S. 7; *Hahn*, Staatszielbestimmungen, 2010, S. 66; *Hölzl*, Der Sport als Staatszielbestimmung, 2002, S. 20.

[112] *Dreher*, Staatsziele im Bundesstaat am Beispiel des Sports, 2005, S. 7; *Neumann*, in: Neumann/Tillmanns, Verfassungsrechtliche Probleme bei der Konstituierung der neuen Bundesländer, 1997, S. 85; *Hahn*, Staatszielbestimmungen, 2010, S. 66; *Hix*, Probleme der Normierung einer Sportklausel im Grundgesetz, 2013, S. 219.

[113] *Maurer*, Staatsrecht I, 6. Aufl. 2010, § 6, Rn. 20.

[114] So auch *Hahn*, Staatszielbestimmungen, 2010, S. 66.

[115] *Dreher*, Staatsziele im Bundesstaat am Beispiel des Sports, 2005, S. 8; *Müller-Bromley*, Staatszielbestimmung Umweltschutz, 1990, S. 46. Nur im Ausnahmefall können Gesetzgebungsaufträge Individualansprüche auf Tätigwerden des Gesetzgebers vermitteln, wenn sie so ausgestaltet sind, dass sie einer begünstigten Gruppe entsprechende Individualansprüche vermitteln – so etwa aus Art. 6 Abs. 5 GG im Hinblick auf die Gleichbehandlung unehelicher Kinder. Vgl. hierzu etwa *BVerfG*, Beschl. v. 29.01.1969 - 1 BvR 26/66 - BVerfGE 25, 167, 173 m w. N. aus der Rspr.; *Bundesminister des Inneren/Bundesminister der Justiz (Hrsg.)*, Kommissionsbericht, 1983, S. 21, Rn. 8; *Dreher*, Staatsziele im Bundesstaat am Beispiel des Sports, 2005, S. 8.

[116] *Bundesminister des Inneren/Bundesminister der Justiz (Hrsg.)*, Kommissionsbericht, 1983, S. 21, Rn. 8; *Dreher*, Staatsziele im Bundesstaat am Beispiel des Sports, 2005, S. 7; besonders ausführlich hierzu und mit ausdrücklichem Hinweis, dass dies auch für die Judikative und Exekutive gelte, obwohl diese nicht ausdrücklich angesprochen werden, *Müller-Bromley*, Staatszielbestimmung Umweltschutz, 1990, S. 45; *Sommermann*, Staatsziele und Staatszielbestimmungen, 1997, S. 363.

[117] *Dreher*, Staatsziele im Bundesstaat am Beispiel des Sports, 2005, S. 7; *Hahn*, Staatszielbestimmungen, 2010, S. 66; *Michel*, Staatszwecke, Staatsziele und Grundrechtsinterpretation, 1986, S. 205; *Müller-Bromley*, Staatszielbestimmung Umweltschutz, 1990, S. 44; *Sommermann*, Staatsziele und Staatszielbestimmungen, 1997, S. 362; allerdings sind die dort enthaltenen objektiven Wertentscheidungen auch von der Exekutive und Judikative zu berücksichti-

sich bereits im Adressatenkreis von Staatszielbestimmungen, die an alle drei Staatsgewalten gerichtet sind. Außerdem weisen Gesetzgebungsaufträge in der Regel – dies kann bei qualifizierten Staatszielbestimmungen anders sein – einen höheren Konkretisierungsgrad auf als Staatszielbestimmungen, weil sie letztlich das Handeln nur eines Organs betreffen und somit ihrem Adressaten einen geringeren Gestaltungsspielraum belassen[118]. Dies gilt vor allem hinsichtlich des „Ob" des Tätigwerdens, bei dem die Gesetzgebungsaufträge der Legislative in der Regel keinerlei Spielraum einräumen, sondern ihr nur das „Wie" freistellen[119]. Staatszielbestimmungen überlassen dagegen nicht nur das „Wie", sondern auch das „Ob" und „Wann" der Gestaltungsfreiheit der Legislative.

Damit der Ausgestaltungsvorschlag keinen Gesetzgebungsauftrag vorsieht, ist darauf zu achten, dass nicht nur eine Bindung des Gesetzgebers, sondern aller Staatsgewalt erreicht wird und, dass die Regelung nicht zu detailliert ausfällt, damit auch das „Ob" und „Wann" des Tätigwerdens dem Gesetzgeber freigestellt bleibt.

6) Einrichtungsgarantien

Auch „Einrichtungsgarantien" betreffen Aspekte, die Staatszielbestimmungen ausmachen. Sie haben im Wesentlichen zwei Funktionen. Als sog. „institutionelle Garantien" dienen sie dem Schutz und dem Erhalt öffentlich-rechtlicher Or-

---

gen; so auch *Fischer*, Staatszielbestimmungen, 1994, S. 23 f.; *Hahn*, Staatszielbestimmungen, 2010, S. 66; *Müller-Bromley*, Staatszielbestimmung Umweltschutz, 1990, S. 45; *Sommermann*, Staatsziele und Staatszielbestimmungen, 1997, S. 363; aus der Rspr. siehe nur *BVerfG*, Beschl. v. 29.01.1969 - 1 BvR 26/66 - BVerfGE 25, 167, 173 m. w. N.

[118] Ausführlich hierzu *Müller-Bromley*, Staatszielbestimmung Umweltschutz, 1990, S. 44 f. m. w. N.; so auch *Hahn*, Staatszielbestimmungen, 2010, S. 66; *Neumann*, in: Neumann/Tillmanns, Verfassungsrechtliche Probleme bei der Konstituierung der neuen Bundesländer, 1997, S. 85; *Sommermann*, Staatsziele und Staatszielbestimmungen, 1997, S. 364.

[119] *Hix*, Probleme der Normierung einer Sportklausel im Grundgesetz, 2013, S. 219; ausführlich hierzu und mit Nachweisen zum Ausnahmefall der umgekehrten sog. „bedingten Gesetzgebungsaufträge" mit Vorgaben für das „Wie" aber Freistellung des „Ob", *Müller-Bromley*, Staatszielbestimmung Umweltschutz, 1990, S. 44 f.; noch strenger *Hahn*, Staatszielbestimmungen, 2010, S. 67, der die Vorgaben von Gesetzgebungsaufträgen sowohl hinsichtlich des „Ob" als auch des „Wie" für konkreter erachtet.

ganisations- und Funktionsbereiche; als sog. „Institutsgarantien" dem Schutz und dem Erhalt privatrechtlicher Rechtsinstitute[120]. Da die Schutzpflicht eine Ausprägung der objektiv-rechtlichen Rechtsnatur von Verfassungsvorschriften ist[121], verbindet Staatszielbestimmungen und Einrichtungsgarantien ihre objektiv-rechtliche Rechtsnatur[122]. Darüber hinaus teilen sich Staatszielbestimmungen mit Einrichtungsgarantien in Form von Institutsgarantien eine „verfassungsverwirklichende Funktion"[123], weil beide auf eine Verwirklichung postulierter Vorgaben abzielen. Sie sind richtigerweise auch beide primär an den Gesetzgeber, aber trotzdem an alle drei Gewalten gerichtet[124]. Denn der Schutz von Einrichtungsgarantien ausschließlich durch den Gesetzgeber könnte insbesondere bei Verwendung unbestimmter Rechtsbegriffe bei der Ausgestaltung der Einrichtungsgarantien in Gesetzen zu Schutzlücken führen. Außerdem müssen die objektiv-rechtlichen Wertvorgaben aller Verfassungsbestimmungen von aller Staatsgewalt beachtet werden, sodass nicht ersichtlich ist, wieso dies für Einrichtungsgarantien nicht gelten sollte.

Weil aber auch essentielle Unterschiede zwischen den beiden Normkategorien bestehen, muss zwischen ihnen differenziert werden. So bezieht sich der Schutzauftrag von Einrichtungsgarantien lediglich auf ihren Kerngehalt[125], während Staatszielbestimmungen weit gefasst sind und einen entsprechenden weiten Ansatz verfolgen. Insbesondere fehlt es den Einrichtungsgarantien an der dynamischen Komponente von Staatszielbestimmungen[126]. Während Einrichtungsgarantien nur den traditionellen Bestand erhalten sollen und allenfalls vorsichtige

---

[120] *Hahn*, Staatszielbestimmungen, 2010, S. 72; *Maurer*, Staatsrecht I, 6. Aufl. 2010, § 6, Rn. 21; *Stern*, Staatsrecht III/1, 1988, S. 776 m. w. N.; ausführlich dazu *Sommermann*, Staatsziele und Staatszielbestimmungen, 1997, S. 366 f.

[121] Dazu sogleich unter 1. Kapitel, VI.

[122] So für Einrichtungsgarantien, *Müller-Bromley*, Staatszielbestimmung Umweltschutz, 1990, S. 53.

[123] *Hölzl*, Der Sport als Staatszielbestimmung, 2002, S. 22.

[124] *Hahn*, Staatszielbestimmungen, 2010, S. 72; *Stern*, Staatsrecht III/1, 1988, S. 871; *Rüfner*, in: Isensee/Kirchhof, HdbStR, Band IX, 3. Aufl. 2011, § 185, Rn. 78; nur im Hinblick auf institutionelle Garantien *Sommermann*, Staatsziele und Staatszielbestimmungen, 1997, S. 368; a. A. *Hix*, Probleme der Normierung einer Sportklausel im Grundgesetz, 2013, S. 216; *Hölzl*, Der Sport als Staatszielbestimmung, 2002, S. 22, die annehmen, dass sich Einrichtungsgarantien ausschließlich an den Gesetzgeber richten.

[125] *Maurer*, Staatsrecht I, 6. Aufl. 2010, § 6, Rn. 21.

[126] *Fischer*, Staatszielbestimmungen, 1994, S. 24; *Hahn*, Staatszielbestimmungen, 2010, S. 72 f.; *Hölzl*, Der Sport als Staatszielbestimmung, 2002, S. 22; *Maurer*, Staatsrecht I, 6. Aufl. 2010, § 6, Rn. 21.

Weiterentwicklungen zulassen, sind Staatszielbestimmungen auf Veränderungen angelegt[127].

Für den Ausgestaltungsvorschlag bedeutet dies, dass darauf zu achten ist, dass nicht nur sportrelevante Institute, wie etwa durch den Staat bereitgestellte Sportstätten, gewährleistet werden, sondern eine möglichst weite Regelung gefunden wird, die der dynamischen Komponente von Staatszielbestimmungen hinreichend Rechnung trägt.

7) Kompetenzvorschriften

Eine Abgrenzung zu der Kategorie „Kompetenzvorschriften" ist nicht so sehr wegen des Bestehens von Verwechslungsgefahr[128], sondern aus einem anderen Grund erforderlich. Es besteht die Gefahr, dass aus der Verpflichtungswirkung von Staatszielbestimmung für die staatlichen Gewalten auf eine Kompetenzzuweisung geschlossen und damit angenommen wird, dass Staatszielbestimmungen zugleich Kompetenzvorschriften seien. Diesen Fehlschluss[129] gilt es zu verhindern. Kompetenzvorschriften legen primär die Zuständigkeiten von Bund, Ländern oder Kommunen als sog. „Verbandskompetenzen" und ihrer Organe, also etwa des Bundestags, Bundesrats oder der Bundesregierung als sog. „Organkompetenzen" fest [130]. Staatszielbestimmungen wenden sich dagegen ebenenübergreifend an alle drei Staatsgewalten, ohne eine konkrete Zuweisung an einen Verband oder ein Organ vorzunehmen[131]. Kein Staatsorgan kann ohne

---

[127] *Hahn*, Staatszielbestimmungen, 2010, S. 72 f.; *Hix*, Probleme der Normierung einer Sportklausel im Grundgesetz, 2013, S. 216; *Maurer*, Staatsrecht I, 6. Aufl. 2010, § 6, Rn. 21.

[128] Gemeinsam ist den Kategorien, dass beiden objektive Wertentscheidungen entnommen werden können; siehe dafür nur *Fischer*, Staatszielbestimmungen, 1994, S. 27.

[129] Nach der h. M. begründen Staatszielbestimmungen gerade keine Kompetenzen; siehe dafür nur *Fischer*, Staatszielbestimmungen, 1994, S. 27; *Hahn*, Staatszielbestimmungen, 2010, S. 77; *Hellermann*, in: Epping/Hillgruber, BeckOK GG, Stand: 28. Edt., 01.03.2016, Art. 30, Rn. 14.4; *Hix*, Probleme der Normierung einer Sportklausel im Grundgesetz, 2013, S. 301 f.; *Kloepfer*, in: Grupp/Hufeld, FS Mußgnug, 2005, S. 17, Fn. 79; *Michel*, Staatszwecke, Staatsziele und Grundrechtsinterpretation, 1986, S. 285; *Sommermann*, Staatsziele und Staatszielbestimmungen, 1997, S. 366.

[130] *Isensee*, in: Isensee/Kirchhof, HdbStR, Band IV, 3. Aufl. 2006, § 73, Rn. 19; *Maurer*, Staatsrecht I, 6. Aufl. 2010, § 6, Rn. 22.

[131] *Hahn*, Staatszielbestimmungen, 2010, S. 77.

Kompetenz handeln, auch nicht zum Zwecke der Verwirklichung von Staatszielbestimmungen[132]. Im Übrigen wären Staatszielbestimmungen in Verfassungen der Bundesländer gar nicht in der Lage, die Kompetenzen zwischen Bund und Ländern aufzuteilen, da die Kompetenzverteilung in einem föderalen Staat in der Bundesverfassung geregelt werden muss[133].

Darüber hinaus wird teilweise vertreten, dass sich umgekehrt in engen Grenzen aus Kompetenzvorschriften Staatszielbestimmungen entnehmen ließen, wenn Formulierungen verwendet werden, die auf die Erwartung staatlicher Aktivität hindeuten – so etwa bei den Formulierungen „pflegen" oder „fördern", wie in Art. 74 Abs. 1 Nr. 17 GG[134]. Die besseren Argumente sprechen auch gegen dieses Verständnis. Wie sich aus Art. 70 Abs. 2 GG ergibt, dienen die besagten Regelungen in Art. 71 ff. GG, die die nach dieser Auffassung relevanten Formulierungen enthalten, lediglich der Abgrenzung der Zuständigkeit zwischen Bund und Ländern[135]. Damit ist die Funktion der Kompetenzvorschriften auf die Abgrenzung der Zuständigkeiten begrenzt. Bestätigt wird dies durch den Wortlaut der grundlegenden Kompetenzvorschriften in Art. 30 und 70 Abs. 1 GG, die von Befugnissen, Rechten und Aufgaben sprechen, aber jeglichen Verpflichtungscharakter vermissen lassen. Aus Kompetenzvorschriften können sich deshalb allenfalls Handlungsbefugnisse ergeben, jedoch keine Handlungspflichten des Staates[136]. Staatszielbestimmungen macht aber gerade ihre Verpflichtungswirkung aus[137]. Damit besteht auch insoweit keine Identität zwischen Staatszielbestimmungen und Kompetenzvorschriften. Für den Ausgestaltungsvorschlag bedeutet dies, dass klarstellungshalber auf Formulierungen verzichtet werden sollte, die eine Kompetenzzuweisung nahe legen.

---

[132] *Hahn*, Staatszielbestimmungen, 2010, S. 77; *Sommermann*, Staatsziele und Staatszielbestimmungen, 1997, S. 366.

[133] *Fischer*, Staatszielbestimmungen, 1994, S. 26 f.

[134] *Fischer*, Staatszielbestimmungen, 1994, S. 26; *Scheuner*, in: Schnur, FS für Ernst Forsthoff, 2. Aufl. 1974, 337; ausführlich und besonders kritisch dazu *Michel*, Staatszwecke, Staatsziele und Grundrechtsinterpretation, 1986, S. 197 ff.

[135] *Michel*, Staatszwecke, Staatsziele und Grundrechtsinterpretation, 1986, S. 198.

[136] *Fischer*, Staatszielbestimmungen, 1994, S. 26; *Hahn*, Staatszielbestimmungen, 2010, S. 77; *Isensee*, in: Isensee/Kirchhof, HdbStR, Band IV, 3. Aufl. 2006, § 73, Rn. 19; *Maurer*, Staatsrecht I, 6. Aufl. 2010, § 6, Rn. 22; *Michel*, Staatszwecke, Staatsziele und Grundrechtsinterpretation, 1986, S. 197 f., 200.

[137] Ebenfalls zwischen kompetenzbedingten Handlungsmöglichkeiten und staatszielbestimmungsbedingten Handlungs- bzw. Befassungspflichten differenzierend *Sommermann*, Staatsziele und Staatszielbestimmungen, 1997, S. 366.

8) Staatsaufgaben

„Staatsaufgaben" bestimmen ausdrücklich oder konkludent[138] den legitimen[139] Tätigkeitsbereich des Staates und damit die Möglichkeit für ihn Aufgaben wahrzunehmen, ohne eine abschließende Regelung zu treffen[140]. Damit legen sie Sachaufgaben fest, ohne Ziele zu formulieren[141]. Umgekehrt stellen Staatszielbestimmungen aber eine Regelungsform zur Verankerung von Staatsaufgaben dar, weil aus ihnen eine Richtschnur zur Auswahl und Erfüllung von Staatsaufgaben folgt[142]. Damit können Staatszielbestimmungen zwar Staatsaufgaben sein, aber nicht umgekehrt[143]. Von anderen Staatsaufgaben, wie etwa solchen aus

---

[138] *Bundesminister des Inneren/Bundesminister der Justiz (Hrsg.)*, Kommissionsbericht, 1983, S. 18, Rn. 3.

[139] Die „Beschränkung" auf den „legitimen" Tätigkeitsbereich ist auf eine Korrektur bzw. Präzisierung der Rechtsprechung des BVerfG zurückzuführen, wie sie in der Literatur erfolgt. Danach müsse die Aussage des *BVerfG*, Urt. v. 28.02.1961 - 2 BvG 1, 2/60 - BVerfGE 12, 205, 243, dass eine „staatliche Aufgabe" gegeben sei, „wenn sich der Staat mit dieser Aufgabe in irgendeiner Form befasst" habe, dahingehend modifiziert werden, dass es darauf ankommen, ob das Tätigkeitsfeld von Rechts wegen dem Staat zugeiesen oder zuänglich sei, er sich mithin mit der Aufgabe in den Formen und Bahnen des Rechts befasse; vgl. nur *Isensee*, in: Isensee/Kirchhof, HdbStR, Band IV, 3. Aufl. 2006, § 73, Rn. 13 m. w. N.; und aus der aktuelleren Zeit *Hix*, Probleme der Normierung einer Sportklausel im Grundgesetz, 2013, S. 213. Dem ist formell im Hinblick auf die Bindung des Staates an die verfassungsmäßige Ordnung bzw. Gesetz und Recht nach Art. 20 Abs. 3 GG zuzustimmen. Allerdings kann die Legislative alle Aufgaben an sich ziehen, sodass es einer vorherigen gesetzlichen Festlegung einer Staatsaufgabe nicht bedarf. Die Beschränkung bedeutet insofern nur, dass die gesetzlichen Vorgaben – dies gilt insbesondere für Kopetenzvorschriften – auch bei der Wahrnehmung von Staatsaufgaben zu beachten sind.

[140] *Fischer*, Staatszielbestimmungen, 1994, S. 27; *Sommermann*, Staatsziele und Staatszielbestimmungen, 1997, S. 365, m. w. N.; ausführlich zum Begriff der Staatsaufgaben, *Isensee*, in: Isensee/Kirchhof, HdbStR, Band IV, 3. Aufl. 2006, § 73, Rn. 13.

[141] *Bull*, NVwZ 1989, 801, 802; *Dreher*, Staatsziele im Bundesstaat am Beispiel des Sports, 2005, S. 13; *Hix*, Probleme der Normierung einer Sportklausel im Grundgesetz, 2013, S. 214.

[142] *Badura*, Staatsrecht, 6. Aufl. 2015, D, Rn. 42; *Bundesminister des Inneren/Bundesminister der Justiz (Hrsg.)*, Kommissionsbericht, 1983, S. 19, Rn. 3; *Fischer*, Staatszielbestimmungen, 1994, S. 27; *Hahn*, Staatszielbestimmungen, 2010, S. 79; *Hix*, Probleme der Normierung einer Sportklausel im Grundgesetz, 2013, S. 214; *Hölzl*, Der Sport als Staatszielbestimmung, 2002, S. 19; *Sommermann*, Staatsziele und Staatszielbestimmungen, 1997, S. 364 f.; a. A. *Bull*, Die Staatsaufgaben nach dem Grundgesetz, 2. Aufl. 1977, S. 44 ff.; *Bull*, NVwZ 1989, 801, 802, dessen Argument des unterschiedlichen Konkretisierungsgrades wegen der unterschiedlich konkreten Unterkategorien von Staatsaufgaben nicht überzeugt.

[143] *Bull*, Die Staatsaufgaben nach dem Grundgesetz, 2. Aufl. 1977, S. 44 ff.; *Bull*, NVwZ 1989, 801, 802; *Hix*, Probleme der Normierung einer Sportklausel im Grundgesetz, 2013, S. 214.

Grundrechten oder Kompetenzvorschriften unterscheiden sich Staatsaufgaben aus Staatszielbestimmungen durch ihre Abstraktheit und Offenheit[144] oder dadurch, dass sie nur die Möglichkeit, aber keine Verpflichtung zum Handeln begründen[145]. Eine strenge Trennung der beiden Normkategorien ist nicht möglich, aber auch nicht erforderlich, weshalb auch für den Ausgestaltungsvorschlag insoweit nichts Besonderes zu beachten ist.

9) Programmsätze

Die Grenze zwischen „Programmsätzen“ und Staatszielbestimmungen verläuft fließend, weshalb sie näher betrachtet werden müssen[146]. So sind sie, wie Staatsliebestimmungen, primär an den Gesetzgeber adressiert und stellen auf positives Handeln angelegte Anregungen dar[147]. Damit wird aber auch bereits der wesentliche Unterschied zwischen den Normkategorien deutlich: Programmsätze enthalten im Gegensatz zu Staatszielbestimmungen bloße Anregungen und sind damit nicht verbindlich für den Gesetzgeber, sondern stellen die Erfüllung der Aufforderungen in dessen Disposition und somit im Ergebnis reine Empfehlung dar[148]. Deshalb sind sie von Staatszielbestimmungen abzugrenzen[149].

---

[144] *Bull*, Die Staatsaufgaben nach dem Grundgesetz, 2. Aufl. 1977, S. 44 ff.; *Fischer*, Staatszielbestimmungen, 1994, S. 27; *Sommermann*, Staatsziele und Staatszielbestimmungen, 1997, S. 364 m. w. N.

[145] *Isensee*, in: Isensee/Kirchhof, HdbStR, Band IV, 3. Aufl. 2006, § 73, Rn. 15.

[146] *Fischer*, Staatszielbestimmungen, 1994, S. 25; *Hahn*, Staatszielbestimmungen, 2010, S. 68.

[147] *Hahn*, Staatszielbestimmungen, 2010, S. 67 f.; *Hölzl*, Der Sport als Staatszielbestimmung, 2002, S. 19; *Müller-Bromley*, Staatszielbestimmung Umweltschutz, 1990, S. 36.

[148] *Bundesminister des Inneren/Bundesminister der Justiz (Hrsg.)*, Kommissionsbericht, 1983, S. 20, Rn. 6; *Fischer*, Staatszielbestimmungen, 1994, S. 25; *Hahn*, Staatszielbestimmungen, 2010, S. 68; *Hix*, Probleme der Normierung einer Sportklausel im Grundgesetz, 2013, S. 215; *Hölzl*, Der Sport als Staatszielbestimmung, 2002, S. 19; *Kloepfer*, in: Kahl/Waldhoff/Walter, BK Grundgesetz, Stand: 178. Akt., April 2016, Art. 20a, Rn. 20; *Müller-Bromley*, Staatszielbestimmung Umweltschutz, 1990, S. 36.

[149] *Bundesminister des Inneren/Bundesminister der Justiz (Hrsg.)*, Kommissionsbericht, 1983, S. 20, Rn. 6; *Fischer*, Staatszielbestimmungen, 1994, S. 25; *Hahn*, Staatszielbestimmungen, 2010, S. 68; *Hölzl*, Der Sport als Staatszielbestimmung, 2002, S. 19; *Kloepfer*, in: Kahl/Waldhoff/Walter, BK Grundgesetz, Stand: 178. Akt., April 2016, Art. 20a, Rn. 20; *Müller-Bromley*, Staatszielbestimmung Umweltschutz, 1990, S. 36.

Wegen der fehlenden Verbindlichkeit hat man sich für das Grundgesetz, wie die in Art. 1 Abs. 3, 20 Abs. 3 und 79 Abs. 3 GG festgelegte Bindung des Staates an die Verfassung zum Ausdruck bringt, gegen die Aufnahme von Programmsätzen nach dem Vorbild der Weimarer Reichsverfassung entschieden[150]. Damit es dabei bleibt und ein Widerspruch zu Art. 1 Abs. 3, 20 Abs. 3 und 79 Abs. 3 GG verhindert wird, muss auch bei dem Ausgestaltungsvorschlag darauf geachtet werden, dass kein Programmsatz das Ergebnis der Bemühungen wird. Notwendig dafür ist eine möglichst verbindliche Ausgestaltung.

V. Staatszielbestimmungen de lege lata

Die Auseinandersetzung mit der Aufnahme einer Staatszielbestimmung zugunsten des Sports ist selbstverständlich nur deshalb angebracht, weil es bislang keine entsprechende Regelung im Grundgesetz gibt. Dies soll nachfolgend durch eine Darstellung der Ist-Situation des Staatszielbestimmungsbestandes auf Bundes- und Länderebene belegt werden. Zeitgleich lässt die Kenntnis über den Stand und die Entwicklung des Staatszielbestimmungsbestandes im Grundgesetz auch Rückschlüsse für die Frage nach der Notwendigkeit einer Staatszielbestimmung zugunsten des Sports zu. Denn falls die Situation für den Sport ähnlich ist wie für im Laufe der Jahre in das Grundgesetz aufgenommene Staatsziele, könnte dies ein Indiz für die Notwendigkeit einer Regelung zugunsten des Sports sein.

1) Grundgesetz

Das Grundgesetz geht im Gegensatz zu den Verfassungen der Bundesländer sparsam mit Staatszielbestimmungen um. Die wenigen aktuell kodifizierten Regelungen können fast „an einer Hand" abgezählt werden. Allerdings hat die Zahl der Staatszielbestimmungen seit In-Kraft-Treten des Grundgesetzes bis heute stetig zugenommen, welches es ebenfalls zu beleuchten gilt.

---

[150] *Dreher*, Staatsziele im Bundesstaat am Beispiel des Sports, 2005, S. 11; *Hölzl*, Der Sport als Staatszielbestimmung, 2002, S. 19 f.; *Lücke*, AöR 1982 (Bd. 107), 15, 27 m. w. N.

Zu den heute allgemein anerkannten im Grundgesetz kodifizierten Staatszielbestimmungen zählen: das Friedensgebot (Präambel)[151], die Förderung der Gleichbehandlung von Mann und Frau und die Beseitigung bestehender Nachteile (Art. 3 Abs. 2 Satz 2 GG)[152], das Verbot der Diskriminierung Behinderter (Art. 3 Abs. 3 Satz 2 GG)[153], das Sozialstaatsprinzip (Art. 20 Abs. 1 GG)[154], das Rechtsstaatsprinzip (Art. 20 Abs. 3 GG)[155], der Umwelt- und der Tierschutz (Art. 20a GG)[156], die Europäische Integration und Mitwirkung bei der Entwicklung der Europäischen Union (Präambel und Art. 23 Abs. 1 Satz 1 GG)[157] sowie die Erhaltung des gesamtwirtschaftlichen Gleichgewichts (Art. 109 Abs. 2 GG)[158]. Weder unter diesen allgemein anerkannten noch unter den vereinzelt

---

[151] *Hahn*, Staatszielbestimmungen, 2010, S. 117; *Starck*, in: von Mangoldt/Klein/Starck, Grundgesetz, Band 1, 6. Aufl. 2010, Präambel, Rn. 33; *Huber*, in: Sachs, GG, 7. Aufl. 2014, Präambel, Rn. 46.

[152] *Langenfeldt*, in: Maunz/Dürig, GG, Stand: 75. Erglf., September 2015, Art. 3 Abs. 2, Rn. 56 f.; *Hahn*, Staatszielbestimmungen, 2010, S. 118; *Huber*, in: Sachs, GG, 7. Aufl. 2014, Präambel, Rn. 43 f.

[153] *Osterloh/Nußberger*, in: Sachs, GG, 7. Aufl. 2014, Art. 3, Rn. 307; *Umbach*, in: Umbach/Clemens, GG MitKom und Hdb, Band I, 2002, Art. 3 GG, Rn. 389 ff.; in diesem Sinne von einem Auftrag an den Staat sprechend *Kischel*, in: Epping/Hillgruber, BeckOK GG, Stand: 28. Edt., 01.03.2016, Art. 3, Rn. 237; *Pieroth*, in: Jarass/Pieroth, Grundgesetz, 14. Aufl. 2016, Art. 3, Rn. 142.

[154] *BVerfG*, Beschl. v. 19.09.2007 - 2 BvF 3/02 - BVerfGE 119, 247, 266; *Badura*, Staatsrecht, 6. Aufl. 2015, D, Rn. 36; *Degenhart*, Staatsrecht I, 31. Aufl. 2015, Rn. 598; *Hahn*, Staatszielbestimmungen, 2010, S. 114 f.; *Michel*, Staatszwecke, Staatsziele und Grundrechtsinterpretation, 1986, S. 182 ff.; und mit umfassenden weiteren Nachweisen *Bock*, Umweltschutz, 1990, S. 110, Fn. 58; *Grzeszick*, in: Maunz/Dürig, GG, Stand: 75. Erglf., September 2015, Art. 20 VIII., Rn. 18.

[155] *Maurer*, Staatsrecht I, 6. Aufl. 2010, § 6, Rn. 9; *Michel*, Staatszwecke, Staatsziele und Grundrechtsinterpretation, 1986, S. 181 f.; *Schulze-Fielitz*, in: Dreier, GG, Band II, 3. Aufl. 2015, Art. 20, Rn. 41; *Sommermann*, in: von Mangoldt/Klein/Starck, Grundgesetz, Band 2, 6. Aufl. 2010, Art. 20, Rn. 230 m. w. N.

[156] *Hahn*, Staatszielbestimmungen, 2010, S. 115 f.; *Huster/Rux*, in: Epping/Hillgruber, BeckOK GG, Stand: 28. Edt., 01.03.2016, Art. 20a, Rn. 1.

[157] *BVerfG*, Urt. v. 30.06.2009 - 2 BvE 2/08 u.a. - NJW 2009, 2267, 2275, Rn. 261; *Badura*, Staatsrecht, 6. Aufl. 2015, D, Rn. 122; *Hahn*, Staatszielbestimmungen, 2010, S. 117; *Scholz*, in: Maunz/Dürig, GG, Stand: 75. Erglf., September 2015, Art. 23, Rn. 5; *Starck*, in: von Mangoldt/Klein/Starck, Grundgesetz, Band 1, 6. Aufl. 2010, Präambel, Rn. 43.

[158] *Badura*, Staatsrecht, 6. Aufl. 2015, I, Rn. 86; *Hahn*, Staatszielbestimmungen, 2010, S. 116; *Kube*, in: Maunz/Dürig, GG, Stand: 75. Erglf., September 2015, Art. 109, Rn. 86 m. w. N.; *Maurer*, Staatsrecht I, 6. Aufl. 2010, § 6, Rn. 10.

darüber hinaus für Staatszielbestimmungen erachteten Regelungen[159] befindet sich eine Regelung zugunsten des Sports.

Entsprechend der dynamischen Natur von Staatszielbestimmungen hat sich ihr Bestand seit In-Kraft-Treten des Grundgesetzes verändert. Eine Vielzahl heute anerkannter Staatszielbestimmungen war 1949 noch nicht im Grundgesetz verankert. So wurden bei den Beratungen der Verfassungsreform in den Jahren 1992 und 1994 zahlreiche weitere Staatszielbestimmungen diskutiert und letztlich das Vereinte Europa in Art. 23 GG[160], die staatliche Förderung der tatsächlichen Durchsetzung der Gleichbehandlung von Frauen und Männern sowie das Verbot der Benachteiligung von Behinderten in Art. 3 Abs. 2 Satz 2 GG und der Umweltschutz in Art. 20a GG aufgenommen[161]. Den vorläufigen Abschluss der Entwicklung des Staatszielbestimmungsbestandes bildete die Kodifikation der Staatszielbestimmung zum Tierschutz in Art. 20a GG im Jahr 2002[162].

Es sind aber nicht nur neue Staatszielbestimmungen hinzugekommen. Die in Art. 23 Satz 2 GG a. F., Art. 146 GG a. F. und der a. F. der Präambel verankerte Staatszielbestimmung der Wiedervereinigung des geteilten Deutschlands wurde

---

[159] Ob und welche weiteren Staatszielbestimmungen im Grundgesetz enthalten sind, wird in der Lit. uneinheitlich bewertet. Da aber die Existenz einer Staatszielbestimmung zugunsten des Sports auch von den Befürwortern weiterer Staatszielbestimmungen nicht angenommen wird, ist eine Auseinandersetzung mit dieser Problematik nicht zweckdienlich für die hiesige Untersuchung und kann unterbleiben. Vgl. zu den angedachten weiteren Staatszielbestimmungen etwa *Maunz*, in: Maunz/Dürig, GG, Stand: 71. Erglf., März 2014, Präambel, Rn. 37 – er zählt etwa auch die Gewähr unverletzlicher und unveräußerlicher Menschenrechte (Art. 1 Abs. 2 GG), die Gleichstellung der unehelichen mit den ehelichen Kindern (Art. 6 Abs. 5 GG), die Sicherung des inneren Friedens (Art. 8 Abs. 1 GG), die Friedenspflicht (Art. 24 Abs. 1 und 2 GG), die Sozialisierung von Grund und Boden und von Produktionsmitteln (Art. 15 GG) und die Neugliederung des Bundesgebietes (Art. 29 GG) zu den kodifizierten Staatszielbestimmungen –; *Maurer*, Staatsrecht I, 6. Aufl. 2010, § 6, Rn. 10 – verweist auch auf die Gewährleistung der Grundversorgung der Eisenbahn, der Post und der Telekommunikation nach erfolgter Privatisierung (Art. 87e Abs. 4 und 87f Abs. 1 Satz 1 GG); oder *Sennekamp*, NVwZ 2010, 213, 217 – hält das Demokratieprinzip (Art. 20 Abs. 2 GG) für eine Staatszielbestimmung.

[160] *Bauer*, in: Isensee/Kirchhof, HdbStR, Band I, 3. Aufl. 2003, § 14, Rn. 69; vgl. 38. Gesetz zur Änderung des Grundgesetzes vom 21.12.1992, BGBl. I, S. 2086.

[161] *Bauer*, in: Isensee/Kirchhof, HdbStR, Band I, 3. Aufl. 2003, § 14, Rn. 69; *Hahn*, Staatszielbestimmungen, 2010, S. 115 und 118; *Maurer*, Staatsrecht I, 6. Aufl. 2010, § 5, Rn. 34, § 6, Rn. 10; vgl. 42. Gesetz zur Änderung des Grundgesetzes vom 27.10.1994, BGBl. I, S. 3146.

[162] *Bauer*, in: Isensee/Kirchhof, HdbStR, Band I, 3. Aufl. 2003, § 14, Rn. 69; *Maurer*, Staatsrecht I, 6. Aufl. 2010, § 6, Rn. 10; vgl. 50. Gesetz zur Änderung des Grundgesetzes vom 26.07.2002, BGBl. I, S. 2862.

am 03.10.1990 erreicht und deshalb durch Art. 4 Nr. 1 und Nr. 2 des Einigungsvertrages zwischen der *BRD* und *DDR* vom 31.08.1990[163] (EV) mit Wirkung zum 03.10.1990 aufgehoben[164].

Die Veränderung des Staatszielbestimmungsbestandes im Grundgesetz seit dessen In-Kraft-Treten zeigt, dass das Grundgesetz für die Aufnahme neuer Staatszielbestimmungen durchaus offen ist. Sie zeigt aber auch, dass Neuaufnahmen eher zurückhaltend erfolgten, da im Verhältnis zu der Anzahl der diskutierten Regelungen nur wenige auch tatsächlich Einzug in das Grundgesetz gefunden haben. Daraus kann auf eine verfassungspolitische Tradition geschlossen werden, die verlangt, die Zeitgemäßheit des Grundgesetzes immer wieder zu hinterfragen und falls erforderlich dessen Offenheit zugunsten des festgestellten Anpassungsbedarfs durch neue Regelungen zu beschneiden oder durch die Entfernung obsolet gewordener Regelungen wieder zu erweitern.

2) Verfassungen der Bundesländer

Die Verfassungen der Bundesländer sehen, im Gegensatz zum Grundgesetz, eine Vielzahl von Staatszielbestimmungen für verschiedene Sachbereiche vor[165]. Hierbei besteht zum Teil Deckungsgleichheit mit dem Grund-gesetz – so etwa für den Umweltschutz[166] und weitestgehend auch den Tierschutz[167] –; zu einem großen Teil gehen die Verfassungen der Bundesländer aber über den Grundgesetzbestand hinaus. Dies gilt insbesondere auch für den Sport. Mit Ausnahme

---

[163] BGBl. II, S. 885.

[164] *Badura*, Staatsrecht, 6. Aufl. 2015, A, Rn. 39; *Maurer*, Staatsrecht I, 6. Aufl. 2010, § 4, Rn. 3, § 6, Rn. 10.

[165] Eine sehr ausführliche Darstellung zum Staatszielbestimmungsbestand für alle Bundesländer ist zu finden bei *Hahn*, Staatszielbestimmungen, 2010, S. 118 ff.

[166] Art. 3a BaWüVerf; Art. 3 Abs. 2 BayVerf; Art. 31 Abs. 1 BerlVerf; Art. 2 Abs. 1 und 39 Abs. 3 BbgVerf; Art. 11a BremVerf; Präambel der HambVerf; Art. 26a HessVerf; Art. 2 MVVerf; Art. 1 Abs. 2 NdsVerf; Art. 29a Abs. 1 NRWVerf; Art. 69 Abs. 1 RPVerf; Art. 59a Abs. 1 SaarlVerf; Art. 1 Satz 2 und 10 Abs. 1 Satz 1 SächsVerf; Art. 2 Abs. 1 SAVerf; Art. 7 SHVerf; Art. 31 Abs. 1 und 44 Abs. 1 Satz 2 ThürVerf.

[167] Art. 3b BaWüVerf; Art. 141 Abs. 1 Satz 2 und 4 BayVerf; Art. 31 Abs. 2 BerlVerf; Art. 39 Abs. 3 BbgVerf; Art. 11b BremVerf; Art. 12 Abs. 1 MVVerf; Art. 6b NdsVerf; Art. 29a Abs. 1 NRWVerf; Art. 70 RPVerf; Art. 59a Abs. 3 SaarlVerf; Art. 10 Abs. 1 Satz 2 SächsVerf; Art. 7 SHVerf; Art. 32 ThürVerf; die Verfassungen von Hamburg, Hessen und Sachsen-Anhalt sehen dagegen keine ausdrücklichen Staatszielbestimmungen zum Tierschutz vor.

von Hamburg haben alle Bundesländer eine Staatszielbestimmung zugunsten des Sports in ihre Verfassung aufgenommen[168]. Dabei war Sport – mit Ausnahme der neuen Verfassungen der neuen Bundesländer nach der Wiedervereinigung – auch in den Verfassungen der Bundesländer nicht von Beginn an verankert, sondern fand erst in einer Welle von Verfassungsänderungen im Laufe der 1990er und Anfang der 2000er Jahre Einzug[169]. Den vorläufigen Abschluss bildete Hessen, das die Staatszielbestimmung erst mit Gesetz vom 18.10.2002[170] in dem neu geschaffenen Art. 62a HesVerf aufgenommen hat. Lediglich Hamburg verzichtet weiterhin auf eine entsprechende Regelung. Trotz des Einsatzes des Hamburger Sportbundes für die Aufnahme einer Staatszielbestimmung zugunsten des Sports in die HambVerf[171] ist eine Änderung in Hamburg nicht absehbar.

Die Entwicklung auf Länderebene belegt, dass sich die gesellschaftliche Gesamtsituation für den Sport seit In-Kraft-Treten der meisten Länder-Verfassungen verändert hat und entsprechende Regelungen erforderte. Angesichts dieser Entwicklung ist es auch auf Bundesebene geboten, wie auch bereits geschehen[172], jedenfalls regelmäßig zu überprüfen, ob nicht auch Anpassungsbedarf für das Grundgesetz besteht.

---

[168] Art. 3c Abs. 1 BaWüVerf; Art. 140 Abs. 3 BayVerf; Art. 32 BerlVerf; Art. 3 BbgVerf; Art. 36a BremVerf; Art. 62a HesVerf; Art. 16 Abs. 1 Satz 1 MVVerf; Art. 6 NdsVerf; Art. 18 Abs. 3 NRWVerf; Art. 40 Abs. 4 RPVerf; Art. 34a SaarlVerf; Art. 11 Abs. 1 SächsVerf; Art. 36 Abs. 1 und 3 SAVerf; Art. 9 Abs. 3 SHVerf; Art. 30 Abs. 3 ThürVerf.

[169] Die Entwicklung in einer chronologischen Darstellung der Aufnahmewelle abbildend *Hölzl*, Der Sport als Staatszielbestimmung, 2002, S. 42 ff.

[170] Hess-GVBl. I S. 626.

[171] So hat der Hamburgische Sportbund etwa in der Sitzung des Sportausschusses vom 27.01.2009 letztmals die Aufnahme einer Staatszielbestimmung zur Sportförderung befürwortet, vgl. Sitzungsprotokoll Nr. 19/8, S. 3.

[172] Zuletzt in der Beratung zu den Berichten und Beschlussempfehlungen des Innen- und Sportausschusses zu Anträgen der Partei *DIE LINKE* und einem Gesetzesentwurf der Partei *SPD* zur Aufnahme einer Staatszielbestimmung zur Sportförderung in das Grundgesetz (Plenarprotokoll Nr. 17/244 vom 07.06.2013, S. 30977 ff.). Der Anpassungsbedarf wurde mit den Stimmen der Regierungskoalition aus *CDU/CSU* und *FDP* sowie Stimmen der Partei *BÜNDNIS 90/DIE GRÜNEN* verneint.

VI. Wirkung von Staatszielbestimmungen

Die Wirkungsweise von Staatszielbestimmungen ist für die hiesige Untersuchung enorm wichtig, weshalb sie ungeachtet der bereits vorhandenen Literatur[173] noch einmal in einer für diese Untersuchung aufbereiteten Weise detailliert dargestellt werden muss. Denn ob eine Staatszielbestimmung zugunsten des Sports im Grundgesetz notwendig ist, hängt zu einem wesentlichen Teil von der Wirkungsweise der Regelung ab. So müsste die Berechtigung einer Staatszielbestimmung angezweifelt werden, wenn sich ihre Wirkung in einer populistischen Verheißung zur Befriedigung der Bevölkerung erschöpfen würde. Auch ist für den Kern dieser Abhandlung die konkrete Wirkungsweise bedeutsam: Um einen Ausgestaltungsvorschlag für eine Staatszielbestimmung zugunsten des Sports im Grundgesetz unterbreiten zu können, muss zunächst feststehen, wie sie wirkt, um nicht Vorschläge zu unterbreiten, die dieser Wirkungsweise nicht gerecht werden. Wegen der „Schwierigkeit, die rechtlichen Ausmaße und Grenzen einer Staatszielbestimmung genau zu erfassen“[174], ist eine detaillierte Auseinandersetzung mit der Wirkungsweise unumgänglich.

Einen guten Einstieg hierfür bietet die Definition der Sachverständigenkommission. Die drei zentralen Aussagen der Definition sind, dass Staatszielbestimmungen rechtlich bindende Wirkung haben, die Staatstätigkeit direkt angesprochen und ihr hierbei die fortdauernde Beachtung und Erfüllung der Ziele abverlangt wird. Da Privatpersonen keine Erwähnung in der Definition finden, muss die Wirkung für diese eine andere sein als für staatliche Stellen. Deshalb wird zunächst die Wirkungsweise für den Staat (dazu unter 1)) und im Anschluss daran für Private (dazu unter 2)) dargestellt. Von der Definition unerwähnt bleibt auch das Verhältnis zu anderen Normen. Da zwischen Staatszielbestimmungen und anderen Normen eine Art Wechselwirkung besteht, die sich daraus ergibt, dass die Bindung der staatlichen Gewalt an Staatszielbestim-

---

[173] Siehe nur die umfassenden Abhandlungen von *Hahn*, Staatszielbestimmungen, 2010, S. 1 ff.; *Sommermann*, Staatsziele und Staatszielbestimmungen, 1997, S. 1 ff.
[174] *Kloepfer*, DVBl. 1996, 73, 79.

mungen auch im Einklang mit ihrer Bindung an andere Normen stehen muss[175], muss auch diese hier dargestellt werden (dazu unter 3)).

1) Wirkung für staatliche Stellen

Aus dem expliziten Bezug zur Staatstätigkeit folgt, dass sich Staatszielbestimmungen direkt nur an den Staat richten[176]. Der in der Definition verwendete Begriff „Staatstätigkeit“ ist weit zu verstehen und meint die „gesamte Staatsgewalt in Bund und Ländern“[177] und zwar „in allen ihren Erscheinungsformen“[178]. Zu differenzieren ist danach also zwischen der Wirkung im vertikalen (dazu unter b)) und im horizontalen Staatsgefüge (dazu unter a))[179].

a) Wirkung im horizontalen Staatsgefüge

Auf horizontaler Ebene richten sich Staatszielbestimmungen ausnahmslos an alle drei Staatsgewalten[180]. Dies ergibt sich bereits aus Art. 20 Abs. 3 GG[181], der

---

[175] *Sommermann*, Staatsziele und Staatszielbestimmungen, 1997, S. 394, unterscheidet in diesem Sinne zwischen der „direkten (unmittelbaren) Bindungswirkung“ und der „indirekten (mittelbaren) Bindungswirkung“ der Staatsgewalt. Letztere beschreibe, dass Staatszielbestimmungen ihre Normativkraft über eine in ihrem Lichte ausgelegte andere materielle Verfassungsnorm entfalten.
Epiney, in: von Mangoldt/Klein/Starck, Grundgesetz, Band 2, 6. Aufl. 2010, Art. 20a, Rn. 35, 37; *Fischer*, Staatszielbestimmungen, 1994, S, 5; *Kloepfer*, in: Kahl/Waldhoff/Walter, BK Grundgesetz, Stand: 178. Akt., April 2016, Art. 20a, Rn. 29 m. w. N.
[177] *Sommermann*, in: von Münch/Kunig, GG, Band 1, 6. Aufl. 2012, Art. 20a, Rn. 15; ähnlich *Rode*, Rechtsbindung und Staatszielbestimmung, 2010, S. 142; *Schink*, DÖV 1997, 221, 223.
[178] *Kloepfer*, in: Kahl/Waldhoff/Walter, BK Grundgesetz, Stand: 178. Akt., April 2016, Art. 20a, Rn 33.
[179] Ähnlich *Rincke*, Staatszielbestimmungen der SächsVerf, 1997, S. 16 f., der nach „horizontaler“ und „vertikaler“ Beschränkungsmöglichkeit bezüglich der Bindungswirkung differenziert.
[180] Siehe dafür nur *BVerwG*, Beschl. v. 13.04.1995 - 4 B 70/95 - NJW 1995, 2648, 2649; *Hahn*, Staatszielbestimmungen, 2010, S. 65; *Kloepfer*, in: Kahl/Waldhoff/Walter, BK Grundgesetz, Stand: 178. Akt., April 2016, Art. 20a, Rn. 33; *Bundesminister des Inneren/Bundesminister der Justiz (Hrsg.)*, Kommissionsbericht, 1983, S. 21, Rn. 7.
[181] *Huster/Rux*, in: Epping/Hillgruber, BeckOK GG, Stand: 28. Edt., 01.03.2016, Art. 20, Rn. 164 ff.

die Bindung der Legislative an die „verfassungsmäßige Ordnung" und der Judikative und Exekutive an „Gesetz und Recht" festschreibt. Die im Grundgesetz und in den Verfassungen der Bundesländer kodifizierten Staatszielbestimmungen sind Gesetzesregelungen und Bestandteil der verfassungsmäßigen Ordnung im Sinne von Art. 20 Abs. 3 GG[182]. Die konkrete Verpflichtungs- und Bindungswirkung ist jedoch für jede der drei Staatsgewalten eine andere. Wegen der unterschiedlichen Befugnisse der drei Staatsgewalten hängt die Wirkungsweise von Staatszielbestimmungen davon ab, ob die Legislative (dazu unter aa)), die Exekutive (dazu bb)) oder die Judikative (dazu cc)) betroffen ist[183].

aa) Legislative

In erster Linie richten sich Staatszielbestimmungen an den Gesetzgeber[184]. Dies folgt zum einen daraus, dass sich die Exekutive und Judikative auch zur Zielverwirklichung nicht über den Vorbehalt des Gesetzes aus Art. 20 Abs. 3 GG hinwegsetzen dürfen[185]. Zum anderen sind Staatszielbestimmungen in der Regel abstrakt, unbestimmt und offen gefasst[186], weshalb es zunächst einer Konkreti-

---

[182] *Peters*, NuR 1987, 293, 294.

[183] Zu den verschiedenen Wirkungen siehe nur *BVerwG*, Beschl. v. 13.04.1995 - 4 B 70/95 - NJW 1995, 2648, 2649; *Fischer*, Staatszielbestimmungen, 1994, S. 5 ff.

[184] *BVerfG*, Urt. v. 18.07.1967 - 2 BvF 3-8/62; 2 BvR 139, 140, 334, 335/62 - BVerfGE 22, 180, 204; *BVerwG*, Beschl. v. 13.04.1995 - 4 B 70/95 - NJW 1995, 2648, 2649; *Bock*, Umweltschutz, 1990, S. 306; *Bundesminister des Inneren/Bundesminister der Justiz (Hrsg.)*, Kommissionsbericht, 1983, S. 21, Rn. 7; *Degenhart*, Staatsrecht I, 31. Aufl. 2015, Rn. 601; *Epiney*, in: von Mangoldt/Klein/Starck, Grundgesetz, Band 2, 6. Aufl. 2010, Art. 20a, Rn. 57; *Fischer*, Staatszielbestimmungen, 1994, S. 5; *Hahn*, Staatszielbestimmungen, 2010, S. 83 f.; *Hix*, Probleme der Normierung einer Sportklausel im Grundgesetz, 2013, S. 229.

[185] *Fischer*, Staatszielbestimmungen, 1994, S. 5; *Hahn*, Staatszielbestimmungen, 2010, S. 83; *Hix*, Probleme der Normierung einer Sportklausel im Grundgesetz, 2013, S. 229; *Rincke*, Staatszielbestimmungen der SächsVerf, 1997, S. 14; zum Inhalt und zur Herleitung des Vorbehalts des Gesetzes siehe *BVerfG*, Beschl. v. 28.10.1975 - 2 BvR 883/73 und 379, 497, 526/74 - BVerfGE 40, 237 248 f.; *BVerfG*, Urt. v. 24.09.2003 - 2 BvR 1436/02 - BVerfGE 108, 282, 311; *Grzeszick*, in: Maunz/Dürig, GG, Stand: 75. Erglf., September 2015, Art. 20 VI., Rn. 75 ff.; *Huster/Rux*, in: Epping/Hillgruber, BeckOK GG, Stand: 28. Edt., 01.03.2016, Art. 20 Rn. 173 ff.; mit einer ausführlichen Darstellung der Herleitungsmöglichkeiten *Sachs*, in: Stelkens/Bonk/Sachs, VwVfG, 8. Aufl. 2014, § 44, Rn. 46 ff.

[186] *Bauer*, Kultur und Sport, 1999, S. 346; *Dreher*, Staatsziele im Bundesstaat am Beispiel des Sports, 2005, S. 15; *Fischer*, Staatszielbestimmungen, 1994, S. 13; *Hahn*, Staatszielbestimmungen, 2010, S. 65; *Humberg*, ZRP 2007, 57, 59; *Meyer-Teschendorf*, ZRP 1994, 73, 77;

sierung durch ein Gesetz bedarf, bevor die Exekutive auf dieser Grundlage insbesondere im Wege der Eingriffsverwaltung tätig werden darf, wofür der Legislative das rechtliche Instrument zur Verfügung steht[187]. Schließlich ist das Handeln des Gesetzgebers in besonderem Maße durch seine zukunftsgestaltende Wirkung geprägt[188], was mit einer entsprechenden Funktion von Staatszielbestimmungen korrespondiert und die Stellung der Legislative als Primäradressat bestätigt. Diese besteht selbst dann, wenn der Gesetzgeber mangels Gesetzgebungskompetenz im Einzelfall eine Staatszielbestimmung nicht umsetzen kann[189]. Denn der Adressatenkreis von Staatszielbestimmungen muss unabhängig von der Umsetzbarkeit bestimmt werden können[190]. Außerdem könnte der Gesetzgeber in Ermangelung eigener Kompetenz aufgrund der Staatszielbestimmung auch verpflichtet sein, auf die erforderliche Mitwirkung des kompetenzmäßig berufenen Organs hinzuwirken.

Obwohl die Wirkung von Staatszielbestimmungen für den Gesetzgeber zu sehr von der konkreten Ausgestaltung der Regelung abhängt, um eine konkrete allgemeingültige Aussage dazu zu treffen[191], kann sie im Ausgangspunkt wie folgt allgemein beschrieben werden: Staatszielbestimmungen sind lediglich hinsicht-

---

Müller-Bromley, Staatszielbestimmung Umweltschutz, 1990, S. 39, 118; *Murswiek*, NVwZ 1996, 222, 229; *Wolff*, Ungeschriebenes Verfassungsrecht, 2000, S. 167; allgemein zur „Offenheit und Weite der Verfassung" siehe *Hesse*, Grundzüge des Verfassungsrechts, 20. Aufl. 1999, Rn. 49 ff.

[187] *Hix*, Probleme der Normierung einer Sportklausel im Grundgesetz, 2013, S. 229; *Meyer-Teschendorf*, ZRP 1994, 73, 77; *Murswiek*, NVwZ 1996, 222, 229.

[188] *Michel*, Staatszwecke, Staatsziele und Grundrechtsinterpretation, 1986, S. 132, hält das Verhalten von Legislative und Exekutive für zukunftsgestaltend und daher beide für Primäradressaten von Staatszielbestimmungen. Aufgrund des Vorbehalts des Gesetzes zulasten der Exekutive dürfte dem Handeln der Legislative aber mehr Zukunftsgestaltungspotential beizumessen sein.

[189] A. A. *Rincke*, Staatszielbestimmungen der SächsVerf, 1997, S. 153, der den sächsischen Landesgesetzgeber im Falle der Staatszielbestimmung des Art. 12 SächsVerf nicht für den Primäradressaten erachtet, weil er für diesen Bereich keine eigenständige Umsetzungskompetenz habe.

[190] So auch *Hahn*, Staatszielbestimmungen, 2010, S. 84.

[191] *Fischer*, Staatszielbestimmungen, 1994, S. 5, Fn. 13 und S. 12; *Hahn*, Staatszielbestimmungen, 2010, S. 85; Siehe für die unterschiedlichen Wirkungsweisen von Staatszielbestimmungen nur *Rode*, Rechtsbindung und Staatszielbestimmung, 2010, S. 128 ff., der die unterschiedlichen Bindungswirkungen des Sozialstaatsprinzips, der „Friedenspflicht", der „Europafreundlichkeit" , des Gleichstellungsgebots und des Umwelt- und Tierschutzes vergleichend aufzeigt.

lich des zu erreichenden Ziels verbindlich, während die Art und Weise der Zielverwirklichung so lange dem Gesetzgeber überlassen bleibt, wie die Staatszielbestimmung selbst keine Vorgaben dafür aufstellt[192].

Damit schreiben Staatszielbestimmungen für den Gesetzgeber zunächst ein verbindliches Ziel fest[193]. Hinsichtlich dieses auch sog. „Zielgegenstandes“[194] steht dem Gesetzgeber keinerlei Dispositionsbefugnis zu, auch nicht wegen eines Vorbehalts des Möglichen[195]. Denn ein Möglichkeitsvorbehalt wäre entweder als Ausprägung der faktischen Unmöglichkeit selbsterklärend oder erst als Abwägungsfrage auf der Ebene der Art und Weise der Zielverwirklichung relevant, während das verbindliche Ziel bestehen bleibt[196].

Sie verlangen auch die Verfolgung des verbindlichen Zielgegenstandes[197]. Um dieser ebenfalls verbindlichen Pflicht zur „Zielverfolgung“[198] nachzukommen, muss der Gesetzgeber im Regelfall der sog. „permanenten Staatszielbestim-

---

[192] Hierbei handelt es sich um eine Kombination der Aussagen zum Verpflichtungsumfang bei *Michel*, Staatszwecke, Staatsziele und Grundrechtsinterpretation, 1986, S. 132; *Möstl*, in: Maunz/Dürig, GG, Stand: 75. Erglf., September 2015, Art. 87 f, Rn. 63; *Sommermann*, Staatsziele und Staatszielbestimmungen, 1997, S. 377; *Sommermann*, DÖV 1994, 596, 601; *Sommermann*, DVBl. 1991, 34, 35.

[193] *Epiney*, in: von Mangoldt/Klein/Starck, Grundgesetz, Band 2, 6. Aufl. 2010, Art. 20a, Rn. 43 f.; *Jutzi*, in: Linck/Jutzi/Hopfe, ThürVerfKom, 1994, Art. 43, Rn. 12; *Merten*, DÖV 1993, 368, 371; *Murswiek*, NVwZ 1996, 222, 223; *Sommermann*, DÖV 1994, 596, 601.

[194] *Michel*, Staatszwecke, Staatsziele und Grundrechtsinterpretation, 1986, S. 132.

[195] *Dreher*, Staatsziele im Bundesstaat am Beispiel des Sports, 2005, S. 5 f.; *Epiney*, in: von Mangoldt/Klein/Starck, Grundgesetz, Band 2, 6. Aufl. 2010, Art. 20a, Rn. 43 f.; *Hahn*, Staatszielbestimmungen, 2010, S. 84, 86; *Michel*, Staatszwecke, Staatsziele und Grundrechtsinterpretation, 1986, S. 132; *Möstl*, in: Maunz/Dürig, GG, Stand: 75. Erglf., September 2015, Art. 87 f, Rn. 63; *Müller-Bromley*, Staatszielbestimmung Umweltschutz, 1990, S. 38, 115; *Murswiek*, NVwZ 1996, 222, 223; *Simon*, in: Simon/Franke/Sachs, Hdb BbgVerf, 1994, § 4, Rn. 10; *Sommermann*, Staatsziele und Staatszielbestimmungen, 1997, S. 377 ff.; *Sommermann*, DÖV 1994, 596, 601; *Sommermann*, DVBl. 1991, 34, 35; a. A. nur *Scheuner*, in: Schnur, FS für Ernst Forsthoff, 2. Aufl. 1974, S. 325, 339 – Der Gesetzgeber bliebe „[...] frei, die gesellschaftspolitischen und wirtschaftlichen Ziele zu wählen, die er verfolgen will“.

[196] *Epiney*, in: von Mangoldt/Klein/Starck, Grundgesetz, Band 2, 6. Aufl. 2010, Art. 20a, Rn. 44; ausführlich zum Vorbehalt des Möglichen *Murswiek*, in: Isensee/Kirchhof, HdbStR, Band IX, 3. Aufl. 2011, § 192, Rn. 63 ff.

[197] *Sommermann*, Staatsziele und Staatszielbestimmungen, 1997, S. 377; zum Sozialstaatsprinzip bereits *BVerfG*, Urt. v. 17.08.1956 - 1 BvB 2/51 - BVerfGE 5, 85, 198; *BVerfG*, Beschl. v. 13.01.1982 - 1 BvR 848, 1047/77, 916, 1307/78, 350/79 und 47, 902, 965, 1177, 1238, 1461/80 - BVerfGE 59, 231, 263.

[198] *Sommermann*, Staatsziele und Staatszielbestimmungen, 1997, S. 377.

mung“[199], die sich nicht durch den Erlass einer bestimmten Regelung erledigen, sondern eine „nie abgeschlossene Aufgabe“[200] darstellen, fortlaufend prüfen, d. h. sich damit „befassen und entscheiden“[201], ob für die Verwirklichung des Zielgegenstandes Anpassungsbedarf im bestehenden Gesetzesapparat besteht[202].

Wie die zwingende „Befassungsentscheidung“ dann im Einzelnen jeweils ausfällt liegt in der Gestaltungsfreiheit des Gesetzgebers. Denn in der Grundkonstellation der sog. „einfachen Staatszielbestimmung“[203] ist die Art und Weise der Zielverwirklichung dem weiten Gestaltungsspielraum des Gesetzgebers überlassen[204]. Der Spielraum des Gesetzgebers betrifft hierbei die Frage, wie die Zielrealisierung zu erfolgen hat[205], aber auch die Frage, ob und wann konkrete

---

[199] *Sommermann*, Staatsziele und Staatszielbestimmungen, 1997, S. 380; abzugrenzen sind sie von sog. „perfektiblen Staatszielbestimmungen“, wie dem früheren Wiedervereinigungsgebot, die zu einem bestimmten Zeitpunkt als erreicht angesehen werden können; siehe dazu auch *Isensee*, in: Isensee/Kirchhof, HdbStR, Band IV, 3. Aufl. 2006, § 73, Rn. 11.

[200] *Sommermann*, DÖV 1994, 596, 598; ähnlich *Klein*, DVBl. 1991, 729, 734; in diesem Sinne auch, *Sannwald*, in: Schmidt-Bleibtreu/Hofmann/Hopfauf, GG, 13. Aufl. 2014, Art. 20a, Rn. 10.

[201] *Sommermann*, Staatsziele und Staatszielbestimmungen, 1997, S. 379.

[202] *Sommermann*, DÖV 1994, 596, 598, spricht in diesem Sinne sehr anschaulich von einer „nie abgeschlossene[n] Aufgabe [...], deren Wahrnehmung im Hinblick auf die sich wandelnden gesellschaftlichen, wirtschaftlichen und politischen Verhältnisse stets neuen Anforderungen genügen muss“; der Gesetzgeber unterliege danach einem „[...] unmittelbaren Zwang zur politischen Befassung und Entscheidung [...]“über das Bestehen von Anpassungsbedarf, *Sommermann*, Staatsziele und Staatszielbestimmungen, 1997, S. 379; so auch *Kloepfer*, in: Kahl/Waldhoff/Walter, BK Grundgesetz, Stand: 178. Akt., April 2016, Art. 20a, Rn. 25.

[203] *Sommermann*, Staatsziele und Staatszielbestimmungen, 1997, S. 381.

[204] Siehe dafür nur *BVerfG*, Beschl. v. 19.12.1951 - 1 BvR 220/51 - BVerfGE 1, 97, 105; *BVerfG*, Beschl. v. 13.03.2007 - 1 BvF 1/05 - BVerfGE 118, 79, 110; *BVerfG*, Beschl. v. 12.10.2010 - 2 BvF 1/07 - BVerfGE 127, 293, 328 m. w. N.; *Badura*, in: Sachs/Siekmann, FS Stern, 2012, S. 275, 285, 289; *Bundesminister des Inneren/Bundesminister der Justiz (Hrsg.)*, Kommissionsbericht, 1983, S. 21, Rn. 7; *Isensee*, in: Isensee/Kirchhof, HdbStR, Band IV, 3. Aufl. 2006, § 73, Rn. 9; *Hahn*, Staatszielbestimmungen, 2010, S. 83; *Scheuner*, in: Schnur, FS für Ernst Forsthoff, 2. Aufl. 1974, S. 325, 339; *Sommermann*, Staatsziele und Staatszielbestimmungen, 1997, S. 380.

[205] Siehe dafür nur nur *BVerfG*, Urt. v. 18.07.1967 - 2 BvF 3-8/62; 2 BvR 139, 140, 334, 335/62 - BVerfGE 22, 180, 204; *Badura*, in: Sachs/Siekmann, FS Stern, 2012, S. 275, 285; *Bundesminister des Inneren/Bundesminister der Justiz (Hrsg.)*, Kommissionsbericht, 1983, S. 21, Rn. 7; *Hahn*, Staatszielbestimmungen, 2010, S. 86; *Klein*, DVBl. 1991, 729, 733; *Kloepfer*, in: Kahl/Waldhoff/Walter, BK Grundgesetz, Stand: 178. Akt., April 2016, Art. 20a, Rn. 39; *Meyer-Teschendorf*, ZRP 1994, 73, 77; *Schnapp*, in: von Münch/Kunig, GG, Band 1, 6. Aufl. 2012, Art. 20, Rn. 55; *Simon*, in: Simon/Franke/Sachs, Hdb BbgVerf, 1994, § 4, Rn. 10; *Sommermann*, Staatsziele und Staatszielbestimmungen, 1997, S. 379; *Sterzel*, ZRP 1993, 13, 16; *Müller-Bromley*, Staatszielbestimmung Umweltschutz, 1990, S. 38,

Umsetzungsmaßnahmen erfolgen sollen[206]. Der Gestaltungsspielraum ist hier so weit, dass die Bindungswirkung insoweit gegen Null geht[207] und die Dispositionsfreiheit erst dann überschritten ist, wenn sie „faktisch zur Negation der Zielverfolgungspflicht wird“[208]. Denn, ob dem Gesetzgeber die Umsetzung des Staatsziels in hinreichendem Maße gelungen ist, dürfte nur schwer bewertbar sein[209].

In der Verfassungspraxis bilden einfache Staatszielbestimmungen jedoch eher die Ausnahme[210]. Der Regelfall sind sog. „qualifizierte Staatszielbestimmungen“ [211], die den Zielverwirklichungsmodus näher bestimmen. Der grundsätzlich weite Gestaltungsspielraum der Legislative bei der Art und Weise der Zielrealisierung ist dann soweit eingeschränkt, wie die Staatszielbestimmung konkrete Umsetzungsvorgaben macht. Hierbei ist zwischen drei Qualifizierungsalternativen

---

115 ff.; zudem mit umfangreichen Belegen aus der Rspr. *Bock*, Umweltschutz, 1990, S. 308 Fn. 445.

[206] *Badura*, in: Sachs/Siekmann, FS Stern, 2012, S. 275, 285; *Bauer*, Kultur und Sport, 1999, S. 346; *Bundesminister des Inneren/Bundesminister der Justiz (Hrsg.)*, Kommissionsbericht, 1983, S. 21, Rn. 7; *Klein*, DVBl. 1991, 729, 733; *Kloepfer*, in: Grupp/Hufeld, FS Mußgnug, 2005, S. 14; *Meyer-Teschendorf*, ZRP 1994, 73, 77; *Müller-Bromley*, Staatszielbestimmung Umweltschutz, 1990, S. 38, 115 ff.; *Sannwald*, in: Schmidt-Bleibtreu/Hofmann/Hopfauf, GG, 13. Aufl. 2014, Art. 20a, Rn. 10; i.E. wohl auch *Hahn*, Staatszielbestimmungen, 2010, S. 86, der jedoch etwas unglücklich die Zielverwirklichung – „‚Wann' bzw. ‚Ob' der Umsetzung“ – und die Zielverfolgung – „Verpflichtung zur Verwirklichung“ – zunächst gleichsetzt; Zur Klarstellung: *Sommermann*, DVBl. 1991, 34, 35, Fn. 8, spricht sich zu Recht aber auch nur gegen einen Gestaltungsspielraum bzgl. des „Ob“ des verbindlichen Ziels bzw. der verbindlichen Zielverfolgung aus, nicht jedoch des „Ob“ der Zielrealisierung.

[207] In diese Richtung für Staatszielbestimmungen im Allgemeinen *Hahn*, Staatszielbestimmungen, 2010, S. 84 ff.; *Sommermann*, DVBl. 1991, 34, 35; *Starck*, in: von Mangoldt/Klein/Starck, Grundgesetz, Band 1, 6. Aufl. 2010, Präambel, Rn. 35; im Zusammenhang mit dem Sozialstaatsprinzip *BVerfG*, Beschl. v. 18.06.1975 - 1 BvL 4/74 - BVerfGE 40, 121, 133; im Zusammenhang mit Art. 20a GG: *Epiney*, in: von Mangoldt/Klein/Starck, Grundgesetz, Band 2, 6. Aufl. 2010, Art. 20a, Rn. 58 ff.

[208] *Michel*, Staatszwecke, Staatsziele und Grundrechtsinterpretation, 1986, S. 132; werden beispielsweise Maßnahmen ergriffen, die einer Verwirklichung des Ziels offensichtlich entgegenstehen, so ist der Gestaltungsspielraum überschritten, dazu *Sterzel*, ZRP 1993, 13, 15 m. w. N. aus der Rspr.

[209] *Jutzi*, in: Linck/Jutzi/Hopfe, ThürVerfKom, 1994, Art. 43, Rn. 14.

[210] *Sommermann*, Staatsziele und Staatszielbestimmungen, 1997, S. 381.

[211] *Sommermann*, Staatsziele und Staatszielbestimmungen, 1997, S. 381.

zu differenzieren, die aber auch miteinander kombinierbar sind[212]. Denkbar ist eine „prozedurale Qualifizierung", die Vorgaben für das Verfahren zur Zielerreichung macht[213]. Über formelle Qualifizierungen wird die Handlungsform – beispielsweise eine Pflicht zum Gesetzeserlass[214] – festgelegt, die von den jeweiligen staatlichen Stellen zu wählen ist[215]. Materiell qualifizierte Staatszielbestimmungen machen inhaltliche Vorgaben für die Zielrealisierung[216], wie etwa die Vorgabe von möglichen Umsetzungsmaßnahmen durch eine Formulierung wie „insbesondere durch die Maßnahmen x und y zu verwirklichen"[217]. Für den Gestaltungsspielraum folgt hieraus: Je stärker eine Staatszielbestimmung prozedural, formell, materiell oder gar kombiniert qualifiziert ist, desto geringer fällt der Gestaltungsspielraum der Legislative aus; er wächst hingegen bzw. bleibt groß, wenn die Regelung offen und unbestimmt ist[218].

Darüber hinaus kann die Legislative zur Erfüllung ihrer Verpflichtung aus der Staatszielbestimmung auch in bestehende Rechte eingreifen[219]. Eine entsprechende Eingriffsbefugnis ist nötig, da ein Tätigwerden zugunsten eines Ziels oftmals die Beschneidung von bestehenden Rechten erfordert. So könnte der Gesetzgeber beispielsweise den Ausnahmetatbestand in § 4a Abs. 2 Nr. 2 TierSchG, der derzeit das grundsätzlich verbotene Schächten aus religiösen Gründen gestattet, zur Verwirklichung des Tierschutzes aus Art. 20a GG aufheben. Dieses würde einen Eingriff in die Religionsfreiheit aus Art. 4 GG begrün-

---

[212] Grundlegend und mit Beispielen aus der Spanischen Verfassung *Sommermann*, Staatsziele und Staatszielbestimmungen, 1997, S. 382.

[213] *Sommermann*, Staatsziele und Staatszielbestimmungen, 1997, S. 382; siehe dazu auch *Hahn*, Staatszielbestimmungen, 2010, S. 85; *Steinberg*, NJW 1996, 1985, 1994.

[214] So auch *Hahn*, Staatszielbestimmungen, 2010, S. 85; *Kersten*, in: Maunz/Dürig, GG, Stand: 75. Erglf., September 2015, Art, 76, Rn. 61; *Stettner*, in: Dreier, GG, Band II, 2. Aufl. 2006, Art. 76, Rn. 10; dabei muss jedoch beachtet werden, dass es sich bei Gesetzgebungsaufträgen um eine eigene von Staatszielbestimmungen abzugrenzende Normenkategorie handelt, weshalb hier auf eine entsprechende Qualifizierung verzichtet werden sollte.

[215] *Sommermann*, Staatsziele und Staatszielbestimmungen, 1997, S. 382.

[216] *Sommermann*, Staatsziele und Staatszielbestimmungen, 1997, S. 382.

[217] *Hahn*, Staatszielbestimmungen, 2010, S. 85; siehe für eine materielle Qualifizierung beispielsweise Art. 36 Abs. 3 SAVerf.

[218] *Fischer*, Staatszielbestimmungen, 1994, S. 181; *Graf Vitzthum*, VBlBW. 1991, 404, 413; *Hahn*, Staatszielbestimmungen, 2010, S. 85.

[219] *Degenhart*, Staatsrecht I, 31. Aufl. 2015, Rn. 607; *Huster/Rux*, in: Epping/Hillgruber, BeckOK GG, Stand: 28. Edt., 01.03.2016, Art. 20a, Rn. 43; *Scholz*, in: Maunz/Dürig, GG, Stand: 75. Erglf., September 2015, Art. 20a GG, Rn. 66; so im Ergebnis auch *Sommermann*, Staatsziele und Staatszielbestimmungen, 1997, S. 422 f.

den, die durch die Staatszielbestimmung in Art. 20a GG gerechtfertigt sein könnte[220].

Für die Legislative legen Staatszielbestimmungen demnach zuvorderst einen verbindlichen Zielgegenstand fest und verpflichten sie sich, mit dessen Verwirklichung zu befassen und über die Vornahme von Maßnahmen zu entscheiden. Ob, wann und wie sie sich entscheidet, steht dann aber in ihrem grundsätzlich weiten Gestaltungsspielraum, der durch Qualifizierungen aber auch eingeschränkt werden kann. Damit ist der Wortlaut der Regelung von entscheidender Bedeutung für die Bindungstiefe der Legislative, welches bei dem Ausgestaltungsvorschlag zu beachten ist. Sofern dies zur Zielverwirklichung erforderlich ist, ermächtigen Staatszielbestimmungen die Legislative auch zu Eingriffen in bestehende Rechte.

bb) Exekutive

Trotz der befugnisbedingten zur Legislative abweichenden Wirkungsweise von Staatszielbestimmungen bleibt es auch für die Exekutive im Ausgangspunkt bei den vorbenannten Grundsätzen, dass der Zielgegenstand und dessen Verfolgung stets verbindlich ist, während die Art und Weise der konkreten Umsetzung von den Vorgaben der Staatszielbestimmung bzw. deren Ausgestaltung durch den Gesetzgeber abhängt. Für die unmittelbare und stetige Verbindlichkeit des Zielgegenstandes kommt es nicht darauf an, ob die Staatszielbestimmung einen ausdrücklichen Gesetzesvorbehalt[221] wie etwa Art. 20a GG, beinhaltet[222]. Der Vor-

---

[220] In diesem Sinne hält *Scholz*, in: Maunz/Dürig, GG, Stand: 75. Erglf., September 2015, Art. 20a, Rn. 84, wegen der Einführung der Staatszielbestimmung des Tierschutzes in Art. 20a GG die Rspr. des *BVerfG*, Urt. v. 15.01.2002 - 1 BvR 1783/99 - BVerfGE 104, 337 zur Rechtsmäßigkeit des in § 4a Abs. 2 Nr. 2 TierSchG zum Ausdruck kommenden Vorrangs des religiösen Schächtens gegenüber dem Tierschutz für nicht mehr haltbar.

[221] Den Begriff im Rahmen dieser Diskussion verwendend *Fischer*, Staatszielbestimmungen, 1994, S. 166; *Sommermann*, Staatsziele und Staatszielbestimmungen, 1997, S. 434 f.; gebräuchlich sind auch die Begriffe „Maßgabevorbehalt“ – vgl. *Hahn*, Staatszielbestimmungen, 2010, S. 87 – oder „Regelungsvorbehalt – vgl. *Müller-Bromley*, Staatszielbestimmung Umweltschutz, 1990, S. 137 ff.

[222] So aber etwa *Bundesminister des Inneren/Bundesminister der Justiz (Hrsg.)*, Kommissionsbericht, 1983, S. 22, Rn. 7; dadurch werde die Wirkung allein für den Gesetzgeber angeordent.

behalt betont lediglich die ohnehin nach dem allgemeinen Grundsatz der Gesetzmäßigkeit der Verwaltung[223] und seinen Ausprägungen im Vorrang des Gesetzes[224] und Vorbehalt des Gesetzes aus Art. 20 Abs. 3 GG gegebene Gesetzesbindung der Exekutive und hat damit keine Auswirkung auf die unmittel-
unmittelbare Geltung von Staatszielbestimmungen für die Exekutive – dies gilt auch für die Legislative und Judikative[225]. Andernfalls könnten Staatszielbestimmungen dadurch zu bloßen Gesetzgebungsaufträgen oder gar Programmsätzen herabgestuft werden[226]. Ein entsprechender Vorbehalt hat daher insofern[227] keinen eigenständigen Regelungsgehalt[228], sondern rein klarstellende bzw. deklaratorische Funktion[229] und dürfte für den Ausgestaltungsvorschlag insofern nicht nur unbeachtlich, sondern sogar überflüssig sein[230].

---

[223] Zur Gesetzmäßigkeit der Verwaltung und deren Ausprägungen in abgrenzender Darstellung des Vorbehalts und des Vorrangs des Gesetzes siehe nur *Wittern/Baßlsperger*, Verwaltungs- und Verwaltungsprozessrecht, 19. Aufl. 2007, Rn. 129 ff.

[224] Der Vorrang des Gesetzes besagt, dass Gesetze im formellen Sinn gegenüber allen anderen Rechtsnormen Vorrang genießen und alle untergesetzlichen Rechtsakte nicht dem Parlamentsgesetz widersprechen dürfen. Ausführlich zum Vorrang des Gesetzes: *Grzeszick*, in: Maunz/Dürig, GG, Stand: 75. Erglf., September 2015, Art. 20 VI., Rn. 72 ff.; *Ossenbühl*, in: Isensee/Kirchhof, HdbStR, Band V, 3. Aufl. 2007, § 101, Rn. 3 ff.

[225] *Engelken*, Erg.-Bd. zu Braun BaWüVerf, 1997, Art. 3a, Rn. 4; *Epiney*, in: von Mangoldt/Klein/Starck, Grundgesetz, Band 2, 6. Aufl. 2010, Art. 20a, Rn. 53, 55, 89, m. w. N.; *Fischer*, Staatszielbestimmungen, 1994, S. 167; *Hahn*, Staatszielbestimmungen, 2010, S. 87 f.; *Kloepfer*, DVBl. 1996, 73, 75; *Kloepfer*, in: Kahl/Waldhoff/Walter, BK Grundgesetz, Stand: 178. Akt., April 2016, Art. 20a, Rn. 41; *Meyer-Teschendorf*, ZRP 1994, 73, 78 f.; *Murswiek*, NVwZ 1996, 222, 222 f.; *Schink*, DÖV 1997, 221, 225; *Scholz*, in: Maunz/Dürig, GG, Stand: 75. Erglf., September 2015, Art. 20a, Rn. 55; *Sommermann*, Staatsziele und Staatszielbestimmungen, 1997, S. 434 f.; *Steinberg*, NJW 1996, 1985, 1992 f.; *Uhle*, DÖV 1993, 947, 952; *Vogel*, DVBl. 1994, 497, 499; a. A. *Bundesminister des Inneren/Bundesminister der Justiz (Hrsg.)*, Kommissionsbericht, 1983, S. 21, Rn. 7; *Brenne*, Soziale Grundrechte, 2003, S. 8 f.; *SaarlVerfGH*, Beschl. v. 09.06.1995 - Lv 6/94 - NJW 1996, 383, 384, denen zufolge ein besonderer Regelungs- bzw. Maßgabevorbehalt die verfassungsunmittelbare Wirkung für die Exekutive (und Judikative) ausschließt und nur den Gesetzgeber in die Pflicht nimmt.

[226] *Meyer-Teschendorf*, ZRP 1994, 73, 75; *Sommermann*, DVBl. 1991, 34, 35; *Sommermann*, Staatsziele und Staatszielbestimmungen, 1997, S. 434.

[227] Etwas anderes gilt für die normative Wirkung einer Staatszielbestimmung; siehe dazu 1. Kapitel, A. VI. 3) b) bb) (1) (a); so auch *Fischer*, Staatszielbestimmungen, 1994, S. 171.

[228] *Hahn*, Staatszielbestimmungen, 2010, S. 88; *Murswiek*, NVwZ 1996, 222, 222 f.; *Müller-Bromley*, Staatszielbestimmung Umweltschutz, 1990, S. 141; *Scholz*, in: Maunz/Dürig, GG, Stand: 75. Erglf., September 2015, Art. 20a, Rn. 55; *Uhle*, DÖV 1993, 947, 952.

[229] *Fischer*, Staatszielbestimmungen, 1994, S. 167; *Hahn*, Staatszielbestimmungen, 2010, S. 88 und 389; *Meyer-Teschendorf*, ZRP 1994, 73, 79; *Müller-Bromley*, Staatszielbestimmung Umweltschutz, 1990, S. 141; *Scholz*, in: Maunz/Dürig, GG, Stand: 75. Erglf., September

Staatszielbestimmungen verpflichten die Exekutive vor allem dazu, ihren verbindlichen Zielgegenstand bei all ihrem Tätigwerden als Planungs-, Auslegungs–, Abwägungs- oder Ermessensrichtlinien zu beachten[231]. Denn mit der Aufnahme einer Staatszielbestimmung in das Grundgesetz werden ihre Zielvorgaben zu Bestandteilen der verfassungsrechtlichen Wertordnung[232], die als sog. „objektive Wertentscheidungen der Verfassung“[233] durch den Staat stets zu beachten sind[234].

Welche Funktionsweise konkret eintritt, hängt davon ab, welche Phase der staatlichen Tätigkeit betrachtet und wie der Staat tätig wird. So kann exekutives Handeln infolge von Staatszielbestimmungen initiiert werden, indem die objektiven Wertentscheidungen der Exekutive Planungsziele vorgeben[235]. Bei bereits eingeleiteten, durch außerhalb der Staatszielbestimmung liegende Umstände be-

---

2015, Art. 20a, Rn. 55; *Sommermann*, Staatsziele und Staatszielbestimmungen, 1997, S. 435; *Uhle*, DÖV 1993, 947, 952; *Vogel*, DVBl. 1994, 497, 499; sehr anschaulich von einer bloßen „verfassungspolitischen – Vedeutlichungsfunktion: dass Exekutive und Judikative im Bereich des Umweltschutzes nicht anders (und besser) stehen als in sonstigen Bereichen der Staatstätigeit“ sprechend, *Meyer-Teschendorf*, ZRP 1994, 73, 78.

[230] So auch *Epiney*, in: von Mangoldt/Klein/Starck, Grundgesetz, Band 2, 6. Aufl. 2010, Art. 20a, Rn. 55; *Kloepfer*, DVBl. 1996, 73, 75; , *Meyer-Teschendorf*, ZRP 1994, 73, 78 f.; *Murswiek*, NVwZ 1996, 222, 222 f.; *Sommermann*, DVBl. 1991, 34, 36; *Steinberg*, NJW 1996, 1985, 1993; *Schneider*, NJW 1994, 558, 560; a. A. *Scholz*, in: Maunz/Dürig, GG, Stand: 75. Erglf., September 2015, Art. 20a, Rn. 56, der hierin eine „verfassungspolitische Verdeutlichungsfunktion“ erkennt, dass sich die neue Staatszielbestimmung in die bestehenden und bewährten Grundstrukturen des GG einfügt.

[231] So beispielsweise *BVerwG*, Urt. v. 05.02.2009 - 7 CN 1/08 - NVwZ 2009, 719, 722, im Falle eines Verordnungserlasses; darüber hinaus vgl. *Brunner*, Die Problematik der sozialen Grundrechte, 1971, S. 9; *Fischer*, Staatszielbestimmungen, 1994, S. 6; *Graf Vitzthum*, ZfA 1991, 695, 698; *Hahn*, Staatszielbestimmungen, 2010, S. 65, 92; und ausdrücklich für den Fall einer Staatszielbestimmung zur Sportförderung vgl. *Humberg*, ZRP 2007, 57, 60; *Vogel*, DVBl. 1994, 497, 499.

[232] *Brunner*, Die Problematik der sozialen Grundrechte, 1971, S. 9.

[233] *BVerwG*, Urt. v. 05.02.2009 - 7 CN 1/08 - NVwZ 2009, 719, 722; neben der Bezeichnung „objektive Wertentscheidungen“ wird auch das Begriffspaar „verfassungsrechtliche Wertentscheidungen“ verwendet; vgl. dafür nur *Hahn*, Staatszielbestimmungen, 2010, S. 65, 87, 92, der sich in seiner Abhandlung beider Begriffspaare in bedient.

[234] *Fischer*, Staatszielbestimmungen, 1994, S. 6; *Graf Vitzthum*, ZfA 1991, 695, 698; *Hahn*, Staatszielbestimmungen, 2010, S. 65, 92; *Humberg*, ZRP 2007, 57, 60; *Vogel*, DVBl. 1994, 497, 499.

[235] *Dreher*, Staatsziele im Bundesstaat am Beispiel des Sports, 2005, *Fischer*, Staatszielbestimmungen, 1994, S. 6.

gründeten Planungsüberlegungen sind Staatszielbestimmungen als Planungsrichtlinien zu berücksichtigen[236]. Im Rahmen von Abwägungsentscheidungen zwischen widerstreitenden Belangen greift die Funktion als Abwägungshilfe[237]. Überwiegend dienen Staatszielbestimmungen der Exekutive jedoch als Auslegungshilfe und Ermessensrichtlinie bei konkreten Einzelfallentscheidungen, wie dem Erlass von Verwaltungsakten. Dort sind die objektiven Wertentscheidungen auf Tatbestandsseite bei der Auslegung von Gesetzen und sonstigen Rechtsvorschriften[238] und auf Rechtsfolgenseite bei Ermessensentscheidungen als ermessenslenkende Richtlinien zu berücksichtigen[239]. Dabei kommt die Funktion als Auslegungshilfe vor allem dann zum Tragen, wenn auf Tatbestandsseite ein unbestimmter Rechtsbegriff steht[240] oder die Exekutive eine Generalsklausel auslegen muss[241].

Die Wirkung greift schließlich unabhängig von der Handlungsform, also auch bei sog. „informellem Handeln", bei dem die Verwaltung ohne Einhaltung der formellen Vorgaben für Verwaltungshandeln etwa über Absprachen, Verständigungen oder Warnungen gegenüber Privaten tätig wird[242], oder bei privatrechtlichem Handeln etwa über eine kommunale Stadtwerks-GmbH zur Daseinsvorsorge, solange sie hierbei öffentliche Aufgaben wahrnimmt[243]. Denn sofern der

---

[236] *Hahn*, Staatszielbestimmungen, 2010, S. 93.

[237] *Hahn*, Staatszielbestimmungen, 2010, S. 94; *Hesse*, Grundzüge des Verfassungsrechts, 20. Aufl. 1999, Rn. 208.

[238] *Bundesminister des Inneren/Bundesminister der Justiz (Hrsg.)*, Kommissionsbericht, 1983, S. 21, Rn. 7; *Bull*, Die Staatsaufgaben nach dem Grundgesetz, 2. Aufl. 1977, S. 165; *Dreher*, Staatsziele im Bundesstaat am Beispiel des Sports, 2005, *Fischer*, Staatszielbestimmungen, 1994, S. 6; *Hahn*, Staatszielbestimmungen, 2010, S. 92; *Sommermann*, Staatsziele und Staatszielbestimmungen, 1997, S. 385.

[239] *Dreher*, Staatsziele im Bundesstaat am Beispiel des Sports, 2005, S. 5 f.; *Fischer*, Staatszielbestimmungen, 1994, S. 6; *Hahn*, Staatszielbestimmungen, 2010, S. 92; *Hesse*, Grundzüge des Verfassungsrechts, 20. Aufl. 1999, Rn. 208; *Sommermann*, Staatsziele und Staatszielbestimmungen, 1997, S. 385.

[240] *Fischer*, Staatszielbestimmungen, 1994, S. 6; *Hahn*, Staatszielbestimmungen, 2010, S. 92; *Hesse*, Grundzüge des Verfassungsrechts, 20. Aufl. 1999, Rn. 208.

[241] *Hahn*, Staatszielbestimmungen, 2010, S. 92.

[242] *Hahn*, Staatszielbestimmungen, 2010, S. 90; *Huber*, in: Koch/Roßnagel/Schneider/Wieland, Atomrechtssymposium, 2002, S. 344; siehe zum informellen Handeln im Allgemeinen nur *Schmitz*, in: Stelkens/Bonk/Sachs, VwVfG, 8. Aufl. 2014, § 9, Rn. 172 m. w. N.

[243] *Hahn*, Staatszielbestimmungen, 2010, S. 89 f.; *Kloepfer*, in: Kahl/Waldhoff/Walter, BK Grundgesetz, Stand: 178. Akt., April 2016, Art. 20a, Rn. 31; ausführlich dazu *Peters*,

Exekutive eine Einflussnahme auf das privatrechtliche Unternehmen möglich ist, soll sie sich der Bindung an die Vorgaben von Staatszielbestimmungen durch eine „Flucht ins Privatrecht" nicht entziehen können[244]. Ähnlich verhält es sich bei dem informellen Handeln des Staates. Auch dieses steht nicht in einem rechtsfreien Raum, sondern unterliegt infolge von Art. 20 Abs. 3 GG jedenfalls der Verfassung und folglich auch den dort verankerten Staatszielbestimmungen[245].

Daneben beinhalten Staatszielbestimmungen aber auch für die Exekutive in eingeschränktem Umfang eine Verpflichtung zur Zielverfolgung bzw. einen eingeschränkten Befassungs- und Entscheidungsauftrag. Soweit die Exekutive nicht auch im Legislativverfahren aktiv werden kann, besteht grundsätzlich kein „primärer" Befassungs- und Entscheidungsauftrag, wie er in der vorbezeichneten Form an die Legislative ergeht. Dies folgt aus dem Vorbehalt des Gesetzes und der fehlenden Befugnis zum Erlass von Gesetzen im formellen Sinne[246]. Darüber hinaus sind Staatszielbestimmungen wegen ihrer Offenheit nicht hinreichend bestimmt im Sinne des für die Rechtssetzung durch die Exekutive maßgeblichen Art. 80 Abs. 1 Satz 2 GG[247], um als verpflichtende Ermächtigungsgrundlage für Gesetze im materiellen Sinne[248] oder für die Einleitung des Normsetzungsverfahrens zu dienen. Etwas anderes gilt nur für die Bundesregierung und die Landesregierungen. Obwohl die Regierung Teil der exekutiven Staatsgewalt ist[249], kann sie nach Art. 76 Abs. 1 GG bzw. den landesrechtlichen

---

NuR 1987, 293, 294, und *Sommermann*, in: von Münch/Kunig, GG, Band 1, 6. Aufl. 2012, Art. 20a, Rn. 16.

[244] *Fischer*, Staatszielbestimmungen, 1994, S. 8; *Hahn*, Staatszielbestimmungen, 2010, S. 89 f.; *Sommermann*, in: von Münch/Kunig, GG, Band 1, 6. Aufl. 2012, Art. 20a, Rn. 16.

[245] *Hahn*, Staatszielbestimmungen, 2010, S. 90; *Huber*, in: Koch/Roßnagel/Schneider/Wieland, Atomrechtssymposium, 2002, S. 344.

[246] So auch *Hahn*, Staatszielbestimmungen, 2010, S. 91; dazu bereits oben unter 1. Kapitel, VI. 1) a) aa).

[247] *Hahn*, Staatszielbestimmungen, 2010, S. 91; *Sachs*, in: Stelkens/Bonk/Sachs, VwVfG, 8. Aufl. 2014, § 44, Rn. 78; *Sommermann*, Staatsziele und Staatszielbestimmungen, 1997, S. 385.

[248] Dazu und zur Abgrenzung von Gesetzen im formellen Sinne siehe nur *Bülow*, in: Benda/Maihofer/Vogel, HdbVerfR BRD, 2. Auf. 1994, § 30, Rn. 2 ff.

[249] Siehe nur *Stern*, Staatsrecht II, 1980, S. 680.

Parallelvorschriften[250] auch eigene Gesetzesvorlagen einbringen. Die Regierungstätigkeit ist durch die Lenkung der staatlichen Politik[251] und die Festlegung der Staatsaufgaben gekennzeichnet[252], weshalb ihr eine „Querschnittsaufgabe" aus Tätigkeiten der Ersten und Zweiten Staatsgewalt zukommt[253]. Deswegen ist der Befassungs- und Entscheidungsauftrag insoweit auch an die Exekutive gerichtet, als sie im Legislativverfahren aktiv werden kann[254]. Parallel dazu kommt auch der Regierung in dem Umfang Gestaltungsspielraum hinsichtlich der Art und Weise der Realisierung zu, wie er der Legislative zusteht[255].

Parallel dazu ergeht an die gesamte Exekutive einschließlich der Verwaltung ein „nachgeschalteter" Befassungs- und Entscheidungsauftrag[256]. Sobald der Gesetzgeber die Vorgaben der Staatszielbestimmung durch ein Gesetz im formellen Sinne konkretisiert hat, ist auch die Exekutive dazu berufen, sich mit der Verwirklichung der Zielvorgabe durch Gesetze im materiellen Sinne (Satzungen und Verordnungen) zu befassen und dar-über zu entscheiden. Je nach Ausgestaltung des formellen Ermächtigungsgesetzes kann sich der Entscheidungsauftrag auch zu einer Erlassverpflichtung erhärten[257]. Bei der konkreten Ausgestaltung steht der Exekutive dann wiederum Gestaltungsspielraum zu, sofern und soweit die Ermächtigungsgrundlage und die Staatszielbestimmung einen solchen ge-

---

[250] Art. 59 Abs. 1 BaWüVerf; Art. 71 BayVerf; Art. 59 Abs. 2 BerlVerf; Art. 75 BbgVerf; Art. 123 Abs. 1 BremVerf; Art. 48 Abs. 1 HambVerf; Art. 117 HessV; Art. 55 Abs. 1 Satz 1 MVVerf; Art. 42 Abs. 3 NdsVerf; Art. 65 NRWVerf; Art. 108 RPVerf; Art. 98 SaarlVerf; Art. 70 Abs. 1 SächsVerf; Art. 77 Abs. 2 SAVerf; Art. 37 Abs. 1 SHVerf; Art. 81 Abs. 1 ThürVerf.

[251] *Hahn*, Staatszielbestimmungen, 2010, S. 91; *Müller-Bromley*, Staatszielbestimmung Umweltschutz, 1990, S. 125; *Stern*, Staatsrecht II, 1980, S. 681; *Badura*, Staatsrecht, 6. Aufl. 2015, E, Rn. 18.

[252] *Müller-Bromley*, Staatszielbestimmung Umweltschutz, 1990, S. 125.

[253] *Stern*, Staatsrecht II, 1980, S. 681.

[254] Ähnlich *Hahn*, Staatszielbestimmungen, 2010, S. 91; *Müller-Bromley*, Staatszielbestimmung Umweltschutz, 1990, S. 125.

[255] *Hahn*, Staatszielbestimmungen, 2010, S. 91; ähnlich *Müller-Bromley*, Staatszielbestimmung Umweltschutz, 1990, S. 125, 127, der jedoch von einem gegenüber der Legislative wegen des Vorbehalts des Gesetzes und Art. 80 Abs. 1 GG eingeschränkten Gestaltungsspielraum ausgeht. Hierbei verkennt *Müller-Bromley* jedoch, dass die Regierung lediglich einleitend tätig wird, dann aber der nicht entsprechend beschränkte Gesetzgeber selbst weitestgehend übernimmt.

[256] *Sommermann*, Staatsziele und Staatszielbestimmungen, 1997, S. 385, spricht in Zusammenhang mit der Exekutive von einem sog. „Gestaltungsauftrag".

[257] So etwa § 43 Abs. 1 BImSchG für die 16. BImSchV, vgl. *Reese*, in: Giesberts/Reinhardt, BeckOK Umweltrecht, Stand: 37. Edt., 01.10.2015, § 43 BImSchG, Rn. 1.

währen[258]. Da die Ermächtigungsgrundlagen für die exekutive Rechtssetzung nach Art. 80 Abs. 1 Satz 2 GG in Inhalt, Zweck und Ausmaß der Ermächtigung hinreichend bestimmt sein müssen[259], wird der Gestaltungsspielraum aber weitaus geringer ausfallen als für die Legislative[260].

Schließlich berechtigen Staatszielbestimmungen die Exekutive nicht dazu, unmittelbar auf ihrer Grundlage belastende Maßnahmen wie Verwaltungsakte oder Realakte vorzunehmen[261]. Denn die Ermächtigungsgrundlagen für belastende Verwaltungsakte müssen insbesondere hinreichend bestimmt sein[262]. Aufgrund ihrer Offenheit sind dies Staatszielbestimmungen nicht, weshalb sie zunächst einer einfachgesetzlichen Konkretisierung durch den Gesetzgeber bedürfen[263]. Nur sofern die Exekutive ohne Eingriffe in Rechte Dritter zur Verwirklichung der Zielvorgaben handeln kann, ist dies ohne vorherige Konkretisierung durch die Legislative möglich[264].

Die Hauptwirkung von Staatszielbestimmungen für die Exekutive liegt demnach in der verbindlichen Vorgabe objektiver Wertentscheidungen, die sie bei ihrer gesamten Tätigkeit zu berücksichtigen hat. Daneben können sie für die Regierungen von Bund und Ländern einen primären und im Übrigen einen nachgeschalteten Befassungs- und Entscheidungsauftrag beinhalten. Wegen des Vorbehalts des Gesetzes und der Erforderlichkeit hinreichend bestimmter Ermächtigungsgrundlagen kommen sie im Übrigen aber erst nach Konkretisierung durch die Legislative als Grundlagen für normsetzende Tätigkeiten oder für belastende Einzelfallentscheidungen in Betracht.

---

[258] *Müller-Bromley*, Staatszielbestimmung Umweltschutz, 1990, S. 128.
[259] *Hahn*, Staatszielbestimmungen, 2010, S. 91; *Sachs*, in: Stelkens/Bonk/Sachs, VwVfG, 8. Aufl. 2014, § 44, Rn. 78; *Sommermann*, Staatsziele und Staatszielbestimmungen, 1997, S. 385.
[260] So auch *Degenhart*, in: Degenhart/Meissner, Hdb der Verfassung Sachsens, 1997, § 6, Rn. 6; *Hahn*, Staatszielbestimmungen, 2010, S. 91; *Müller-Bromley*, Staatszielbestimmung Umweltschutz, 1990, S. 129.
[261] *Epiney*, in: von Mangoldt/Klein/Starck, Grundgesetz, Band 2, 6. Aufl. 2010, Art. 20a, Rn. 89; *Murswiek*, NVwZ 1996, 222, 229; *Schink*, DÖV 1997, 221, 222; *Scholz*, in: Maunz/Dürig, GG, Stand: 75. Erglf., September 2015, Art. 20a, Rn. 57.
[262] *Sachs*, in: Stelkens/Bonk/Sachs, VwVfG, 8. Aufl. 2014, § 44, Rn. 52.
[263] *Dreher*, Staatsziele im Bundesstaat am Beispiel des Sports, 2005, S. 15; *Epiney*, in: von Mangoldt/Klein/Starck, Grundgesetz, Band 2, 6. Aufl. 2010, Art. 20a, Rn. 89.
[264] *Bundesminister des Inneren/Bundesminister der Justiz (Hrsg.)*, Kommissionsbericht, 1983, S. 101, Rn. 162.

cc) Judikative

Die Wirkung von Staatszielbestimmungen für die Judikative ergibt sich ebenfalls aus ihren Befugnissen. Nach der funktionalen Aufteilung der Staatsgewalt aus Art. 20 Abs. 2 Satz 2 GG[265] obliegt der Judikative die Aufgabe, das Handeln der übrigen Organe auf seine Gesetz- und Rechtmäßigkeit zu kontrollieren[266]. Im Rahmen ihrer Kontrolltätigkeit hat die Judikative also die Einhaltung der zuvor ausführlich dargestellten Verpflichtungen der Legislative[267] und der Exekutive[268] sicherzustellen[269]. Deshalb gilt auch für sie der Grundsatz, dass das von einer Staatszielbestimmung vorgegebene Ziel verbindlich ist, während bei der Art und Weise der Zielrealisierung Gestaltungsspielraum besteht. Dies gilt, entsprechend den Ausführungen bei der Exekutive[270], unabhängig von einem besonderen Gesetzesvorbehalt in der Staatszielbestimmung[271].

Allerdings kann die Judikative nur die auf dem Prüfstand stehenden Akte kontrollieren. Die Gerichte – das gilt sowohl für die Fachgerichte als auch für die Verfassungsgerichte – sind nicht dazu befugt, selbstständig die Staatszielbe-

---

[265] Zur funktionalen Aufteilung der Staatsgewalt nach dem Grundsatz der Gewaltenteilung siehe *Grzeszick*, in: Maunz/Dürig, GG, Stand: 75. Erglf., September 2015, Art. 20 V., Rn. 78 ff.; *Stern*, Staatsrecht I, 2. Aufl. 1984, S. 626 f.; *Zippelius/Würtenberger*, Deutsches Staatsrecht, 32. Aufl. 2008, § 12, Rn. 14 ff.

[266] *Hesse*, in: Müller, FS Huber, 1981, S. 262 und 265 f.; *Müller-Bromley*, Staatszielbestimmung Umweltschutz, 1990, S. 132; *Simon*, EuGRZ 1978, 100, 101; *Stern*, Staatsrecht II, 1980, S. 954 f.; detailliert zu den Kontrollbefugnissen der Rspr. *Grzeszick*, in: Maunz/Dürig, GG, Stand: 75. Erglf., September 2015, Art. 20 V., Rn. 81 ff., 105 ff.

[267] Für die Relevanz von Staatszielbestimmungen bei der Kontrolle von legislativen Handelns vgl. nur *BVerfG*, Urt. v. 24.11.2010 - 1 BvF 2/05 - BVerfGE 128, 1, 67, 85.

[268] Für die Relevanz von Staatszielbestimmungen bei der Kontrolle von exekutiven Handelns vgl. nur *BVerwG*, Urt. v. 05.02.2009 - 7 CN 1/08 - NVwZ 2009, 719, 722.

[269] Ausführlich zu den einzelnen Kontrollsituationen *Bundesminister des Inneren/Bundesminister der Justiz (Hrsg.)*, Kommissionsbericht, 1983, S. 21, Rn. 7, S. 102, Rn. 163; *Dreher*, Staatsziele im Bundesstaat am Beispiel des Sports, 2005, S. 5 f.; *Fischer*, Staatszielbestimmungen, 1994, S. 7; *Hahn*, Staatszielbestimmungen, 2010, S. 94 f.; *Kloepfer*, in: Kahl/Waldhoff/Walter, BK Grundgesetz, Stand: 178. Akt., April 2016, Art. 20a, Rn. 59 f.; zur Kontrolltätigkeit im Detail weiter unten unter 1. Kapitel, VII.

[270] Siehe 1. Kapitel A. IV. 1) a) bb) (1) (a).

[271] Siehe nur *Hahn*, Staatszielbestimmungen, 2010, S. 94; *Meyer-Teschendorf*, ZRP 1994, 73, 79.

stimmungen zu verwirklichen[272]. Denn nach der funktionalen Aufteilung der Staatsgewalt beschränkt sich die Tätigkeit der Judikative auf die reine Kontrolle der beiden anderen Staatsgewalten[273]. Deshalb ist die Judikative auch nicht zu einem eigenen originären gestalterischen Tätigwerden im Sinne eines Entscheidungs- oder Befassungsauftrags, geschweige denn eines Normerlasses oder einer Normkorrektur zum Zwecke der Zielverfolgung verpflichtet oder befugt[274]. Ausnahmsweise und nur sofern der Gesetzgeber bereits gehandelt und dabei Gesetzeslücken belassen hat, können die Gerichte im Rahmen der richterlichen Rechtsfortbildung unmittelbar auf Staatszielbestimmungen zurückgreifen und so Richterrecht schaffen[275]. Ein originärer Befassungs- und Entscheidungsauftrag lässt sich jedoch auch hieraus nicht ableiten.

b) Wirkung im vertikalen Staatsgefüge

Staatszielbestimmungen wirken umfassend auch im vertikalen Staatsgefüge. Das bedeutet, dass sie nicht nur auf der jeweiligen Erlassebene – Bund oder Land –, sondern auch ebenenübergreifend auf staatliches Handeln einwirken. Jedoch muss die vertikale Wirkung von Staatszielbestimmungen in den Verfassungen der Bundesländer aufgrund des Vorrangs des Bundesrechts vor dem Landesrecht nach Art. 31 GG eine andere sein als die von Staatszielbestimmungen im Grundgesetz. Deshalb ist zwischen der Wirkung von Staatszielbestimmungen im Grundgesetz (dazu unter aa)) und in den Verfassungen der Bundesländer (dazu unter bb)) zu unterscheiden.

---

[272] *BVerfG*, Beschl. v. 08.07.1982 - 2 BvR 1187/80 - BVerfGE 61, 82, 115 m. w. N.; *Fischer*, Staatszielbestimmungen, 1994, S. 7; *Hahn*, Staatszielbestimmungen, 2010, S. 94; *Müller-Bromley*, Staatszielbestimmung Umweltschutz, 1990, S. 132; *Simon*, EuGRZ 1978, 100, 101.

[273] In diesem Sinne auch *Hesse*, in: Müller, FS Huber, 1981, S. 262, bei dem es heisst, dass Kontrolltätigkeit nicht so weit gehen darf, dass die Judikative der Sache nach die Aufgaben der anderen Staatsgewalten wahrnimmt.

[274] *Hahn*, Staatszielbestimmungen, 2010, S. 94; *Bundesminister des Inneren/Bundesminister der Justiz (Hrsg.)*, Kommissionsbericht, 1983, S. 102, Rn. 163; *Kloepfer*, in: Kahl/Waldhoff/Walter, BK Grundgesetz, Stand: 178. Akt., April 2016, Art. 20a, Rn. 59 f.

[275] *Dreher*, Staatsziele im Bundesstaat am Beispiel des Sports, 2005, S, 6; *Hahn*, Staatszielbestimmungen, 2010, S. 95; *Stern*, Staatsrecht I, 2. Aufl. 1984, S. 854; *Zippelius/Würtenberger*, Deutsches Staatsrecht, 32. Aufl. 2008, § 12, Rn. 18.

aa) Wirkung von Staatszielbestimmungen im Grundgesetz

Staatszielbestimmungen im Grundgesetz entfalten „nach unten hin“ umfassende Wirkung für alle Ebenen des staatlichen Handelns. Sie sind nicht nur für die Staatsgewalten auf Bundesebene verbindlich, sondern auch auf Landes- und kommunaler Ebene, für juristische Personen des öffentlichen Rechts und auch für sonstige Träger hoheitlicher Gewalt, wie Stiftungen des öffentlichen Rechts oder Beliehene[276]. Dies folgt aus Art. 20 Abs. 3 GG, der sowohl auf Bundes-, als auch auf Landesebene und damit auf allen Ebenen staatlichen Handelns Anwendung findet[277].

Während die oben aufgezeigte Wirkung im horizontalen Staatsgefüge[278] bei Staatszielbestimmungen im Grundgesetz für die Bundesstaatsgewalten ohne Einschränkungen gilt, ist die Wirkung für die Landesstaatsgewalten einge-

---

[276] *Bock*, Umweltschutz, 1990, S. 306; *Engelken*, Erg.-Bd. zu Braun BaWüVerf, 1997, Art. 3a, Rn. 3; *Epiney*, in: von Mangoldt/Klein/Starck, Grundgesetz, Band 2, 6. Aufl. 2010, Art. 20a, Rn. 56; *Hahn*, Staatszielbestimmungen, 2010, S. 88; *Kloepfer*, in: Kahl/Waldhoff/Walter, BK Grundgesetz, Stand: 178. Akt., April 2016, Art. 20a, Rn. 31, 33; *Peters*, NuR 1987, 293, 294; *Schink*, DÖV 1997, 221, 223; *Sommermann*, in: von Münch/Kunig, GG, Band 1, 6. Aufl. 2012, Art. 20a, Rn. 16; mit ausführlicher Begründung *Scholz*, in: Maunz/Dürig, GG, Stand: 75. Erglf., September 2015, Art. 20a, Rn. 44; siehe nur *BVerfG*, Beschl. v. 09.05.1972 - 1 BvR 518/62 und 308/64 - BVerfGE 33, 125, 161 für eines der untersten Glieder, eine Ärztekammer als juristische Person des öffentlichen Rechts, deren Satzungsgebung mit dem Grundgesetz und somit auch den dort enthaltenen Staatszielbestimmungen im Einklang stehen muss.

[277] Zwar besteht Uneinigkeit darüber, ob Art. 20 Abs. 3 GG unmittelbare Geltung auch auf Länderebene hat – siehe dazu nur *Herzog/Grzeszik*, in: Maunz/Dürig, GG, Stand: 71. Erglf., März 2014, Art. 20, Rn. 150 ff.; für eine unmittelbare Geltung etwa *BVerfG*, Urt. v. 01.07.1953 - 1 BvL 23/51 - BVerfGE 2, 380, 403; *Stern*, Staatsrecht I, 2. Aufl. 1984, S. 704; *Nierhaus*, in: Sachs, GG, 7. Aufl. 2014, Art. 28, Rn. 17; offen gelassen durch *BVerfG*, Urt. v. 22.02.1994 - 1 BvL 30/88 - BVerfGE 90, 60, 86 m. w. N. – oder wegen der durch Art. 20 Abs. 3 GG auf Länderebene eröffneten Bandbreite von Umsetzungsvarianten nicht unmittelbar gilt – so etwa *Dreier*, in: Dreier, GG, Band II, 3. Aufl. 2015, Art. 28, Rn. 44, Art. 31, Rn. 29 f.; *Tettinger/Schwarz*, in: von Mangoldt/Klein/Starck, Grundgesetz, Band 2, 6. Aufl. 2010, Art. 28, Rn. 30. Im Ergebnis kommen aber auch die Gegner der unmittelbaren Geltung zur – wenn auch nur mittelbaren – Anwendung des Art. 20 Abs. 3 GG auf Länderebene, indem sie die dort geregelten Grundsätze zu den Grundsätzen des Rechtsstaates im Sinne von Art. 28 Abs. 1 Satz 1 GG zählen und Art. 20 Abs. 3 GG über Art. 28 Abs. 1 Satz 1 GG mittelbar Geltung auch auf Länderebene zusprechen – so *Dreier*, in: Dreier, GG, Band II, 3. Aufl. 2015, Art. 28, Rn. 44, Art. 31, Rn. 29 f.; *Rincke*, Staatszielbestimmungen der SächsVerf, 1997, S. 16; *Tettinger/Schwarz*, in: von Mangoldt/Klein/Starck, Grundgesetz, Band 2, 6. Aufl. 2010, Art. 28, Rn. 30.

[278] Siehe 1. Kapitel, A. VI. 1) a).

schränkt[279]. Im Ausgangspunkt müssen die Landesstaatsgewalten zwar wegen Art. 20 Abs. 3 GG, ggf. in Verbindung mit Art. 28 Abs. 1 Satz 1 GG, auch die Staatszielbestimmungen des Grundgesetzes bei ihrer Tätigkeit in jedem Falle beachten[280]. Dies gilt sowohl bei der Anwendung und dem Vollzug von Bundesrecht (Art. 83 ff. GG), als auch bei der Anwendung und dem Vollzug von Landesrecht (Art. 30, 31 GG). Eine aktive Verfolgungspflicht in Form eines Befassungs- und Entscheidungsauftrags wäre hingegen zu weitgehend. Für die Exekutive und Judikative gilt insoweit das bereits oben Ausgeführte. Den Landesgesetzgebern hingegen stünden zwar die Mittel zur Umsetzung von Bundesstaatszielbestimmungen formal zur Verfügung, doch steht dem das Homogenitätsgebot aus Art. 28 Abs. 1 Satz 1 GG entgegen. Denn das Gebot würde überdehnt, wenn man von den Landesgesetzgebern verlangte, Bundesstaatszielbestimmungen ohne jegliche Verankerung der Zielvorgabe in den Verfassungen der Bundesländer umzusetzen[281]. Art. 28 Abs. 1 Satz 1 GG verlangt nur ein Mindestmaß an Übereinstimmung zwischen Bundes- und Landesverfassungsrecht[282], nicht jedoch einen exakten Gleichlauf[283]. Dieses Ergebnis wird bestätigt, wenn man sich die Konsequenzen einer Verfolgungspflicht im Sinne eines legislativen Befassungs- und Entscheidungsauftrags für die Landesgesetzgeber vor Augen führt. Erließe der Bundesgesetzgeber eine Staatszielbestimmung auf dem Gebiet der ausschließlichen Gesetzgebungskompetenz der Länder[284], könnte er, bei Bestehen einer Verfolgungspflicht für die Landesgesetzgeber, diesen in Umgehung der Art. 70 ff. GG eine Handlungsverpflichtung auferlegen[285]. Daher ist eine Verfolgungspflicht im Hinblick auf Staatszielbestimmungen des Grundgesetzes auch für die Landesgesetzgeber abzulehnen.

---

[279] So im Ergebnis auch *Hahn*, Staatszielbestimmungen, 2010, S. 384 ff.

[280] *Hahn*, Staatszielbestimmungen, 2010, S. 386.

[281] *Hahn*, Staatszielbestimmungen, 2010, S. 385 f.

[282] Siehe nur *Erbguth/Wiegand*, DÖV 1992, 770, 776; *Stern*, Staatsrecht I, 2. Aufl. 1984, S. 704.

[283] Etwas anderes würde nur dann gelten, wenn Staatszielbestimmungen sog. „Durchgriffsnormen" wären – siehe dazu *Stern*, Staatsrecht I, 2. Aufl. 1984, S. 704 f. –, die die Landesgewalten ohne Transformationsakte binden, wie es etwa die Grundrechte sind; so auch *Hahn*, Staatszielbestimmungen, 2010, S. 201, 384; so allgemein für Durchgriffsnormen *März*, in: von Mangoldt/Klein/Starck, Grundgesetz, Band 2, 6. Aufl. 2010, Art. 31, Rn. 96; *Tettinger*, in: von Mangoldt/Klein/Starck, Grundgesetz, Band 2, 6. Aufl. 2010, Art. 28, Rn. 30.

[284] Diese ist im Ausschlusswege aus den Art. 70 ff. GG zu ermitteln. Siehe hierzu *Uhle*, in: Maunz/Dürig, GG, Stand: 75. Erglf., September 2015, Art. 70, Rn. 150.

[285] *Hahn*, Staatszielbestimmungen, 2010, S. 385.

bb) Wirkung von Staatszielbestimmungen in den Verfassungen der Bundesländer

Wie die Wirkung von Staatszielbestimmungen in Verfassungen der Bundesländer ausfällt und insbesondere wie weit sie in die Bundesebene „hinauf reicht" lässt sich nicht so allgemein sagen wie bei der Wirkung entsprechender Regelungen im Grundgesetz in die umgekehrte Richtung.

(1) Wirkung für die Landesstaatsgewalten

Die Staatszielbestimmungen in den Verfassungen der Bundesländer wirken für die Landesstaatsgewalten im Ausgangspunkt in der oben bereits dargestellten umfassenden Weise[286]. Dies ergibt sich aus den Parallelvorschriften zu Art. 20 Abs. 3 GG in den Landesverfassungen[287], die für alle staatlichen Stellen auf der Landesebene die Bindung an geltendes Recht und damit auch Landesverfassungsrecht festschreibt[288]. Hierzu gibt es vier Einschränkungen:

Die Wirkung kann zunächst durch entsprechende Ausgestaltung der Regelung auf bestimmte Gruppen innerhalb der drei Adressaten beschränkt werden[289]. Geläufig ist eine Beschränkung auf die unmittelbare Staatsverwaltung, also die Exekutive auf Landesebene und eine damit einhergehende Ausnahme der Exe-

---

[286] Siehe 1. Kapitel, A. VI. 1) a).

[287] Da nicht alle Landesverfassungen die Art. 20 Abs. 3 GG entsprechende Bindungswirkung der Staatsgewalten an die Landesverfassung in nur einer Vorschrift festschreiben, wird auf eine abschließende Auflistung der Normen an dieser Stelle verzichtet. Zum Beleg werden nachfolgend nur beispielhaft einige landesverfassungsrechtliche Vorschriften aufgefügt, die eine entsprechende Bindung an das Landesverfassungsrecht festschreiben. Das sind etwa: Art. 25 Abs. 2 BaWüVerf; Art. 55 Nr. 1, 85 BayVerf; Art. 2 Abs. 5 BbgVerf; Art. 2 Abs. 2 NdsVerf; Art. 77 Abs. 2 RPVerf; Art. 3 Abs. 3 SächsVerf; Art. 47 Abs. 4 ThürVerf.

[288] Siehe dazu nur *Lieber*, in: Lieber/Iwers/Ernst, BbgVerf, 2012, Art. 2, Zif.. 5.2 ff.; *Linck*, in: Linck/Jutzi/Hopfe, ThürVerfKom, 1994, Art. 47 Rn. 5 ff.; *Lindner*, in: Lindner/ Möstl/Wolff, BayVerf, 2009, Art. 55, Rn. 2.

[289] Ähnlich auch *Jutzi*, in: Linck/Jutzi/Hopfe, ThürVerfKom, 1994, Art. 43 Rn. 9; *Hahn*, Staatszielbestimmungen, 2010, S. 88 f., *Rincke*, Staatszielbestimmungen der SächsVerf, 1997, S. 16 f.; zwar ohne explizit die Bundesebene hiervon auszunehmen, aber in diesem Sinne nur in Bezug auf die Länderverfassungen von Sachsen und Thüringen ausführend.

kutive auf Kommunalebene als mittelbare Staatsverwaltung[290]. Eine einheitliche begriffliche Handhabe, wann die gesamte und wann ausschließlich die unmittelbare Staatsverwaltung angesprochen sein soll, ist allerdings nicht erkennbar und muss deshalb stets im Einzelfall durch Auslegung ermittelt werden[291]. Während in Sachsen der Begriff „Freistaat“ nur die unmittelbare Staatsgewalt und der Begriff „Land“ die gesamte Staatsgewalt anspricht[292], ist dies in Thüringen gerade umgekehrt[293].

Weiterhin kann sie durch Vorschriften des Grundgesetzes eingeschränkt werden, wenn die Landesstaatszielbestimmungen nicht im Einklang mit Bundesrecht – sei es einfaches oder Verfassungsrecht – stehen. Denn wegen Art. 31 GG kann auch für die Landesebene keine Bindung durch bundesrechtswidrige Landesstaatszielbestimmungen oder darauf fußende Landesgesetze erfolgen.

Auch wirken die Staatszielbestimmungen aus Verfassungen der Bundesländer nur eingeschränkt beim Vollzug von Bundesrecht durch Landesbehörden oder Landesgerichte. Denn hierbei dürfen Landesbehörden nur dann auf Landesstaatszielbestimmungen zurückgreifen, wenn keine abschließende bundesrechtliche Regelung existiert[294]. Andernfalls könnte der durch die Bundesvorschriften eingeräumte Gestaltungsspielraum durch die Landesstaatszielbestimmungen eingeschränkt werden, wie etwa bei § 1 Abs. 7 BauGB[295]. Gleiches gilt für Landesgerichte, die Bundesgesetze anwenden[296].

In eine ähnliche Richtung geht die letzte Einschränkung. Die Landesregierungen sind bei der Wahrnehmung ihrer Aufgaben im Bundesrat nach Art. 51 Abs. 1 GG nicht unmittelbar an die Staatszielbestimmungen der Länderverfassungen gebunden[297]. Die Landesregierungen handeln im Bundesrat als Mitglieder eines

---

[290] *Jutzi*, in: Linck/Jutzi/Hopfe, ThürVerfKom, 1994, Art. 43 Rn. 9; *Hahn*, Staatszielbestimmungen, 2010, S. 88 f., *Rincke*, Staatszielbestimmungen der SächsVerf, 1997, S. 16 f.
[291] *Hahn*, Staatszielbestimmungen, 2010, S. 89; *Rincke*, Staatszielbestimmungen der SächsVerf, 1997, S. 17.
[292] *Rincke*, Staatszielbestimmungen der SächsVerf, 1997, S. 17.
[293] Mit konkreten Beispielen dafür *Jutzi*, in: Linck/Jutzi/Hopfe, ThürVerfKom, 1994, Art, 43 Rn. 9; *von Mangoldt*, Die Verfassungen der neuen Bundesländer, 2. Aufl. 1997, S. 48.
[294] *Fischer*, Staatszielbestimmungen, 1994, S. 7.
[295] So *Ladeur*, in: Kröning/Pottschmidt/Preuß/Rinken, Hdb. BremVerf, 1991, S. 160.
[296] *Fischer*, Staatszielbestimmungen, 1994, S. 7.
[297] *Fischer*, Staatszielbestimmungen, 1994, S. 10; *Herzog*, in: Isensee/Kirchhof, HdbStR, Band III, 3. Aufl. 2005, § 58, Rn. 4; a. A. *Erbguth/Wiegand*, DÖV 1992, 770, 777 f.; mit

„echten Bundesorgans“[298]. Weil die dort gefassten Beschlüsse ausschließlich der Bundesrepublik zugerechnet werden[299], sind die Mitglieder des Bundesrates, die Landesregierungen, auch nicht den Landesstaatszielbestimmungen verpflichtet[300]. Andernfalls wäre eine Kompromissfindung im Bundesrat angesichts der teilweise unterschiedlichen Staatszielbestimmungen auf Länderebene problematisch[301] und würde die Grundstruktur des Bundesrates als Vertretung der Länderregierungen und nicht der Länderparlamente in Frage gestellt[302]. Allerdings besteht keine Pflicht, diese nicht zu berücksichtigen, sondern es steht den in den Bundesrat entsandten Mitgliedern der Länderregierungen frei, sich bei ihrem Abstimmungsverhalten an den Staatszielbestimmungen ihrer Landesverfassung zu orientieren oder eben nicht[303].

(2) Wirkung für die Bundesstaatsgewalten

Dem Grunde nach sind auch die Bundesstaatsgewalten über Art. 20 Abs. 3 GG an das Landesrecht und damit auch an die Landesstaatszielbestimmungen gebunden[304]. Dies wird jedoch durch die sog. „Regelungen der föderalen Gliederung“ in Art. 70 ff. GG, Art. 30 und 83 ff. GG und Art. 31 GG stark relativiert[305].

Verweis auf die Bindung nach Art. 20 Abs. 3 GG und die bestehende Umgehungsgefahr und die daraus folgende Gefahr des widersprüchlichen Verhaltens der Landesregierungen.

[298] *Fischer*, Staatszielbestimmungen, 1994, S. 10; *Herzog*, in: Isensee/Kirchhof, HdbStR, Band III, 3. Aufl. 2005, § 58, Rn. 4.

[299] *Herzog*, in: Isensee/Kirchhof, HdbStR, Band III, 3. Aufl. 2005, § 58, Rn. 2.

[300] *Fischer*, Staatszielbestimmungen, 1994, S. 10; *Herzog*, in: Isensee/Kirchhof, HdbStR, Band III, 3. Aufl. 2005, § 58, Rn. 4.

[301] *Fischer*, Staatszielbestimmungen, 1994, S. 10; so aber auch *Erbguth/Wiegand*, DÖV 1992, 770, 778.

[302] *Fischer*, Staatszielbestimmungen, 1994, S. 10.

[303] So auch *Fischer*, Staatszielbestimmungen, 1994, S. 10 f.

[304] Siehe dazu nur *Grzeszick*, in: Maunz/Dürig, GG, Stand: 75. Erglf., September 2015, Art. 20 VI., Rn. 155; *Sachs*, in: Sachs, GG, 7. Aufl. 2014, Art. 20, Rn. 101.

[305] *Grzeszick*, in: Maunz/Dürig, GG, Stand: 75. Erglf., September 2015, Art. 20 VI., Rn. 154.

So ist der Bundesgesetzgeber durch Staatszielbestimmungen in Länderverfassungen gänzlich ungebunden[306]. Er erlässt ausschließlich Bundesgesetze, wofür allein das Grundgesetz maßgeblich ist, weshalb es auch ausschließlich – neben der Geschäftsordnung des Bundestages – die Grenzen seiner Rechtssetzung bestimmt[307]. Dies ist auch dann der Fall, wenn er im Rahmen seiner konkurrierenden Gesetzgebungsbefugnis tätig wird, wo es Berührungspunkte mit dem Landesrecht gibt. Dies folgt aus der durch das Grundgesetz errichteten „Normenpyramide", in die das Landesverfassungsrecht einbezogen ist, wie sich aus Art. 31 GG ergibt[308]. Sofern Art. 31 GG greift, geht sowohl Bundesverfassungsrecht als auch einfaches Bundesrecht dem Landesrecht und selbst Landesverfassungsrecht vor (sog. Geltungsvorrang)[309]. Die Bindung des Bundesgesetzgebers an die verfassungsmäßige Ordnung nach Art. 20 Abs. 3 GG beschränkt sich somit auf das Grundgesetz und erfasst nicht auch das Landesverfassungsrecht[310]. Selbst eine Pflicht zur Beachtung der Landesstaatsziele im Rahmen der Vorüberlegungen zu einem neuen Gesetzgebungsvorhaben als Ausfluss der Pflicht zur Bundestreue, wie vereinzelt angedacht[311], ist vor diesem Hintergrund abzulehnen. Denn eine entsprechende Pflicht würde den Vorrang des Grundgesetzes und sonstigen Bundesrechts vor den Verfassungen der Bundesländer in Frage stellen.

---

[306] *Bauer*, Kultur und Sport, 1999, S. 345; *Fischer*, Staatszielbestimmungen, 1994, S. 9; *Groß*, NVwZ 2011, 129, 133; *Hahn*, Staatszielbestimmungen, 2010, S. 387; *Grzeszick*, in: Maunz/Dürig, GG, Stand: 75. Erglf., September 2015, Art. 20 VI., Rn. 154; *Huster/Rux*, in: Epping/Hillgruber, BeckOK GG, Stand: 28. Edt., 01.03.2016, Art. 20, Rn. 166; *Sachs*, in: Sachs, GG, 7. Aufl. 2014, Art. 20, Rn. 102; *Sachs*, DVBl. 1987, 857, 862; *Steiner*, in: Burmeister, FS Stern, 1997, S. 518.

[307] *Hahn*, Staatszielbestimmungen, 2010, S. 387; und umgekehrt können Verfassungen der Bundesländer nur Regelungen des Landesgesetzgebers rechtfertigen, *Groß*, NVwZ 2011, 129, 133.

[308] *Fischer*, Staatszielbestimmungen, 1994, S. 9; *Hahn*, Staatszielbestimmungen, 2010, S. 387; *Sachs*, DVBl. 1987, 857, 862.

[309] *Michael/Morlok*, Grundrechte, 5. Aufl. 2015, Rn. 93; *Dreier*, in: Dreier, GG, Band II, 3. Aufl. 2015, Art. 31, Rn. 35; *Huber*, in: Sachs, GG, 7. Aufl. 2014, Art. 31, Rn. 31 – auch wenn es dann nicht zur Unwirksamkeit der Landesverfassungsregelung kommt, sondern ein bloßer Anwendungsvorrang greift.

[310] *Grzeszick*, in: Maunz/Dürig, GG, Stand: 75. Erglf., September 2015, Art. 20 VI., Rn. 154; *Huster/Rux*, in: Epping/Hillgruber, BeckOK GG, Stand: 28. Edt., 01.03.2016, Art. 20, Rn. 166.

[311] *Fischer*, Staatszielbestimmungen, 1994, S. 9, Fn. 26.

Bundesbehörden haben nach Art. 20 Abs. 3 GG bestehende Normen – Landesvorschriften, die gegen Bundesvorschriften verstoßen, zählen nach Art. 31 GG nicht dazu – ohne Rücksicht auf ihre Herkunft zu beachten[312]. Daraus folgt, dass sie etwa bei der Errichtung von Bauten für den Bund, wie jedermann, das Bauordnungsrecht der Länder einhalten müssen[313]. Hierbei können auch die Landesstaatszielbestimmungen bedeutsam werden. Im Übrigen gibt es nach der Grundentscheidung der Art. 30 und 83 ff. GG aber keinen Bundesvollzug von Landesgesetzen, weshalb ungeachtet der fehlenden Verfolgungspflicht auch keine Verpflichtung zum Vollzug von Landesstaatszielbestimmungen besteht[314].

Nichts anderes gilt für die Bundesgerichte[315]. Wenn diese ausnahmsweise (§ 549 Abs. 1 ZPO, § 137 Abs. 1 VwGO) Landesrecht überprüfen dürfen[316], haben auch sie Landesrecht und somit einschlägige landesrechtliche Staatszielbestimmungen zu beachten, soweit dem kein Bundesrecht entgegensteht (Art. 31 GG)[317]. Dabei ist immer auch – dies gilt auch für die Exekutive – die Kompetenzordnung der Art. 70 ff. GG zu beachten, weil nur kompetenzgemäßes Bun-

---

[312] So ausdrücklich für Landesstaatszielbestimmungen *Hahn*, Staatszielbestimmungen, 2010, S. 387; allgemein für Landesrecht *BVerfG*, Urt. v. 15.07.2003 - 2 BvF 6/98 - BVerfGE 108, 169, 185; *BVerwG*, Urt. v. 09.05.2001 - 6 C 4.00 - BVerwGE 114, 232, 238 m. w. N. aus Rspr.; *Broß/Mayer*, in: von Münch/Kunig, GG, Band 2, 6. Aufl. 2012, 6. Aufl. 2012, Art. 83, Rn. 7; *Hecker*, DVBl. 2006, 1416, 1418; *Kirchhof*, in: Maunz/Dürig, GG, Stand: 75. Erglf., September 2015, Art. 83, Rn. 136; *Salzwedel*, in: Jekewitz/Klein/Kühne/Petersmann/Wolfrum, FS Partsch, 1989, S. 582.

[313] Mit entsprechenden Beispielen *Hahn*, Staatszielbestimmungen, 2010, S. 387; *Kirchhof*, in: Maunz/Dürig, GG, Stand: 75. Erglf., September 2015, Art. 83, Rn. 136.

[314] *BVerfG*, Urt. v. 28.02.1961 - 2 BvG 1, 2/60 - BVerfGE 12, 205, 221; *BVerfG*, Beschl. v. 11.04.1967 - 2 BvG 1/62 - BVerfGE 21, 312, 325; *BVerfG*, Urt. v. 15.07.2003 - 2 BvF 6/98 - BVerfGE 108, 169, 184 f.; *BVerwG*, Urt. v. 09.05.2001 - 6 C 4.00 - BVerwGE 114, 232, 338; *Broß/Mayer*, in: von Münch/Kunig, GG, Band 2, 6. Aufl. 2012, 6. Aufl. 2012, Art. 83, Rn. 6 m. w. N.; *Hecker*, DVBl. 2006, 1416, 1418; *Kirchhof*, in: Maunz/Dürig, GG, Stand: 75. Erglf., September 2015, Art. 83, Rn. 136; *Klein*, in: Starck, Festausgabe 25 Jahre BVerfG, 1976, S. 286; *Zeidler*, DVBl. 1960, 573, 579; mit einer differenzierenden Betrachtung, nach der in ganz besonderen und deshalb zu vernachlässigenden Ausnahmefällen der Vollzug von Landesgesetzen durch Bundesbehörden durch das Grundgesetz zu billigen sein soll *Salzwedel*, in: Jekewitz/Klein/Kühne/Petersmann/Wolfrum, FS Partsch, 1989, S. 587 f.

[315] Siehe nur *Salzwedel*, in: Jekewitz/Klein/Kühne/Petersmann/Wolfrum, FS Partsch, 1989, S. 583.

[316] So sind etwa gem. § 127 Nr. 2 BRRG die Vorschriften der Landespersonalvertretungsgesetze auch vor dem *BVerwG* revisibel, siehe *Kopp/Schenke*, VwGO, 21. Aufl. 2015, § 137, Rn. 9.

[317] *Fischer*, Staatszielbestimmungen, 1994, S. 9; *Grzeszick*, in: Maunz/Dürig, GG, Stand: 75. Erglf., September 2015, Art. 20 VI., Rn. 155.

desrecht geeignet ist, Landesrecht zu verdrängen[318]. Im Übrigen können Judikative und Exekutive Staatszielbestimmungen der Verfassungen der Bundesländer im Rahmen der systematischen Auslegung zur Konkretisierung von Bundesvorschriften heranziehen[319]. So können Landesstaatszielbestimmungen, die mit Bundesrecht zu vereinbaren sind zur Auslegung des Grundgesetzes herangezogen werden, wenn Zweifel auftauchen, wie es auszulegen ist, weil es etwa an einer Stelle mehrdeutig ist oder sogar gänzlich schweigt[320].

2) Wirkung für Private

Staatszielbestimmungen begründen für Private – sowohl natürliche als auch juristische Personen – keine unmittelbaren Rechte (dazu unter a)) aber auch keine direkten Pflichten (dazu unter b))[321].

a) Kein unmittelbares subjektives Recht

Aufgrund ihrer Offenheit und Unbestimmtheit begründen Staatszielbestimmungen unmittelbar keine subjektiven Rechte, sondern haben eine rein objektivrechtliche Rechtsnatur[322]. Auch ist eine Herleitung einklagbarer Rechte unmit-

---

[318] *Korioth*, in: Maunz/Dürig, GG, Stand: 75. Erglf., September 2015, Art. 31, Rn. 16.

[319] *Erbguth/Wiegand*, DÖV 1992, 770, 776; *Fischer*, Staatszielbestimmungen, 1994, S. 9; *Pestalozza*, NVwZ 1987, 744, 747; so hat auch *BVerfG*, Beschl. v. 24.04.1953 - 1 BvR 102/51 - BVerfGE 2, 237, 261 f. für die Interpretation des Art. 3 Abs. 1 GG die entsprechende Regelung der Verfassungen der Bundesländer herangezogen.

[320] *Pestalozza*, NVwZ 1987, 744, 747.

[321] *Epiney*, in: von Mangoldt/Klein/Starck, Grundgesetz, Band 2, 6. Aufl. 2010, Art. 20a, Rn. 56; *Fischer*, Staatszielbestimmungen, 1994, S. 11; *Kloepfer*, in: Kahl/Waldhoff/Walter, BK Grundgesetz, Stand: 178. Akt., April 2016, Art. 20a, Rn. 29.

[322] Zu dieser allgemeinen Ansicht siehe nur *BVerwG*, Beschl. v. 13.04.1995 - 4 B 70/95 - NJW 1995, 2648, 2649 und aus der aktuelleren Rspr. *BVerfG*, Beschl. v. 10.11.2009 - 1 BvR 1178/07 - NVwZ 2010, 114, 116, Rn. 32; *Bethge*, in: Maunz/Schmidt-Bleibtreu/Klein/Bethge, BVerfGG, Stand: 48. Erglf., Februar 2016, § 90, Rn. 110; *Bock*, Umweltschutz, 1990, S. 306 und 328 f.; *Fischer*, Staatszielbestimmungen, 1994, S. 11 f.; *Kloepfer*, in: Kahl/Waldhoff/Walter, BK Grundgesetz, Stand: 178. Akt., April 2016, Art. 20a, Rn. 23; *Sachs*, in: Sachs, GG, 7. Aufl. 2014, Art. 20, Rn. 50; *Scholz*, in: Maunz/Dürig, GG, Stand:

telbar aus Staatszielbestimmungen[323] im Wege der Verfassungsinterpretation nicht möglich[324]. Dies gilt auch dann, wenn Wortlaut und systematische Stellung der Staatszielbestimmung den Anschein erwecken, als wäre ein subjektives Recht verbürgt[325]. Denn auch aus Verfassungsnormen können subjektiv-rechtliche Gehalte nur nach der sog. „Schutznormtheorie"[326] entnommen werden[327]. Die danach geltenden Vor-aussetzungen[328] sind bei Staatszielbestimmungen wegen ihrer Offenheit und damit fehlender Individualbezogenheit je-

---

75. Erglf., September 2015, Art. 20a, Rn. 33 m. w. N.; besonders ausführlich dazu *Graf Vitzthum*, VBlBW. 1991, 404, 405 f.

[323] Nicht zu verwechseln mit der Frage der Herleitung subjektiv-rechtlicher Positionen aus dem Zusammenspiel mit Grundrechten; dazu sogleich, 1. Kapitel, A. VI. 3) b) bb) (2).

[324] So aber *Fischer*, Staatszielbestimmungen, 1994, S. 12 und 197 ff.; dagegen nur von der grundsätzlichen Möglichkeit ausgehend, wenn denn die Voraussetzungen eines subjektiv-rechtlichen Gehalts einer Verfassungsnorm nach der Schutznormtheorie vorliegen, *Klein*, DVBl. 1991, 729, 733, und nur in (nicht näher spezifizierten) Ausnahmefällen, *Borgmann/Hermann*, JA 1992, 337, 343; a. A. die wohl h. M. mit *Degenhart*, Staatsrecht I, 31. Aufl. 2015, Rn. 602; *Hahn*, Staatszielbestimmungen, 2010, S. 71; *Merten*, DÖV 1993, 368, 370; *Müller-Bromley*, Staatszielbestimmung Umweltschutz, 1990, S. 170; so bezogen auf das Sozialstaatsprinzip *Böckenförde*, in: Böckenförde/Jekewitz/Ramm, Soziale Grundrechte, 1981, S. 10 ff.; *Grzeszik*, in: Maunz/Dürig, GG, Stand: 75. Erglf., September 2015, Art. 20 VIII., Rn. 19; *Sommermann*, in: von Mangoldt/Klein/Starck, Grundgesetz, Band 2, 6. Aufl. 2010, Art. 20 Abs. 1, Rn. 103; so bezogen auf Art. 20a GG, *Kloepfer*, in: Kahl/Waldhoff/Walter, BK Grundgesetz, Stand: 178. Akt., April 2016, Art. 20a, Rn. 24; in diese Richtung etwa auch *BVerfG*, Beschl. v. 19.12.1978 - 1 BvR 335, 427, 811/76 - BVerfGE 50, 57, 108, das den (objektiv-rechtlichen) Gestaltungsauftrag an den Gesetzgeber nicht so weit konkretisiert sieht, dass sich daraus eine Leitlinie im Sinne einer konkreten Rechtsposition entnehmen ließe.

[325] So sieht etwa Art. 48 Abs. 1 und Abs. 3 BbgVerf ein „Recht auf Arbeit" bzw. „Recht auf sichere, gesunde und menschenwürdige Arbeitsbedingungen" vor und ist in unmittelbarem Zusammenhang mit den Grundrechten geregelt, worin ein subjektives Recht gesehen werden könnte; so *Graf Vitzthum*, VBlBW. 1991, 404, 409.

[326] Die Schutznormtheorie geht zurück auf *Bühler*, Die subjektiven öffentlichen Rechte, 1914, S. 21 ff.; ausführlich zur Schutznormtheorie, *Stern*, Staatsrecht III/1, 1988, S. 533 ff.

[327] *BVerfG*, Beschl. v. 17.12.1969 - 2 BvR 23/65 - BVerfGE 27, 297, 307; *Hildebrandt*, Das Grundrecht auf Religionsunterricht, 2000, S. 37; *Mayen*, Der grundrechtliche Informationsanspruch, 1992, S. 249; *Ramsauer*, JuS 2012, 769; *Stern*, Staatsrecht III/1, 1988, S. 541 ff.; 979; 987; wohl auch *Hermes*, Das Grundrecht auf Schutz von Leben und Gesundheit, 1987, S. 215 ff.; kritisch dazu *Robbers*, Sicherheit als Menschenrecht, 1987, S. 145 ff.

[328] Die Voraussetzungen der Schutznormtheorie sind: Die Norm muss mindestens auch Individualinteressen dienend, der Kreis der Begünstigten muss hinreichend individuell abgrenzbar sein und der Einzelne erfasst sein. Siehe dazu insgesamt nur *Stern*, Staatsrecht III/1, 1988, S. 533 ff. mit umfassenden Nachweisen.

doch nicht erfüllt[329]. Ist aber eine als Staatszielbestimmung beabsichtigte Norm hinreichend bestimmt und vermittelt sie nach ihrem Wortlaut nach Maßgabe der Schutznorm-theorie einen subjektiv-rechtlichen Gehalt, so ist die Norm keine Staatszielbestimmung mehr, sondern eher ein Grundrecht[330]. Dies gilt es bei dem Ausgestaltungsvorschlag zwingend zu beachten.

Somit können erst nach einer staatszielbestimmungsbedingten Gestaltung der Rechtsordnung durch den Gesetzgeber mittelbar Rechte – aber auch Pflichten – für Private auf Grundlage der neu geschaffenen Vorschriften begründet werden[331]. Zu welchem Zeitpunkt und in welcher Weise der Gesetzgeber normativ tätig wird und dabei Ansprüche Einzelner entstehen lässt, bleibt jedoch dessen politischer Gestaltungsfreiheit überlassen[332].

Nur ausnahmsweise und unter strengen Voraussetzungen hat die Rechtsprechung über die Verbindung der Sozialstaatszielbestimmung mit einem Grundrecht mittelbare subjektive Rechte hergeleitet[333]. Wann genau dies denkbar ist und ob der von der Rechtsprechung entwickelten Konstruktion zuzustimmen ist, bleibt den Ausführungen zur normativen Wirkung von Staatszielbestimmungen vorbehalten[334]. Jedenfalls rechtfertigt diese, erst durch die Einwirkung auf Grundrechte bewirkte Ausnahmekonstellation [335] es nicht, eine subjektiv-rechtliche Dimension von Staatszielbestimmungen anzunehmen.

---

[329] *Hahn*, Staatszielbestimmungen, 2010, S. 71.
[330] *Sommermann*, Staatsziele und Staatszielbestimmungen, 1997, S. 418; so im Ergebnis aber auch *Fischer*, Staatszielbestimmungen, 1994, S. 200.
[331] *BVerfG*, Beschl. v. 03.12.1969 - 1 BvR 624/56 - BVerfGE 27, 253, 253 LS 2a), 283 m. w. N.; *Bock*, Umweltschutz, 1990, S. 329; *Degenhart*, Staatsrecht I, 31. Aufl. 2015, Rn. 602; *Kloepfer*, in: Kahl/Waldhoff/Walter, BK Grundgesetz, Stand: 178. Akt., April 2016, Art. 20a, Rn. 29.
[332] So auch *Badura*, Staatsrecht, 6. Aufl. 2015, D, Rn. 42; *Degenhart*, Staatsrecht I, 31. Aufl. 2015, Rn. 602.
[333] *BVerwG*, Urt. v. 24.06.1954 - BVerG V C 78.54 - BVerwGE 1, 159, 161, betrafen den Anspruch auf Sicherung eines ein menschenwürdiges Dasein sichernden Existenzminimums durch Verbindung mit Art. 1 Abs. 1 GG; *BVerfG*, Urt. v. 18.07.1972 - BvL 32/70 und 25/71 - BVerfGE 33, 303, 303 LS 2, 331, betraf etwa den Anspruch auf Zutritt zu einer öffentlichen Einrichtung (im Sinne eines Studienplatzes) durch Verbindung mit Art. 12 Abs. 1 GG; *BVerfG*, Urt. v. 08.04.1987 - 1 BvL 8, 16/84 - BVerfGE 75, 40, 65, betraf den Anspruch auf Förderung von Ersatzschulen durch Verbindung mit Art. 7 Abs. 4 GG.
[334] Siehe 1. Kapitel, A. VI. 3) b) bb) (3) (b).
[335] Insofern sehr anschaulich *Fischer*, Staatszielbestimmungen, 1994, S. 200: „Die Weite der Staatszielbestimmung wird hier durch die Schärfe der Grundrechte kompensiert.“

b) Bindungswirkung für Private

Aufgrund ihrer Offenheit begründen Staatszielbestimmungen für Private grundsätzlich unmittelbar auch keine verbindlichen Pflichten[336]. Auch insoweit bedarf es einer vorherigen einfachgesetzlichen Regelung[337]. Nur ausnahmsweise, wenn die Bürger im Rahmen von Volksinitiativen, Volksbegehren und Volksentscheiden am Gesetzgebungsverfahren mitwirken, müssen auch sie zur Verhinderung einer Umgehung der Staatszielbestimmungen in aller Konsequenz an die damit einhergehenden Vorgaben gebunden sein, weil sie dann gleich dem Gesetzgeber tätig werden[338]. Dem steht die Offenheit der Regelungen nicht entgegen, weil die Bürger nur in dem Umfang gebunden sind wie der Gesetzgeber. Anders verhält es sich dagegen bei der weiteren in der Literatur gesehenen Ausnahme für den Fall, dass ein Staatsziel ohne die noch nicht in einem Gesetz konkretisierte Verpflichtung der Privaten „existenziell notleidend“ wäre[339]. Denn auch eine „existenzielle Not“ für das Staatsziel hilft nicht über die fehlende Bestimmtheit der Regelung für die Festlegung einer konkreten Verpflichtung hinweg. Hier ist vielmehr der Gesetzgeber zu einem schnellen Handeln verpflichtet.

Staatszielbestimmungen können für Private untereinander aber auch ohne einfachgesetzlichen Umsetzungsakt eine sog. „mittelbare Drittwirkung“[340] entfalten. Diese im Rahmen der Grundrechtsdogmatik entwickelte und mittlerweile allgemein anerkannte Lehre[341] ist auch auf Staatszielbestimmungen übertrag-

---

[336] *Bock*, Umweltschutz, 1990, S. 326; *Fischer*, Staatszielbestimmungen, 1994, S. 11; *Hahn*, Staatszielbestimmungen, 2010, S. 95; *Kloepfer*, in: Kahl/Waldhoff/Walter, BK Grundgesetz, Stand: 178. Akt., April 2016, Art. 20a, Rn. 29; *Meyer-Teschendorf*, ZRP 1994, 73, 77.
[337] *Bock*, Umweltschutz, 1990, S. 326; *Hahn*, Staatszielbestimmungen, 2010, S. 96; *Kloepfer*, in: Kahl/Waldhoff/Walter, BK Grundgesetz, Stand: 178. Akt., April 2016, Art. 20a, Rn. 29.
[338] *Fischer*, Staatszielbestimmungen, 1994, S. 11.
[339] *Bock*, Umweltschutz, 1990, S. 327.
[340] Begründet von *Dürig*, in: Maunz, FS Nawiasky, 1956, S. 157 ff.
[341] Siehe dazu nur *BVerfG*, Urt. v. 15.01.1958 - 1 BvR 400/51 - BVerfGE 7, 198, 204 f.; *BVerfG*, Beschl. v. 10.11.1998 - 1 BvR 1531/96 - BVerfGE 99, 185, 194 f.; *Di Fabio*, in: Maunz/Dürig, GG, Stand: 75. Ergl., September 2015, Art. 2 Abs. 2, Rn. 138; *Dreier*, in: Dreier, GG, Band I, 3. Aufl. 2013, Vorb. Rn. 96 ff.; *Rüfner*, in: Isensee/Kirchhof, HdbStR, Band IX, 3. Aufl. 2011, § 197, Rn. 83 ff.; *Stern*, Staatsrecht III/1, 1988, S. 923 ff., S. 1513 f., auch mit Kritik an dem Begriff der „Drittwirkung“, der ihn aber wegen seiner allgemeinen Anerkennung trotzdem verwendet.

bar[342]. Nach der Lehre strahlen Grundrechte in ihrer Bedeutung als objektive Wertentscheidungen des Verfassungsrechts auch auf die Rechtsbeziehungen zwischen Privaten aus und müssen bei der Anwendung bzw. Auslegung zivilrechtlicher Normen mit Einbruchstellen, wie etwa unbestimmten Rechtsbegriffen oder Generalklauseln wie §§ 138, 242 oder 826 BGB beachtet werden[343]. Weil auch Staatszielbestimmungen objektive Wertentscheidungen der Verfassung festschreiben[344], muss die Lehre auch für diese gelten, weshalb sie auf die Beziehungen zwischen Privaten einwirken können[345]. Insbesondere steht dem nicht entgegen, dass die Lehre aus der Grundrechtsdogmatik stammt und die Normen deshalb eine subjektiv-rechtliche Komponente enthalten müssten[346]. Denn bei der Lehre geht es um die Fruchtbarmachung des objektiv-rechtlichen Gehalts von Grundrechten im Zivilrecht[347]. Auf den subjektiv-rechtlichen Gehalt von Grundrechten kommt es nicht an. Auch das Argument, der bloßen vornehmlichen Bindung der Legislative durch Staatszielbestimmungen[348] steht einer Übertragbarkeit nicht entgegen, da die anderen beiden Staatsgewalten deswegen nicht gänzlich ungebunden sind.

Daneben haben Staatszielbestimmungen auch bedeutsame tatsächliche, nämlich integrierende, edukatorische und appellative Wirkungen für die Bürger[349]. Die

---

[342] *Bock*, Umweltschutz, 1990, S. 328; *Fischer*, Staatszielbestimmungen, 1994, S. 11; *Hahn*, Staatszielbestimmungen, 2010, S. 96.
[343] *Di Fabio*, in: Maunz/Dürig, GG, Stand: 75. Erglf., September 2015, Art. 2 Abs. 2, Rn. 138.
[344] Dazu bereits mehrmals oben etwa unter 1. Kapitel, A. IV. 3) und VI. 1) a) bb).
[345] *BVerfG*, Beschl. v. 19.01.1999 - 1 BvR 2161/94 - BVerfGE 99, 341, 356, für das Staatsziel zur Nichtdiskriminierung Behinderter in Art. 3 Abs. 3 Satz 2 GG; *LG Essen*, Urt. v. 04.11.2003 – 13 S 84/03 – NJW 2004, 527, 528, für die Staatsziele Umwelt- und Tierschutz; *Bock*, Umweltschutz, 1990, S. 328; *Fischer*, Staatszielbestimmungen, 1994, S. 11; *Hahn*, Staatszielbestimmungen, 2010, S. 96; a. A. *Rincke*, Staatszielbestimmungen der SächsVerf, 1997, S. 110; *Scholz*, in: Maunz/Dürig, GG, Stand: 75. Erglf., September 2015, Art. 20a, Rn. 45.
[346] *Rincke*, Staatszielbestimmungen der SächsVerf, 1997, S. 110.
[347] So aber dann auch *Rincke*, Staatszielbestimmungen der SächsVerf, 1997, S. 110.
[348] *Scholz*, in: Maunz/Dürig, GG, Stand: 75. Erglf., September 2015, Art. 20a, Rn. 45.
[349] *Bundesminister des Inneren/Bundesminister der Justiz (Hrsg.)*, Kommissionsbericht, 1983, S. 104, Rn. 166; *Fischer*, Staatszielbestimmungen, 1994, S. 11; *Hix*, Probleme der Normierung einer Sportklausel im Grundgesetz, 2013, S. 231; *Murswiek*, in: Sachs, GG, 7. Aufl. 2014, Art. 20a, Rn. 25; *Schulze-Fielitz*, in: Dreier, GG, Band II, 3. Aufl. 2015, Art. 20a, Rn. 25; besonders ausführlich dazu *Bock*, Umweltschutz, 1990, S. 330 ff., die auch die nicht abzusprechende Gefahr beleuchtet, dass eine Staatszielbestimmung desintegrative Wirkung haben kann, indem etwa mit einer Staatszielbestimmung zum Umweltschutz einhergehende Erwartungen der Bürger enttäuscht werden könne, weil es einerseits an der subjektiv-

integrierende Wirkung folgt aus dem Aufgreifen eines breiten gesellschaftlichen Konsenses und der Aufnahme in die Verfassung, welches die Identifikation der Bürger mit dem Staat verstärkt[350]. So kann die Identifikation der Bürger mit dem Staat durch eine Staatszielbestimmung zum Umweltschutz gestärkt werden, weil sie das in großen Teilen der Bevölkerung stark ausgeprägte Umweltbewusstsein aufgreift und durch die verfassungsrechtliche Verankerung einen gemeinsamen politischen Grundkonsens herstellen kann[351]. Die edukatorische und appellative Wirkung von Staatszielbestimmungen ergibt sich aus der Wechselbeziehung zwischen Verfassung und Verfassungswirklichkeit. Beide können dergestalt aufeinander einwirken, dass sich aus der Verfassungswirklichkeit Anpassungsbedarf für die Verfassung ergibt, oder sich Änderungen der Verfassung auf die Verfassungswirklichkeit auswirken[352]. So können sich die Bürger durch eine Staatszielbestimmung zum Umweltschutz eher gemahnt und gehalten sehen dafür einzustehen. Da das Umweltschutzbewusstsein heute bereits stark ausgeprägt ist, käme der Regelung zwar keine edukatorische[353], wohl aber eine appellative Wirkung zu. Diese integrative, appellative und edukatorische Wirkung von Staatszielbestimmungen ist ein entscheidender Faktor bei der Bewertung der Frage der Notwendigkeit einer Staatszielbestimmung zugunsten des Sports.

3) Normative Wirkung

Von der Wirkung für den Staat und die Privaten ist die Wirkung von Staatszielbestimmungen im Verhältnis zu anderen Normen zu unterscheiden. Bei dieser normativen Wirkung muss aufgrund des unterschiedlichen Gewichts der beiden

---

rechtlichen Komponente fehlt und andererseits der Umweltschutz nicht über alle Belange geht. Entscheidend ist ihr zufolge, wie schnell und in welchem Maße die Legislative ihre Konkretisierungsbefugnis ausübt (hierzu S. 332.).

[350] *Bock*, Umweltschutz, 1990, S. 330 f.

[351] So auch *Bock*, Umweltschutz, 1990, S. 340 f.

[352] *Bock*, Umweltschutz, 1990, S. 332 f; *Hesse*, in: Ehmke/Kaiser/Kewenig/Meessen/Rüfner, FS Scheuner, 1973, S.137 f.

[353] So auch *Bock*, Umweltschutz, 1990, S. 334.

Normkategorien nach Normen ohne (dazu unter a)) und Normen mit Verfassungsrang (dazu unter b)) differenziert werden[354].

a) Normen ohne Verfassungsrang

Staatszielbestimmungen sind bei der Anwendung und Auslegung von Normen ohne Verfassungsrang zu berücksichtigen. Schon die Ausführungen zur mittelbaren Drittwirkung haben belegt, dass sie den Gehalt einer Norm ohne Verfassungsrang verändern können. Dies gilt aber nicht nur bei zivilrechtlichen Normen ohne Verfassungsrang, sondern auch bei anderen insbesondere öffentlich-rechtlichen Vorschriften.

Stehen Normen ohne Verfassungsrang in Widerspruch zu Staatszielbestimmungen, so gehen die Staatszielbestimmungen ebenengleichen Vorschriften[355] ohne Verfassungsrang immer vor[356]. Denn Staatszielbestimmungen sind unabhängig davon, ob sie in einer Landesverfassung oder im Grundgesetz verankert sind, stets Vorschriften mit Verfassungsrang. Für das Grundgesetz folgt dies aus den Art. 1 Abs. 3, 20 Abs. 3, 28 Abs. 1 und 70 ff. GG[357]. Deshalb ist ein Gesetz oder eine sonstige Rechtsvorschrift ohne Verfassungsrang, die eine Staatszielbestimmung missachtet, verfassungswidrig[358]. In einem gerichtlichen Verfahren nach Art. 93 Abs. 1 Nr. 3, 100 Abs. 1 GG bzw. § 47 VwGO ist ggf. die Nichtigkeit, Unvereinbarkeit bzw. Unwirksamkeit der Norm auszusprechen.

---

[354] So auch *Bock*, Umweltschutz, 1990, S. 296.

[355] Etwas anderes folgt aus Art. 31 GG für Normen auf Bundesebene ohne Verfassungsrang im Verhältnis zu Landesstaatszielbestimmungen. Nach Art. 31 GG gehen Regelungen des Bundesrechts solchen des Landesrechts vor. Das gilt also auch für Bundesrecht ohne Verfassungsrang, das landesverfassungsrechtlich verankerten Staatszielbestimmungen widerspricht; siehe dazu *Dreier*, in: Dreier, GG, Band II, 3. Aufl. 2015, Art. 31, Rn. 35; *Huber*, in: Sachs, GG, 7. Aufl. 2014, Art. 31, Rn. 31.

[356] So allgemein siehe nur *Pieroth/Schlink/Kingreen/Poscher*, Staatsrecht II, 31. Aufl. 2015, Rn. 5; speziell zu Staatszielbestimmungen etwa *Epiney*, in: von Mangoldt/Klein/Starck, Grundgesetz, Band 2, 6. Aufl. 2010, Art. 20a, Rn. 48 m. w. N.; *Fischer*, Staatszielbestimmungen, 1994, S. 13 f.

[357] *Huber*, in: Sachs, GG, 7. Aufl. 2014, Art. 31, Rn. 31.

[358] *Badura*, Staatsrecht, 6. Aufl. 2015, D, Rn. 42.

b) Normen mit Verfassungsrang

Das Verhältnis von Staatszielbestimmungen zu Normen mit Verfassungsrang ist diffiziler. Da es, anders als zuvor, schon die Kategorisierung als einfachgesetzliche oder verfassungsrechtliche Norm hier nicht gibt, kann der Vorrang einer Norm eines Ranges vor der eines anderen Ranges nicht allgemein festgelegt werden[359]. Deshalb soll nachfolgend zunächst eine Klärung des grundsätzlichen Verhältnisses von Staatszielbestimmungen zu anderen Normen mit Verfassungsrang (dazu unter aa)) erfolgen. Dem schließt sich eine Darstellung der konkreten Wirkungsweisen von Staatszielbestimmungen für Grundrechte und umgekehrt (dazu unter bb)) sowie von Staatszielbestimmungen untereinander (dazu unter cc)) an.

aa) Grundsatz der Gleichrangigkeit von Verfassungsvorschriften

Nach den mittlerweile allgemein anerkannten[360] von *Hesse*[361] geprägten Prinzipien der „Einheit der Verfassung" und der „Praktischen Konkordanz" sowie dem von *Lerche*[362] geprägten Prinzip des „schonendsten Ausgleichs" darf ein verfassungsrechtliches Schutzgut nicht isoliert betrachtet werden, sondern muss

---

[359] *Bock*, Umweltschutz, 1990, S. 296; *Dreier*, in: Dreier, GG, Band I, 3. Aufl. 2013, Vorb., Rn. 131 und 160; *Epiney*, in: von Mangoldt/Klein/Starck, Grundgesetz, Band 2, 6. Aufl. 2010, Art. 20a, Rn. 47; *Michel*, Staatszwecke, Staatsziele und Grundrechtsinterpretation, 1986, S. 284; *Sannawald*, in: Schmidt-Bleibtreu/Hofmann/Hopfauf, GG, 13. Aufl. 2014, Art. 20a, Rn. 9 und 12; *Scholz*, in: Maunz/Dürig, GG, Stand: 75. Erglf., September 2015, Art. 20a, Rn. 41 f.; speziell für das Verhältnis von Staatszielbestimmungen untereinander, *Meyer-Teschendorf*, ZRP 1994, 73, 77 f.; *Sommermann*, Staatsziele und Staatszielbestimmungen, 1997, S. 412; *Uhle*, DÖV 1993, 947, 952; i.E. so wohl auch *Feldhaus*, DÖV 1974, 613, 617; eine Vorrangstellung nehmen hier nur die von Art. 79 Abs. 3 GG erfassten Schutzgüter ein, die sich jedoch erst auf der Ebene der Güterabwägung auswirken kann – siehe dazu sogleich; in diesem Sinne etwa *Kloepfer*, in: Kahl/Waldhoff/Walter, BK Grundgesetz, Stand: 178. Akt., April 2016, Art. 20a, Rn. 26.

[360] Im Allgemeinen siehe für die Rspr. nur *BVerfG*, Urt. v. 23.10.1951 - 2 BvG 1/51 - BVerfGE 1, 14, 32; und für die Lit. nur *Robbers*, in: Kahl/Waldhoff/Walter, BK Grundgesetz, Stand: 178. Akt., April 2016, Art. 20, Rn. 123 ff.; speziell im Zusammenhang mit Staatszielbestimmungen siehe *Bock*, Umweltschutz, 1990, S. 296; *Dreher*, Staatsziele im Bundesstaat am Beispiel des Sports, 2005, S. 25 f.; *Sommermann*, DÖV 1994, 596, 599 f.

[361] *Hesse*, Grundzüge des Verfassungsrechts, 20. Aufl. 1999, Rn. 71 f. m. w. N.

[362] *Lerche*, Übermaß und Verfassungsrecht, 2. Aufl. 1999, S. 153.

immer auch im Lichte der anderen Schutzgüter gesehen und im Falle einer Kollision im Auslegungs- oder Abwägungswege in einen angemessenen Ausgleich gebracht werden, indem eine Lösung gefunden wird, bei der die Wirksamkeit eines jeden Schutzguts möglichst weitgehend erhalten bleibt. Diese für die Auflösung von Grundrechtskollisionen entwickelten Prinzipien[363] sind auch auf das Verhältnis von Staatszielbestimmungen zu Grundrechten und zu anderen Staatszielbestimmungen anwendbar[364]. Denn auch Staatszielbestimmungen legen verfassungsrechtliche Schutzgüter fest, die im Kollisionsfall in einen schonenden Ausgleich zu bringen sind. Diese Prinzipien verbieten eine generelle Vorrangzuweisung an einen verfassungsrechtlichen Normtyp etwa nach dem Muster, grundrechtlich verbürgte Schutzgüter vor allen anderen und damit auch vor Staatszielbestimmungen[365]. Deshalb sind Konflikte zwischen Staatszielbestimmungen und anderen verfassungsrechtlich geschützten Rechtsgütern, Zielen oder Grundsätzen, insbesondere mit solchen aus Grundrechten, durch eine einzelfallorientierte Güterabwägung aufzulösen, bei der grundsätzlich ein Verhältnis „formaler Gleichrangigkeit" besteht[366].

Etwas anderes kann sich ergeben, wenn eine Staatszielbestimmung außerhalb des von der Ewigkeitsgarantie des Art. 79 Abs. 3 GG erfassten Bereichs[367] normiert ist und es eine Kollision mit einem von der Ewigkeitsgarantie

---

[363] Siehe dazu die umfassende Abhandlung von *Bethge*, Zur Problematik von Grundrechtskollisionen, 1977.

[364] *Bock*, Umweltschutz, 1990, S. 296; *Dreher*, Staatsziele im Bundesstaat am Beispiel des Sports, 2005, S. 6, 25; *Epiney*, in: von Mangoldt/Klein/Starck, Grundgesetz, Band 2, 6. Aufl. 2010, Art. 20a, Rn. 47; *Kloepfer*, DVBl. 1996, 73, 78; *Kloepfer*, in: Grupp/Hufeld, FS Mußgnug, 2005, S. 12; *Kloepfer*, in: Kahl/Waldhoff/Walter, BK Grundgesetz, Stand: 178. Akt., April 2016, Art. 20a, Rn. 39, 43; *Scholz*, in: Maunz/Dürig, GG, Stand: 75. Erglf., September 2015, Art. 20a, Rn. 41 f., 80; ähnlich *Degenhart*, in: Degenhart/Meissner, Hdb der Verfassung Sachsens, 1997, § 6, Rn. 4, 10; *Sommermann*, DÖV 1994, 596, 599 f.

[365] *Kloepfer*, in: Grupp/Hufeld, FS Mußgnug, 2005, S. 12; etwas anderes gilt wegen Art. 31 GG auch hier für ebenenverschiedene Schutzgüter. Staatszielbestimmungen der Länderverfassungen sind nicht in der Lage, auf bundesrechtliche Verfassungsbestimmungen einschränkend einzuwirken; siehe dazu nur *Fischer*, Staatszielbestimmungen, 1994, S. 15.

[366] *Kloepfer*, in: Grupp/Hufeld, FS Mußgnug, 2005, S. 12; *Kloepfer*, in: Kahl/Waldhoff/Walter, BK Grundgesetz, Stand: 178. Akt., April 2016, Art. 20a, Rn. 26; *Sannwald*, in: Schmidt-Bleibtreu/Hofmann/Hopfauf, GG, 13. Aufl. 2014, Art. 20a, Rn. 9 und 12; *Scholz*, in: Maunz/Dürig, GG, Stand: 75. Erglf., September 2015, Art. 20a, Rn. 41 f.; *Schulze-Fielitz*, in: Dreier, GG, Band II, 3. Aufl. 2015, Art. 20a, Rn. 23.

[367] Dazu zählen die Gliederung des Bundes in Länder, die grundsätzliche Mitwirkung der Länder bei der Gesetzgebung und die in den Art. 1 und 20 niedergelegten Grundsätze; für

erfassten Schutzgut, beispielsweise aus einem Grundrecht, zu lösen gilt. Denn den von der Ewigkeitsgarantie erfassten Schutzgütern wird wegen ihrer besonderen Absicherung im Rahmen der Praktischen Konkordanz mehr Gewicht beizumessen sein als nicht erfassten Schutzgütern[368]. Dies bedeutet jedoch nicht, dass die erfassten Güter im Rahmen der einzelfallorientierten Güterabwägung im Ergebnis auch stets vorgingen[369]. Maßgeblich bleibt weiterhin der Grad der Betroffenheit des jeweiligen Gutes[370]. Wären beide Güter ausnahmsweise exakt gleichermaßen betroffen, so spräche der Schutz durch Art. 79 Abs. 3 GG aber für eine Auflösung des Konflikts zugunsten des davon erfassten Gutes.

Viel diskutiert ist die Frage, ob ein ausdrücklicher Gesetzesvorbehalt in Staatszielbestimmungen formell den Adressatenkreis beschränkt, welches nicht der Fall ist[371]. Allerdings kommt dadurch zum Ausdruck, welches Gewicht dem staatzielbestimmerisch vorgegebenen Schutzgut beizumessen ist[372], weshalb die Wiederholung des bereits aus Art. 20 Abs. 3 GG folgenden Vorbehalts materielle Bedeutung für die Wirkungsweise von Staatszielbestimmungen hat. Sie soll eine prinzipielle Gleichordnung mit anderen Verfassungsprinzipien und Verfassungsrechtsgütern bewirken[373]. Sollte jedoch ein Staatszielbestimmungsgehalt im Ergebnis der Abwägung der Praktischen Konkordanz einem Grundrecht vorgehen, gilt wie auch sonst, als äußerste Grenze der grundrechtsbeschränkenden Wirkung der Wesensgehalt des Grundrechts (Art. 19 Abs. 2 GG)[374].

---

einen Überblick über die erfassten Schutzgüter siehe *Pieroth*, in: Jarass/Pieroth, Grundgesetz, 14. Aufl. 2016, Art. 79, Rn. 12 ff.

[368] *Kloepfer*, in: Kahl/Waldhoff/Walter, BK Grundgesetz, Stand: 178. Akt., April 2016, Art. 20a, Rn. 26; *Sannawald*, in: Schmidt-Bleibtreu/Hofmann/Hopfauf, GG, 13. Aufl. 2014, Art. 20a, Rn. 13.

[369] *Sannawald*, in: Schmidt-Bleibtreu/Hofmann/Hopfauf, GG, 13. Aufl. 2014, Art. 20a, Rn. 13.

[370] *Sannawald*, in: Schmidt-Bleibtreu/Hofmann/Hopfauf, GG, 13. Aufl. 2014, Art. 20a, Rn. 13.

[371] Siehe oben 1. Kapitel, A. VI. 1) a) bb).

[372] So wohl auch *Uhle*, DÖV 1993, 947, 952.

[373] *Uhle*, DÖV 1993, 947, 952; so im Ergebnis auch *BVerwG*, Beschl. v. 15.10.2002 - 4 BN 51/02 - NVwZ-RR 2003, 171.

[374] *Dreher*, Staatsziele im Bundesstaat am Beispiel des Sports, 2005, S. 17; *Ipsen*, Staatsrecht II, 18. Aufl. 2015, Rn. 211 ff.; *Jarass*, in: Jarass/Pieroth, Grundgesetz, 14. Aufl. 2016, Art. 19, Rn. 8 f.

Vorschriften mit Verfassungsrang, die keine Schutzgüter festschreiben, stehen schon deshalb außerhalb von jeglichem Rangverhältnis[375]. Dies gilt insbesondere für die formell determinierten Vorschriften der strukturellen Grundordnung des Staates, wie etwa die Kompetenzvorschriften der Art. 70 ff. GG[376]. Die Realisierung von Staatszielbestimmungen ist in formeller Hinsicht immer an die Einhaltung der bundesstaatlichen Kompetenzordnung nach den Art. 30, 70 ff., 83 ff. GG gebunden[377]. Diese beschränken somit die Realisierungsmöglichkeiten dahingehend, dass etwa eine Realisierung auf Bundesebene ausgeschlossen ist, wenn nach den Art. 70 ff. GG eine ausschließliche Landeskompetenz besteht. Um eine Umgehung der Art. 70 ff. GG zu verhindern, kann Staatszielbestimmungen auch keine neue Kompetenz entnommen werden[378].

bb) Verhältnis von Staatszielbestimmungen zu Grundrechten

Staatszielbestimmungen können Grundrechte sowohl beschränken (dazu unter (1)) als auch ihre Wirkung verstärken (dazu unter (2))[379].

---

[375] Ähnlich *Dreher*, Staatsziele im Bundesstaat am Beispiel des Sports, 2005, S. 15.

[376] Ähnlich *Dreher*, Staatsziele im Bundesstaat am Beispiel des Sports, 2005, S. 15.

[377] *Bock*, Umweltschutz, 1990, S. 297; *Dreher*, Staatsziele im Bundesstaat am Beispiel des Sports, 2005, S. 16; *Michel*, Staatszwecke, Staatsziele und Grundrechtsinterpretation, 1986, S. 285.

[378] Sinngemäß so auch *Michel*, Staatszwecke, Staatsziele und Grundrechtsinterpretation, 1986, S. 285.

[379] So auch *Dreher*, Staatsziele im Bundesstaat am Beispiel des Sports, 2005, S. 19; *Kloepfer*, DVBl. 1996, 73, 78; *Kloepfer*, in: Grupp/Hufeld, FS Mußgnug, 2005, S. 11 ff.; *Michel*, Staatszwecke, Staatsziele und Grundrechtsinterpretation, 1986, S. 286; die hier als „grundrechtsverstärkend" bezeichnete Wirkung soll auch die vereinzelt eher als „staatszielbestimmungsverstärkend" umschriebene Wirkungsweise bezeichnen, zumal eine Unterscheidung wegen der Schwierigkeiten der genauen Bestimmung des im konkreten Einzelfall betroffenen objektivrechtlichen Gehalts der Staatszielbestimmung oder des Grundrechts kaum leistbar sein dürfte; vgl. für eine eher staatszielbestimmungsverstärkende Wirkung etwa *Sommermann*, in: von Mangoldt/Klein/Starck, Grundgesetz, Band 2, 6. Aufl. 2010, Art. 20 Abs. 1, Rn. 130 - „Auch durch die Verknüpfung mit Grundrechten kann es zu einer mittelbaren Einklagbarkeit (Subjektivierung) des aus dem Sozialstaatsprinzip abzuleitenden (rein objektivrechtlichen) Verpflichtungen kommen"; *BVerfG*, Urt. v. 18.07.1972 - BvL 32/70 und 25/71 - BVerfGE 33, 303, 333 f., - „ob sich aus diesem [staatszielbestimmungsbedingten] Verfassungsauftrag [...] ein einklagbarer Individualanspruch [...] herleiten ließe"; wiederum von anspruchbegründender bzw. –beschränkender Wirkung sprechend, *Degenhart*, Staatsrecht I, 31. Aufl. 2015, Rn. 603.

(1) Grundrechtsbeschränkende Wirkung von Staatszielbestimmungen

Die Möglichkeit und Art und Weise der Beschränkung von Grundrechten hängt wesentlich von der Eigenart des Grundrechts ab[380]. Deshalb ist für die Möglichkeit der Grundrechtsbeschränkung zunächst zwischen Grundrechten zu differenzieren, die unter ausdrücklichem Gesetzesvorbehalt stehen[381], die vorbehaltlos gewährleistet sind[382] und Grundrechten, die unter dem Vorbehalt der verfassungsmäßigen Ordnung stehen[383].

Trotz ihrer Bezeichnung sind auch vorbehaltlos gewährleistete Grundrechte nicht schrankenlos. Denn andernfalls wären selbst Eingriffe zum Schutze überragend wichtiger Güter Dritter, die im Abwägungswege dem vorbehaltlos gewährleisteten Schutzgut vorgingen, nicht möglich[384]. Dieses Ergebnis widerspräche dem Prinzip der Einheit der Verfassung und muss daher einer Lösung zugeführt werden[385]. Mit der h. M. geschieht dies über sog. „verfassungsimmanente Schranken" auf der Rechtfertigungsebene[386]. Als verfassungsim-

---

380 Siehe nur *Pieroth/Schlink/Kingreen/Poscher*, Staatsrecht II, 31. Aufl. 2015, Rn. 271 ff.

381 Siehe nur *Hillgruber*, in: Isensee/Kirchhof, HdbStR, Band IX, 3. Aufl. 2011, § 201, Rn. 11 ff.; *Stern*, Staatsrecht III/2, 1994, S. 369 ff.

382 *Herdegen*, in: Maunz/Dürig, GG, Stand: 75. Ergl., September 2015, Art. 1 Abs. 3, Rn. 43 m. w. N.; *Hillgruber*, in: Isensee/Kirchhof, HdbStR, Band IX, 3. Aufl. 2011, § 201, Rn. 13 ff.

383 Zu diesen Kategorien im Allgemeinen, siehe nur *Hillgruber*, in: Isensee/Kirchhof, HdbStR, Band IX, 3. Aufl. 2011, § 201, Rn. 11 ff.; *Pieroth/Schlink/Kingreen/Poscher*, Staatsrecht II, 31. Aufl. 2015, Rn. 271 ff.; so differenzierend speziell für die Bestimmung der Wirkung von Staatszielbestimmungen, *Michel*, Staatszwecke, Staatsziele und Grundrechtsinterpretation, 1986, S. 287 f.; dagegen *Dreher*, Staatsziele im Bundesstaat am Beispiel des Sports, 2005, S. 20 ff. mit einer weiteren Kategorie der sog. „verfassungsunmittelbaren Schranken" – vgl. dazu im Allgemeinen neben *Hillgruber*, a. a. O., und *Pieroth/Schlink/Kingreen/Poscher*, a. a. O., etwa *Sodan/Ziekow*, Grundkurs Öffentliches Recht, 6. Aufl. 2014, § 24, Rn. 14 m. w. N. – auf deren Darstellung hier wegen des weitestgehenden Gleichlaufs mit den qualifizierten Gesetzesvorbehalten verzichtet wurde.

384 Siehe dazu nur *BVerfG*, Beschl. v. 26.05.1970 - 1 BvR 83, 244 und 245/69 - BVerfGE 28, 243, 261; *BVerfG*, Urt. v. 24.09.2003 - 2 BvR 1436/02 - BVerfGE 108, 282, 297; *Hillgruber*, in: Isensee/Kirchhof, HdbStR, Band IX, 3. Aufl. 2011, § 201, Rn. 13.

385 Zu den verschiedentlichen Lösungsansätzen siehe *Hillgruber*, in: Isensee/Kirchhof, HdbStR, Band IX, 3. Aufl. 2011, § 201, Rn. 13 ff.; *Pieroth/Schlink/Kingreen/Poscher*, Staatsrecht II, 31. Aufl. 2015, Rn. 336 ff.

386 *BVerfG*, Beschl. v. 26.05.1970 - 1 BvR 83, 244 und 245/69 - BVerfGE 28, 243, 261; *BVerfG*, Urt. v. 24.09.2003 - 2 BvR 1436/02 - BVerfGE 108, 282, 297; *BVerfG*, Urt. v. 24.11.2010 - 1 BvF 2/05 - BVerfGE 128, 1, 41 m. w. N. aus der Rspr.; aus der Lit. siehe *Bethge*, Zur Problematik von Grundrechtskollisionen, 1977, S. 258 ff.; *Sommermann*, Staatsziele und Staatszielbestimmungen, 1997, S. 424; *Stern*, Staatsrecht III/2, 1994, S. 550 f. mit

manente Schranken kommen „kollidierende Grundrechte Dritter und andere mit Verfassungsrang ausgestattete Rechtswerte“ in Betracht[387]. Da Staatszielbestimmungen eindeutig keine Grundrechte sind, kann nur die zweite Alternative greifen. Zwar hat sich bislang eine allgemeingültige subsumtionstaugliche Definition des Begriffs der anderen mit Verfassungsrang ausgestatteten Werte nicht entwickelt[388], doch haben Staatszielbestimmungen einen derart hohen verfassungsrechtlichen Rang[389], dass sie nach der Wesentlichkeitstheorie einer Ausgestaltung durch den Gesetzgeber vorbehalten sind und deshalb in jedem Falle verfassungsimmanente Schranken begründen[390]. Staatszielbestimmungen sind daher als „andere mit Verfassungsrang ausgestattete Rechtswerte“ anzusehen und stellen als solche verfassungsimmanente Schranken für diese Grundrechtstypen dar, die bei Kollisionen mit diesen in einen angemessenen Ausgleich zu bringen sind[391]. Dabei darf jedoch nicht übersehen werden, dass es trotzdem in

---

umfassenden Nachweisen; zwar mit anderem eigenem Lösungsvorschlag aber insofern auch von der herrschenden Auffassung sprechend, *Pieroth/Schlink/Kingreen/Poscher*, Staatsrecht II, 31. Aufl. 2015, Rn. 347 ff.

[387] So wörtlich *BVerfG*, Beschl. v. 26.05.1970 - 1 BvR 83, 244 und 245/69 - BVerfGE 28, 243, 261; *BVerfG*, Urt. v. 16.01.2003 - 2 BvR 716/01 - BVerfGE 107, 104, 118; *Dreier*, in: Dreier, GG, Band I, 3. Aufl. 2013, Vorb., Rn. 139; *Stern*, Staatsrecht III/2, 1994, S. 930; *Sodan/Ziekow*, Grundkurs Öffentliches Recht, 6. Aufl. 2014, § 24, Rn. 19.

[388] Hier werden in Rspr. und Lit. unterschiedliche Anforderungen gestellt, wie bereits die selbst seitens des *BVerfG* verwendeten unterschiedlichen Begriffe belegen: Während in *BVerfG*, Beschl. v. 26.05.1970 - 1 BvR 83, 244 und 245/69 - BVerfGE 28, 243, 261, noch von „anderen mit Verfassungsrang ausgestatteten Rechtswerten“ geschrieben wurde, haben *BVerfG*, Beschl. v. 16.05.1995 - 1 BvR 1087/91 - BVerfGE 93, 1, 21, von „anderen verfassungsrechtlich geschützten Gütern“ und *BVerfG*, Urt. v. 24.09.2003 - 2 BvR 1436/02 - BVerfGE 108, 282, 297, von „Gemeinschaftswerten mit Verfassungsrang“ geschrieben. Kritisch insoweit etwa *Sodan/Ziekow*, Grundkurs Öffentliches Recht, 6. Aufl. 2014, § 24, Rn. 21; Zu den verschiedenen Auffassungen siehe nur *Jarass*, in: Jarass/Pieroth, Grundgesetz, 14. Aufl. 2016, Vorb. Art. 1, Rn. 49.

[389] Siehe etwa Hinblick auf den Umweltschutz nach Art. 20a GG nur *BVerfG*, Urt. v. 24.11.2010 - 1 BvF 2/05 - BVerfGE 128, 1, 41 – „wichtige Werte von Verfassungsrang“; und aus der Lit. nur *Murswiek*, NVwZ 1996, 222, 223 – „hervorragende Bedeutung“ und *Müller-Bromley*, Staatszielbestimmung Umweltschutz, 1990, S. 183 – „überragend wichtiges Gemeinschaftsgut“; dazu auch oben unter 1. Kapitel, A. VI. 1) a) aa).

[390] Siehe nur *BVerfG*, Urt. v. 24.11.2010 - 1 BvF 2/05 - BVerfGE 128, 1, 41; *Gärditz*, in: Landmann/Rohmer, Umweltrecht, Band I, Stand: 78. Erglf., Dezember 2015, Umweltverfassungsrecht, 3. GG, § 20a, Rn. 69 m. w. N. aus der Rspr. unter Rn. 71.

[391] So auch Rspr. – siehe nur *BVerfG*, Urt. v. 24.11.2010 - 1 BvF 2/05 - BVerfGE 128, 1, 41 – und die Lit. – siehe *Badura*, Staatsrecht, 6. Aufl. 2015, D, Rn. 44; *Dreher*, Staatsziele im Bundesstaat am Beispiel des Sports, 2005, S. 22; *Fischer*, Staatszielbestimmungen, 1994,

der Regel[392] einer hinreichend bestimmten einfachgesetzlichen Grundlage für den Eingriff bedarf[393] und Staatszielbestimmungen auch als verfassungsimmanente Schranken nicht unmittelbar zu Eingriffen ermächtigen.

Einfacher scheint dies bei Grundrechten zu sein, die unter einem ausdrücklichen Gesetzesvorbehalt stehen. Diese sind nach ihrem Wortlaut „durch oder aufgrund eines Gesetzes" einschränkbar. Weil Staatszielbestimmungen Teile des (Grund-)Gesetzes sind, könnten sie ebenfalls geeignet sein, Grundrechte unter Gesetzesvorbehalt unmittelbar einzuschränken. Dieser pragmatische Ansatz überzeugt jedoch nicht. Denn eingriffsrechtfertigende Gesetze müssen immer hinreichend bestimmt sein[394]. Wegen ihrer Offenheit sind Staatszielbestimmungen ohne nähere Ausgestaltung in einem Gesetz zu unbestimmt und offen, um Grundrechte mit Gesetzesvorbehalt unmittelbar einzuschränken[395]. Darüber

---

S. 14 f.; *Gärditz*, in: Landmann/Rohmer, Umweltrecht, Band I, Stand: 78. Erglf., Dezember 2015, § 20a, Rn. 69 m. w. N. aus der Rspr. unter Rn. 71; *Hufen*, Grundrechte, 5. Aufl. 2016, § 9, Rn. 32; *Jarass*, in: Jarass/Pieroth, Grundgesetz, 14. Aufl. 2016, Vorb. Art. 1, Rn. 49; *Kloepfer*, in: Grupp/Hufeld, FS Mußgnug, 2005, S. 11 f.; *Müller-Bromley*, Staatszielbestimmung Umweltschutz, 1990, S. 183 f.; *Murswiek*, NVwZ 1996, 222, 230; *Sommermann*, Staatsziele und Staatszielbestimmungen, 1997, S. 424; *Stein/Frank*, Staatsrecht, 21. Aufl. 2010, S. 183.

[392] Einen Ausnahmefall stellt der bloß mittelbare ungezielte Eingriff dar, *Hufen*, Grundrechte, 5. Aufl. 2016, § 9, Rn. 30; *Jarass*, in: Jarass/Pieroth, Grundgesetz, 14. Aufl. 2016, Vorb. Art. 1, Rn. 51.

[393] So für verfassungsimmanent zu rechtfertigende Eingriffe in schrankenlos Gewährleistete Grundrechte, *BVerfG*, Urt. v. 24.09.2003 - 2 BvR 1436/02 - BVerfGE 108, 282, 297; *BVerfG*, Urt. v. 24.11.2010 - 1 BvF 2/05 - BVerfGE 128, 1, 41 m. w. N. aus der Rspr.; *Dreier*, in: Dreier, GG, Band I, 3. Aufl. 2013, Vorb., Rn. 141 m. w. N.; ebenso für verfassungsimmanent zu rechtfertigende Eingriffe in unter Vorbehalt gewährleistete Grundrechte, *BVerfG*, Beschl. v. 23.06.2004 - 1 BvQ 19/04 - BVerfGE 111, 147, 157 f.; im allgemeinen ebenso, *Hufen*, Grundrechte, 5. Aufl. 2016, § 9, Rn. 30; *Jarass*, in: Jarass/Pieroth, Grundgesetz, 14. Aufl. 2016, Vorb. Art. 1, Rn. 51 m. w. N. aus der Lit.; *Murswiek*, NVwZ 2003, 1, 6, Fn. 25; Herdegen, in: Maunz/Dürig, GG, Stand: 75. Erglf., September 2015, Art. 1 Abs. 3, Rn. 45.

[394] Siehe oben unter 1. Kapitel, A. VI. 1) a) aa) und bb).

[395] So zum Sozialstaatsprinzip im Lichte der Rundfunkfreiheit aus Art. 5 Abs. 1 GG, einem Grundrecht mit qualifiziertem Gesetzesvorbehalt, *BVerfG*, Beschl. v. 13.01.1982 - 1 BvR 848, 1047/77, 916, 1307/78, 350/79 und 47, 902, 965, 1177, 1238, 1461/80 - BVerfGE 59, 231, 263; und im allgemeinen *Isensee*, in: Isensee/Kirchhof, HdbStR, Band IV, 3. Aufl. 2006, § 73, Rn. 47; *Merten*, in: Merten/Papier, HdbGR V, 2013, § 114, Rn. 42 m. w. N.; *Michel*, Staatszwecke, Staatsziele und Grundrechtsinterpretation, 1986, S. 286 f.; *Merten*, DÖV 1993, 368, 371; *Stern*, Staatsrecht III/2, 1994, S. 577 f.; *Müller-Bromley*, Staatszielbestimmung Umweltschutz, 1990, S. 182; *Sommermann*, Staatsziele und Staatszielbestimmungen, 1997, S. 422 f.

hinaus würde andernfalls der Gesetzesvorbehalt umgangen[396]. Im Ergebnis sind Staatszielbestimmungen deshalb unabhängig davon, ob der Gesetzesvorbehalt einfacher oder qualifizierter Natur ist[397], nicht geeignet, um Grundrechte mit Gesetzesvorbehalt ohne Konkretisierung durch den Gesetzgeber unmittelbar zu beschränken[398]. Sie können dort jedoch im Rahmen der Verhältnismäßigkeitsprüfung als das Vorbehaltsgesetz verstärkender Abwägungsgegenpart des betroffenen Grundrechts relevant werden[399].

Zudem können Staatszielbestimmungen auch hier als verfassungsimmanente Schranken greifen[400]. Denn die Ausführungen zu vorbehaltlos gewährleisteten Grundrechten müssen schon deshalb auch hier gelten, weil sonst die an sich gewichtigeren vorbehaltslos gewährleisteten Grundrechte stärker beschränkt werden könnten als die schwächer nur unter Vorbehalt gewährleisteten Grundrechte[401]. Zwar ist bei der Anwendung verfassungsimmanenter Schranken grundsätzlich Zurückhaltung geboten, um die durch den Verfassungsgeber vorgenommene unterschiedliche Gewährleistung von vorbehaltlos gewährleisteten

---

[396] *Sommermann*, Staatsziele und Staatszielbestimmungen, 1997, S. 422 f.; so „jedenfalls" für den qualifizierten Gesetzesvorbehalt *Dreher*, Staatsziele im Bundesstaat am Beispiel des Sports, 2005, S. 21; *Michel*, Staatszwecke, Staatsziele und Grundrechtsinterpretation, 1986, S. 288.

[397] Zu den Arten der Gesetzesvorbehalte siehe nur *Hillgruber*, in: Isensee/Kirchhof, HdbStR, Band IX, 3. Aufl. 2011, § 201, Rn. 11 ff.; *Pieroth/Schlink/Kingreen/Poscher*, Staatsrecht II, 31. Aufl. 2015, Rn. 271 ff.; *Stern*, Staatsrecht III/2, 1994, S. 397.

[398] So speziell zu Grundrechten unter Gesetzesvorbehalt *Dreher*, Staatsziele im Bundesstaat am Beispiel des Sports, 2005, S. 21; *Murswiek*, NVwZ 1996, 222, 229; dies gilt jedoch für alle Grundrechte; so allgemein für alle Grundrechte auch *Sannawald*, in: Schmidt-Bleibtreu/Hofmann/Hopfauf, GG, 13. Aufl. 2014, Art. 20a, Rn. 30.

[399] Siehe dazu sogleich unter 1. Kapitel, A. VI. 3) b) bb) (3).

[400] *Fischer*, Staatszielbestimmungen, 1994, S. 14; *Sommermann*, Staatsziele und Staatszielbestimmungen, 1997, S. 423.

[401] So explizit sogar zu unter einem qualifizierten Gesetzesvorbehalt stehenden Grundrechten, *BVerfG*, Beschl. v. 15.01.1984 - 1 BvR 272/81 - BVerfGE 66, 116, 136 - zur Pressefreiheit aus Art. 5 Abs. 1 GG -; *BVerfG*, Urt. v. 16.01.2003 - 2 BvR 716/01 - BVerfGE 107, 104, 118 - zum elterliche Sorgerecht aus Art. 6 Abs. 2 GG -; *BVerfG*, Beschl. v. 23.06.2004 - 1 BvQ 19/04 - BVerfGE 111, 147, 157 - zur Meinungsfreiheit aus Art. 5 Abs. 1 GG -; allgemein befürwortend in der Lit. etwa *Jarass*, in: Jarass/Pieroth, Grundgesetz, 14. Aufl. 2016, Vorb. Art. 1, Rn. 48 und 50; *Stein/Frank*, Staatsrecht, 21. Aufl. 2010, S. 183; *Zippelius/Würtenberger*, Deutsches Staatsrecht, 32. Aufl. 2008, § 19, Rn. 57; a. A. *Pieroth/Schlink/Kingreen/Poscher*, Staatsrecht II, 31. Aufl. 2015, Rn. 351; differenzierend *Hillgruber*, in: Isensee/Kirchhof, HdbStR, Band IX, 3. Aufl. 2011, § 201, Rn. 21 ff.; *Michael/Morlok*, Grundrechte, 5. Aufl. 2015, Rn. 713 ff.; *Stern*, Staatsrecht III/2, 1994, S. 523 ff.

Grundrechten und Grundrechten mit Vorbehalten nicht zu unterlaufen[402]. Dies schließt die Anwendbarkeit der zu den vorbehaltlos gewährleisteten Grundrechten entwickelten Grundsätze auch hier aber dem Grunde nach nicht aus. Auch überzeugt der Einwand nicht, dass die explizite Festschreibung von Schranken durch den Verfassungsgesetzgeber dafür spreche, dass diese von abschließender Natur seien und durch die Anwendung der verfassungsimmanenten Schranken auf die unter Vorbehalt gewährleisteten Grundrechte die gesetzlichen Vorbehalte umgangen würden[403]. Faktisch wird der Vorbehalt nämlich nicht umgangen, weil es nach der Konzeption des Grundgesetzes (Art. 20 Abs. 3 GG) für die Beschränkung von Grundrechtspositionen auch im Falle einer verfassungsimmanenten Schranke in der Regel eines Gesetzes bedarf[404]. Um über-

---

[402] *Jarass*, in: Jarass/Pieroth, Grundgesetz, 14. Aufl. 2016, Vorb. Art. 1, Rn. 48.

[403] So allgemein *Pieroth/Schlink/Kingreen/Poscher*, Staatsrecht II, 31. Aufl. 2015, Rn. 351; differenzierend und besonders ausführlich *Stern*, Staatsrecht III/2, 1994, S. 523 ff.: Für qualifizierte Gesetzesvorbehalte, die mit zusätzlichen Anforderungen verbunden sind lehnt er eine Anwendung ab, weil aus der umfassenden Verwendung des Wortes „nur" in den dortigen Vorbehaltsregelungen und dem Schweigen zu weiteren expliziten Beschränkungsmöglichkeiten auf die abschließende Rechtsnatur zu schließen sei. Für negative Qualifizierungen, die dem Gesetzgeber lediglich bestimmte Regelungsinhalte oder –zwecke untersagen, sei ein entsprechender Schluss dagegen nicht möglich, er erwägt jedoch eine Analogie zu den Gedanken für die positiven Gesetzesvorbehalte. Bei einfachen Gesetzesvorbehalten geht er dagegen wohl bei Wahrung des allgemeinen Vorbehalts des Gesetztes durch Gesetzeserlass von der Zulässigkeit des Rückgriffs bei lückenhafter Regelung der Einschränkungsmöglichkeit aus; ähnlich differenzierend *Michael/Morlok*, Grundrechte, 5. Aufl. 2015, Rn. 713 ff.; ebenfalls nur Grundrechte mit qualifiziertem Gesetzesvorbehalt von verfassungsimmanenten Schranken ausnehmend *Hillgruber*, in: Isensee/Kirchhof, HdbStR, Band IX, 3. Aufl. 2011, § 201, Rn. 22.

[404] Anschaulich hierzu *Hufen*, Grundrechte, 5. Aufl. 2016, § 9, Rn. 30; einen Ausnahmefall sieht nach der h. M. das Grundgesetz selbst in Art. 13 Abs. 7, 1. Alt. GG vor, der Eingriffe und Beschränkungen in die Wohnungsfreiheit zur Abwehr einer gemeinen Gefahr oder einer Lebensgefahr für einzelne Personen auch ohne eine gesetzliche Ermächtigung unmittelbar auf Grundlage der grundgesetzlichen Vorschrift selbst erlaubt; so etwa BVerfG, Beschl. v. 21.08.2009 - 1 BvR 2104/06 - BVerfGK 16, 142, 146; *BayVGH*, Beschl. v. 14.07.1993 - 20 N 93.309 - NVwZ-RR 1994, 251, 252; *Fink*, in: Epping/Hillgruber, BeckOK GG, Stand: 28. Edt., 01.03.2016, Art. 13, Rn. 29; *Gornig*, in: von Mangoldt/Klein/Starck, Grundgesetz, Band 1, 6. Aufl. 2010, Art. 13, Rn. 155; *Hofmann*, in: Schmidt-Bleibtreu/Hofmann/Hopfauf, GG, 13. Aufl. 2014, Art. 13, Rn. 40; *Kühne*, in: Sachs, GG, 7. Aufl. 2014, Art. 13, Rn. 50; *Kunig*, in: von Münch/Kunig, GG, Band 1, 6. Aufl. 2012, Art. 13, Rn. 57; *Papier*, in: Maunz/Dürig, GG, Stand: 75. Erglf., September 2015, Art. 13, Rn. 117 f.; *Wolff*, in: Hömig/Wolff, GG, 11. Aufl. 2016, Art. 13, Rn. 28; a. A. *Hermes*, in: Dreier, GG, Band I, 3. Aufl. 2013, Art. 13, Rn. 117; *Jarass*, in: Jarass/Pieroth, Grundgesetz, 14. Aufl. 2016, Art. 13, Rn. 35; *Pieroth/Schlink/Kingreen/Poscher*, Staatsrecht II, 31. Aufl. 2015, Rn. 986; jeweils mit Verweis auf den Vorbehalt des Gesetzes, wobei sie Erleichterungen bei den Bestimmtheitsanforderungen und dem Zitiergebot vorsehen.

haupt zu der für die verfassungsimmanente Schranke relevanten Ebene der Rechtfertigung des Eingriffs in ein Grundrecht zu gelangen, ist ein Gesetz folglich conditio sine qua non. Fehlt es an einer Ermächtigungsgrundlage, so scheidet eine Rechtfertigung des Eingriffs in der Regel dogmatisch bereits an einer früheren Stelle aus. In diesem Sinne hat das *BVerfG* im sog. „Kopftuchurteil“[405] das Verbot des Kopftuchs bereits deshalb für verfassungswidrig erachtet, weil es an einer einfachgesetzlichen Verbotsregelung und somit einer Konkretisierung der verfassungsimmanenten Schranke fehlte. Da die Legislative „durch Gesetze“ tätig wird, stellt sich dort die Problematik der Umgehung eines Vorbehalts nicht. Darüber hinaus wird die Umgehung eines Gesetzesvorbehalts dadurch verhindert, dass die geschriebenen Schranken und Gesetzesvorbehalte Anwendungsvorrang vor verfassungsimmanenten Schranken genießen und vorrangig angewendet werden müssen, bevor ein Rückgriff auf die verfassungsimmanenten Schranken erfolgen kann[406].

Die dritte Kategorie von Grundrechten steht unter dem „weitreichenden Rechtsvorbehalt“[407] der „verfassungsmäßigen Ordnung“[408]. Hierzu zählt das Grundrecht der allgemeinen Handlungsfreiheit aus Art. 2 Abs. 1 GG[409]. Die verfassungsmäßige Ordnung umfasst die Gesamtheit der formell und materiell verfassungsmäßigen Rechtsnormen[410] und somit bereits dem Wortlaut nach auch Staatszielbestimmungen. Deshalb sind Staatszielbestimmungen als Teil der ver-

---

[405] *BVerfG*, Urt. v. 24.09.2003 - 2 BvR 1436/02 - BVerfGE 108, 282, 297, 308 f.

[406] *Jarass*, in: Jarass/Pieroth, Grundgesetz, 14. Aufl. 2016, Vorb. Art. 1, Rn. 50; so etwa, wennzwar ein (Vorbehalts-)Gesetz vorhanden ist, es aber den Anforderungen des qualifizierten Gesetzesvorbehalts des beschränkten Grundrechts nicht genügt.

[407] *Di Fabio*, in: Maunz/Dürig, GG, Stand: 75. Erglf., September 2015, Art. 2 Abs. 1, Rn. 38.

[408] Siehe dazu nur *BVerfG*, Urt. v. 16.01.1957 - 1 BvR 253/56 - BVerfGE 6, 32, 37 ff.; ausführlich dazu *Cornils*, in: Isensee/Kirchhof, HdbStR, Band VII, 3. Aufl. 2009, Rn. 83 ff. und *Di Fabio*, in: Maunz/Dürig, GG, Stand: 75. Erglf., September 2015, Art. 2 Abs. 1, Rn. 38 m. w. N.

[409] Obwohl auch Art. 9 Abs. 2 GG einen Vorbehalt der „verfassungsmäßigen Ordnung“ enthält ist er, wegen des Zusammenhangs zu Art. 18 GG auf die freiheitliche demokratische Grundordnung bzw. gewisse elementare Grundsätze der Verfassung beschränkt, und deshalb enger zu verstehen als der Begriff in Art. 2 Abs. 1 GG – zu dem Ganzen mit Nachweisen für die verschiedenen Auffassungen siehe *Scholz*, in: Isensee/Kirchhof, HdbStR, Band VII, 3. Aufl. 2009, Art. 9, Rn. 126 f.

[410] Siehe hier nur *BVerfG*, Urt. v. 16.01.1957 - 1 BvR 253/56 - BVerfGE 6, 32, 41; *Scholz*, in: Isensee/Kirchhof, HdbStR, Band VII, 3. Aufl. 2009, Art. 9, Rn. 126; für umfassende Nachweise siehe oben 1. Kapitel, A. IV. 3) b).

fassungsmäßigen Ordnung stets auch geeignet, das Grundrecht aus Art. 2 Abs. 1 GG zu beschränken[411].

(2) *Grundrechtsverstärkende Wirkung von Staatszielbestimmungen*

Staatszielbestimmungen können auch eine grundrechtsverstärkende Wirkung entfalten[412]. Dabei sind drei Konstellationen denkbar[413]: die Verstärkung des objektiv-rechtlichen Gehalts von Grundrechten (dazu unter (a)), die Umwandlung des objektiv-rechtlichen Gehalts von Grundrechten in einen subjektiv-rechtlichen (dazu unter (b)) und die umwandlungsneutrale Verstärkung des bereits vorhandenen subjektiv-abwehrrechtlichen Gehalts von Grundrechten (dazu unter (c)).

(a) *Verstärkung des objektiv-rechtlichen Gehalts*

Wegen ihrer objektiv-rechtlichen Rechtsnatur sind Staatszielbestimmungen gemäß dem Gedanken der Addition geeignet, den objektiv-rechtlichen Gehalt von Grundrechten durch das Hinzutreten und Einwirken in der konkreten Situation thematisch passender objektiv-rechtlicher Wertgehalte zu verstärken[414]. Diese

---

[411] *Dreher*, Staatsziele im Bundesstaat am Beispiel des Sports, 2005, S. 21.

[412] *Bauer*, Kultur und Sport, 1999, S. 349; *Bock*, Umweltschutz, 1990, S. 300; *Fischer*, Staatszielbestimmungen, 1994, S. 16; *Häberle*, VVDStRL 1972 (Bd. 30), 43, 94 ff.; *Hufen*, Protokoll der 44. Sitzung des Rechtsausschusses des Bundestages am 29.01.2007, S. 3; *Kloepfer*, in: Grupp/Hufeld, FS Mußgnug, 2005, S. 12 f.; *Michel*, Staatszwecke, Staatsziele und Grundrechtsinterpretation, 1986, S. 289 ff.; *Sommermann*, Staatsziele und Staatszielbestimmungen, 1997, S. 415 f.; *Sommermann*, in: von Mangoldt/Klein/Starck, Grundgesetz, Band 2, 6. Aufl. 2010, Art. 20 Abs. 1, Rn. 120, 131 f.; so im Ergebnis auch durch Bezugnahme auf das Sozialstaatsprinzip *BVerfG*, Urt. v. 18.07.1972 - BvL 32/70 und 25/71 - BVerfGE 33, 303, 331 ff.

[413] Wohl erstmals vergleichbar differenzierend *Michel*, Staatszwecke, Staatsziele und Grundrechtsinterpretation, 1986, S. 289; später ebenso *Bock*, Umweltschutz, 1990, S. 302; *Dreher*, Staatsziele im Bundesstaat am Beispiel des Sports, 2005, S. 23 f.

[414] *Dreher*, Staatsziele im Bundesstaat am Beispiel des Sports, 2005, S. 23; *Michel*, Staatszwecke, Staatsziele und Grundrechtsinterpretation, 1986, S. 290 f.; *Sommermann*, Staatsziele und Staatszielbestimmungen, 1997, S. 395 f. m. w. N., wohl auch *Bock*, Umweltschutz, 1990, S. 300 a. E. und auch *BVerfG*, Urt. v. 08.04.1987 - 1 BvL 8, 16/84 - BVerfGE 75, 40, 62 ff.,

können sich in neuen objektiven Wertentscheidungen oder aber in neuen Schutz- bzw. Förderungs- und Leistungspflichten niederschlagen[415]. Denn durch die Verbindung von objektiv-rechtlichen Pflichten aus Grundrechten mit solchen aus Staatszielbestimmungen können neue kombinierte oder erweiterte Schutzpflichten entstehen oder bestehende Schutzpflichten derart verändert werden, dass sie nur über Förderungs- und Leistungspflichten gewährleistet werden können[416]. So könnte sich eine (Leistungs-)Pflicht des Staates zum sozialen Wohnungsbau durch die Verbindung des objektiv-rechtlichen Gehalts auf Erhalt bzw. Schutz der Wohnung als menschlichen Lebensmittelpunkt[417] aus dem Grundrecht der Unverletzlichkeit der Wohnung in Art. 13 GG mit der Staatszielbestimmung der Sozialstaatlichkeit aus Art. 20 Abs. 1 GG ergeben[418].

---

allerdings aus der in Art. 7 Abs. 4 GG verankerten sozialstaatlichen Komponente und nur, wenn der Bestand der geschützten Institution gefährdet ist; zum objektiv-rechtlichen Gehalt beider Normtypen bereits oben unter 1. Kapitel, A. IV. 3).

[415] Zur Herleitung von Schutzpflichten aufgrund des staatlichen Gewaltmonopols aus dem objektiv-rechtlichen Gehalt von Grundrechten siehe nur *BVerfG*, Urt. v. 25.02.1975 - 1 BvF 1, 2, 3, 4, 5, 6/74 - BVerfGE 39, 1, 41 f.; *BVerfG*, Urt. v. 19.02.2013 - 1 BvL 1/11, 1 BvR 3247/09 - BVerfGE 133, 59, 76; *Stern*, Staatsrecht III/1, 1988, S. 931 ff.; *Stern*, DÖV 2010, 241, 243 ff.; *Isensee*, in: Isensee/Kirchhof, HdbStR, Band IX, 3. Aufl. 2011, § 191, Rn. 159 ff. und 191 ff.; zur Herleitung von Förderungs- und Leistungspflichten, wenn der Schutz der objektiv-rechtlichen Gewährleistungsgehalte faktisch nur durch Leistungsgewährung bzw. Förderung erfolgen kann, siehe nur *BVerfG*, Urt. v. 18.07.1972 - BvL 32/70 und 25/71 - BVerfGE 33, 303, 331; *Badura*, Staatsrecht, 6. Aufl. 2015, C, Rn. 22; *Pieroth/Schlink/Kingreen/Poscher*, Staatsrecht II, 31. Aufl. 2015, Rn. 83, 106; *Stern*, Staatsrecht III/1, 1988, S. 949.

[416] So auch *Bock*, Umweltschutz, 1990, S. 300 a.E. – „Schließlich können Staatszielbestimmungen zu vermehrten Schutzpflichten des Staates führen" – die dann aber (S. 301 oben) fehlerhaft daraus schlussfolgert, dass dadurch der Schutzbereich der Grundrechte – ein Bestandteil der am subjektiv-rechtlichen Teil der Grundrechte ansetzenden Grundrechtseingriffsprüfung – erweitert würde.

[417] *BVerfG*, Beschl. v. 01.07.1964 - 1 BvR 375/62 - BVerfGE 18, 121, 132, spricht dabei von der objektiven „Wertentscheidung" des Art. 13 GG für die „Wohnung als Mittelpunkt der menschlichen Existenz", aus der sich eine „verfassungsrechtliche Pflicht zum Schutze" ergeben könne; siehe dazu auch *Jarass*, in: Jarass/Pieroth, Grundgesetz, 14. Aufl. 2016, Art. 13, Rn. 1.

[418] So etwa auch *Dreher*, Staatsziele im Bundesstaat am Beispiel des Sports, 2005, S. 23; *Häberle*, VVDStRL 1972 (Bd. 30), 43, 95; wohl auch *Papier*, in: Maunz/Dürig, GG, Stand: 75. Erglf., September 2015, Art. 13, Rn. 6; *Papier*, in: Merten/Papier, HdbGR IV, 2011, § 91, Rn. 3.

(b) Subjektivierung des objektiv-rechtlichen Gehalt von Grundrechten

Spinnt man die Gedanken des zuvor zur Verstärkung des objektiv-rechtlichen Gehalts Gesagten weiter, so erscheint eine derartige Subjektivierung des objektiv-rechtlichen Gehalts von Grundrechten zunächst durchaus naheliegend[419]. Weil jedoch, im Gegensatz zu einer rein objektiven Pflicht des Staates, subjektive Rechte den Berechtigten ermöglichen, die dort verbürgten Pflichten auch gegenüber dem Staat durchzusetzen, sind die Konsequenzen für die staatlichen Gewalten einschneidender. Deshalb scheut sich die Rechtsprechung bis heute davor, die Subjektivierungsfrage eindeutig und allgemein zu beantworten[420] und es war in der Literatur eine einheitliche Linie lange Zeit nicht auszumachen[421].

Gegen die Subjektivierung wird angeführt, dass die objektiv-rechtlichen Schutzpflichten nicht hinreichend konkret seien, um ein subjektives Schutzrecht zu begründen[422]. Da zunächst der Gesetzgeber zum Handeln berufen sei, werde durch die Anerkennung eines subjektiven Schutzrechts zudem ein mit den Grundsätzen der parlamentarischen Demokratie und der Freiheit des Gesetzgebers un-

---

[419] So auch *Sommermann*, Staatsziele und Staatszielbestimmungen, 1997, S. 396, der es für nicht auszuschließen erachtet, dass die damals noch nicht existente Staatszielbestimmung zum Umweltschutz als Argument für die Subjektivierung der bis dahin rein objektiv-rechtlich gedeuteten (Umwelt-)Schutzpflichten herangezogen wird; ähnlich *Fischer*, Staatszielbestimmungen, 1994, S. 199; in dieselbe Richtung aber abstrakt formulierend, *Schwind*, Zukunftsgestaltende Elemente im deutschen und europäischen Staats- und Verfassungsrecht, 2008, S. 229, der sich fragt unter welchen Umständen aus einer Kombination von Grundrechten oder aus einer Kombination von aus Grundrechten herzuleitenden staatlichen Schutzpflichten mit Staatszielbestimmungen subjektive Rechte gewährt werden können.

[420] So schon früher die Rspr. zusammenfassend *Alexy*, Theorie der Grundrechte, 1986, S. 411 ff.; *Murswiek*, Die staatliche Verantwortung für die Risiken der Technik, 1985, S. 216 f.; *Klein*, NJW 1989, 1633, 1637; *Stern*, Staatsrecht III/1, 1988, S. 979 ff., und noch heute *Jarass*, in: Merten/Papier, HdbGR II, 2006, § 38, Rn. 35; *Stern*, DÖV 2010, 241, 248; alle mit einer ausführlichen Darstellung der Rspr., die an keiner Stelle eindeutig aus der über die objektiv-rechtlichen Gehalte von Grundrechte entstehenden Pflichten auf korrespondierende subjektive Rechte der Begünstigten schließt.

[421] Siehe auch dazu nur die umfangreiche Auflistung der Vertreter der verschienen Meinungen bei *Stern*, Staatsrecht III/1, 1988, S. 979 f.

[422] *Isensee*, Grundrecht auf Sicherheit, 1983, S. 50; *Klein*, in: Schneider/Götz, FS Weber, 1974, S. 652; *Kloepfer*, Zum Grundrecht auf Umweltschutz, 1978, S. 25.

vereinbares Recht auf gesetzgeberisches Tätigwerden begründet[423], welches zu einer Kompetenzverlagerung von der zur Findung von einfachgesetzlichen Lösungen berufenen Legislative auf die Judikative führe[424]. Des Weiteren könnte der Staat dadurch gezwungen sein, in Rechte des einen einzugreifen, um dem Schutzanspruch des anderen nachzukommen und somit gegenläufigen Schutzrechten ausgesetzt sein[425]. Dadurch entstünde ein Reziprozitätsproblem, das auf einfachgesetzlicher Ebene gelöst werden müsse, weil die Verfassung dafür keine Maßstäbe zur Verfügung stelle[426]. Ähnlich gelagert ist der Einwand, dass das *BVerfG* unter Umständen über die Verfassungsmäßigkeit von Maßnahmen zu entscheiden hätte, die es selbst zuvor für verfassungsgeboten erachtet hat, weil etwa gegen vor dem *BVerfG* erstrittene gesetzgeberische Maßnahmen, mit denen eine Schutzpflicht erfüllt wurde, wiederum eine Verfassungsbeschwerde statthaft wäre[427].

Die beiden letztgenannten Einwände übersehen, dass der für die Lösung von Grundrechtskollisionen allgemein anerkannte Grundsatz der Praktischen Konkordanz auf Verfassungsebene sehr wohl einen verlässlichen Maßstab für die Lösung der beschriebenen Konfliktlagen bietet. Schwierigkeiten bei der Justiziabilität oder eine erneute Befassung mit einer Materie können ohnehin keine sachlichen Argumente gegen die Subjektivierung sein[428]. Dagegen ist der Einwand der Gefahr einer Kompetenz-verlagerung im Ausgangspunkt durchaus berechtigt. Die Gefahr wird jedoch durch eine zurückhaltende Praxis des sog. „judicial self-restraint" des *BVerfG*[429] verschiedentlich auf ein hinnehmbares Maß reduziert[430]. Deshalb sichert die Beschränkung auf objektiv-rechtliche Pflichten-

---

[423] *Bock*, Umweltschutz, 1990, S. 156; ähnlich *Böckenförde*, Staat, Verfassung, Demokratie, 1991, S. 196 f.; *Leisner*, in: Leisner/Goerlich, Das Recht auf Leben, 1976, S. 29; *Stern*, Staatsrecht III/1, 1988, S. 989.

[424] *Böckenförde*, Staat, Verfassung, Demokratie, 1991, S. 189 f.; *Ipsen*, Staatsrecht II, 18. Aufl. 2015, Rn. 107; *Sailer*, DVBl. 1976, 521, 529; *Starck*, Praxis der Verfassungsauslegung, 1994, S. 74.

[425] *Ipsen*, Staatsrecht II, 18. Aufl. 2015, Rn. 106.

[426] *Ipsen*, Staatsrecht II, 18. Aufl. 2015, Rn. 106.

[427] *Ipsen*, Staatsrecht II, 18. Aufl. 2015, Rn. 108.

[428] *Dirnberger*, Recht auf Naturgenuss und Eingriffsregelung, 1991, S. 175.

[429] Dazu sogleich ausführlich unter 1. Kapitel, A. VII. 1) b).

[430] So auch *Jarass*, in: Merten/Papier, HdbGR II, 2006, § 38, Rn. 37; die Rspr. prüft etwa bei aus Schutzpflichten folgenden Ansprüchen aufgrund des Gestaltungsspielraums des Gesetzgeber nur, ob die getroffenen Vorkehrungen nicht gänzlich ungeeignet sind – siehe dafür *BVerfG*, Beschl. v. 29.10.1987 - 2 BvR 624, 1080, 2029/83 - BVerfGE 77, 170, 215; *BVerfG*,

gehalte ohne entsprechenden subjektiven Anspruch nicht die politische Gestaltungsmöglichkeit des Gesetzgebers, sondern beschränkt allenfalls den Zugang zum Verfassungsgericht[431]. Schließlich steht auch die Offenheit der objektiv-rechtlichen Grundrechtsgehalte einer Subjektivierung nicht entgegen[432]. Denn durch die Kombination des objektiv-rechtlichen Gehalts eines Grundrechts mit dem einer Staatszielbestimmung kann die Weite des einen Gehalts durch die Schärfe des anderen kompensiert[433] oder durch eine Schnittmengenbildung eine hinreichende Schärfe bzw. Bestimmtheit erreicht werden[434].

Für die Möglichkeit der Subjektivierung spricht zudem auch der Sinn und Zweck der in den Grundrechten verbürgten objektiv-rechtlichen Gehalte[435]. Dieser liegt darin die Geltungskraft der Grundrechte zu verstärken[436]. Dies ist aber nur dann hinreichend gewährleistet, wenn die Einhaltung der Schutzpflichten durch alle drei Staatsgewalten, also insbesondere auch durch die Legislative, auf Grundlage eines subjektiven Rechts überprüfbar und bei Nicht-Beachtung auch

---

Beschl. v. 23.01.2013 - 2 BvR 1677/10 - NVwZ 2013, 502, Rn. 5 m. w. N. –, und beschränkt sich in der Tenorierung auf bloße Feststellungen der Verfassungswidrigkeit verbunden mit sog. „Apellentscheidungen“ verfassungsmäßige Zustände bis zu einem bestimmten Zeitpunkt herbeizuführen - *Stern*, Staatsrecht III/1, 1988, S. 987; ausführlich dazu sogleich unter 1. Kapitel, A. VII.

[431] *Hermes*, Das Grundrecht auf Schutz von Leben und Gesundheit, 1987, S. 212.

[432] *Hermes*, Das Grundrecht auf Schutz von Leben und Gesundheit, 1987, S. 213 f.; *Jarass*, in: Merten/Papier, HdbGR II, 2006, § 39, Rn. 37; *Mayen*, Der grundrechtliche Informationsanspruch, 1992, S. 248; so wohl auch *Fischer*, Staatszielbestimmungen, 1994, S. 200.

[433] *Fischer*, Staatszielbestimmungen, 1994, S. 200.

[434] In diesem Sinne *Breuer*, in: Bachof/Heigl/Redeker, FG 25 Jahre BVerwG, 1978, S. 94.

[435] Mit einer ausführlichen Darstellung der Begründungsansätze *Stern*, Staatsrecht III/1, 1988, S. 911 ff. und letztendlich für den hier vertretenen S. 918; so im Ergebnis auch *Alexy*, Theorie der Grundrechte, 1986, S. 414 f.; *Badura*, Staatsrecht, 6. Aufl. 2015, C, Rn. 2; *Dirnberger*, Recht auf Naturgenuss und Eingriffsregelung, 1991, S. 178; *Hermes*, Das Grundrecht auf Schutz von Leben und Gesundheit, 1987, S. 63; *Hesse*, Grundzüge des Verfassungsrechts, 20. Aufl. 1999, Rn. 290; *Isensee*, in: Isensee/Kirchhof, HdbStR, Band IX, 3. Aufl. 2011, § 191, Rn. 158; *Klein*, NJW 1989, 1633, 1637.

[436] *BVerfG*, Urt. v. 15.01.1958 - 1 BvR 400/51 - BVerfGE 7, 198, 205; *Badura*, Staatsrecht, 6. Aufl. 2015, C, Rn. 2; *Hahn*, Staatszielbestimmungen, 2010, S. 70; *Hermes*, Das Grundrecht auf Schutz von Leben und Gesundheit, 1987, S. 63; *Hesse*, Grundzüge des Verfassungsrechts, 20. Aufl. 1999, Rn. 290; *Isensee*, in: Isensee/Kirchhof, HdbStR, Band IX, 3. Aufl. 2011, § 191, Rn. 158; *Stern*, Staatsrecht III/1, 1988, S. 918.

durchsetzbar ist[437]. Denn ohne ein einklagbares Recht mit Verfassungsrang drohen die Pflichten des Staates ins Leere zu laufen[438] und der Zweck der Geltungskraftverstärkung zurückzutreten. Die fehlende Durchsetzbarkeit könnte sogar dazu führen, dass der Verdruss in der Bevölkerung und die Bereitschaft zur Durchsetzung von Schutzpflichten „auf eigene Faust" steigt, wodurch die staatliche Friedensgarantie und das dazu korrespondierende Gewaltmonopol des Staates gefährdet wären[439]. Da die Subjektivierung objektiv-rechtlicher zu subjektiv-rechtlichen Gehalten darüber hinaus dem Grundsatz entspricht, dass objektive Rechtssätze bzw. deren objektiv-rechtliche Gehalte die Grundlage für alle subjektiven Rechte bilden[440], ist die Anerkennung der auch dogmatisch sauberen Subjektivierungsmöglichkeit allgemein[441] und im Besonderen auch durch Staatszielbestimmungen[442] vorzugswürdig.

---

[437] Sinngemäß *Calliess*, in: Merten/Papier, HdbGR II, 2006, § 44, Rn. 24; *Hermes*, Das Grundrecht auf Schutz von Leben und Gesundheit, 1987, S. 209; *Isensee*, in: Isensee/Kirchhof, HdbStR, Band IX, 3. Aufl. 2011, § 191, Rn. 322; *Klein*, NJW 1989, 1633, 1637.

[438] So auch *BVerfG*, Urt. v. 29.05.1973 - 1 BvR 424/71 und 325/72 - BVerfGE 35, 79, 116 – „würde die wertentscheidende Grundsatznorm ihre Schutzwirkung weitgehend beraubt" –; *BVerfG*, Beschl. v. 20.02.1998 - 1 BvR 661/94 - BVerfGE 97, 298, 313; *Jarass*, in: Merten/Papier, HdbGR II, 2006, § 38, Rn. 36.

[439] So auch *Klein*, NJW 1989, 1633, 1636, für den Fall, dass die Schutzpflicht nicht gewährleistet wird.

[440] Siehe zu dem Grundsatz nur *BVerfG*, Beschl. v. 22.05.1979 - 1 BvL 9/75 - BVerfGE 51, 193, 211; *Dietlein*, Die Lehre von den grundrechtlichen Schutzpflichten, 2. Aufl. 2005, S. 135; *Hildebrandt*, Das Grundrecht auf Religionsunterricht, 2000, S. 41 ff.; *Sachs*, in: Merten/Papier, HdbGR II, 2006, § 39, Rn. 39; *Stern*, Staatsrecht III/1, 1988, S. 543; *Zippelius*, Juristische Methodenlehre, 11. Aufl. 2012, S. 5; a. A. *Robbers*, Sicherheit als Menschenrecht, 1987, S. 148, der davon ausgeht, dass das subjektive Recht das objektive konstituiere.

[441] So Siehe für die h. M. *BVerfG*, Beschl. v. 29.10.1987 - 2 BvR 624, 1080, 2029/83 - BVerfGE 77, 170, 214; *BVerfG*, Beschl. v. 30.11.1988 - 1 BvR 1301/84 - BVerfGE 79, 174, 201 f.; *BVerfG*, Urt. v. 01.12.2009 - 1 BvR 2857, 2959/07 - BVerfGE 125, 39, 78; *BVerfG*, Beschl. v. 23.01.2013 - 2 BvR 1677/10 - NVwZ 2013, 502, Rn. 4; *BVerfG*, Urt. v. 19.02.2013 - 1 BvL 1/11, 1 BvR 3247/09 - BVerfGE 133, 59, 76; *Alexy*, Theorie der Grundrechte, 1986, S. 411 ff.; *Badura*, Staatsrecht, 6. Aufl. 2015, C, Rn. 22; *Dietlein*, Die Lehre von den grundrechtlichen Schutzpflichten, 2. Aufl. 2005, S. I und S. 173 f; *Hermes*, Das Grundrecht auf Schutz von Leben und Gesundheit, 1987, S. 71; *Hix*, Probleme der Normierung einer Sportklausel im Grundgesetz, 2013, S. 197; *Isensee*, in: Isensee/Kirchhof, HdbStR, Band IX, 3. Aufl. 2011, § 191, Rn. 221 und 321 ff.; *Jarass*, in: Jarass/Pieroth, Grundgesetz, 14. Aufl. 2016, Vorb. Art. 1, Rn. 6 und 8; *Jarass*, in: Merten/Papier, HdbGR II, 2006, § 38, Rn. 36 f.; *Klein*, NJW 1989, 1633, 1637; *Kopp*, NJW 1994, 1753, 1754 und 1756; *Murswiek*, Die staatliche Verantwortung für die Risiken der Technik, 1985, S. 217; *Pieroth/Schlink/Kingreen/Poscher*, Staatsrecht II, 31. Aufl. 2015, Rn. 105 f.; *Robbers*, Sicherheit als Menschenrecht, 1987, S. 144; *Spielmann*, Konkurrenz von Grundrechtsnormen,

Ob in einem konkreten Einzelfall eine Subjektivierung eintritt oder nicht, ist anhand der allgemein für die Ermittlung subjektiver Rechte anerkannten Schutznormtheorie zu beurteilen[443]. In Anlehnung an die Definition des subjektiven Rechts durch *Bühler*[444] müssen nach der klassischen Schutznormtheorie drei Voraussetzungen für die Annahme eines subjektiven Rechts erfüllt sein[445]: Es muss eine zwingende objektiv-rechtliche Grundrechtsbestimmung bestehen, die den Zweck hat, nicht nur dem Allgemeininteresse zu dienen, sondern auch den

---

1. Aufl. 2008, S. 25 f. und 63 f.; *Starck*, in: von Mangoldt/Klein/Starck, Grundgesetz, Band 1, 6. Aufl. 2010, Art. 1, Rn. 195; *Steinberg*, NJW 1996, 1985, 1990; *Stern*, Staatsrecht III/1, 1988, S. 978 ff.

[442] Für eine Subjektivierung durch Staatszielbestimmungen: *BVerfG*, Urt. v. 18.07.1972 - BvL 32/70 und 25/71 - BVerfGE 33, 303, 303 LS 2, 331 ff.; *BVerfG*, Urt. v. 08.04.1987 - 1 BvL 8, 16/84 - BVerfGE 75, 40, 65; *BVerfG*, Urt. v. 09.02.2010 - 1 BvL 1, 3, 4/09 - BVerfGE 125, 175, 222 ff.; *BVerfG*, Urt. v. 18.07.2012 - 1 BvL 10/10, 2/11 - BVerfGE 132, 134, 159 ff.; *Bock*, Umweltschutz, 1990, S. 301 ff., S. 307, m. w. N. aus der Rspr.; *Bundesminister des Inneren/Bundesminister der Justiz (Hrsg.)*, Kommissionsbericht, 1983, S. 20, Rn. 5; *Degenhart*, Staatsrecht I, 31. Aufl. 2015, Rn. 602 f.; *Murswiek*, in: Isensee/Kirchhof, HdbStR, Band IX, 3. Aufl. 2011, § 192, Rn. 105, 118; *Schwind*, Zukunftsgestaltende Elemente im deutschen und europäischen Staats- und Verfassungsrecht, 2008, S. 229; *Spielmann*, Konkurrenz von Grundrechtsnormen, 1. Aufl. 2008, S. 25 f. und 63 f.; *Sommermann*, Staatsziele und Staatszielbestimmungen, 1997, S. 396; *Sommermann*, in: von Mangoldt/Klein/Starck, Grundgesetz, Band 2, 6. Aufl. 2010, Art. 20 Abs. 1, Rn. 120 und 131; kritisch zur Subjektivierungswirkung von Staatszielbestimmungen aber trotzdem von der Möglichkeit ausgehend, *Dreher*, Staatsziele im Bundesstaat am Beispiel des Sports, 2005, S. 23 f.; *Fischer*, Staatszielbestimmungen, 1994, S. 197, 199 ff.; *Michel*, Staatszwecke, Staatsziele und Grundrechtsinterpretation, 1986, S. 291, 312 f.; *Kloepfer*, in: Grupp/Hufeld, FS Mußgnug, 2005, S. 13.

[443] Für die Anwendung der Schutznormtheorie für die Herleitung subjektiver Rechte aus Staatszielbestimmungen, *Hahn*, Staatszielbestimmungen, 2010, S. 71; *Schwind*, Zukunftsgestaltende Elemente im deutschen und europäischen Staats- und Verfassungsrecht, 2008, S. 230 f.; a. A. für eine voraussetzungslose Subjektivierung *Calliess*, in: Merten/Papier, HdbGR II, 2006, § 44, Rn. 24; *Dirnberger*, Recht auf Naturgenuss und Eingriffsregelung, 1991, S. 177 ff.; *Robbers*, Sicherheit als Menschenrecht, 1987, S. 152 ff.; für eine Subjektivierung im Falle einer „individuellen Betroffenheit" bzw. einer „individualisierten, konkreten und evidenten Schutzpflichtverletzung", *Badura*, Staatsrecht, 6. Aufl. 2015, C, Rn. 22, besonders ausführlich *Hermes*, Das Grundrecht auf Schutz von Leben und Gesundheit, 1987, S. 214 ff. m. w. N.

[444] Die Schutznormtheorie geht zurück auf *Bühler*, Die subjektiven öffentlichen Rechte, 1914, S. 224 – „Subjektives öffentliches Recht ist diejenige rechtliche Stellung des Untertanen zum Staat, in der er aufgrund eines Rechtsgeschäftes oder eines zwingenden, zum Schutz seiner Individualinteressen erlassenen Rechtssatzes, auf den er sich der Verwaltung gegenüber soll berufen können, vom Staat etwas verlangen kann oder ihm gegenüber etwas tun darf".

[445] Siehe dazu nur *Stern*, Staatsrecht III/1, 1988, S. 543, 987 und im Übrigen die Nachweise unter Fn. 459.

Grundrechtsträger zu begünstigen und es ihm ermöglichen soll, sich darauf zu berufen. Sowohl Grundrechte als auch Staatszielbestimmungen sind stets verbindlich und enthalten objektiv-rechtliche Grundrechtsbestimmungen. Ähnliches gilt für die zur Durchsetzung erforderliche Rechtsmacht. Diese darf dem Geschützten aufgrund von Art. 19 Abs. 4 GG und des allgemeinen Rechtsstaatsprinzips nicht vorenthalten werden, weshalb sie immer gegeben ist, wenn die Individualinteressen durch eine Rechtsnorm geschützt werden[446]. Deshalb wird heute allein die objektive Schutzrichtung der Norm im Sinne der Schutznormtheorie für die maßgebliche Voraussetzung erachtet[447]. Eine Subjektivierung tritt demnach also dann ein, wenn sich im Auslegungswege ergibt, dass eine Grundrechtsnorm im Zusammenspiel mit einer Staatszielbestimmung zumindest auch den Zweck hat, den Individualinteressen eines Personenkreises zu dienen, der sich von der Allgemeinheit signifikant unterscheidet[448].

Von besonderer Bedeutung ist auch hier wieder die konkrete Ausgestaltung der Staatszielbestimmung und der Grundrechtsvorschrift[449]. Denn ein auf Individualinteressen abzielender Zweck lässt sich tendenziell eher feststellen, wenn Grundrechtsnormen und Staatszielbestimmungen präzise bzw. qualifiziert formuliert sind und ihnen eine Rechtsfolge hinreichend bestimmt entnommen werden kann[450]. Insbesondere materiell qualifizierte Staatszielbestimmungen, die inhaltliche Vorgaben für die Zielrealisierung machen und den Zielgegenstand präzisieren[451], können wegen ihrer Bestimmtheit durch eine Kombination mit den objektiv-rechtlichen Grundrechtsgehalten noch weiter präzisierte Schnittmengen bilden. Dies gilt es bei dem hiesigen Ausgestaltungsvorschlag zu beachten, um ungewollte Subjektivierungen zu vermeiden. Bei der Auslegung der Norm sind aber auch alle anderen tatsächlichen und rechtlichen Gegebenheiten

---

[446] *Ramsauer*, JuS 2012, 769, 771 m. w. N.

[447] Sieh nur *Ramsauer*, JuS 2012, 769, 771; *Schwind*, Zukunftsgestaltende Elemente im deutschen und europäischen Staats- und Verfassungsrecht, 2008, S. 231, beide m. w. N.

[448] *Schwind*, Zukunftsgestaltende Elemente im deutschen und europäischen Staats- und Verfassungsrecht, 2008, S. 231; ähnlich speziell im Hinblick auf Staatszielbestimmungen *Müller-Bromley*, Staatszielbestimmung Umweltschutz, 1990, S. 168.

[449] So nur für Grundrechtsbestimmungen *Stern*, Staatsrecht III/1, 1988, S. 991; so im Ergebnis auch für Staatszielbestimmungen, *Fischer*, Staatszielbestimmungen, 1994, S. 200.

[450] *Fischer*, Staatszielbestimmungen, 1994, S. 200; *Murswiek*, in: Isensee/Kirchhof, HdbStR, Band IX, 3. Aufl. 2011, § 192, Rn. 60; *Stern*, Staatsrecht III/1, 1988, S. 993.

[451] Dazu bereits oben unter 1. Kapitel, A. VI. 1) a) aa).

zu berücksichtigen. Denn z. B. das Bestehen von „Mangellagen der Freiheit“[452] oder einer „Monopolstellung“[453] des Staates auf einem bestimmten Gebiet spricht dafür, dass einem Grundrechtsgehalt der Zweck zu entnehmen ist, einem Individualinteresse auf Gewährleistung von Teilhabe zu bestimmten Einrichtungen zu dienen. Ein Zweck auf Gewährleistung von (sogar) Leistungen wird nur dann denkbar sein, wenn sie zur „Erhaltung eines Minimalstandards grundrechtlicher Freiheit“ erforderlich sind[454].

(c) Verstärkung des subjektiv-abwehrrechtlichen Gehalts

Wegen des rein objektiv-rechtlichen Charakters von Staatszielbestimmungen mag eine verstärkende Wirkung für den subjektiv-abwehrrechtlichen Gehalt von Grundrechten[455] auf den ersten Blick widersprüchlich erscheinen[456]. Dies wird jedoch durch die Anwendung des oben erwähnten Prinzips der Addition auf der Schutzbereichsebene einerseits und über den Einfluss von Staatszielbestimmungen auf der Ebene der Rechtfertigung von Grundrechtseingriffen andererseits möglich[457].

---

[452] *Gusy*, JA 1980, 78, 81; ähnlich *Michel*, Staatszwecke, Staatsziele und Grundrechtsinterpretation, 1986, S. 313.

[453] *BVerfG*, Urt. v. 18.07.1972 - BvL 32/70 und 25/71 - BVerfGE 33, 303, 331 ff.

[454] *Mayen*, Der grundrechtliche Informationsanspruch, 1992, S. 231; in diesem Sinne wohl erstmals auf Leistungsrechte als „Minimalrechte“ abstellend *Sendler*, DÖV 1978, 581, 589; *Breuer*, in: Bachof/Heigl/Redeker, FG 25 Jahre BVerwG, 1978, 94; im Übrigen siehe dazu nur die ausführliche und auch kritische Darstellung bei *Murswiek*, in: Isensee/Kirchhof, HdbStR, Band IX, 3. Aufl. 2011, § 192, Rn. 106 ff.

[455] Zum klassischen subjektiv-abwehrrechtlichen Gehalt von Grundrechten, *Dreier*, in: Dreier, GG, Band I, 3. Aufl. 2013, Vorb., Rn. 84; *Herdegen*, in: Maunz/Dürig, GG, Stand: 75. Erglf., September 2015, Art. 1 Abs. 3, Rn. 13; *Jarass*, in: Jarass/Pieroth, Grundgesetz, 14. Aufl. 2016, Vorb. Art. 1, Rn. 3; *Pieroth/Schlink/Kingreen/Poscher*, Staatsrecht II, 31. Aufl. 2015, Rn. 81; *Isensee*, in: Isensee/Kirchhof, HdbStR, Band IX, 3. Aufl. 2011, § 191, Rn. 2 m. w. N. und Rn. 17; aus der Rspr. siehe nur *BVerfG*, Urt. v. 19.02.2013 - 1 BvL 1/11, 1 BvR 3247/09 - BVerfGE 133, 59, 76.

[456] Dazu besonders ausführlich *Michel*, Staatszwecke, Staatsziele und Grundrechtsinterpretation, 1986, S. 289 ff.

[457] Für eine Verstärkung auch des subjektiv-rechtlichen Grundgrechtsgehalts durch den objektiv-rechtlichen Gehalt von Staatszielbestimmungen *Michel*, Staatszwecke, Staatsziele und Grundrechtsinterpretation, 1986, S. 292; *Robbers*, in: Kahl/Waldhoff/Walter, BK

Durch eine Verbindung des objektiv-rechtlichen Gehalts von Staatszielbestimmungen mit dem subjektiv-rechtlichen Gehalt von Grundrechten wird dieser rein materiell erweitert, ohne die Eigenart des Gehalts als abwehr- oder etwa teilhaberechtlich zu verändern. Formal geschieht dies durch eine Erweiterung des Schutzbereichs des jeweiligen Grundrechts[458].

Von grundlegender Bedeutung für den zweiten Verstärkungsansatz ist die sog. „Elfes-Entscheidung“[459] des *BVerfG*. Mit ihren Aussagen zu dem Begriff der verfassungsmäßigen Ordnung in Art. 2 Abs. 1 GG hat sie ein „Einfallstor“[460] auch für Staatszielbestimmungen als grundrechtsverstärkende Elemente auf der Rechtfertigungsebene geschaffen[461]. Dort stand der Eingriff in das Grundrecht der allgemeinen Handlungsfreiheit aus Art. 2 Abs. 1 GG im Raum. Dieser ist nach dem Wortlaut der Norm nur im Rahmen der verfassungsmäßigen Ordnung zulässig. Das *BVerfG* hat dazu ausgeführt, dass das grundrechtseinschränkende Gesetz bzw. der darauf beruhende Eingriffsakt nur dann der verfassungsmäßigen Ordnung entspreche, wenn er bzw. es auf einem Gesetz beruhe, das auch mit rein objektiv-rechtlichen Verfassungsbestimmungen in Einklang stehe[462]. Mit dieser Aussage hat das *BVerfG* alle objektiv-rechtlichen Verfassungsregelungen und damit auch Staatszielbestimmungen erfasst, weshalb das eingriffsrechtfertigende Gesetz nach der Elfes-Rechtsprechung nicht gegen Staatszielbestimmungen verstoßen darf. Über „Elfes“ können Staatszielbestimmungen daher mittelbar zur Ausgestaltung grundrechtlich über Art. 2 Abs. 1 GG bereits geschützter Bereiche beitragen, indem sie auf Rechtfertigungsebene einer möglichen Verkürzung des subjektiv-abwehrrechtlichen Gehalts von Art. 2 Abs. 1 GG

Grundgesetz, Stand: 178. Akt., April 2016, Art. 20, Rn. 1385; *Stern*, Staatsrecht III/1, 1988, S. 978 ff.; so wohl auch *Bock*, Umweltschutz, 1990, S. 300 f.

458 *Michel*, Staatszwecke, Staatsziele und Grundrechtsinterpretation, 1986, S. 292; *Robbers*, in: Kahl/Waldhoff/Walter, BK Grundgesetz, Stand: 178. Akt., April 2016, Art. 20, Rn. 1385; so wohl auch *Bock*, Umweltschutz, 1990, S. 300 f.

459 *BVerfG*, Urt. v. 16.01.1957 - 1 BvR 253/56 - BVerfGE 6, 32, 32 ff.; detaillierter dazu noch weiter untern unter 1. Kapitel, A. VII. 1) a).

460 *Michel*, Staatszwecke, Staatsziele und Grundrechtsinterpretation, 1986, S. 289.

461 *Dreher*, Staatsziele im Bundesstaat am Beispiel des Sports, 2005, S. 22 f.; *Michel*, Staatszwecke, Staatsziele und Grundrechtsinterpretation, 1986, S. 289 f.

462 Genauer hierzu unten unter 1. Kapitel, A. V. 1) a) bb) (2).

entgegenwirken und diesen somit faktisch verstärken[463]. Ob die Übertragung der Elfes-Konstruktion auch auf andere Grundrechte möglich ist, hat das *BVerfG* bislang offen gelassen[464]. Da die verfassungsmäßige Ordnung und sonstige Schranken im Rahmen anderer Grundrechte enger gefasst sind[465], dürfte dieser Ansatz auf andere Grundrechte nicht übertragbar sein[466].

cc) Verhältnis von Staatszielbestimmungen untereinander

Auch im Verhältnis von Staatszielbestimmungen untereinander gilt im Ausgangspunkt das Prinzip der Einheit der Verfassung[467]. Deshalb gibt es auch hier kein generelles Vorrangverhältnis[468]. In Konfliktsituationen bedarf es einer einzelfallbezogenen Konfliktlösung im Abwägungswege[469], die durch den Grad der Zielbetroffenheit im jeweiligen konkreten Fall bestimmt wird[470].

Es gibt jedoch Umstände, die einen gewissen Gewichtungsunterschied begründen können. So kann etwa die ausdrückliche Erwähnung einzelner Teilbereiche des Staatsziels in der Staatszielbestimmung diesen dann spezielleren Staatszielbestimmungen ein größeres Gewicht verleihen[471]. Das Gewicht von Staatszielbestimmungen kann auch durch ihre systematische Stellung beeinflusst werden.

---

[463] So auch *Dreher*, Staatsziele im Bundesstaat am Beispiel des Sports, 2005, S. 22 f.; *Kloepfer*, in: Grupp/Hufeld, FS Mußgnug, 2005, S. 12; *Michel*, Staatszwecke, Staatsziele und Grundrechtsinterpretation, 1986, S. 290.

[464] *BVerfG*, Beschl. v. 10.11.2009 - 1 BvR 1178/07 - NVwZ 2010, 114, 116, Rn. 32, für die Art. 2 Abs. 2 Satz 1 und 14 Abs. 1 GG.

[465] Siehe dafür nur *BVerfG*, Urt. v. 16.01.1957 - 1 BvR 253/56 - BVerfGE 6, 32, 38, und *Scholz*, in: Maunz/Dürig, GG, Stand: 75. Erglf., September 2015, Art. 9, Rn. 126, für die verfassungsmäßge Ordnung in Art. 9 Abs. 2 GG.

[466] A. A. *Murswiek*, NVwZ 1996, 222, 230, der ohne spezielle Beschränkung auf Art. 2 Abs. 1 GG von der Möglichkeit einer Erweiterung der subjektiven Rechte durch Art. 20a GG ausgeht.

[467] *Hahn*, Staatszielbestimmungen, 2010,

[468] *Meyer-Teschendorf*, ZRP 1994, 73, 78.

[469] *Dreher*, Staatsziele im Bundesstaat am Beispiel des Sports, 2005, S. 19; *Sommermann*, Staatsziele und Staatszielbestimmungen, 1997, S. 412.

[470] *Sommermann*, Staatsziele und Staatszielbestimmungen, 1997, S. 414.

[471] *Sommermann*, Staatsziele und Staatszielbestimmungen, 1997, S. 414.

So kommt Staatszielbestimmungen mehr Gewicht zu, wenn sie einem nach Art. 79 Abs. 3 GG änderungsfesten Teil der Verfassung zugeordnet werden[472].

Im Übrigen gilt das bereits zu Grundrechten Ausgeführte auch für Staatszielbestimmungen mit der Maßgabe, dass ungeschriebene Staatsziele nicht geeignet sind, um verfassungsimmanente Schranken geschriebener Staatszielbestimmungen zu begründen[473]. Dieser Umstand kann auch für die hier behandelte Frage der Aufnahme einer Staatszielbestimmung zugunsten des Sports relevant werden, welches anhand eines kurzen Beispiels verdeutlicht sei: Derzeit wäre die Verkleinerung eines Naturschutzgebietes zur Errichtung eines Leistungssportzentrums wegen der Staatszielbestimmung zum Umweltschutz nicht möglich, weil es mangels Staatszielbestimmung zugunsten des Sports auf der Gegenseite kein geschriebenes das Sportfördergesetz als Vorbehaltsgesetz stützendes kollidierendes Verfassungsgut gibt[474]. Dieses Ergebnis könnte anders ausfallen, wenn es eine entsprechende Staatszielbestimmung zugunsten des Sports auch im Grundgesetz gäbe.

VII. Gerichtliche Kontrolle der Einhaltung von Staatszielbestimmungen

Nach der funktionalen Aufteilung der Staatsgewalten gemäß Art. 20 Abs. 2 Satz 2 GG[475] obliegt der Judikative die Kontrolle der Exekutive und Legislative. Dies gilt auch im Hinblick auf die Einhaltung von Staatszielbestimmungen. Die gerichtliche Kontrolldichte divergiert jedoch stark in Abhängigkeit davon, wie konkret bzw. qualifiziert eine Staatszielbestimmung ist und insbesondere, ob das Verhalten der Legislative (dazu unter 1)) oder der Exekutive (dazu unter 2)) auf dem Prüfstand steht.

---

[472] *Sommermann*, Staatsziele und Staatszielbestimmungen, 1997, S. 413 f.

[473] *Fischer*, Staatszielbestimmungen, 1994, S. 173; insoweit etwas missverständliche *Dreher*, Staatsziele im Bundesstaat am Beispiel des Sports, 2005, S. 18, der umgekehrt keinen generellen Vorrang geschriebener vor ungeschriebenen Staatszielbestimmungen sehen will. Im weiteren Verlauf seiner Ausführungen zeigt sich jedoch, dass er als ungeschriebenes Staatsziel das aus dem Grundrecht auf Leben und körperliche Unversehrtheit in Art. 2 Abs. 2 GG hergeleitete Schutzgut des Umweltschutzes versteht. Hierbei handelt es sich jedoch um ein grundrechtliches Schutzgut und nicht um eine (ungeschriebene) Staatszielbestimmung.

[474] Ähnlich *Fischer*, Staatszielbestimmungen, 1994, S. 174.

[475] Dazu bereits oben unter 1. Kapitel, A. VI. 1) a) cc).

1) Kontrolle der Legislative

Die gerichtliche Kontrolle des legislativen Handelns auf die Einhaltung der Vorgaben von Staatszielbestimmungen ist nur eingeschränkt möglich[476]. Für eine umfassende gerichtliche Nachprüfbarkeit fehlt es an einer hinreichenden Grundlage[477]. Denn Staatszielbestimmungen belassen der Legislative einen weiten Gestaltungsspielraum[478]. Deswegen von einer gänzlich fehlenden Justiziabilität des legislativen Handelns im Hinblick auf Staatszielbestimmungen auszugehen[479] wäre aber zu weitgehend. Denn die komplette Freistellung eines Bereiches staatlicher Tätigkeit von der gerichtlichen Kontrolle würde der Bindung aller staatlichen Gewalt nach Art. 1 Abs. 3 GG, der funktionalen Aufteilung der Staatsgewalten nach Art. 20 Abs. 2 Satz 2 GG und speziell den verfassungsrechtlich in Art. 93 GG vorgesehenen Kontrollbefugnissen des *BVerfG* widersprechen. Eine bloße Beschränkung der Kontrollbefugnis genügt, um den Gestaltungsspielraum der Legislative zu gewährleisten. Wie weit diese beschränkt wird und wie die Kontrolle prozedural erfolgt, hängt davon ab, ob der Gesetzgeber bereits legislativ tätig geworden (dazu unter b)), oder bislang gänzlich untätig geblieben ist (dazu unter a))[480].

---

[476] *Brenne*, Soziale Grundrechte, 2003, S. 10; *Müller-Bromley*, Staatszielbestimmung Umweltschutz, 1990, S. 118 f.; *Sannwald*, in: Schmidt-Bleibtreu/Hofmann/Hopfauf, GG, 13. Aufl. 2014, Art. 20a, Rn. 11; für die kommunale Ebene vgl. *Hellermann*, in: Heckmann/Schenke/Sydow, FS Würtenberger, 2013, S. 1155.

[477] *Müller-Bromley*, Staatszielbestimmung Umweltschutz, 1990, S. 118.

[478] Siehe 1. Kapitel A. VI. 1) a) aa).

[479] So aber *Schink*, DÖV 1997, 221, 223, der im Hinblick auf den weiten Gestaltungsspielraum des Gesetzgebers von einer fehlenden Justiziabilität spricht; a. A. *Brenne*, Soziale Grundrechte, 2003, S. 10; *Müller-Bromley*, Staatszielbestimmung Umweltschutz, 1990, S. 118 f.; *Sannwald*, in: Schmidt-Bleibtreu/Hofmann/Hopfauf, GG, 13. Aufl. 2014, Art. 20a, Rn. 11, halten die Entscheidungen des Gesetzgeber in Bezug auf ein Staatsziel zu Recht nur im Grundsatz für nicht bzw. für nicht voll justiziabel, wohl aber bei evidenten Verstößen; im Ergebnis so auch *Hellermann*, in: Heckmann/Schenke/Sydow, FS Würtenberger, 2013, S. 1155; generell davon ausgehend, dass Staatszielbestimmungen „durchaus justiziabel" sind *Rux*, NJ 1992, 147, 148.

[480] In diesem Sinne nach echtem und unechtem Unterlassen differenzierend, *Bethge*, in: Maunz/Schmidt-Bleibtreu/Klein/Bethge, BVerfGG, Stand: 48. Erglf., Februar 2016, § 31, Rn. 137 ff.; ähnlich auch *Hahn*, Staatszielbestimmungen, 2010, S. 99 ff.

a) Absolutes Unterlassen des Gesetzgebers

Solange der parlamentarische Gesetzgeber völlig untätig geblieben ist, liegt ein sog. „absolutes Unterlassen“[481] vor. Solange dies der Fall ist und der Gesetzgeber noch keine Norm erlassen hat, bei der er eine Staatszielbestimmung hätte berücksichtigen müssen, sind der Judikative „die Hände gebunden“[482]. Formal könnte zwar gegen ein absolutes Unterlassen der Legislative eine Verfassungsbeschwerde nach Art. 93 Abs. 1 Nr. 4a GG[483] erhoben werden, wie sich aus § 95 Abs. 1 Satz 1 BVerfGG ergibt[484]. Doch fehlt es bei einem legislativen Unterlassen zur Umsetzung von Staatszielbestimmungen an der Beschwerdebefugnis. Diese setzt voraus, dass Beschwerdeführer nach Art. 93 Abs. 1 Nr. 4a GG und § 90 Abs. 1 BVerfGG substantiiert geltend machen kann, in einem seiner Grundrechte oder dort genannten grundrechtsgleichen Rechte verletzt zu sein[485]. Weil hier kein Grundrecht gegeben ist und Staatszielbestimmungen wegen ihrer rein objektiv-rechtlichen Natur[486] wesentlich anders zu Grundrechten sind, taugen sie schon deshalb nicht, um die Beschwerdebefugnis des Beschwerdeführers unmittelbar zu begründen[487]. Auch wird die zur Vermeidung von Popularklagen

---

[481] Siehe dazu nur *Hillgruber/Goos*, Verfassungsprozessrecht, 4. Aufl. 2015, Rn. 238.

[482] So im Ergebnis wohl auch *Fischer*, Staatszielbestimmungen, 1994, S. 19; *Hahn*, Staatszielbestimmungen, 2010, S. 103.

[483] Gegenstand dieser Abhandlung ist eine Staatszielbestimmung zugunsten des Sports im Grundgesetz, also auf Bundesebene. Deshalb und zugunsten der Übersichtlichkeit wird auf die Darstellung der landesrechtlichen Parallelvorschriften verzichtet.

[484] Siehe dafür nur *BVerfG*, Urt. v. 07.09.2011 - 2 BvR 987, 1485, 1099/10 - BVerfGE 129, 124, 176 m. w. N. aus der Rspr.; *Benda/Klein/Klein*, Verfassungsprozessrecht, 3. Aufl. 2012, Rn. 549; *Bethge*, in: Maunz/Schmidt-Bleibtreu/Klein/Bethge, BVerfGG, Stand: 48. Erglf., Februar 2016, § 90, Rn. 218; *Pestalozza*, Verfassungsprozessrecht, 3. Aufl. 1991, § 12, Rn. 34; *Schlaich/Korioth*, Das Bundesverfassungsgericht, 10. Aufl. 2015, Rn. 213; *Stark*, in: Umbach/Clemens/Dollinger, BVerfGG, 2. Aufl. 2005, § 90, Rn. 34; zur fehlenden Statthaftigkeit einer Normenkontrolle mangels Gesetzes siehe nur *Rozek*, in: Maunz/Schmidt-Bleibtreu/Klein/Bethge, BVerfGG, Stand: 48. Erglf., Februar 2016, § 76, Rn. 15; zur fehlenden Statthaftigkeit eines Organstreitverfahrens mangels Rechtsverhältnisbegründung durch Staatszielbestimmungen siehe nur *Fischer*, Staatszielbestimmungen, 1994, S. 18; *Hahn*, Staatszielbestimmungen, 2010, S. 102.

[485] Siehe zu den Voraussetzungen der Beschwerdebefugnis für eine Verfassungsbeschwerde nur *Pestalozza*, Verfassungsprozessrecht, 3. Aufl. 1991, S. 174 ff., § 12, Rn. 27 ff.

[486] Siehe dafür oben 1. Kapitel A. VI. 1) a) bb) und für die fehlende subjektiv-rechtliche Komponente 1. Kapitel A. VI. 2) a).

[487] *Fischer*, Staatszielbestimmungen, 1994, S. 19; *Hahn*, Staatszielbestimmungen, 2010, S. 103; *Sommermann*, Staatsziele und Staatszielbestimmungen, 1997, S. 445.

entwickelte ungeschriebene Voraussetzung für die Beschwerdebefugnis einer gegenwärtigen, unmittelbaren und – darauf kommt es hier an – persönlichen Betroffenheit des Beschwerdeführers[488] bei einem absoluten Unterlassen nicht erfüllt sein. Denn für eine persönliche Betroffenheit des Beschwerdeführers müsste sich der Staatszielbestimmung eine Pflicht zum Handeln in Form einer Gesetzgebungspflicht entnehmen lassen[489]. Dies wird aufgrund des weiten Gestaltungsspielraums des Gesetzgebers bei der Umsetzung von Staatszielbestimmungen nicht möglich sein.

Auch der mittelbare Weg zur Beschwerdebefugnis über den „prozessualen Hebel"[490] der Elfes-Rechtsprechung[491] hilft nicht weiter. Danach kann sich die Be-

---

[488] Für die Voraussetzungen siehe nur *BVerfG*, Urt. v. 07.09.2011 - 2 BvR 987, 1485, 1099/10 - BVerfGE 129, 124, 167; *Bethge*, in: Maunz/Schmidt-Bleibtreu/Klein/Bethge, BVerfGG, Stand: 48. Erglf., Februar 2016, § 90, Rn. 342 ff.; *Pieroth*, in: Jarass/Pieroth, Grundgesetz, 14. Aufl. 2016, Art. 93, Rn. 88; *Schlaich/Korioth*, Das Bundesverfassungsgericht, 10. Aufl. 2015, Rn. 231.

[489] *Pestalozza*, Verfassungsprozessrecht, 3. Aufl. 1991, S. 179, § 12, Rn. 34 m. w. N.; in diesem Sinne heißt es auch bei *BVerfG*, Urt. v. 07.09.2011 - 2 BvR 987, 1485, 1099/10 - BVerfGE 129, 124, 176 m. w. N.: „Das Unterlassen des Gesetzgebers kann Gegenstand einer Verfassungsbeschwerde sein, wenn sich der Beschwerdeführer auf einen ausdrücklichen Auftrag des Grundgesetzes berufen kann, der Inhalt und Umfang der Gesetzgebungspflicht im Wesentlich umgrenzt hat."

[490] Siehe dafür nur *Stern*, Staatsrecht IV/1, 2006, S. 921 f. m. w. N.; kritisch dazu *Bethge*, in: Maunz/Schmidt-Bleibtreu/Klein/Bethge, BVerfGG, Stand: 48. Erglf., Februar 2016, § 90, Rn. 61, 109, 344, spricht in diesem Sinne von einer „Verkennung oder Strapazierung der Elfes-Konstruktion"; so etwa auch *Häberle*, JöR 1997 (Bd. 45), 89, 118 f.; *Hillgruber/Goos*, Verfassungsprozessrecht, 4. Aufl. 2015, Rn. 60, 173 ff.; *Hopfauf*, in: Schmidt-Bleibtreu/Hofmann/Hopfauf, GG, 13. Aufl. 2014, Art. 93, Rn. 487; weil auf diesem Wege die zur Vermeidung von Popularklagen entwickelte ungeschrieben Voraussetzung einer unmittelbaren Betroffenheit des Beschwerdeführers umgangen würde; auch das *BVerfG*, Beschl. v. 06.06.1989 - 1 BvR 921/85 - BVerfGE 80, 137, 168 f., sieht die mit der Elfes-Rechtsprechung einhergehende Gefahr der „Ausuferung der Verfassungsbeschwerde" die rückgängig zu machen sei.

[491] In dem sog. „Elfes-Urteil", *BVerfG*, Urt. v. 16.01.1957 - 1 BvR 253/56 - BVerfGE 6, 32, 32 ff., bestätigt in *BVerfG*, Beschl. v. 25.01.2011 - 1 BvR 918/10 - BVerfGE 128, 193, 206 m. w. N., hat das BVerfG ausgeführt: „Jedermann kann im Wege der Verfassungsbeschwerde geltend machen, ein seine Handlungsfreiheit [aus Art. 2 Abs. 1 GG] beschränkendes Gesetz gehöre nicht zur [eingriffsrechtfertigenden] verfassungsmäßigen Ordnung, weil es (formell oder inhaltlich) gegen einzelne Verfassungsbestimmungen oder allgemeine Verfassungsgrundsätze verstoße; deshalb werde sein Grundrecht aus Art. 2 Abs. 1 GG verletzt." Damit hat es über die Brücke der verfassungsmäßigen Ordnung in Verstößen gegen objektives Verfassungsrecht zugleich ungerechtfertigte Eingriffe und damit Verletzungen des Grundrechts aus Art. 2 Abs. 1 GG gesehen; umfassend zu der Konstruktion und den Folgen, *Ruppert*, in: Umbach/Clemens/Dollinger, BVerfGG, 2. Aufl. 2005, § 90, Rn. 65.

schwerdebefugnis zwar über die Verletzung der allgemeinen Handlungsfreiheit aus Art. 2 Abs. 1 GG herleiten lassen, wenn durch die fehlende Verwirklichung der Staatszielbestimmung gegen objektives Verfassungsrecht verstoßen würde, welches jedenfalls auch eine Verletzung von Art. 2 Abs. 1 GG bedeute[492]. Doch auch Elfes kann nicht über die ungeschriebene Voraussetzung der persönlichen Betroffenheit des Beschwerdeführers hinweghelfen[493]. Damit scheidet im Fall des absoluten Unterlassens der Legislative eine Verfassungsbeschwerde aus[494]. Da andere verfassungsprozessuale Rechtsbehelfe bei einem absoluten Unterlassen des Gesetzgebers nicht greifen, ist eine Kontrolle durch die Judikative gänzlich ausgeschlossen.

b) Handeln des Gesetzgebers

Ein absolutes Unterlassen des Gesetzgebers wird aber eher den Ausnahmefall darstellen. Denn heute dürften bereits für annähernd alle Sach- und Lebensbereiche gesetzliche Regelungen existieren[495]. Die Regel wird daher die Kontrolle sein, ob die Staatszielbestimmungsvorgaben durch die bestehenden Gesetze hinreichend gewährleistet werden, der Legislative ein „Teilunterlassen“[496] vorwerfbar ist oder eine bestehende Norm sonst mit einer Staatszielbestimmung vereinbar ist. Für alle Situationen sind die Normenkontrollen nach Art. 93 Abs. 1

---

[492] Siehe nur *Stern*, Staatsrecht IV/1, 2006, S. 921 f. m. w. N. und aus neuerer Zeit *Grothmann*, ZfBR-Beil. 2012, 100, 108.

[493] *Bethge*, in: Maunz/Schmidt-Bleibtreu/Klein/Bethge, BVerfGG, Stand: 48. Erglf., Februar 2016, § 90, Rn. 344.

[494] So auch *Bethge*, in: Maunz/Schmidt-Bleibtreu/Klein/Bethge, BVerfGG, Stand: 48. Erglf., Februar 2016, § 90, Rn. 107 und 110; *Fischer*, Staatszielbestimmungen, 1994, S. 19; *Hahn*, Staatszielbestimmungen, 2010, S. 103; *Sommermann*, Staatsziele und Staatszielbestimmungen, 1997, S. 445.

[495] So auch *Hahn*, Staatszielbestimmungen, 2010, S. 103; belegt wird dies etwa durch den Bereich der Sportförderung: Auch wenn es etwa auf Bundesebene kein Sportförderungsgesetz gibt, so ist auch dieser Bereich über materielle Rechtsvorschriften in Form von Richtlinien des Bundeministeriums des Inneren geregelt, vgl. Informationen des BMI zur Sportförderung auf Bundesebene, abrufbar unter http://www.bmi.bund.de/DE/Themen/Sport/Sportfoerderung/sportfoerderung_node.html (letzter Abruf v. 07.06.2016).

[496] Zu dem Begriff und der Bedeutung im Allgemeinen und im Zusammenhang mit Staatszielbestimmungen im Besonderen vgl. *Badura*, in: Sachs/Siekmann, FS Stern, 2012, S. 275, 285; *Fischer*, Staatszielbestimmungen, 1994, S. 19; *Hahn*, Staatszielbestimmungen, 2010, S. 103; *Pestalozza*, Verfassungsprozessrecht, 3. Aufl. 1991, § 8, Rn. 10.

Nr. 3 bzw. 100 Abs. 1 GG statthaft[497]. Daneben kann auch eine Verfassungsbeschwerde unmittelbar oder mittelbar, über die darauf beruhende Einzelfallentscheidung, gegen die staatszielbestimmungswidrige Vorschrift erhoben werden[498]. Wobei die unmittelbar gegen ein Gesetz gerichtete Verfassungsbeschwerde aufgrund ihrer Subsidiarität gegenüber anderen insbesondere fachgerichtlichen Kontrollmöglichkeiten[499] und des Erfordernisses der unmittelbaren Betroffenheit, die bei in der Regel nicht unmittelbar belastend für den Einzelnen wirkenden formellen Gesetzen[500] eher die Ausnahme sein wird. Außerdem gilt auch hier, dass die Verfassungsbeschwerde mangels Beschwerdebefugnis nicht unmittelbar auf eine Staatszielbestimmung gestützt werden kann[501]. All dies wird bei einer nur mittelbar gegen ein bestehendes Gesetz gerichteten Verfassungsbeschwerde, die im Ausgangspunkt einen gerichtlich überprüften Vollzugsakt zum Gegenstand hat, kein Problem sein, da dann auch mindestens eine Verletzung von Art. 2 Abs. 1 GG möglich ist und die Überprüfung anhand des gesamten, auch objektiven Verfassungsrechts und somit auch anhand von Staatszielbestimmungen erfolgt[502].

Allerdings ist die Kontrolldichte des Verfassungsgerichts aufgrund des weiten Gestaltungsspielraums des Gesetzgebers stark eingeschränkt[503]. Denn dem Gesetzgeber kommt wegen der unmittelbaren politischen Legitimierung eine besondere Gestaltungsaufgabe zu[504], die nicht auf die Judikative übertragen wer-

---

[497] *Badura*, in: Sachs/Siekmann, FS Stern, 2012, S. 275, 285; *Fischer*, Staatszielbestimmungen, 1994, S. 19 f.

[498] *Bethge*, in: Maunz/Schmidt-Bleibtreu/Klein/Bethge, BVerfGG, Stand: 48. Erglf., Februar 2016, § 90, Rn. 208; *Hillgruber/Goos*, Verfassungsprozessrecht, 4. Aufl. 2015, Rn. 146; *Schlaich/Korioth*, Das Bundesverfassungsgericht, 10. Aufl. 2015, Rn. 213; *Sperlich*, in: Umbach/Clemens/Dollinger, BVerfGG, 2. Aufl. 2005, § 90, Rn. 130.

[499] Siehe dazu nur *BVerfG*, Beschl. v. 17.01.2006 - 1 BvR 541/02 - BVerfGE 115, 81, 91; *Bethge*, in: Maunz/Schmidt-Bleibtreu/Klein/Bethge, BVerfGG, Stand: 48. Erglf., Februar 2016, § 90, Rn. 401 ff.; *Schlaich/Korioth*, Das Bundesverfassungsgericht, 10. Aufl. 2015, Rn. 253 a; *Zuck*, Das Recht der Verfassungsbeschwerde, 4. Aufl. 2013, Rn. 50 f. m. w. N.

[500] *Pestalozza*, Verfassungsprozessrecht, 3. Aufl. 1991, S. 179, § 12, Rn. 36.

[501] Vgl. für das Fehlen der Beschwerdebefugnis aus Staatszielbestimmungen auch bei aktivem Handeln der Legislative nur *Hahn*, Staatszielbestimmungen, 2010, S. 99.

[502] *Hahn*, Staatszielbestimmungen, 2010, S. 99; *Pieroth*, in: Jarass/Pieroth, Grundgesetz, 14. Aufl. 2016, Art. 93, Rn. 127.

[503] In diesem Sinne *Müller-Bromley*, Staatszielbestimmung Umweltschutz, 1990, S. 126; *Zippelius/Würtenberger*, Deutsches Staatsrecht, 32. Aufl. 2008, § 48, Rn. 37.

[504] *Zippelius/Würtenberger*, Deutsches Staatsrecht, 32. Aufl. 2008, § 48, Rn. 37.

den kann[505]. Doch müsste die Judikative zur Nachprüfung der Verwirklichungsmaßnahmen zunächst selbst den von einer Staatszielbestimmung eingeräumten weiten Gestaltungsspielraum ausfüllen, um anschließend die Maßnahmen des Gesetzgebers daran messen zu können[506]. Damit würde die Judikative sich selbst zum Gesetzgeber aufschwingen. Deshalb lässt sich die Gestaltungstätigkeit der Legislative nicht auf einen bloßen, gerichtlich dezidiert überprüfbaren Vollzug der Verfassung reduzieren[507]. Ob der bestehende Gestaltungsspielraum der Legislative in politisch zweckmäßiger Weise erfüllt wurde, ist daher nicht vollständig überprüfbar[508]. Etwas höher wird die Kontrolldichte allerdings bei qualifizierten Staatszielbestimmungen. Denn je konkreter eine Staatszielbestimmung gefasst ist, desto geringer wird der Gestaltungsspielraum der Legislative (und Exekutive), während die Kontrolldichte für die Judikative zunimmt und umgekehrt im Falle einer einfachen Staatszielbestimmung abnimmt[509]. Doch bleibt auch hier der immer noch weite Gestaltungsspielraum zu beachten.

Um diese funktionalen Schranken zu wahren, hat das *BVerfG* in ständiger Rechtsprechung selbst Beschränkungen für seine Kontrolltätigkeit nach dem Grundsatz des sog. „judicial self-restraint“[510] entwickelt[511]. Danach beschränkt

---

[505] In diesem Sinne *Simon*, EuGRZ 1978, 100, 101, der die Aufgabe des Verfassungsgerichts in der bloßen Überprüfung von Entscheidungen anderer Organe, nicht aber einer inhaltlichen Auswechslung selbiger sieht; vgl. dazu auch *Hesse*, in: Müller, FS Huber, 1981, S. 262.

[506] *Müller-Bromley*, Staatszielbestimmung Umweltschutz, 1990, S. 122.

[507] *Müller-Bromley*, Staatszielbestimmung Umweltschutz, 1990, S. 119; *Simon*, EuGRZ 1978, 100, 101.

[508] *BVerfG*, Beschl. v. 06.10.1987 - 1 BvR 1086, 1468, 1623/82 - BVerfGE 77, 84, 106 f. m. w. N.; *Simon*, EuGRZ 1978, 100, 101; *Zippelius/Würtenberger*, Deutsches Staatsrecht, 32. Aufl. 2008, § 48, Rn. 37.

[509] *Hahn*, Staatszielbestimmungen, 2010, S, 95.

[510] *BVerfG*, Urt. v. 18.06.1973 - 2 BvQ 1/73 - BVerfGE 35, 257, 262; *BVerfG*, Urt. v. 31.07.1973 - 2 BvF 1/73 - BVerfGE 36, 1, 14 f.: „Der Grundsatz des judicial self-restraint, den sich das Bundesverfassungsgericht auferlegt, bedeutet [...] den Verzicht, Politik zu betreiben, d. h. in den von der Verfassung geschaffenen und begrenzten Raum freier politischer Gestaltung nicht einzugreifen. Er zielt also darauf ab, den von der Verfassung für die anderen Verfassungsorgane garantierten Raum freier politische Gestaltung offenzuhalten.“; ausführlich dazu *Stern*, Staatsrecht II, 1980, S. 958 ff.; *Zippelius/Würtenberger*, Deutsches Staatsrecht, 32. Aufl. 2008, § 48, Rn. 39, 42; im Hinblick auf die Gewährleistung effektiven Rechtsschutzes kritisch dazu *Benda/Klein/Klein*, Verfassungsprozessrecht, 3. Aufl. 2012, § 1, Rn. 27 und eingangs auch *Simon*, EuGRZ 1978, 100, 101, der aber mit der Beschränkung auf eine Kontrolle auf evidente Verletzungen (siehe sogleich) hin eine hinreichende Begründung für die Einschränkung der Kontrolle sieht.

es freiwillig seine Überprüfung der Einhaltung von Verfassungsvorschriften mit Gestaltungsspielraum und Einschätzungsprärogativen, wie insbesondere Staatszielbestimmungen, durch die Legislative nur darauf, ob besonders schwerwiegende und evidente Verstöße des Gesetzgebers gegen das verbindlich vorgegebene Ziel feststellbar sind[512]. Die Anforderungen für derartige Verstöße sind sehr hoch[513]. Sie sind erst dann erfüllt, wenn der Gesetzgeber trotz offensichtlicher Notwendigkeit einer Maßnahme offenkundig und besonders schwerwiegend das Ziel außer Acht gelassen hat[514], wenn er Maßnahmen ergriffen hat, die einer Verwirklichung des Ziels offensichtlich entgegenstehen[515] oder dafür offensichtlich ungeeignet sind[516] oder, wenn er seiner Entscheidung offensichtlich fehlerhafte Anschauungen zugrunde gelegt hat[517], weil die gestalterische Ent-

---

[511] *Fischer*, Staatszielbestimmungen, 1994, S. 133, geht davon aus, dass Staatszielbestimmungen einen judicial self-restraint sogar fordern. Siehe dazu auch *Graf Vitzthum*, VBlBW. 1991, 404, 413.

[512] *BVerfG*, Urt. v. 18.07.1972 - BvL 32/70 und 25/71 - BVerfGE 33, 303, 333; *BVerfG*, Beschl. v. 14.01.1981 - 1 BvR 612/72 - BVerfGE 56, 54, 81; aus der neueren Rspr. *BVerfG*, Urt. v. 17.12.2013 – 1 BvR 3139/08, 1 BvR 3386/08 - NVwZ 2014, 211, 229 ff.; *Benda/Klein/Klein*, Verfassungsprozessrecht, 3. Aufl. 2012, Rn. 490; *Sannwald*, in: Schmidt-Bleibtreu/Hofmann/Hopfauf, GG, 13. Aufl. 2014, Art. 20a, Rn. 11; *Simon*, EuGRZ 1978, 100, 101; *Zippelius/Würtenberger*, Deutsches Staatsrecht, 32. Aufl. 2008, § 48, Rn. 40; So im Hinblick auf Staatszielbestimmungen, *Bock*, Umweltschutz, 1990, S. 311; *Bundesminister des Inneren/Bundesminister der Justiz (Hrsg.)*, Kommissionsbericht, 1983, S. 50 f., Rn. 60; *Faller*, Staatsziel "Tierschutz," 2005, S. 190; *Fischer*, Staatszielbestimmungen, 1994, S. 17; *Hahn*, Staatszielbestimmungen, 2010, S. 101; *Hesse*, in: Müller, FS Huber, 1981, S. 268; *Müller-Bromley*, Staatszielbestimmung Umweltschutz, 1990, S. 123; *Sommermann*, Staatsziele und Staatszielbestimmungen, 1997, S. 386, 437 mit umfassenden Nachweisen unter Fn. 33.

[513] Welch hohe Anforderungen für die Annahme eines evidenten Verstoßes des Gesetzgebers zu stellen sind, belegen besonders anschaulich die Ausführungen der *Bundesminister des Inneren/Bundesminister der Justiz (Hrsg.)*, Kommissionsbericht, 1983, S. 50, Rn. 60. Dort heißt es: „Bleiben die staatlichen Organe, in erster Linie der Gesetzgeber, im Hinblick auf ein in der Verfassung normiertes Staatsziel über viele Jahre hin vollkommen tatenlos, obwohl die bestehenden Zustände für jedermann erkennbar dringend nach Abhilfe rufen, oder verfolgen die zuständigen Organe in anderer Weise eine offenkundig zielwidrige Politik, so verstoßen sie gegen die Verfassungsnormen.".

[514] *Müller-Bromley*, Staatszielbestimmung Umweltschutz, 1990, S. 126; *Sannwald*, in: Schmidt-Bleibtreu/Hofmann/Hopfauf, GG, 13. Aufl. 2014, Art. 20a, Rn. 11.

[515] *Sterzel*, ZRP 1993, 13, 15 m. w. N. aus der Rspr.

[516] *Sannwald*, in: Schmidt-Bleibtreu/Hofmann/Hopfauf, GG, 13. Aufl. 2014, Art. 20a, Rn. 11.

[517] *BVerfG*, Beschl. v. 17.07.1961 - 1 BvL 44/55 - BVerfGE 13, 97, 107; *Benda/Klein/Klein*, Verfassungsprozessrecht, 3. Aufl. 2012, Rn. 490; *Zippelius/Würtenberger*, Deutsches Staatsrecht, 32. Aufl. 2008, § 48, Rn. 40.

scheidung beispielsweise auf unzutreffend ermittelten Fakten oder Daten beruht[518]. Natürlich kann auch eine überzogene Umsetzung von Staatszielbestimmungen gerichtlich überprüft werden[519]. Darin wird jedoch kein Verstoß gegen die umgesetzte Staatszielbestimmung liegen, sondern allenfalls ein Verstoß gegen sonstiges Verfassungsrecht.

Wurde ausnahmsweise ein schwerwiegender bzw. evidenter Verstoß festgestellt, so übt das *BVerfG* unter dem Gesichtspunkt der sog. „Folgenverantwortung“[520] auch auf der Stufe der Tenorierung Zurückhaltung. Dort verzichtet es darauf, das betroffene Gesetz für nichtig zu erklären, wie nach dem Wortlaut der §§ 78 Satz 1, 82 Abs. 1, 95 Abs. 3 Satz 1 BVerfGG eigentlich vorgesehen[521]. Stattdessen erklärt es das Gesetz lediglich für unvereinbar mit der Verfassung (§§ 31 Abs. 2 Satz 3, 79 Abs. 1 GG) und paart dies mit einer befristeten Fortgeltungsanordnung[522] sowie einer sog. „Appellentscheidung“, einen verfassungsgemäßen Zustand herzustellen[523]. Diese Tenorierungsart ist unter dem Gesichtspunkt der Folgenverantwortung zulässig und angebracht, wenn der Zustand, der sich im Falle der Nichtigkeit ergäbe, der verfassungsmäßigen Ordnung noch ferner

---

[518] *Zippelius/Würtenberger*, Deutsches Staatsrecht, 32. Aufl. 2008, § 48, Rn. 43.
[519] *Kloepfer*, DVBl. 1996, 73, 76.
[520] Siehe dazu *Hesse*, in: Müller, FS Huber, 1981, S. 269.
[521] Die übliche Tenorierung lautet: „mit dem Grundgesetz unvereinbar und daher nichtig“, vgl. nur *BVerfG*, Beschl. v. 14.07.1999 - 1 BvR 995, 2288, 2711/95 - BVerfGE 101, 54, 55. Die von Gesetzes wegen vorgesehene Nichtigerklärung ist jedoch etwas unglücklich, da die Normenkontrollentscheidung *per se* nur feststellender bzw. deklaratorischer Natur ist und das Gesetz auch ohne ausdrückliche Aussprache durch das Bundesverfassungsgericht mit Wirkung *ex tunc* und *ipso iure* unwirksam ist, vgl. *Bethge*, in: Maunz/Schmidt-Bleibtreu/Klein/Bethge, BVerfGG, Stand: 48. Erglf., Februar 2016, § 31, Rn. 139 ff.; *Stern*, Staatsrecht II, 1980, S. 960; *Schlaich/Korioth*, Das Bundesverfassungsgericht, 10. Aufl. 2015, Rn. 379 m. w. N.; *Stern*, Staatsrecht III/1, 1988, S. 1257.
[522] *BVerfG*, Urt. v. 09.02.2010 - 1 BvL 1, 3, 4/09 - BVerfGE 125, 175, 255 f.; *BVerfG*, Beschl. v. 12.10.2010 - 2 BvF 1/07 - BVerfGE 127, 293, 333 f.; *BVerfG*, Urt. v. 18.07.2012 - 1 BvL 10/10, 2/11 - BVerfGE 132, 134, 159 ff.; *Bethge*, in: Maunz/Schmidt-Bleibtreu/Klein/Bethge, BVerfGG, Stand: 48. Erglf., Februar 2016, § 31, Rn. 144, 206, § 78, Rn. 131, 134; *Hesse*, in: Müller, FS Huber, 1981, S. 269; *Sommermann*, in: von Mangoldt/Klein/Starck, Grundgesetz, Band 2, 6. Aufl. 2010, Art. 20 Abs.1, Rn. 121; *Stern*, Staatsrecht II, 1980, S. 960.
[523] *BVerfG*, Beschl. v. 12.10.2010 - 2 BvF 1/07 - BVerfGE 127, 293, 333 f. m. w. N. aus der Rspr.; *Bethge*, in: Maunz/Schmidt-Bleibtreu/Klein/Bethge, BVerfGG, Stand: 48. Erglf., Februar 2016, § 31, Rn. 206; *Stern*, Staatsrecht II, 1980, S. 960.

stünde als die befristete Weitergeltung der verfassungswidrigen Regelung[524]. Durch die bloße Unvereinbarkeitserklärung mit Fortgeltungsanordnung wird verhindert, dass ein rechtsleerer Raum entsteht[525]. Zudem erhöhen die nur befristete Fortgeltung und der Appell den Druck auf den Gesetzgeber seiner Obliegenheit nachzukommen, verfassungsgemäße Gesetze zu schaffen. Durch die Appellentscheidung soll zudem die Gestaltungsfreiheit des Gesetzgebers gewahrt werden[526]. Dies gelingt auch, sofern sich das Gericht auf eine sog. „einfache Appellentscheidung"[527] beschränkt, mit der es, ohne inhaltliche Präzisierung des vom Gesetzgeber geforderten „Produkts", einen bloßen Handlungsauftrag zur Herstellung und zum Erlass einer verfassungsgemäßen Regelung verlangt. Denn dann verbleibt der staatszielbestimmungsimmanente Gestaltungsspielraum beim Gesetzgeber. Geht das Gericht jedoch dazu über, sog. „qualifizierte Appellentscheidungen" mit inhaltlichen Vorgaben an den Gesetzgeber zu erlassen, so wird die Gefahr begründet, dass in den im Ausgangspunkt durch das judicial self-restraint und die Beschränkungen bei der Tenorierung zu schützen beabsichtigten Gestaltungsspielraum der Legislative im Ergebnis doch eingegriffen wird[528]. Zudem würde das Verfassungsgericht damit seine Befugnisse überschreiten, weil es im Rahmen einer Normenkontrolle nur die Nichtigkeit bzw. Unvereinbarkeit einer Regelung feststellen, nicht aber selbst gesetzgebervertretend eine eigene Sachentscheidung treffen darf[529].

Hierbei darf natürlich nicht außer Acht gelassen werden, dass die von der Judikative praktizierte kompetenzwahrende Zurückhaltung größtenteils auf freiwilli-

---

[524] *BVerfG*, Beschl. v. 12.10.2010 - 2 BvF 1/07 - BVerfGE 127, 293, 333 f. m. w. N. aus der Rspr.; für die Lit. siehe nur *Graßhof*, in: Umbach/Clemens/Dollinger, BVerfGG, 2. Aufl. 2005, § 90, Rn. 34; § 78, Rn. 41.

[525] *Bethge*, in: Maunz/Schmidt-Bleibtreu/Klein/Bethge, BVerfGG, Stand: 48. Erglf., Februar 2016, § 31, Rn. 206a; *BVerfG*, Urt. v. 09.02.2010 - 1 BvL 1, 3, 4/09 - BVerfGE 125, 175, 255 f. m. w. N.; *BVerfG*, Urt. v. 18.07.2012 - 1 BvL 10/10, 2/11 - BVerfGE 132, 134, 173 f. m w. N.

[526] *Bethge*, in: Maunz/Schmidt-Bleibtreu/Klein/Bethge, BVerfGG, Stand: 48. Erglf., Februar 2016, § 31, Rn. 206a.

[527] Siehe zu der Differenzierung zwischen qualifizierten und einfachen Appellentscheidung, *Bethge*, in: Maunz/Schmidt-Bleibtreu/Klein/Bethge, BVerfGG, Stand: 48. Erglf., Februar 2016, § 31, Rn. 182.

[528] *Stark*, in: Umbach/Clemens/Dollinger, BVerfGG, 2. Aufl. 2005, § 31, Rn. 182; *Smeddinck*, Gesetzesproduktion, 2006, S. 143 ff.; *Stern*, Staatsrecht II, 1980, S. 961; *Isensee*, in: Isensee/Kirchhof, HdbStR, Band XII, 3. Aufl. 2014, § 268, Rn. 111 ff.

[529] *Badura*, in: Sachs/Siekmann, FS Stern, 2012, S. 285; zum Verbot eigenen gesetzgeberischen Tätigwerdens des *BVerfG Hesse*, in: Müller, FS Huber, 1981, S. 262.

ger Basis erfolgt. Sofern das Verfassungsgericht eines Tages beispielsweise qualifizierte Appellentscheidungen nutzt, um auch inhaltliche Vorgaben für die verfassungskonforme Ausgestaltung zu machen, begründet es die Gefahr einer Ansichnahme eines Aufgabenbereichs der Legislative. Derzeit gibt das *BVerfG* jedoch keinen Anlass für entsprechende Spekulationen[530]. Dass das *BVerfG* seine Rolle innerhalb des Zusammenwirkens mit dem Parlament mit dem Ziel eines erfolgreichen Zusammenwirkens selbst bestimmt, ist eine dem grundgesetzlichen System immanente Folge[531] und muss als solche hingenommen werden. Es kann auch von dem *BVerfG* erwartet werden, dass es mit dieser Bürde sorgsam umgeht. Dies wird dadurch bestätigt, dass die Gefahr des Auflebens einer weitergehenden gerichtlichen Kontrolle eher durch die Legislative selbst provoziert wird als durch das *BVerfG*. Der Gesetzgeber tendiert aktuell mehr und mehr dazu, dem *BVerfG* Entscheidungen zuzuschreiben, die er eigentlich selbst treffen müsste[532], und so seine Gestaltungsprärogative quasi freiwillig aufzugeben.

Im Ergebnis kann festgehalten werden, dass durch die praktizierte Beschränkung des Verfassungsgerichts auf die originäre richterliche Aufgabe eine Verlagerung der Entscheidungskompetenzen der Legislative auf die Judikative durch die Aufnahme einer Staatszielbestimmung in das Grundgesetz nicht zu befürchten ist[533].

2) Kontrolle der Exekutive

Der überwiegende Teil der judikativen Kontrolltätigkeit wird jedoch nicht legislatives, sondern exekutives Handeln betreffen[534]. Dabei können sowohl Einzel-

---

[530] So auch *Graf Vitzthum*, VBlBW. 1991, 404, 413.
[531] *Hesse*, in: Müller, FS Huber, 1981, S. 263 und 265.
[532] *Stern*, Staatsrecht II, 1980, S. 961.
[533] So etwa auch *Bock*, Umweltschutz, 1990, S. 310; *Graf Vitzthum*, VBlBW. 1991, 404, 413; *Murswiek*, ZRP 1988, 14, 17.
[534] Zum Beleg siehe nur den nachfolgenden Vergleich: Nach den Verfahrenszahlen gemäß der Jahresstatistik 2014 des Bundesverfassungsgerichts, abrufbar unter http://www.bundesverfassungsgericht.de/SharedDocs/Downloads/DE/Statistik/statistik_2014.pdf?__blob=publicationFile&v=2 (letzter Abruf v. 07.06.2016) wurden im Jahr 2013 insgesamt 6.498 abstrakte und konkrete Normenkontrollen sowie Verfassungsbeschwerden beim

fallentscheidungen als auch abstrakt-generelle Regelungen der Exekutive den Kontrollgegenstand bilden[535].

Da der Exekutive nicht der weite Gestaltungsspielraum der Legislative zusteht, ist der Kontrollumfang für die Judikative hier weitaus größer. Jedoch kann auch der Exekutive ein gewisser Gestaltungsspielraum zukommen, den die Judikative dann zu beachten hat. Dies ist etwa dann der Fall, wenn und soweit die Legislative der Exekutive in der einfachgesetzlichen Ausgestaltung einen Gestaltungsspierlaum belassen oder die Staatszielbestimmungsvorgaben noch nicht konkretisiert hat, wobei der Gestaltungsspielraum auch im letzteren Fall durch den Vorbehalt des Gesetzes weitaus eingeschränkter ist als der der Gesetzgebung[536]. Alle Akte der Exekutive können von der Judikative einerseits nach den allgemein anerkannten Grundsätzen auf Auslegungs-, Ermessens-, Abwägungs- und Planungsfehler infolge einer unzureichenden Berücksichtigung von Staatszielbestimmungen und andererseits, sofern die Legislative zur Verwirklichung von Staatszielbestimmungen bereits gesetzgeberisch tätig geworden ist, auf die Einhaltung der einfachgesetzlichen Regelung überprüft werden[537]. Das Verhalten der Exekutive muss sich ggf. auch an Regelungen zugunsten von Staatszielbestimmungen höherer Exekutivorgane messen lassen[538].

Von der grundsätzlich hohen judikativen Kontrolldichte gibt es eine Ausnahme: Sofern die Regierung im Legislativverfahren tätig wird, ist die Kontrolle des Verhaltens der Exekutive, ähnlich der Legislative, auf eine bloße Evidenzprüfung beschränkt[539]. Denn der Regierung kommt eine politische Gestaltungsauf-

---

Bundesverfassungsgericht anhängig gemacht, während es laut Statistik des Statistischen Bundesamtes über die Verfahren vor den Verwaltungsgerichten bis 2013, abrufbar unter https://www.destatis.de/DE/Publikationen/Thematisch/Rechtspflege/GerichtePersonal/Verwaltungsgerichte2100240137004.pdf?__blob=publicationFile (letzter Abruf v. 07.06.2016) im Jahr 2013 in erster Instanz vor Verwaltungsgerichten 151.463 Hauptverfahren waren.

[535] Ähnlich *Hahn*, Staatszielbestimmungen, 2010, S. 98.

[536] *Müller-Bromley*, Staatszielbestimmung Umweltschutz, 1990, S. 129; siehe dazu auch *Stern*, Staatsrecht I, 2. Aufl. 1984, S. 851.

[537] *Hahn*, Staatszielbestimmungen, 2010, S. 97 f.; *Sommermann*, Staatsziele und Staatszielbestimmungen, 1997, S. 448.

[538] *Müller-Bromley*, Staatszielbestimmung Umweltschutz, 1990, S. 129.

[539] *Müller-Bromley*, Staatszielbestimmung Umweltschutz, 1990, S. 126, 129 f.

gabe zu, die derjenigen der Legislative entspricht, sodass auch das soeben zur Legislative Ausgeführte gelten muss.

VIII. Fazit

Staatszielbestimmungen entfalten im horizontalen Staatsgefüge ungeachtet der konkreten Handlungsform eine umfassende Bindungswirkung für alle staatlichen Stellen. Für die Legislative begründen sie in erster Linie einen Befassungs- und Entscheidungsauftrag über eine gesetzgeberische Tätigkeit, während sie für die Judikative und Exekutive vor allem als Abwägungs-, Auslegungshilfen und Ermessensrichtlinien dienen und für letztere darüber hinaus ein Planungsziel oder eine Planungsrichtung vorgeben können. Bedeutsam für die Bewertung der Frage der Notwendigkeit einer Staatszielbestimmung im Grundgesetz ist, dass Staatszielbestimmungen im Grundgesetz eine weitaus umfassendere Bindungswirkung entfalten als Regelungen in den Verfassungen der Bundesländer. Während erstere, mit Ausnahme des Entscheidungs- und Befassungsauftrags, auf allen Ebenen des vertikalen Staatsgefüges gelten, ist die Bindungswirkung von letzteren für die Bundesstaatsgewalten durch die Regelungen der föderalen Gliederung stark beschränkt und für die Legislative sogar gänzlich ausgeschlossen. Sogar die Bindungswirkung der Landesstaatsgewalten kann wegen besagter Regelungen geringer ausfallen, insbesondere wenn die Landesstaatszielbestimmungen im Widerspruch zu (auch einfachem) Bundesrecht stehen.

Für Private haben Staatszielbestimmungen vor allem eine integrative, edukatorische und appellative Wirkung und begründen unmittelbar keine subjektiven Rechte und keine Pflichten. Dazu bedarf es zunächst eines entsprechenden Umsetzungsaktes des Gesetzgebers. Sie können allenfalls mittelbar durch die Verbindung mit Grundrechten und unter strengen Voraussetzungen subjektive Rechte begründen oder gemäß dem Prinzip der mittelbaren Drittwirkung in das Verhältnis der Bürger untereinander hineinwirken. Auch können Staatszielbestimmungen aufgrund ihrer Offenheit nicht unmittelbar als Ermächtigungsgrundlage für Eingriffe in Grundrechte dienen. Sie können aber alle Grundrechtstypen und auch andere Staatszielbestimmungen beschränken, indem sie auf der Rechtfertigungsebene als verfassungsimmanente Schranken wirken und im Wege der Praktischen Konkordanz einen Grundrechtseingriff rechtfertigen.

Neben der grundrechtseinschränkenden können Staatszielbestimmungen aber auch eine grundrechtsverstärkende Wirkung für den objektiv- und subjektivrechtlichen Gehalt von Grundrechten haben und unter strengen Voraussetzungen sogar zu einer Subjektivierung beitragen.

Aufgrund der Offenheit von Staatszielbestimmungen und des weiten legislativen Gestaltungsspielraums bei der Umsetzung besteht nur in eingeschränktem Umfang eine Kontrollmöglichkeit für die Judikative. Bleibt die Legislative gänzlich untätig, sind der Judikative die Hände gebunden. Wird sie tätig oder sind Gesetze vorhanden, die den Staatszielbestimmungsgehalt tangieren, beschränkt sich die Kontrolle auf schwerwiegende bzw. evidente Verstöße. Daneben übt das *BVerfG* freiwillig Zurückhaltung nach dem Prinzip des judicial self-restraint, um den Gestaltungsspielraum des Gesetzgebers nicht an sich zu ziehen, indem es auf den Nichtigkeitsausspruch verzichtet und die Regelung fortgelten lässt, bis der Gesetzgeber dem an ihn appellierten Auftrag, die Norm nach seinem Ermessen verfassungsgemäß auszugestalten, nachgekommen ist. Die eigentliche Kontrolltätigkeit der Gerichte im Hinblick auf die Verwirklichung von Staatszielbestimmungen verlagert sich daher weitestgehend auf den Bereich des exekutiven Handelns, das durch die Umsetzungsakte der Legislative und den Vorbehalt des Gesetzes stärker gebunden ist. Doch auch hierbei sind etwaige Gestaltungsspielräume zu beachten.

Wie die Analyse des Staatszielbestimmungsbestandes gezeigt hat, fehlt es im Grundgesetz an einer Staatszielbestimmung zugunsten des Sports, während nahezu alle Verfassungen der Bundesländer über eine solche verfügen. Die Entwicklungen im Bestand auf Bundesebene haben zugleich gezeigt, dass die Aufnahme neuer Staatszielbestimmungen dem Grundgesetz nicht fremd ist, sondern bei gewandelten gesellschaftlichen Gesamtumständen durchaus zu erwägen ist. Deshalb ist fortlaufend zu prüfen, ob die Aufnahme einer neuen Staatszielbestimmung nicht angezeigt ist. Dabei stellt die zwischenzeitlich fast umfassende Aufnahme in den Landesverfassungen ein Indiz dafür dar, dass angesichts der heutigen gesellschaftlichen Gesamtumstände eine Staatszielbestimmung zugunsten des Sports auch im Grundgesetz angezeigt sein könnte.

Sollte sich die Legislative für die Aufnahme einer Staatszielbestimmung zugunsten des Sports in das Grundgesetz entscheiden, ist aufgrund der aufgezeigten Schnittmengen und Verwechslungsgefahren zu anderen Normkategorien bei

Ausgestaltung der Regelung in besonderem Maße darauf zu achten, dass der Vorschlag die staatszielbestimmungsprägenden Elemente auch tatsächlich umzusetzen vermag. Denn mit beispielsweise einem unverbindlichen Programmsatz zugunsten des Sports wäre für den Sport wenig erreicht.

B. Möglichkeit einer Staatszielbestimmung zugunsten des Sports

Angesichts des im Bundestag bereits heute teilweise gesehenen Anpassungsbedarfs[540] stellt sich die Frage nach der verfassungsrechtlichen Möglichkeit[541] der Aufnahme einer Staatszielbestimmung zugunsten des Sports in das Grundgesetz. Zu der dafür erforderlichen Änderung des Grundgesetzes ist nur der verfassungsändernde Gesetzgeber befugt. Im Gegensatz zum verfassungsgebenden Gesetzgeber[542] ist er hierbei nicht gänzlich frei. Er muss aufgrund des Vorbehalts der Verfassung die formellen und materiellen Vorgaben des Grundgesetzes beachten[543], die die Bestandskraft des Grundgesetzes gegen allzu häufige grundlegende Veränderungen absichern[544].

---

[540] Die *SPD* und *DIE LINKE* sprachen sich in der letzten Debatte für eine Aufnahme einer Staatszielbestimmung zugunsten des Sports in das Grundgesetz aus (Plenarprotokoll Nr. 17/244 vom 07.06.2013, S. 30977 ff.).

[541] Abzugrenzen ist die verfassungsrechtliche Möglichkeit von der verfassungspolitischen Frage der Notwendigkeit einer Verfassungsänderung, die weniger strengen juristischen Vorgaben folgt, sondern juristische Argumente hierbei nur noch den Charakter von verfassungspolitischen Forderungen besitzen, die zwar auch verfassungsrechtlich gewünscht aber keineswegs zwingend sind. So *Wolff*, Schriftliche Stellungnahme zur Anhörung in der 131. Sitzung des Rechtsausschusses am 05.06.2002, S. 2.

[542] Zur Abgrenzung des verfassungsändernden von dem verfassungsgebenden Gesetzgeber siehe nur *Stern*, Staatsrecht I, 2. Aufl. 1984, S. 151 ff.

[543] *Badura*, in: Isensee/Kirchhof, HdbStR, Band XII, 3. Aufl. 2014, § 270, Rn. 20 f.; *Dreher*, Staatsziele im Bundesstaat am Beispiel des Sports, 2005, S. 29; *Stern*, Staatsrecht I, 2. Aufl. 1984, S. 151.

[544] *BVerfG*, Urt. v. 15.12.1970 - 2 BvF 1/69, 2 BvR 629/68, 308/69 - BVerfGE 30, 1, 24; *Badura*, in: Isensee/Kirchhof, HdbStR, Band XII, 3. Aufl. 2014, § 270, Rn. 33; *Dreier*, in: Dreier, GG, Band II, 3. Aufl. 2015, Art. 79 II, Rn. 13 ff.; *Dreher*, Staatsziele im Bundesstaat am Beispiel des Sports, 2005, S. 29; *Ipsen*, Staatsrecht I, 27. Aufl. 2015, Rn. 1023, 1025; *Stern*, Staatsrecht I, 2. Aufl. 1984, S. 158.

I. Formelle Voraussetzungen, Art. 79 Abs. 1 und 2 GG

Die formellen Voraussetzungen ergeben sich aus Art. 79 Abs. 1 und Abs. 2 GG. Danach kann das Grundgesetz nur durch ein Gesetz geändert werden (Art. 79 Abs. 1 Satz 1 GG; dazu unter 1)), das auf einer hinreichenden Mehrheit im Bundestag beruht (Art. 79 Abs. 2 GG; dazu unter 2)).

1) Gebot der Verfassungstextänderung durch Gesetz nach Art. 79 Abs. 1 GG

Nach Art. 79 Abs. 1 Satz 1 GG bedarf es eines Gesetzes, das den Wortlaut des Grundgesetzes ausdrücklich ändert oder ergänzt. Diese als „Grundsatz der Urkundlichkeit und Einsichtbarkeit jeder Verfassungsänderung" bezeichnete formelle Voraussetzung soll die in der Zeit der Weimarer Reichsverfassung üblichen zum Teil unbemerkten Verfassungsdurchbrechungen verhindern[545]. Das Erfordernis gilt auch für die Aufnahme einer Staatszielbestimmung zugunsten des Sports, da die einzige und eng auszulegende Ausnahmevorschrift des Art. 79 Abs. 1 Satz 2 GG[546] hier nicht greift. Sie ist nur bei völkerrechtlichen Verträgen anwendbar.

„Gesetz" im Sinne von Art. 79 Abs. 1 Satz 1 GG meint ein formelles Parlamentsgesetz, für das, mit Ausnahme der Vorgaben des Art. 79 GG, die allgemeinen Regeln des Gesetzgebungsverfahrens in den Art. 76 bis 78 und 82 GG gelten[547]. Für eine ausdrückliche Änderung des Wortlauts im Sinne von Art. 79 Abs. 1 Satz 1 GG bedarf es einer über die bloße Nennung des betroffenen Artikels gem. Art. 19 Abs. 1 Satz 2 GG hinausgehenden textlichen Neuformulie-

---

[545] *Badura*, in: Isensee/Kirchhof, HdbStR, Band XII, 3. Aufl. 2014, § 270, Rn. 30; *Stern*, Staatsrecht I, 2. Aufl. 1984, S. 159.

[546] *Dreher*, Staatsziele im Bundesstaat am Beispiel des Sports, 2005, S. 30, Fn. 113; teilweise wird auch vertreten, dass Art. 79 Abs. 1 Satz 2 GG überflüssig oder verfassungswidrig sei *Ipsen*, Staatsrecht I, 27. Aufl. 2015, Rn. 1036, m. w. N., womit er schon insofern keinerlei Bedeutung für die Möglichkeit einer Staatszielbestimmung zur Sportförderung hätte.

[547] *Dreier*, in: Dreier, GG, Band II, 3. Aufl. 2015, Art. 79 I, Rn. 13; *Dreher*, Staatsziele im Bundesstaat am Beispiel des Sports, 2005, S. 30; *Ossenbühl*, in: Isensee/Kirchhof, HdbStR, Band V, 3. Aufl. 2007, § 102, Rn. 86.

rung[548]. Damit soll eindeutig zum Ausdruck gebracht werden, dass und wie die Verfassung geändert wird[549].

2) Mehrheitserfordernis nach Art. 79 Abs. 2 GG

Auf formeller Ebene stellt Art. 79 Abs. 2 GG zudem strenge Anforderungen an die Mehrheitsverhältnisse. In Abweichung von der sonst nach Art. 42 Abs. 2 Satz 1 GG und § 48 Abs. 2 GO BT erforderlichen einfachen Mehrheit der abgegebenen Stimmen bedarf das grundgesetzändernde bzw. -ergänzende Parlamentsgesetz nach Art. 79 Abs. 2 GG immer einer Stimmenmehrheit von zwei Dritteln der gesetzlichen Stimmen des Bundesrates und des Bundestages[550]. Bei dem geforderten Zustimmungsquorum handelt es sich um ein zentrales und gut geeignetes Instrument zur Wahrung der Bestandskraft des Grundgesetzes gegen Änderungen.

II. Materielle Voraussetzungen, Art. 79 Abs. 3 GG

Die materiellen Vorgaben an Grundgesetzänderungen ergeben sich aus Art. 79 Abs. 3 GG. Hierbei handelt es sich genau genommen nicht um Vorgaben im Sinne von Anforderungen, sondern eher um Grenzen der Grundgesetzänderung[551]. So sind nach Art. 79 Abs. 3 GG Änderungen des Grundgesetzes unzulässig, wenn sie die Gliederung des Bundes in Länder, die grundsätzliche Mitwirkung der Länder bei der Gesetzgebung oder die in den Art. 1 und 20 GG

---

[548] *Dreier*, in: Dreier, GG, Band II, 3. Aufl. 2015, Art. 79 I, Rn. 21; *Badura*, in: Isensee/Kirchhof, HdbStR, Band XII, 3. Aufl. 2014, § 270, Rn. 22; *Dreher*, Staatsziele im Bundesstaat am Beispiel des Sports, 2005, S. 30; *Stern*, Staatsrecht I, 2. Aufl. 1984, S. 160.

[549] *Badura*, in: Isensee/Kirchhof, HdbStR, Band XII, 3. Aufl. 2014, § 270, Rn. 22; *Bryde*, in: von Münch/Kunig, GG, Band 2, 6. Aufl. 2012, Art. 79, Rn. 10; *Dreher*, Staatsziele im Bundesstaat am Beispiel des Sports, 2005, S. 29.

[550] Siehe dazu nur *Stern*, Staatsrecht I, 2. Aufl. 1984, S. 159.

[551] Insofern ist es etwa unglücklich, wenn *Dreher*, Staatsziele im Bundesstaat am Beispiel des Sports, 2005, S. 31, im Zusammenhang mit der Kodifikation von Staatszielbestimmungen im Grundgesetz zunächst von „inhaltlichen Anforderungen“ spricht; siehe nur *Ipsen*, Staatsrecht I, 27. Aufl. 2015, Rn. 1039 – „Grenzen der Verfassungsänderung“ – oder *Stern*, Staatsrecht I, 2. Aufl. 1984, S. 165, der in Art. 79 Abs. 3 GG „eine materielle Schranke“ sieht.

niedergelegten Grundsätze berühren und damit diese Grenzen überschreiten. Dabei sind wegen der gewichtigen Konsequenzen eines Verstoßes gegen Art. 79 Abs. 3 GG einerseits und des Ausnahmecharakters des Abs. 3 im Verhältnis zu Abs. 1 und Abs. 2 andererseits an eine „Berührung“ im Sinne der Vorschrift hohe Anforderungen zu stellen bzw. der Begriff eng auszulegen[552]. Eine Berührung ist erst dann anzunehmen, wenn durch die Grundgesetzänderung eine prinzipielle Preisgabe der von der sog. „Ewigkeitsgarantie“ [553] erfassten Grundentscheidungen des Grundgesetzes erfolgt[554]. Hier wird teilweise eine Parallele zu der für Grundrechtseingriffe geltenden Wesensgehaltsgarantie aus Art. 19 Abs. 2 GG gezogen und eine Berührung angenommen, wenn die Grundentscheidungen in ihrem Wesensgehalt angetastet werden[555]. Gesetze, die diese Grenzen überschreiten, sind mit Wirkung ex tunc nichtig[556].

Daneben kann es auch ungeschriebene materielle Grenzen geben. Weil das Grundgesetz bereits über geschriebene Grenzen verfügt, greifen solche nur ein, sofern die im Verfassungstext enthaltene Grenze in dem konkreten Fall als nicht ausreichend empfunden wird[557]. Vor dem Hintergrund, dass hier bereits wegen der geschriebenen Grenzen die Überprüfung derart fundamentaler Elemente wie etwa des Gewaltenteilungsprinzips aus Art. 20 Abs. 2 GG (dazu sogleich unter 1)) oder des Bundesstaatsprinzips aus Art. 20 Abs. 1 GG (dazu sogleich un-

---

[552] *BVerfG*, Urt. v. 15.12.1970 - 2 BvF 1/69, 2 BvR 629/68, 308/69 - BVerfGE 30, 1, 24 f.; *BVerfG*, Urt. v. 03.03.2004 - 1 BvR 2378/98, 1084/99 - BVerfGE 109, 279, 310 m. w .N.; *Dreher*, Staatsziele im Bundesstaat am Beispiel des Sports, 2005, S. 32; *Herdegen*, in: Maunz/Dürig, GG, Stand: 75. Erglf., September 2015, Art. 79, Rn. 80 m. w. N.; *Pieroth*, in: Jarass/Pieroth, Grundgesetz, 14. Aufl. 2016, Art. 79, Rn. 9; *Stern*, Staatsrecht I, 2. Aufl. 1984, S. 168.

[553] *Pieroth*, in: Jarass/Pieroth, Grundgesetz, 14. Aufl. 2016, Art. 79, Rn. 8; *Stern*, Staatsrecht I, 2. Aufl. 1984, S. 165.

[554] *Dreher*, Staatsziele im Bundesstaat am Beispiel des Sports, 2005, S. 32; *Pieroth*, in: Jarass/Pieroth, Grundgesetz, 14. Aufl. 2016, Art. 79, Rn. 10.

[555] *BVerfG*, Beschl. v. 18.04.1996 - 1 BvR 1452, 1459/90, 2031/94 - BVerfGE 94, 12, 34; *Dreher*, Staatsziele im Bundesstaat am Beispiel des Sports, 2005, S. 33; dies ausdrücklich nicht forderdernd *BVerfG*, Urt. v. 03.03.2004 - 1 BvR 2378/98, 1084/99 - BVerfGE 109, 279, 310 f.

[556] *Dreher*, Staatsziele im Bundesstaat am Beispiel des Sports, 2005, S. 31; *Pieroth*, in: Jarass/Pieroth, Grundgesetz, 14. Aufl. 2016, Art. 79, Rn. 8; *Stern*, Staatsrecht I, 2. Aufl. 1984, S. 167 m. w. N.

[557] Umfassend hierzu und zu den denkbaren ungeschriebenen Grenzen *Winterhoff*, Verfassung, 2007, S. 175 ff.

ter 2)) zu erfolgen hat, drängt sich das Erfordernis zusätzlicher ungeschriebener Grenzen nicht auf.

1) Berührung des Gewaltenteilungsprinzips aus Art. 20 Abs. 2 GG

Wie bereits gesehen, besteht bei einer Staatszielbestimmung zugunsten des Sports die Gefahr der Verlagerung der politischen Gestaltungsbefugnis des Gesetzgebers auf die Judikative[558]. Dadurch könnte das Gewaltenteilungsprinzip aus Art. 20 Abs. 2 GG berührt werden[559]. Eine Verlagerung ist aber bereits angesichts des weitreichenden Gestaltungsspiel-raums der Legislative[560] und der dazu korrespondierenden eingeschränkten und freiwillig selbstbeschränkten gerichtlichen Kontrollbefugnisse[561] nicht zu befürchten. Jedenfalls würde diese rein inhaltliche Machtverschiebung aber das geschaffene System der Gewaltenteilung nicht in grundsätzlicher Weise „prinzipiell preisgeben", wie es für eine „Berührung" i.S.v. Art. 79 Abs. 3 GG erforderlich wäre[562].

2) Berührung des Bundesstaatsprinzips aus Art. 20 Abs. 1 GG

Daneben erscheint eine Berührung des Bundesstaatsprinzips aus Art. 20 Abs. 1 GG (Art. 79 Abs. 3, 3. Alt. GG) und der grundsätzlichen Mitwirkung der Länder bei der Gesetzgebung (Art. 79 Abs. 3, 2. Alt. GG) durch eine Staatszielbestimmung zugunsten des Sports denkbar[563]. Denn mangels ausdrücklicher Erwähnung des Sports im Rahmen der grundgesetzlichen Kompetenzvorschriften nach Art. 30 und 70 Abs. 1 GG fällt diese überwiegend in die Länderzuständigkeit[564].

---

[558] *Dreher*, Staatsziele im Bundesstaat am Beispiel des Sports, 2005, S. 33, siehe dazu oben unter 1. Kapitel, A. VII. 1).
[559] *Dreher*, Staatsziele im Bundesstaat am Beispiel des Sports, 2005, S. 33.
[560] Siehe dazu oben 1. Kapitel, A. VI. 1) a) aa).
[561] Siehe dazu oben 1. Kapitel, A. VII. 1).
[562] *Dreher*, Staatsziele im Bundesstaat am Beispiel des Sports, 2005, S. 33.
[563] *Dreher*, Staatsziele im Bundesstaat am Beispiel des Sports, 2005, S. 33.
[564] Ausführlich zu der Kompetenzverteilung für den Sport zwischen Bund und Ländern *Bauer*, Kultur und Sport, 1999, S. 337 ff.; *Fritzweiler*, in: Fritzweiler/Pfister/Summerer,

Bundeskompetenzen kommen dagegen allenfalls mittelbar auf Gebieten in Betracht, die auch den Sport betreffen[565] oder als ungeschriebene Kompetenzen kraft Natur der Sache oder kraft Sachzusammenhangs[566]. Denkbar sind etwa konkurrierende Bundeskompetenzen nach Art. 74 Abs. 1 Nr. 1 und Nr. 3 GG im Hinblick auf Regelungen des bürgerlichen Rechts wie etwa vereinsrechtliche Vorschriften oder Regelungen des Strafrechts etwa zur Dopingbekämpfung[567], nach Art. 74 Abs. 1 Nr. 12 GG für den Bereich der beruflichen Sportausübung, nach Art. 74 Abs. 1 Nr. 13 GG für den Bereich der Sportwissenschaften und kraft Natur der Sache oder kraft Sachzusammenhangs beispielsweise für die Förderung des Hochleistungssports aus Gründen der gesamtstaatlichen Repräsentation[568] und sonstige sportbezogene Sachverhalte mit überregionalem Charakter[569]. Die naheliegende ausschließliche Gesetzgebungskompetenz des Bundes in auswärtigen Angelegenheiten aus Art. 73 Abs. 1 Nr. 1 GG im Hinblick auf die Teilnahme von Nationalmannschaften bei internationalen Wettbewerben greift dagegen nicht, weil nicht jede Auslandsberührung zur Kompetenzbegründung ausreicht, sondern nur hoheitliche Beziehungen zu anderen Völkerrechtssubjekten davon erfasst sind[570]. Bei einer Herleitung von Bundeskompetenzen aus einer sportbezogenen Staatszielbestimmung im Grundgesetz könnten die grundgesetzliche Kompetenzverteilung und damit das Bundesstaatsprinzip und die Mitwirkungsrechte der Länder unzulässig beschnitten werden.

Praxishandbuch Sportrecht, 3. Aufl. 2014, Teil 1, Rn. 41 ff.; *Hix*, Probleme der Normierung einer Sportklausel im Grundgesetz, 2013, S. 254 ff.

[565] *Hix*, Probleme der Normierung einer Sportklausel im Grundgesetz, 2013, S. 254 ff. und 260.

[566] *Fritzweiler*, in: Fritzweiler/Pfister/Summerer, Praxishandbuch Sportrecht, 3. Aufl. 2014, Teil 1, Rn. 44; *Hix*, Probleme der Normierung einer Sportklausel im Grundgesetz, 2013, S. 256 ff.; ausführlich zu den Beiden Begriffen *von Münch/Mager*, Staatsrecht I, 8. Aufl. 2015, Rn. 392 ff. m. w. N. aus der Rspr.

[567] *Hix*, Probleme der Normierung einer Sportklausel im Grundgesetz, 2013, S. 255.

[568] *Steiner*, DÖV 1983, 173, 177; *Steiner*, NJW 1991, 2729, 2731; *Hix*, Probleme der Normierung einer Sportklausel im Grundgesetz, 2013, S. 258.

[569] *Fritzweiler*, in: Fritzweiler/Pfister/Summerer, Praxishandbuch Sportrecht, 3. Aufl. 2014, Teil 1, Rn. 44; *Hix*, Probleme der Normierung einer Sportklausel im Grundgesetz, 2013, S. 259.

[570] *Heintzen*, in: von Mangoldt/Klein/Starck, Grundgesetz, Band 2, 6. Aufl. 2010, Art. 73, Rn. 8; *Hix*, Probleme der Normierung einer Sportklausel im Grundgesetz, 2013, S. 254.

Dabei bliebe jedoch unberücksichtigt, dass Staatszielbestimmungen keine Kompetenzen begründen[571]. Außerdem soll das Bundesstaatsprinzip lediglich die Grundstrukturen des Bundesstaates garantieren und nicht bestimmte Kompetenzbereiche[572]. Ähnlich verhält es sich bei der Mitwirkung der Länder bei der Gesetzgebung, die gegeben sein muss, nicht aber in der bestehenden Form – durch Einspruch oder Zustimmung – oder in dem bestehenden Umfang[573]. Es muss lediglich ein Kreis von Gesetzen vorgesehen sein, bei dem die Länder mitwirken[574]. Vor diesem Hintergrund ist auch eine Berührung sowohl des Bundesstaatsprinzips als auch der grundsätzlichen Mitwirkung der Länder nicht zu befürchten[575].

III. Fazit

Sollte sich eines Tages eine Zwei-Drittel-Mehrheit im Bundestag und Bundesrat finden, die sich für die Aufnahme einer Staatszielbestimmung zugunsten des Sports ausspricht, könnte die Regelung bei Beachtung der eben aufgezeigten Maßgaben in das Grundgesetz aufgenommen werden. Der Schlüssel dafür liegt bei dem notwendigen Zustimmungsquorum und somit bei der Einstellung der Parlamentarier zu der verfassungspolitischen Frage der Notwendigkeit einer Staatszielbestimmung zugunsten des Sports.

---

[571] Siehe für diese allgemeine Auffassung die Nachweise unter 1. Kapitel, A. IV. 7).

[572] *Dreher*, Staatsziele im Bundesstaat am Beispiel des Sports, 2005, S. 33.

[573] *Stern*, Staatsrecht I, 2. Aufl. 1984, S. 170; *Pieroth*, in: Jarass/Pieroth, Grundgesetz, 14. Aufl. 2016, Art. 79, Rn. 14; im Ergebnis wohl auch *Herdegen*, in: Maunz/Dürig, GG, Stand: 75. Erglf., September 2015, Art. 79, Rn. 98 ff.

[574] *Stern*, Staatsrecht I, 2. Aufl. 1984, S. 170.

[575] So im Ergebnis auch *Wolff*, Schriftliche Stellungnahme zur Anhörung in der 44. Sitzung des Rechtsausschusses am 29.01.2007, S. 1.

2. Kapitel: Notwendigkeit einer Staatszielbestimmung zugunsten des Sports

Nicht jede nach Art. 79 GG zulässige Verfassungsänderung ist auch sinnvoll[576] – so etwa, wenn die durch die Verfassungsänderung avisierten Wirkungen auch auf anderem Wege erreicht werden können. Deshalb muss vor jeder Änderung des Grundgesetzes im Rahmen einer verfassungspolitischen „Notwendigkeitsprüfung“[577] auch der Sinn und Zweck der beabsichtigten Änderung untersucht werden. Hierbei bildet der Konflikt zwischen den Ansprüchen des Grundgesetzes auf Unverbrüchlichkeit und dauerhafte Geltung und Beständigkeit einerseits[578] und auf Entwicklungsoffenheit andererseits stets den Ausgangspunkt[579]. Weil eine Verfassung nur dann ihre volle Wirkkraft entfalten kann, wenn sie nicht ständigen Änderungen unterliegt, hat der Anspruch auf Unverbrüchlichkeit grundsätzlich Vorrang[580]. Deshalb ist bei der Annahme der Notwendigkeit von Verfassungsänderungen Zurückhaltung geboten. Ausnahmsweise kann sich aber im Laufe der Zeit die Notwendigkeit ergeben, die Verfassung zu modifizie-

---

[576] *Hix*, Probleme der Normierung einer Sportklausel im Grundgesetz, 2013, S. 192.

[577] In dem Zusammenhang mit der Frage nach dem Erfordernis einer Verfassungsänderung hat sich wohl der Begriff der „Notwendigkeit“ durchgesetzt. Ausdrücklich von einer „Notwendigkeitsprüfung“ sprechend, *Hix*, Probleme der Normierung einer Sportklausel im Grundgesetz, 2013, S. 187; zur Notwendigkeit siehe im Übrigen nur *Bundesminister des Inneren/Bundesminister der Justiz (Hrsg.)*, Kommissionsbericht, 1983, S. 33, Rn. 28; *Dreher*, Staatsziele im Bundesstaat am Beispiel des Sports, 2005, S. 34, 62; *Fielenbach*, Die Notwendigkeit der Aufnahme des Tierschutzes in das Grundgesetz, 2005, S. 177. Deshalb wird auch nachfolgend aus Zweckmäßigkeitsgründen von der Notwendigkeit der Verfassungsänderung gesprochen, auch wenn der Begriff „Angeratenheit“, wie von *Michel*, Staatszwecke, Staatsziele und Grundrechtsinterpretation, 1986, S. 268, 280, verwendet und geprägt trefflicher erscheint. Denn bei politisch determinierten Entscheidungen gibt es immer Alternativen, von denen eine vorzugswürdig und deshalb angeraten und nicht notwendig ist.

[578] Das Prinzip der Unverbrüchlichkeit des Grundgesetzes besagt im Wesentlichen, dass die Funktion der Verfassung als Grundordnung des Staates auch für die Zukunft nach einer stabilen Ordnung verlangt; so etwa *Wolff*, Ungeschriebenes Verfassungsrecht, 2000, S. 106 m. w. N.; siehe hierzu im Übrigen nur die umfassenden Ausführungen bei *Stern*, Staatsrecht I, 2. Aufl. 1984, S. 72 und 86 ff. und *Kirchhof*, in: Isensee/Kirchhof, HdbStR, Band II, 3. Aufl. 2004, § 21, Rn. 1 ff.

[579] So im Ergebnis auch *Behnke*, in: Shikano/Behnke/Bräuninger, Jahrbuch für Handlungs- und Entscheidungstheorie, Band 5, 2009, S. 16; *Wahl*, in: Wahl, Verfassungsänderung, 2008, S. 29 ff.; *Wolff*, Ungeschriebenes Verfassungsrecht, 2000, S. 106.

[580] So sinngemäß auch *Kirchhof*, in: Isensee/Kirchhof, HdbStR, Band II, 3. Aufl. 2004, § 21, Rn. 38 ff.

ren[581]. Denn die Entwicklungsoffenheit und Anpassungsmöglichkeit tragen mittelbar wiederum auch zur Beständigkeit der Verfassung bei, weil sie vor einer Verfassungsablösung durch Revolution schützen[582]. Wenn also das Entwicklungselement Überhand gewinnt, kann eine Verfassungsänderung notwendig werden. Ab wann dies der Fall ist, lässt sich jedoch, wie bei verfassungspolitisch determinierten Fragen üblich, nicht generell beantworten[583].

In der Regel spielen die verschiedenen politischen Ansichten der entscheidungsbefugten Parlamentarier eine wesentliche Rolle[584]. Da es hier in erster Linie also darum geht, eine politische Entscheidung zu treffen, haben juristische Argumente nur noch den Charakter von verfassungspolitischen Forderungen[585]. Weil aber der Frage nach dem hier vordergründigen „Wie" immer diejenige nach dem „Ob" voranzustellen ist, soll trotz der Schwierigkeiten hier der Versuch unternommen werden, die teilweise in der Literatur[586] bereits vorhandenen Ansätze zur Beantwortung der Notwendigkeitsfrage aufzugreifen und einen praktikablen Ansatz zu entwickeln, der juristische Argumente und den Einfluss der unterschiedlichen politischen Auffassungen gleichermaßen berücksichtigt (sogleich unter A.). Anschließend wird anhand dieses Ansatzes die Notwendigkeit einer Staatszielbestimmung zugunsten des Sports nach heutigem Stand bewertet (nachfolgend unter B.).

---

[581] *Wahl*, in: Wahl, Verfassungsänderung, 2008, S. 29 f.; *Winterhoff*, Verfassung, 2007, S. 166.

[582] Nach *Kirchhof*, in: Isensee/Kirchhof, HdbStR, Band II, 3. Aufl. 2004, § 21, Rn. 20, wird die Flexibilität des Verfassungsgesetztes gerade durch ein Verfahren zur Verfassungsänderung sichergestellt und schützt so vor einer gänzlichen Verfassungsablösung oder Revolution; so auch *Dreier*, in: Dreier, GG, Band II, 3. Aufl. 2015, Art. 79 II, Rn. 14 m. w. N.; *Stern*, in: Spanner/Lerche/Zacher/Badura/Freiherr von Campenhausen, FG Maunz, 1971, S. 392.

[583] So heißt es bei *Loewenstein*, Über Wesen, Technik und Grenzen der Verfassungsänderung, 1961, S. 21, zu der Frage der Notwendigkeit einer Verfassungsänderung: „Allgemeine Kriterien lassen sich hier nicht aufstellen".

[584] *Wolff*, Schriftliche Stellungnahme zur Anhörung in der 131. Sitzung des Rechtsausschusses am 05.06.2002, S. 6; *Wolff*, Schriftliche Stellungnahme zur Anhörung in der 44. Sitzung des Rechtsausschusses am 29.01.2007, S. 2.

[585] *Wolff*, Schriftliche Stellungnahme zur Anhörung in der 131. Sitzung des Rechtsausschusses am 05.06.2002, S. 2 und 6; *Wolff*, Schriftliche Stellungnahme zur Anhörung in der 44. Sitzung des Rechtsausschusses am 29.01.2007, S. 1 f.

[586] Siehe etwa nur im Zusammenhang mit dem dem Sport, *Dreher*, Staatsziele im Bundesstaat am Beispiel des Sports, 2005, S. 35 f. und 62 f.; *Hix*, Probleme der Normierung einer Sportklausel im Grundgesetz, 2013, S. 192 ff.; *Wiesner*, Unionsziel Sportförderung, 2008, S. 165.

A. Notwendigkeit einer Verfassungsänderung

Für die Ermittlung der Notwendigkeit gibt es einen wohl herrschenden Ansatz, der hier unter dem Oberbegriff der sog. „Regelungslücken-Theorie“ dargestellt wird (dazu sogleich unter I.). Diesem soll ein weiterer Ansatz, die sog. „Rechtfertigungs-Theorie“ gegenübergestellt werden (dazu weiter unten unter II.) und im Rahmen dieser Gegenüberstellung das vorzugswürdige Konzept ermittelt werden.

I. Regelungslücken-Theorie

In der Literatur[587] wird überwiegend auf die Regelungslücken-Theorie zurückgegriffen, um die Notwendigkeit einer Verfassungsänderung zu bestimmen. Dies hat auch der Gesetzgeber bei Aufnahme der neuesten Staatszielbestimmung zum Tierschutz getan. Er hat sich aufgrund einer Regelungslücke beim Tierschutz zu der Aufnahme der Staatszielbestimmung in Art. 20a GG veranlasst gesehen[588].

1) Herleitung und Voraussetzungen

Zurück geht dieser Ansatz auf *Jellinek*[589], der im Rahmen seiner Überlegungen zur Verfassungswandlung – nicht zur Verfassungsänderung[590] – bei Vorhanden-

---

[587] Ausschließlich an eine Regelungslücke anknüpfend *Loewenstein*, Über Wesen, Technik und Grenzen der Verfassungsänderung, 1961, S. 21 f.; *Nolte*, Staatliche Verantwortung im Bereich Sport, 2004, S. 215; nur im Ausgangspunkt eine Regelungslücke voraussetzend, dann aber mit zusätzlichen Voraussetzungen *Bundesminister des Inneren/Bundesminister der Justiz (Hrsg.)*, Kommissionsbericht, 1983, S. 33, Rn. 28; *Bock*, Umweltschutz, 1990, S. 206 ff.; *Dreher*, Staatsziele im Bundesstaat am Beispiel des Sports, 2005, S. 35 f. und 62 f.; *Hix*, Probleme der Normierung einer Sportklausel im Grundgesetz, 2013, S. 192 ff.; *Michel*, Staatszwecke, Staatsziele und Grundrechtsinterpretation, 1986, S. 280 f. und 310 ff.; *Stern*, NWVBl. 1988, 1, 3; *Wiesner*, Unionsziel Sportförderung, 2008, S. 165.

[588] BT-Drs. 14/8860 vom 23.04.2002, S. 1.

[589] *Jellinek*, Verfassungsänderung und Verfassungswandlung, 1906, S. 44.

sein von „Verfassungslücken" primär den Gesetzgeber zur lückenschließenden Verfassungsänderung berufen sah. Denn eine textliche Änderung der Verfassung sei, insbesondere gegenüber einer Verfassungswandelung ohne textliche Änderungen, der sicherste Weg, um Verfassungslücken zu schließen. Aufbauend darauf hat sich die hier als Regelungslücken-Theorie dargestellte Methode für die Bestimmung der Notwendigkeit einer Verfassungsänderung[591] entwickelt; wobei es unter den Vertretern dieser Methode verschiedene Ansätze gibt.

Allen Ansätzen gemein ist, dass sie alle für die Notwendigkeit einer Verfassungsänderung stets eine Regelungslücke[592] fordern. Diese liege vor, wenn sich ein schützenswertes Gut, ein für die Allgemeinheit anerkennenswertes Gruppeninteresse oder eine wesentliche Staatsaufgabe ohne verfassungsrechtliche Regelung zum Nachteil des Gemeininteresses nicht behaupten könnte[593]. Dies sei anhand einer umfassenden Gesamtbetrachtung aller verffassungsrechtlicher Vorschriften zu bewerten, die einen Bezug zu dem fraglichen Gemeininteresse

---

[590] *Jellinek*, Verfassungsänderung und Verfassungswandlung, 1906, S. 3, unterscheidet streng zwischen Verfassungsänderung und Verfassungswandelung. Während die Wandelung eine Änderung der Verfassung sei, die den Verfassungstext unverändert belasse und durch Tatsachen hervorgerufen werden, die nicht von der Absicht oder dem Bewusstsein der Änderung begleitet sein müsse, liege eine Verfassungsänderung nur bei einer durch absichtliche Willensakte herbeigeführten formellen Änderung des Verfassungstextes vor. Vgl. dazu auch *Wolff*, Ungeschriebenes Verfassungsrecht, 2000, S. 29.

[591] Dieser Ansatz ist nicht zu verwechseln mit der im Zivilrecht anzusiedelnden Theorie zur Begründung einer Analogie. Danach können Vorschriften auf einen Sachverhalt, den sie an sich nicht erfassen und, der wegen einer planwidrigen Regelungslück gänzlich ungeregelt ist, bei Vorliegen einer vergleichbaren Sach- und Interessenlage analog angewendet werden. Vgl. dazu nur *Canaris/Larenz*, Methodenlehre der Rechtswissenschaft, 3. Aufl. 1995, S. 191 ff.; *Schmalz*, Methodenlehre, 4. Aufl. 1998, Rn. 372 ff.

[592] Synonym werden hier etwa auch die Begriffe „Verfassungslücke" – vgl. *Jellinek*, Verfassungsänderung und Verfassungswandlung, 1906, S. 44 – „Regelungsdefizit" – vgl. *Bundesminister des Inneren/Bundesminister der Justiz (Hrsg.)*, Kommissionsbericht, 1983, S. 33, Rn. 28 – und „Regelungslücke" verwendet. Weil sich letzterer in der Lit. durchgesetzt hat – siehe dafür nur *Dreher*, Staatsziele im Bundesstaat am Beispiel des Sports, 2005, S. 35 f. und 62 f.; *Michel*, Staatszwecke, Staatsziele und Grundrechtsinterpretation, 1986, S. 281; *Stern*, NWVBl. 1988, 1, 3; *Wiesner*, Unionsziel Sportförderung, 2008, S. 165 –, ist er besonders zweckmäßig und soll auch hier Verwendung finden.

[593] *Bundesminister des Inneren/Bundesminister der Justiz (Hrsg.)*, Kommissionsbericht, 1983, S. 33, Rn. 28; ähnliche Anforderungen sind etwa auch zu finden bei *Nolte*, Staatliche Verantwortung im Bereich Sport, 2004, S. 216.

aufweisen[594]. Nur, wenn auf Grundlage der kodifzierten Regelungen, auch im Auslegungswege, eine Behauptung des Gemeinintesseses nicht möglich wäre, könne von einer Lücke ausgegangen werden[595]. Als denkbare Konstellation wird etwa das Vorliegen von Mängeln oder Missständen bei der Auswahl oder der Erfüllung von Aufgaben durch die Gesetzgebung oder die sonstige Staatspraxis angeführt, die nur durch eine neue Verfassungsnorm behoben werden könnten [596]. Vereinzelt wird dann, nicht nur von einer Regelungslücke, sondern bereits von der Notwendigkeit einer Verfassungsänderung ausgegangen[597].

Ein anderer Ansatz will in bestimmten Konstellationen zunächst eine Lückenschließung durch Verfassungsinterpretation vorschalten[598]. Fehlt also im Hinblick auf eine konkrete verfassungsrechtliche Problemstellung ein einschlägiger geschriebener Verfassungssatz, weil der Verfassungsgeber das Problem nicht erkannt oder es für nicht praktisch relevant gehalten und bewusst nicht geregelt hat, so ist zunächst im Interpretationswege der hypothetische Normgeberwille zu ermitteln[599]. Ist dies nicht mit hinreichender Deutlichkeit möglich, so bleibt nur die Möglichkeit der Verfassungsänderung[600]. Nach diesem Ansatz ist also eine Lückenschließung durch eine Verfassungsänderung erst dann notwendig, wenn dies durch eine Verfassungsinterpretation nicht gelingt.

Der überwiegende Teil der Vertreter dieses Ansatzes fordert zwar keine vorherige Lückenschließung im Interpretationswege, stellt aber zusätzlich zu dem Vorliegen einer Regelungslücke weitere Anforderungen[601]. Diese unterscheiden

---

[594] *Hix*, Probleme der Normierung einer Sportklausel im Grundgesetz, 2013, S. 193.
[595] *Hix*, Probleme der Normierung einer Sportklausel im Grundgesetz, 2013, S. 193.
[596] *Bundesminister des Inneren/Bundesminister der Justiz (Hrsg.)*, Kommissionsbericht, 1983, S. 33, Rn. 28; *Dreher*, Staatsziele im Bundesstaat am Beispiel des Sports, 2005, S. 63.
[597] *Loewenstein*, Über Wesen, Technik und Grenzen der Verfassungsänderung, 1961, S. 21 f.; wohl auch *Jellinek*, Verfassungsänderung und Verfassungswandlung, 1906, S. 44, der primär (vor einer Lückenschließung durch Gewohnheitsrecht) den Gesetzgeber zum Tätigwerden berufen sieht.
[598] *Lindner*, Theorie der Grundrechtsdogmatik, 2004, S. 149, Fn. 96; ähnlich *Kirchhof*, in: Isensee/Kirchhof, HdbStR, Band II, 3. Aufl. 2004, § 21, Rn. 45; *Wolff*, Ungeschriebenes Verfassungsrecht, 2000, S. 21 m. w. N.
[599] *Lindner*, Theorie der Grundrechtsdogmatik, 2004, S. 149, Fn. 96; ähnlich *Kirchhof*, in: Isensee/Kirchhof, HdbStR, Band II, 3. Aufl. 2004, § 21, Rn. 45.
[600] *Lindner*, Theorie der Grundrechtsdogmatik, 2004, S. 149, Fn. 96; ähnlich *Wolff*, Ungeschriebenes Verfassungsrecht, 2000, S. 21 m. w. N.
[601] *Bundesminister des Inneren/Bundesminister der Justiz (Hrsg.)*, Kommissionsbericht, 1983, S. 33, Rn. 28; *Dreher*, Staatsziele im Bundesstaat am Beispiel des Sports, 2005, S. 62 f.; *Hix*,

sich von einander insbesondere in Abhängigkeit davon, wie viel Bedeutung der Unverbrüchlichkeit des Grundgesetzes in seinem aktuellen Bestand beigemessen wird. So wird vereinzelt bereits das zusätzliche Bestehen eines „öffentlichen Interesses“ für ausreichend erachtet[602]. Strenger sind die Vertreter, die, nachdem sie das Bestehen der Regelunglücke in einem sog. „Notwendigkeits-Test“ festgestellt haben, einen sog. „Geeignetheits-Test“ durchführen und schließlich eine Beurteilung anstellen, ob die erwogene Verfassungsänderung „nach Ziel, Inhalt und Mittel und hinsichtlich des gewählten Zeitpunktes vernünftig und politisch zweckmäßig ist“[603]. In eine ähnliche Richtung geht der Ansatz, der zusätzlich verlangt, dass die Verfassungsänderung geeignet sein muss, die verfassungsmäßige Ordnung zu verbessern, weil infolge der Lücke ein „besonderes Regelungsbedürfnis“ gegeben ist und, dass ein sog. „verfassungspolitischer Stimmigkeitstest“ bestanden wird, bei dem zu prüfen ist, ob sich die Änderung stimmig in die Verfassungskonzeption einfügt oder ihr zuwider läuft [604]. Ein besonderes Regelungsbedürfnis liege vor, wenn die Verfassung Schwachstellen aufweist, die nur durch eine Änderung des Wortlauts der Verfassung behoben werden können[605].

Alle Ansätze haben gemein, dass eine Regelungslücke zwingende Voraussetzung ist. Liegt eine Regelungslücke nicht vor, so besteht kein Bedürfnis für eine Verfassungsänderung[606]. Schon deswegen setzt die Regelunglücken-Theorie einen eher strengen Maßstab an, der tendenziell dazu führt, dass eine Verfassungsänderung selten für notwendig zu erachten sein wird. Dieser strenge Maßstab findet in dem Anspruch des Grundgesetzes auf Unverbrüchlichkeit und

---

Probleme der Normierung einer Sportklausel im Grundgesetz, 2013, S. 192 ff.; *Michel*, Staatszwecke, Staatsziele und Grundrechtsinterpretation, 1986, S. 280 ff.; *Stern*, NWVBl. 1988, 1, 3; *Wiesner*, Unionsziel Sportförderung, 2008, S. 165.

[602] *Wiesner*, Unionsziel Sportförderung, 2008, S. 165.

[603] *Bundesminister des Inneren/Bundesminister der Justiz (Hrsg.)*, Kommissionsbericht, 1983, S. 33, Rn. 28; ähnlich *Michel*, Staatszwecke, Staatsziele und Grundrechtsinterpretation, 1986, S. 281, 310, 318.

[604] So *Dreher*, Staatsziele im Bundesstaat am Beispiel des Sports, 2005, S. 62 f.; begriffsprägend für letzteres, *Stern*, NWVBl. 1988, 1, 3; ähnlich *Hix*, Probleme der Normierung einer Sportklausel im Grundgesetz, 2013, S. 192 ff.

[605] *Dreher*, Staatsziele im Bundesstaat am Beispiel des Sports, 2005, S. 64 ff., der insoweit auch von einer „Reparaturfunktion“ von Verfassungsänderungen spricht.

[606] *Dreher*, Staatsziele im Bundesstaat am Beispiel des Sports, 2005, S. 36.

dauerhafte Geltung seine Stütze[607]. Denn je höher die Anforderungen an die Annahme der Notwendigkeit einer Verfassungsänderung sind, desto seltener wird sie vorliegen und das Grundgesetz unangetastet bleiben.

2) Gründe gegen die Regelungslücken-Theorie

Die Regelungslücken-Theorie wird den Anforderungen des Grundgesetzes jedoch nicht zur Gänze gerecht. Wie in der in Art. 79 GG vorgesehenen Möglichkeit einer Grundgesetzänderung zum Ausdruck kommt, hat das Grundgesetz nicht nur den Anspruch auf dauerhafte Geltung, sondern es möchte auch im Hinblick auf veränderte Gesamtumstände flexibel sein[608]. Denn eine Verfassung kann nur dann umfassende Wirkkraft entfalten, wenn sie sich nicht zu weit von den gelebten Regeln und Wertvorstellungen entfernt[609]. Dagegen verliert eine Verfassung an Akzeptanz und damit an Gültigkeit und Effektivität, wenn sie grundlegende Werte und Konfliktlinien einer Gesellschaft nicht mehr abbildet[610]. Deshalb will das Grundgesetz nicht nur beständig, sondern zugleich änderungs- und anpassungsfähig sein[611]. Durch die strenge Regelungslücken-Theorie würde die Entwicklungsoffenheit des Grundgesetzes aber übermäßig eingeschränkt.

---

[607] So auch *Dreher*, Staatsziele im Bundesstaat am Beispiel des Sports, 2005, S. 64 f.; zum Anspruch auf dauerhafte Geltung des Grundgesetztes siehe *Degenhart*, Staatsrecht I, 31. Aufl. 2015, Rn. 14 f.; *Maurer*, Staatsrecht I, 6. Aufl. 2010, § 1, Rn. 37; *Kirchhof*, in: Isensee/Kirchhof, HdbStR, Band II, 3. Aufl. 2004, § 21, Rn. 3, 9 ff.; *Stern*, Staatsrecht I, 2. Aufl. 1984, S. 72 und 86 ff.; *Winterhoff*, Verfassung, 2007, S. 120 f., 166.

[608] In diesem Sinne etwa auch *Behnke*, in: Shikano/Behnke/Bräuninger, Jahrbuch für Handlungs- und Entscheidungstheorie, Band 5, 2009, S. 16; *Kirchhof*, in: Isensee/Kirchhof, HdbStR, Band II, 3. Aufl. 2004, § 21, Rn. 41 – „[...] eine zu starre Verfassung zerbricht regelmäßig an der Entwicklung des Staatswesens [...]“; zur Polarität der „Starrheit“ und „Beweglichkeit“ der Verfassung *Hesse*, Grundzüge des Verfassungsrechts, 20. Aufl. 1999, Rn. 36 f.

[609] *Behnke*, in: Shikano/Behnke/Bräuninger, Jahrbuch für Handlungs- und Entscheidungstheorie, Band 5, 2009, S. 16.

[610] *Behnke*, in: Shikano/Behnke/Bräuninger, Jahrbuch für Handlungs- und Entscheidungstheorie, Band 5, 2009, S. 16.

[611] *Behnke*, in: Shikano/Behnke/Bräuninger, Jahrbuch für Handlungs- und Entscheidungstheorie, Band 5, 2009, S. 16; *Brenner*, AöR 1995 (Bd. 120), 248, 253 m. w. N.

Auch bedarf es eines derart strengen Ansatzes nicht. Denn der Unverbrüchlichkeitsanspruch des Grundgesetzes wird bereits durch die strengen Grenzen für Änderungen in Art. 79 GG hinreichend gewährleistet. Damit das Grundgesetz nicht seine Entwicklungsoffenheit verliert und zu starr wird, muss die noch vor dem Eingreifen der Sicherungsinstrumente des Art. 79 GG ansetzende Frage, ob eine Verfassungsänderung überhaupt notwendig ist, nicht mehr derart strengen Vorgaben unterliegen, wie sie die Regelungslücken-Theorie aufstellt.

Deshalb kann die Konstellation der Regelungslücke nicht der einzige Fall sein, in dem eine Verfassungsänderung notwendig wird[612]. Dies belegt auch ein Blick auf die bisherigen Verfassungsnovellen[613]. Insbesondere bei den Kompetenzverschiebungen zwischen Bund und Ländern, wie etwa im Rahmen der Föderalismusreform im Jahr 2006, zeigt sich, dass eine Regelungslücke nicht zwingend erforderlich ist. Die Kompetenzen waren auch vor der Novellierung zwischen Bund und Ländern verteilt und somit keine Lücke vorhanden. Ausweislich der Einsetzungsbeschlüsse von Bundestag und Bundesrat[614] wurde die gemeinsame Kommission von Bundestag und Bundesrat zur Modernisierung der bundesstaatlichen Ordnung daher auch mit „dem Ziel, die Handlungs- und Entscheidungsfähigkeit von Bund und Ländern zu verbessern“[615] eingesetzt und nicht, weil etwa eine Regelunglücke vorhanden war. Zu denken ist auch an den Fall, dass die Verfassung einen Sachverhalt zwar regelt, aufgrund veränderter tatsächlicher Gegebenheiten aber eine andersartige vielleicht sogar inhaltlich genau gegenteilige Regelung angebracht wäre[616]. Auch hier ist eine Regelungslücke nicht gegeben, eine Änderung erscheint aber notwendig.

---

[612] So aber die vertreter der Regelunglücken-Theorie.

[613] Eine schöne Übersicht über die bisherigen Verfassungsnovellen mit entsprechenden Begründungsansätzen ist zu finden bei *Maurer*, Staatsrecht I, 6. Aufl. 2010, § 5, Rn. 13 ff.

[614] Bundestagsbeschluss vom 14.10.2003, BT-Drs. 15/1685, S. 1; Bundesratsbeschluss vom 17.10.2003, BR-Drs. 750/03, S. 1

[615] BT-Drs. 15/1685 vom 14.10.2003 und BR-Drs. 750/03 vom 17.10.2003.

[616] In diesem Sinne hat sich auch die Gemeinsame Verfassungskommission bei der Bewertung des Änderungsbedarfs gefragt, „ob die zukünftige Entwicklung mit den gegenwärtigen Rechtsinstrumenten gemeistert werden kann“; Bericht der Gemeinsamen Verfassungskommission, BT-Drs. 12/6000 vom 05.11.1993, S. 13; so auch *Denninger*, Menschenrechte und Grundgesetz, 1994, S. 14.

II. Rechtfertigungs-Theorie

Deshalb gilt es eine Methode für die Bewertung der Notwendigkeit von Verfassungsänderungen zu finden, die zum einen die auch zutreffenden Ansätze der Regelungslücken-Theorie aufgreift und zum anderen weitere Konstellationen notwendiger Änderungen erfasst und so die Entwicklungsoffenheit des Grundgesetzes wahrt. Diesen Anforderungen wird der hier als „Rechtfertigungs-Theorie" bezeichnete Ansatz gerecht, weshalb er favorisiert und als Maßstab für die Bewertung der konkreten Notwendigkeit einer Staatszielbestimmung zugunsten des Sports herangezogen wird. Bevor eine konkrete Bewertung anhand der Rechtfertigungs-Theorie erfolgen kann, müssen die Theorie und die danach zu stellenden Voraussetzungen für die Annahme der Notwendigkeit einer Verfassungsänderung nach diesem Ansatz hergeleitet werden.

1) Herleitung und Gründe für die Rechtfertigungs-Theorie

Die Rechtfertigungs-Theorie fußt auf folgender Ausgangsüberlegung: Aufgrund des Anspruchs von Verfassungen auf Unverbrüchlichkeit und dauerhafte Geltung haben Verfassungsänderungen immer den Charakter einer Ausnahme[617]. Ausnahmen sind stets rechtfertigungsbedürftig[618]. Dies gilt somit auch für Verfassungsänderungen[619]. Ist eine Verfassungsänderung aber gerecht-

---

[617] *Wahl*, in: Wahl, Verfassungsänderung, 2008, S. 37; so im Ergebnis auch *Kirchhof*, in: Isensee/Kirchhof, HdbStR, Band II, 3. Aufl. 2004, § 21, Rn. 38 ff.

[618] So etwa auch *BVerwG*, Urt. v. 20.08.2014 - 6 C 15.13 - juris, Rn. 28 und 53, für die verfassungsrechtlich rechtfertigungsbedürftige weil ausnahmsweise Unterwerfung von Fernsehproduktionen unter die Abgabepflicht für Kinofilme in § 66a Abs. 1 Satz 1 FFG; oder *Pünder*, in: Isensee/Kirchhof, HdbStR, Band V, 3. Aufl. 2007, § 123, Rn. 55, für den Staatskredit als bloßes Instrument der ergänzenden Bedarfsdeckung und damit als rechtfertigungsbedürftigen Ausnahmefall; und allgemein so zum Verhältnis grundrechtlicher Freiheit und dem rechtfertigungsbedürftigen Ausnahmefall der staatlichen Intervention, *Di Fabio*, in: Maunz/Dürig, GG, Stand: 75. Erglf., September 2015, Art. 2 Abs. 1, Rn. 76.

[619] Ähnlich *Wolff*, Protokoll der 131. Sitzung des Rechtsausschusses vom 05.06.2002, S. 11 und *Wolff*, Protokoll der 44. Sitzung des Rechtsausschusses des Bundestags vom 29.01.2007, S. 21 – die erste Anhörung betraf die Aufnahme einer antifaschistischen Klausel, die zweite die Aufnahme der Kultur und des Sports in das Grundgesetz; etwa auch *Dreher*, Staatsziele im Bundesstaat am Beispiel des Sports, 2005, S. 87, und *Steiner*, NJW 1991, 2729, 2730, stellen auf die Rechtfertigung eines „verfassungsrechtlichen Rebreaks" ab.

fertigt, so darf sie auch für notwendig erachtet werden. Gerechtfertigt sind Verfassungsänderungen nach ihrem Sinn und Zweck, wenn sie als notwendige Reparaturen die bestehende freiheitliche demokratische Grundordnung wahren[620] oder die Wirkungsweise und Leistungsfähigkeit der Verfassung und des Verfassungsrechts verbessern[621]. Die Verbesserungswürdigkeit und -fähigkeit einer Verfassung hat sich insbesondere nach den Kriterien der Vernunft, der Angemessenheit und der Zweckmäßigkeit einer Änderung zu bemessen[622]. Nach der Vernunft bzw. Zweckmäßigkeit und insbesondere der Angemessenheit wird auch im Rahmen des Kernstücks der Rechtfertigungsprüfung staatlicher Eingriffe in geschützte Rechtspositionen gefragt, der Prüfung der Verhältnismäßigkeit von Eingriffen[623]. Auch deshalb liegt der Schluss nahe, die dazu entwickel-

---

[620] *Hix*, Probleme der Normierung einer Sportklausel im Grundgesetz, 2013, S. 187; in diesem Sinne auch die anderen Vertreter der Regelungslückentheorie wie etwa *Depenheuer*, DVBl. 1987, 809, 810; *Dreher*, Staatsziele im Bundesstaat am Beispiel des Sports, 2005, S. 67; *Stern*, in: Spanner/Lerche/Zacher/Badura/Freiherr von Campenhausen, FG Maunz, 1971, S. 392 f.

[621] *Bundesminister des Inneren/Bundesminister der Justiz (Hrsg.)*, Kommissionsbericht, 1983, S. 29 f., Rn. 22; so auch *Denninger*, Menschenrechte und Grundgesetz, 1994, S. 14; *Depenheuer*, DVBl. 1987, 809, 810; und im Ergebnis auch der Ansatz des Bundestags und Bundesrats, die die gemeinsame Kommission zur Modernisierung der bundesstaatlichen Ordnung mit dem Ziel einsetzten, „die Handlungs- und Entscheidungsfähigkeit von Bund und Ländern zu verbessern", vgl. BT-Drs. 15/1685 vom 14.10.2003, S. 1 und BR-Drs. 750/03 vom 17.10.2003, S. 1; so wohl auch *Dreher*, Staatsziele im Bundesstaat am Beispiel des Sports, 2005, S. 35, 64; *Hix*, Probleme der Normierung einer Sportklausel im Grundgesetz, 2013, S. 192 und 194 f., die beide an anderer Stelle etwas widersprüchlich auf die „Reparaturfunktion" von Verfassungsänderungen abstellen, *Dreher*, Staatsziele im Bundesstaat am Beispiel des Sports, 2005, S. 67; *Hix*, Probleme der Normierung einer Sportklausel im Grundgesetz, 2013, S. 187. Diese Unklarheit ist wohl auf den Umstand zurückzuführen, dass beide im Ergebnis auch eine Regelungslücke zwingend fordern möchten, diese bei einem verbessernden Ansatz aber nicht der einzige Ansatz für eine Verfassungsänderung sein kann. Eine Gegenüberstellung der Auffassungen ist zu finden bei *Stern*, in: Spanner/Lerche/Zacher/Badura/Freiherr von Campenhausen, FG Maunz, 1971, S. 392 f.

[622] *Bundesminister des Inneren/Bundesminister der Justiz (Hrsg.)*, Kommissionsbericht, 1983, S. 29 f., Rn. 22; *Denninger*, Menschenrechte und Grundgesetz, 1994, S. 13; *Michel*, Staatszwecke, Staatsziele und Grundrechtsinterpretation, 1986, S. 318.

[623] Zum Inhalt und zur Bedeutung der Verhältnismäßigkeit im Rahmen der Rechtfertigungsprüfung von Grundrechtseingriffen siehe nur *Epping*, Grundrechte, 6. Aufl. 2015, Rn. 49 ff. – „eines der entscheidenden Elemente der Grundrechtsdogmatik" –; *Maurer*, Staatsrecht I, 6. Aufl. 2010, § 8, Rn. 55 ff.; *Pieroth/Schlink/Kingreen/Poscher*, Staatsrecht II, 31. Aufl. 2015, Rn. 297 ff.– die „bedeutsamste Schranken-Schranke"; aus der Rspr. mit Nachweisen für st. Rspr. siehe nur *BVerfG*, Besch. v. 13.06.2007 - 1 BvR 1550/03 u.a. - BVerfGE 118, 168, 193 ff.

ten Gedanken auch auf die Klärung der Frage nach der Notwendigkeit einer Verfassungsänderung in modifizierter Form zu übertragen[624].

Dieser Ansatz findet zudem bei den meisten Vertretern der Regelungslücken-Theorie eine Stütze, die neben der Regelungslücke das Vorliegen weiterer Voraussetzungen für die Annahme einer schließungsbedürftigen Regelungslücke fordern[625], die sehr an diejenigen aus der Verhältnismäßigkeitsprüfung im Rahmen der Rechtfertigung von Grundrechtseingriffen erinnern[626]. Im Ausgangspunkt bedarf es immer einer schließungsbedürftigen Regelungslücke. Diese korrespondiert mit dem legitimen Ziel eines Grundrechtseingriffs. Der sich daran anschließende „Geeignetheits-Test“ [627] erfolgt auch entsprechend bei einer Rechtfertigungsprüfung. In einem dritten Schritt wird in einem „Notwendigkeits-Test“[628] geprüft, ob ein „besonderes Regelungsbedürfnis“[629] besteht. Dies ist dann der Fall, wenn sich das von der Lücke betroffene Gruppeninteresse ohne eine verfassungsrechtliche Regelung nicht behaupten kann. Dies entspricht der Erforderlichkeit im Rahmen der Rechtfertigungsprüfung, bei der auch untersucht wird, ob sich das eingriffsrechtfertigende Gut auch ohne den Eingriff wegen eines gleich geeigneten aber milderen Mittels behaupten kann. Abschließend wägen die Vertreter der Regelungslücken-Theorie in einem „verfassungspolitischen Stimmigkeitstest“[630] ab, ob die Verfassungsänderung

[624] Ähnlich auch *Scholz*, in: Maunz/Dürig, GG, Stand: 75. Erglf., September 2015, Art. 20a, Rn. 17 (siehe auch Aussage im Rechtsausschuss zur Sportförderung), der in Zusammenhang mit der Aufnahme des Umweltschutzes als Staatszielbestimmung davon spricht, dass diese „materiell gerechtfertigt“ war; in eine ähnliche Richtung tendiert *Hammerstingl*, Erforderlichkeit staatlicher Regelungen im Skisport, 2011, S. 37, 48 f., der sich im Rahmen seiner Abhandlung nach der „Erforderlichkeit“ einer Staatszielbestimmung Sport fragt bzw. danach ob sie „sinnvoll oder gar geboten“ ist; ähnlich darauf abstellend, ob die Staatszielbestimmung gerechtfertigt ist *Hebeler*, SpuRt 2003, 221, 223; *Streinz*, Causa Sport 2009, 106, 115.
[625] Siehe dazu oben unter 2. Kapitel, A. I. 1).
[626] Siehe nur das Schema bei *Epping*, Grundrechte, 6. Aufl. 2015, Rn. 48 ff.
[627] *Bundesminister des Inneren/Bundesminister der Justiz (Hrsg.)*, Kommissionsbericht, 1983, S. 33, Rn. 28.
[628] *Bundesminister des Inneren/Bundesminister der Justiz (Hrsg.)*, Kommissionsbericht, 1983, S. 33, Rn. 28.
[629] *Dreher*, Staatsziele im Bundesstaat am Beispiel des Sports, 2005, S. 63 f.; *Hix*, Probleme der Normierung einer Sportklausel im Grundgesetz, 2013, S. 194 f.; *Stern*, in: Becker/Bull/Seewald, FS Thieme, 1993, S. 274; *Zimmermann*, Förderung des Sports, 2000, S. 68.
[630] Begriffsprägend *Stern*, NWVBl. 1988, 1, 3; so auch *Dreher*, Staatsziele im Bundesstaat am Beispiel des Sports, 2005, S. 63; ähnlich *Hix*, Probleme der Normierung einer Sportklausel im Grundgesetz, 2013, S. 195, 267 – „Verfassungskonzeptionelle Stimmigkeit“.

sich stimmig in die Verfassungskonzeption einfügt oder ihr zuwider läuft und, ob sie vernünftig und politisch zweckmäßig ist. Die Ähnlichkeiten zur Angemessenheitsprüfung sind unverkennbar.

Schließlich sind auch keine Gründe ersichtlich, die gegen die Rechtfertigungs-Theorie sprechen. Die Übertragung der Grundsätze aus der Rechtfertigungsprüfung auf die „freie" schöpferische verfassungsändernde Tätigkeit der Legislative mag zwar auf den ersten Blick bedenklich er-scheinen. Denn dieses „strenge" Schema wurde nicht für die freie verfassungsändernde Tätigkeit der unmittelbar demokratisch legitimierten Legislative entwickelt, sondern zur Rechtfertigung „einfacher" Eingriffe in den abwehr-rechtlichen Gehalt von Grundrechten[631]. Die schöpferische Tätigkeit der verfassungsändernden Gewalt an denselben Maßstäben wie das sonstige „einfache" staatliche Handeln zu messen, könnte daher als eine Herabwürdigung der unmittelbaren demokratischen Legitimierung (miss-) verstanden werden. Dem ist entgegenzuhalten, dass die Rechtfertigungs-Theorie nicht die unveränderte Übertragung der Maßstäbe aus der Eingriffsverwaltung auf die verfassungsändernde Tätigkeit der Legislative bedcutet. Lediglich das Prüfungsschema des Kernstücks der Rechtfertigungsprüfung, die Verhältnismäßigkeitsprüfung, wird als „Gerüst" für die Einordnung der auch nach einem Großteil Vertreter der Regelungslücken-Theorie zu prüfenden Punkte gebraucht. Der Prüfungsinhalt orientiert sich stark an der Regelungslücken-Theorie und ist daher ein anderer[632].

2) Voraussetzungen

Die Rechtfertigungs-Theorie stellt an die Notwendigkeit einer Verfassungsänderung vier Anforderungen. Die Änderung muss ein legitimes Ziel verfolgen (sogleich unter a)), sie muss geeignet sein, um das angestrebte Ziel zu erreichen (nachfolgend unter b)), sie muss erforderlich sein, weil das Ziel mit anderen

---

[631] Zu den Wurzeln des Grundsatzes der Verhältnismäßigkeit im Bereich des Polizeirechts und dort zum Zwecke der Beschränkung polizeilicher Eingriffe in Freiheit und Eigentum – eine Grundrechtseinschränkung war nur zulässig (gerechtfertigt), wenn sie zur Erreichung eines legitimen Zwecks geeignet, erforderlich und angemessen war – siehe *Maurer*, Staatsrecht I, 6. Aufl. 2010, § 8, Rn. 55 f.

[632] Dazu sogleich im Rahmen der Voraussetzungen unter 2. Kapitel, A. II. 2).

Mitteln, also insbesondere ohne Verfassungsänderung, nicht mit derselben Effektivität erreicht werden kann (dazu unter c)) und sie muss verfassungspolitisch angemessen sein (dazu unter d)).

a) Legitimes Ziel

Der Sinn und Zweck von Verfassungsänderungen besteht darin, die Wirkungsweise und die Leistungsfähigkeit der Verfassung und des Verfassungsrechts zu verbessern[633]. Deshalb ist ein legitimes Ziel gegeben, wenn eine Verfassungsänderung zur Verbesserung der Wirkungsweise oder Leistungsfähigkeit der Verfassung beiträgt. Den Maßstab für die aktuelle Leistungsfähigkeit und Wirkungsweise einer Verfassung bilden die tatsächlichen Gegebenheiten. Denn eine Verfassung knüpft immer an diese an und muss ihnen Rechnung tragen[634]. Deshalb verfolgt eine Verfassungsänderung ein legitimes Ziel, wenn sie im Hinblick auf die tatsächlichen Gegebenheiten beabsichtigt die Wirkungsweise oder die Leistungs-fähigkeit der Verfassung zu verbessern. Das kann dann der Fall sein, wenn angesichts gewandelter tatsächlicher Gegebenheiten Regelungs-lücken in der Verfassung festgestellt werden, sie defizitär oder interpretationsbedürftig wird oder unter dem Druck gesellschaftlicher Veränderungen angepasst werden muss[635]. Aufbauend darauf werden nachfolgend einige Konstellationen eines legitimen Verfassungsänderungsziels angeführt, die jedoch nicht abschließend, sondern nur exemplarisch zu verstehen sind. Denn ein Verbesserungsbedürfnis kann sich auch aus bislang unabsehbaren tatsächlichen Gegebenheiten ergeben.

---

[633] Dazu bereits oben unter 2. Kapitel, A. II. 1).
[634] *Isensee*, in: Isensee/Kirchhof, HdbStR, Band II, 3. Aufl. 2004, § 15, Rn. 180; in diesem Sinne auch *Smend*, Staatsrechtliche Abhandlungen, 1955, S. 189; *Hesse*, in: Benda/Maihofer/Vogel, HdbVerfR BRD, 2. Auf. 1994, § 1, Rn. 5 ff.; in Zusammenhang mit der Frage nach einer Staatszielbestimmung zugunsten des Sports auf die Entwicklung der tatsächlichen Gegebenheiten abstellend *Wolff*, Protokoll der 44. Sitzung des Rechtsausschusses des Bundestags vom 29.01.2007, S. 21
[635] *Behnke*, in: Shikano/Behnke/Bräuninger, Jahrbuch für Handlungs- und Entscheidungstheorie, Band 5, 2009, S. 17.

aa) Schließung von Regelungslücke

Ein nach obigen Ausführungen allgemein anerkanntes Ziel von Verfassungsänderungen ist die Schließung von Regelungslücken, da ein Lückenschluss denklogisch zur Verbesserung der Verfassung beiträgt. Eine Regelungslücke ist gegeben, wenn „sich ein schützenswertes Gut, ein für die Allgemeinheit anerkennenswertes Gruppeninteresse oder eine wesentliche Staatsaufgabe ohne die verfassungsrechtliche Regelung zum Nachteil des Gemeininte-Gemeininteresses nicht behaupten könnte“[636]. Hierbei handelt es sich um eine zweigliedrige Prüfung: Zunächst muss der betroffene Belang die Qualität eines der benannten Gemeininteressen haben. Um eine Überfrachtung des Grundgesetzes mit einem „bunten Strauß von Wünschbarkeiten“ zu verhindern, muss das Gemeininteresse gesamtgesellschaftlich oder für die Freiheit des einzelnen elementare bzw. konstitutive Bedeutung haben[637]. In einem zweiten Schritt wird geprüft, ob die Möglichkeit besteht, dass sich das Gemeininteresse ohne verfassungsrechtliche Regelung nicht behaupten kann. Wie bereits die Ausgangsdefinition mit dem Wort „könnte“ andeutet, reicht für die Annahme einer Regelungslücke bereits die Möglichkeit der Nicht-Behauptung aus[638]. Denn die Frage nach der Nicht-Behauptung stellt auch einen Teilaspekt der Prüfung der Erforderlichkeit der Verfassungsänderung dar und wird dort vertieft geprüft. Voraussetzung für ein legitimes Ziel ist demnach die bloße „Möglichkeit eines Regelungsdefizits“[639] bzw. einer Regelungslücke.

---

[636] *Bundesminister des Inneren/Bundesminister der Justiz (Hrsg.)*, Kommissionsbericht, 1983, S. 33, Rn. 28.

[637] *Sterzel*, ZRP 1993, 13, 17.

[638] Im Rahmen der Regelungslücken-Theorie weitaus strenger etwa *Dreher*, Staatsziele im Bundesstaat am Beispiel des Sports, 2005, S. 66 f., der den Reformzustand erst dann erreicht sieht, wenn „wenn sich die Wirklichkeit so weit von den verfassten Prinzipien entfernt hat, dass diese nicht mehr als verbindlich angesehen werden.“; ähnlich streng *Stern*, Staatsrecht I, 2. Aufl. 1984, S. 87. Dabei wird jedoch verkannt, dass die Ermittlung eines legitimen Ziels durch die geltungserhaltende Flexibilität des Grundgesetztes geprägt ist, während strengere auf der Unverbrüchlichkeit des Grundgesetzes beruhende Prüfung erst im Rahmen der Erforderlichkeit erfolgt. Deshalb ist an dieser Stelle allein auf die Möglichkeit abzustellen.

[639] *Bundesminister des Inneren/Bundesminister der Justiz (Hrsg.)*, Kommissionsbericht, 1983, S. 33, Rn. 28; auch *Dreher*, Staatsziele im Bundesstaat am Beispiel des Sports, 2005, S. 63, stellt auf die „möglichen verfassungsrechtlichen Schwachstellen“ ab.

bb) Gestalterische Verfassungsänderung

Neben dieser eher reaktiven Verbesserung, kann aber auch eine aktive Verbesserung der Verfassung ein legitimes Ziel darstellen; insofern wird nachfolgend von einer gestalterischen Verfassungsänderung gesprochen. Denn eine Verfassung muss immer an die tatsächlichen Gegebenheiten anknüpfen und ihnen Rechnung tragen[640]. Das bedeutet, dass nicht nur der Wandel der tatsächlichen Gegebenheiten sich auf die Verfassung auswirken und zu einer Regelungslücke führen kann. Auch umgekehrt, kann die Verfassung auf die tatsächlichen Gegebenheiten Impulse ausüben und diesen so eine Entwicklungsrichtung vorgeben[641]. Denn die Verfassung und die Verfassungswirklichkeit stehen in einer Wechselbeziehung zueinander und wirken aufeinander ein, sodass sich einerseits aus der Verfassungswirklichkeit Anpassungsbedarf für die Verfassung ergeben kann, aber auch umgekehrt Änderungen der Verfassung sich auf die Verfassungswirklichkeit auswirken können[642]. Zu denken ist hierbei insbesondere an die in einer Verfassung verankerten Werte- und Moralvorstellungen, die in und von der Gesellschaft gelebt und erfahren werden[643]. Sofern weder einfache Gesetze noch die Verfassung bislang die gewünschte Impulswirkung zu erbringen vermochten, kann auch in einer Verfassungsänderung zu diesem Zweck eine Verbesserung der Verfassung und somit ein legitimes Ziel zu sehen sein. Ein rein ausschließlich „reparierender“ auf das Vorhandensein einer Regelungslücke abstellender Ansatz[644] würde dagegen zu kurz greifen. Denn dadurch würde die

---

[640] So bereits oben unter 2. Kapitel, A. II. 2) a).

[641] So auch *Nolte*, Schriftliche Stellungnahme zur Anhörung in der 44. Sitzung des Rechtsausschusses am 20.01.2007, S. 7, der sehr anschaulich von einer „wechselseitigen Beziehung“ zwischen den normierten Verfassungswerten und den gesellschaftlichen Überzeugungen spricht.

[642] *Bock*, Umweltschutz, 1990, S. 332 f; *Hesse*, in: Ehmke/Kaiser/Kewenig/Meessen/Rüfner, FS Scheuner, 1973, S.137 f.; im Ergebnis so wohl auch *Fischer*, Staatszielbestimmungen, 1994, S. 11; *Bundesminister des Inneren/Bundesminister der Justiz (Hrsg.)*, Kommissionsbericht, 1983, S. 104, Rn. 166; in diesem Sinne auch *Murswiek*, in: Sachs, GG, 7. Aufl. 2014, Art. 20a, Rn. 25.

[643] *Nolte*, Schriftliche Stellungnahme zur Anhörung in der 44. Sitzung des Rechtsausschusses am 20.01.2007, S. 7; verwiesen sei insofern auf die bereits unter 1. Kapitel, A. VI. 2), angesprochene integrierende, edukatorische und appellative Wirkung von Staatszielbestimmungen für die Gesellschaft.

[644] So aber *Dreher*, Staatsziele im Bundesstaat am Beispiel des Sports, 2005, S. 67 – „Verfassungsänderungen können immer nur Reparaturfunktion haben. Ein stetes Anpassen an den Zeitgeist hat zu unterbleiben“.

Impulswirkung der Verfassung verkannt und ihre Erstarrung gefördert, was mit dem hier verfolgten „mehrgleisigen" Ansatz gerade verhindert werden soll.

cc) Verbesserung der Handlungsfähigkeit des Staates

Schließlich sei noch das legitime Ziel der Verbesserung der Handlungsfähigkeit des Staates angeführt, welches die Gemeinsame Kommission zur Föderalismusreform zur Grundgesetzänderung veranlasst hat[645]. Im Ergebnis knüpft auch diese an die tatsächlichen Gegebenheiten an. Denn die Erfüllung staatlicher Aufgaben kann beispielsweise dann durch eine Kompetenzverschiebung besser gewährleistet werden, wenn es wegen einer Veränderung in der finanziellen Ausstattung oder wegen einer veränderten, nach neuen Erkenntnissen nunmehr länderübergreifenden Relevanz eines Belangs, oder umgekehrt, geboten ist, die Kompetenzen entsprechend neu zu verteilen.

b) Geeignetheit

Die Verfassungsänderung muss nicht nur darauf abzielen, sondern sie muss auch geeignet sein, die verfassungsmäßige Ordnung zu verbessern. D. h. das konkrete Änderungsvorhaben muss in der Lage sein, das verfassungsverbessernde Ziel zu erfüllen[646]. Entscheidend für die Bewertung dieser Anforderung ist die Wirkungsweise des konkreten Änderungsvorhabens. Im Rahmen der Geeignetheit muss daher die voraussichtliche Wirkungsweise der neuen Regelung ggf. auch im Zusammenspiel mit anderen Verfassungsregelungen betrachtet und im Einzelfall bewertet werden, ob dadurch das Ziel erreicht werden kann. Ist dies nicht der Fall, so ist die Verfassungsänderung ungeeignet und daher nicht notwendig.

---

[645] Siehe dafür den Bundestagsbeschluss vom 14.10.2003, BT-Drs. 15/1685, S. 1, und den Bundesratsbeschluss vom 17.10.2003, BR-Drs. 750/03, S. 1

[646] Ähnlich, *Degenhart*, Protokoll der 131. Sitzung des Rechtsausschusses vom 05.06.2002, S. 14; *Dreher*, Staatsziele im Bundesstaat am Beispiel des Sports, 2005, S. 62 und 68; *Michel*, Staatszwecke, Staatsziele und Grundrechtsinterpretation, 1986, S. 80 f.; *Wolff*, Protokoll der 131. Sitzung des Rechtsausschusses vom 05.06.2002, S. 10.

c) Erforderlichkeit

Während der Prüfungspunkt des legitimen Ziels als Ausprägung der Flexibilität des Grundgesetzes zu sehen ist, ist die Erforderlichkeit der Verfassungsänderung wiederum ein Eingeständnis an den Grundsatz der Unverbrüchlichkeit, Dauerhaftigkeit und Beständigkeit des Grundgesetzes. Im Rahmen der Erforderlichkeit wird für die Notwendigkeit einer Verfassungsänderung verlangt, dass es kein „milderes Mittel" geben darf, das ohne Verfassungsänderung auskommt und zur Erreichung des konkreten Ziels in gleicher Weise geeignet ist[647]. An dieser Stelle sind die möglichen Alternativen zu einer Verfassungsänderung zu prüfen und deren Wirkungsweise in Vergleich zur Wirkungsweise des konkreten Änderungsvorhabens zu setzen. Sind die Alternativen, wie etwa der Erlass eines einfachen Gesetzes[648], die Interpretation der Verfassung oder ein Verfassungswandel nicht in gleicher Weise geeignet, das angestrebte legitime Ziel zu erreichen, so ist die Verfassungsänderung erforderlich. Andernfalls ist ihre Notwendigkeit zu verneinen.

d) Angemessenheit

Das Kernstück der Notwendigkeitsprüfung ist die Ermittlung der Angemessenheit der beabsichtigten Verfassungsänderung. Hier erfolgt nicht eine einfache Abwägung widerstreitender Rechtsgüter wie im Rahmen der Verhältnismäßigkeitsprüfung bei der Rechtfertigung eines Grundrechtseingriffs. Im Rahmen der Angemessenheitsprüfung einer Verfassungsänderung werden umfassend alle relevanten Aspekte eingestellt, die für und gegen die konkrete Änderung sprechen. Bedeutend sind somit alle rechtlichen und tatsächlichen Aspekte, wie ins-

---

[647] Ähnlich *Wolff*, Protokoll der 131. Sitzung des Rechtsausschusses vom 05.06.2002, S. 10 f., der nach dem Vorliegen eines einfacheren Weges fragt und wohl im Hinblick darauf für eine Verfassungsänderung voraussetzt, dass etwa alle Möglichkeiten auf der Ebene des einfachen Gesetztes vor einer Verfassungsänderung ausgeschöpft wurden.

[648] Darauf abstellend *Wolff*, Protokoll der 131. Sitzung des Rechtsausschusses vom 05.06.2002, S. 11.

besondere auch verfassungspolitische Grundannahmen[649]. Im Wege einer Gesamtwürdigung und Abwägung all dieser Gesichtspunkte wird bewertet, ob die Verfassungsänderung im Hinblick auf diese Belange angemessen, d. h. „vernünftig und politisch zweckmäßig“[650] ist und sie sich, weil nur dann auch eine Verbesserung der Verfassung eintritt, in die bestehende Verfassungskonzeption einfügt[651]. Hierbei werden nicht nur die bereits im Rahmen der vorausgehenden Prüfungspunkte gewonnenen Erkenntnisse aufgegriffen und verarbeitet. Auch weitere rechtliche, politische und tatsächliche Argumente und Aspekte für und gegen eine Änderung fließen in die Gesamtwürdigung ein. Auf diesem Weg werden alle Chancen und Risiken berücksichtigt. Dies ist auch erforderlich, um eine etwaige Durchbrechung des Dauerhaftigkeitsdogmas hinreichend zu rechtfertigen und entspricht im Ergebnis inhaltlich auch den von Vertretern der Regelungslücken-Theorie unter den Punkten „besonderes Regelungsbedürfnis“ und „verfassungskonzeptionelle Stimmigkeit“ geprüften Aspekten[652].

III. Fazit

Sowohl die Regelungslücken- als auch die Rechtfertigungs-Theorie bieten geeignete und in der Grundannahme nachvollziehbare Ansätze zur Bewertung der verfassungspolitischen Frage der Notwendigkeit einer Verfassungsänderung. Die Rechtfertigungs-Theorie hat jedoch drei wesentliche Vorteile: Neben einer

---

[649] *Wolff*, Schriftliche Stellungnahme zur Anhörung in der 131. Sitzung des Rechtsausschusses am 05.06.2002, S. 6.

[650] *Bundesminister des Inneren/Bundesminister der Justiz (Hrsg.)*, Kommissionsbericht, 1983, S. 33, Rn. 28; ähnlich, *Michel*, Staatszwecke, Staatsziele und Grundrechtsinterpretation, 1986, S. 318, der auf die „Vernünftigkeit, Angemessenheit und Zweckmäßigkeit“ abstellt; *Wolff*, Schriftliche Stellungnahme zur Anhörung in der 131. Sitzung des Rechtsausschusses am 05.06.2002, S. 6, fragt ob die Änderung „sinnvoll, wünschenswert oder notwendig“ (im engeren Sinne) ist.

[651] *Dreher*, Staatsziele im Bundesstaat am Beispiel des Sports, 2005, S. 62 f.; *Hix*, Probleme der Normierung einer Sportklausel im Grundgesetz, 2013, S. 192 ff., 267; begriffsprägend, *Stern*, NWVBl. 1988, 1, 3.

[652] Siehe dazu nur *Hix*, Probleme der Normierung einer Sportklausel im Grundgesetz, 2013, S. 266 f., der sowohl bei der Prüfung des besonderen Regelungsbedürfnisses und der verfassungskonzeptionellen Stimmigkeit im Ergebnis auf eine umfassende Gegenüberstellung sämtlicher Argumente und Belange im fünften Kapitel seiner Arbeit abstellt, die für und gegen eine Aufnahme einer Staatszielbestimmung zugunsten des Sports sprechen.

Regelungslücke können auch andere Gründe für eine Verfassungsänderung im Rahmen der dort anzustellenden Zielprüfung Berücksichtigung finden. Dadurch wird der Anspruch des Grundgesetzes auf dauerhafte Geltung durch die Herstellung von Entwicklungsoffenheit besser gewährleistet. Sie bietet den Vorteil eines klaren Gerüsts für die auch nach der Regelungslücken-Theorie zu stellenden Fragen, das sich bereits anderenorts über Jahre hinweg bewährt hat. Und schließlich besteht wegen der umfassenden Angemessenheitsprüfung nicht die Gefahr, dass ein Belang bei den Überlegungen zur Notwendigkeit der Verfassungsänderung übersehen wird und damit zu kurz kommt. Aufgrund ihrer Vorteile wird die Notwendigkeit einer Staatszielbestimmung zugunsten des Sports nachfolgend anhand des Vierschritts der Rechtfertigungs-Theorie, legitimes Ziel, Geeignetheit, Erforderlichkeit und Angemessenheit der Verfassungsänderung bewertet.

B. Mitberücksichtigung der Staatszielbestimmung zugunsten der Kultur bei der Rechtfertigungsfrage

Im Kern beschäftigt sich die vorliegende Arbeit mit der Frage nach dem „Ob“ und „Wie“ der Aufnahme einer Staatszielbestimmung zugunsten des Sports in das Grundesetz. Auf den ersten Blick erschließt sich daher vielleicht nicht, wieso an dieser Stelle auch der Bereich „Kultur“ Erwähnung findet und gefragt wird, ob er bei der Prüfung der Rechtfertigung der Verfassungsänderung zugunsten der Sportstaatszielbestimmung zu berücksichtigen ist. Um die Relevanz dieser Frage nachzuvollziehen, muss weiter ausgeholt und die Aufgaben einer Verfassung in den Blick genommen werden.

Die Verfassung hat zahlreiche Aufgaben. Sie soll Macht begrenzen und kontrollieren, Freiheit, Selbstbestimmung und Rechtsschutz des Individuums gewährleisten, grundlegende Organisationsstrukturen des Staates festlegen. Sie hat darüber hinaus Ordnungs- und Stabilisierungsfunktion und soll auf das Grundsätzliche gerichtet sein, zeitgleich soll sie einheitsstiftend und integrierend wirken sowie Leitgrundsätze über die materialen Staatsziele und die Rechtsstellung des Bürgers im und zum Staat enthalten[653]. Diese verschiedenen Aufgaben der Verfassung stehen in einer Wechselbeziehung zu einander: So vermag eine Verfassung ihre Ordnungs- und Stabilisierungsfunktion nur zu erfüllen, wenn sie sich einerseits auf das Wesentliche beschränkt, zeitgleich aber zeitgemäße grundlegende Leitprinzipien für das Gemeinschaftsleben, wie etwa Staatszielbestimmungen oder Staatsstrukturbestimmungen, festlegt, und damit einheitsstiftend und integrierend bleibt[654]. Das Problem hierbei liegt darin zu entscheiden, welche Regelungen in einer Verfassung das Gemeinschaftsleben erforderlich macht, die zeitgleich noch verfassungswesentlich bzw. verfassungswürdig sind[655].

An dieser Stelle kommt die Kultur „ins Spiel". Sie ist bislang auch nicht ausdrücklich im Grundgesetz verankert. Womöglich hat sie aber mehr einheitsstiftende und integrierende Bedeutung und ist damit weitaus wichtiger für das Gemeinschaftsleben, als der Sport. Immerhin gibt es auf Bundesebene sogar eine Staatsministerin für Kultur (und Medien), während der Sport lediglich als ein Teilbereich beim Bundesministerium des Inneren berücksichtigt ist. Kutlur ist in allen Lebensbereichen relevant, sie wurzelt tief in unserer Vergangenheit ist aber auch aktuell und somit zweifellos ein wichtiges Gemeininteresse[656]. Wieso sollte dann nicht auch sie in Form einer Staatszielbestimmung in das Grundgesetz aufgenommen werden[657]? Dies könnte letztendlich aber der Aufnahme einer Staatszielbestimmung zugunsten des Sports entgegenstehen, sofern der Sport einen bloßen Teilbereich der Kutlur darstellt. Denn in diesem Fall würde bereits mit der Aufnahme der Kutlur in das Grundgesetz der für das Gemeinschaftsleben entscheidende Bereich verankert; die Beschränkung auf das Wesentliche würde eine weitere Regelung zugunsten des Sports nicht zulassen. Deshalb muss, bevor die Notwendigkeit der Staatszielbestimmung zugunsten

---

[653] Ausführlich zu den Aufgaben einer Verfassung *Stern*, Staatsrecht I, 2. Aufl. 1984, S. 82 ff.
[654] *Stern*, Staatsrecht I, 2. Aufl. 1984, S. 89, 96 f.
[655] *Stern*, Staatsrecht I, 2. Aufl. 1984, S. 90.
[656] Siehe dazu nur *Hufen*, Schriftliche Stellungnahme zur Anhörung in der 44. Sitzung des Rechtsausschusses am 29.01.2007, S. 1 ff.
[657] Eine Untersuchung dieser Fragestellung würde den Fokus der vorliegenden Arbeit verschieben, weshalb insoweit nur auf die einschlägige Literatur verwiesen wird. Vgl. dazu etwa *Bauer*, Kultur und Sport, 1999, S. 243 ff.; *Häberle*, Das Grundgesetz zwischen Verfassungsrecht und Verfassungspolitik, 1996, S. 218 ff.; *Hufen*, Schriftliche Stellungnahme zur Anhörung in der 44. Sitzung des Rechtsausschusses am 29.01.2007, S. 1 ff.; *Stern*, Staatsrecht IV/2, 2011, S. 364 ff.

des Sports anhand des eben entwickelten Prüfprogramms bewertet werden kann, das Verhältnis von Kultur und Sport bzw. ob der Sport einen bloßen Teilbereich der Kultur darstellt geklärt werden.

Die Bereiche Sport und Kultur weisen zahlreiche Berührungspunkte bzw. Schnittmengen auf[658]. Der Sport trägt im Bildungsbereich zur geistigen und körperlichen Erziehung bei. Er ist einerseits selbst Gegenstand wissenschaftlicher Untersuchungen und bedient sich andererseits der Erkenntnisse aus diesen[659] – beides, Wissenschaft und Bildung sind anerkannte Teilbereiche der Kultur[660]. Musik stellt für zahlreiche Sportarten wie etwa Ballett oder Eiskunstlauf ein Grundelement der sportlichen Betätigung dar[661]. Auch kann Sport bereits derart in der Gesellschaft verwurzelt sein, dass er zu einem Bestandteil der Kultur geworden ist. Auf Bundesebene gilt dies zweifellos für das auf *Friedrich Ludwig Jahn* zurückgehende Turnen; auf Länderebene etwa in Bayern für das tief in der bayerischen Kultur verwurzelte sog. „Fingerhakeln". Diese faktischen Schnittmengen werden rechtlich dadurch bestätigt, dass Kultur und Sport in einigen europäischen Verfassungen[662] in einer gemeinsamen Staatszielbestimmung zusammengefasst[663] oder sogar ausdrücklich als Unterfälle normiert werden[664]. Aufbauend auf der Lehre vom weiten Kulturbegriff[665] rechtfertigt dies die An-

[658] So auch und mit zahlreichen Belegen dafür *Bauer*, Kultur und Sport, 1999, S. 243; *Bull*, Die Staatsaufgaben nach dem Grundgesetz, 2. Aufl. 1977, S. 306; *Dreher*, Staatsziele im Bundesstaat am Beispiel des Sports, 2005, S. 132 ff.; *Hix*, Probleme der Normierung einer Sportklausel im Grundgesetz, 2013, S. 45 ff.; *Nolte*, Protokoll der 44. Sitzung des Rechtsausschusses des Bundestags am 29.01.2007, S. 13.

[659] *Hix*, Probleme der Normierung einer Sportklausel im Grundgesetz, 2013, S. 45 f.

[660] Zum Kulturbegriff siehe statt vieler nur *Stern*, Staatsrecht IV/2, 2011, S. 350 ff.

[661] Ähnlich *Bauer*, Kultur und Sport, 1999, S. 243.

[662] So etwa in Art. 17 der Verfassung Griechenlands oder Art. 79 der Verfassung Portugals und in den Verfassungen einiger Bundesländer; vgl. Art. 3c Abs. 1 BaWüVerf, Art. 140 Abs. 3 BayVerf, Art. 16 Abs. 1 MVVerf, Art. 6 NdsVerf, Art. 11 Abs. 1 SächsVerf, Art. 36 Abs. 1 SAVerf.

[663] So auch mit Einzelnachweisen *Ennuschat*, in: Tettinger/Stern, Europäische Grundrechte-Charta, 2006, Art. 22, Rn. 17; dazu auch *Hix*, Probleme der Normierung einer Sportklausel im Grundgesetz, 2013, S. 47.

[664] So *Stern*, Staatsrecht IV/2, 2011, S. 356, zu Art. 9 Abs. 3 VerfSH; dazu auch *Hix*, Probleme der Normierung einer Sportklausel im Grundgesetz, 2013, S. 47.

[665] Danach ist Kultur der Inbegriff der typischen Lebensformen, Wertstellungen und Verhaltensweisen innerhalb der Geselschaft; zu der Definition siehe nur *Zimmermann*, Förderung des Sports, 2000, S. 86; Vertreter des weiten Kutlurbegriffs in Zusammenhang mit dem Sport sind etwa *Häberle*, in: Becker/Bull/Seewald, FS Thieme, 1993, S. 40 f.; *Hahn*, Staatszielbe-

nahme, dass der Sport einen Unterfall der Kultur darstellt[666]. In der Konsequenz dieses Verständnisses dürfte allenfalls „nur" die Kultur in das Grundgesetz Einzug finden, da der Aufnahme des Sports die Beschränkung der Verfassung auf das Wesentliche entgegenstünde.

Richtigerweise ist mit der wohl h. M.[667] aber von einem engen Kulturbegriff auszugehen und der Sport nicht als bloßer Unterfall eines übergeordneten Kulturbegriffs zu verstehen. Denn der Verweis auf die gemeinsame Verankerung von Kultur und Sport in den Verfassungen anderer Staaten lässt sich bereits mit einem Blick auf einen Großteil der Verfassungen der Bundesländer revidieren. Dort wird der Sport weit überwiegend nicht als Teil der Staatszielbestimmungen zugunsten der Kultur „abgestempelt", sondern in einer eigenen Staatszielbestimmung verankert[668]. Wenn der Sport unter einen weiten Kulturbegriff zu fas-

---

stimmungen, 2010, S. 357; *Möllers*, Protokoll der 44. Sitzung des Rechtsausschusses vom 29.01.2007, S. 8 und 36.

[666] So etwa *Degenhart*, in: Degenhart/Meissner, Hdb der Verfassung Sachsens, 1997, § 6, Rn. 32; *Ennuschat*, in: Tettinger/Stern, Europäische Grundrechte-Charta, 2006, Art. 22, Rn. 17; *Häberle*, in: Becker/Bull/Seewald, FS Thieme, 1993, S. 40 f.

[667] Danach ist Kultur die Gesamtheit der innerhalb der Gemeinschaft wirksamen geistigen Kräfte, die sich unabhängig vom Staat entfalten und ihren Wert in sich tragen; zu der Definition siehe nur *BVerfG*, Urt. v. 14.07.1959 - 2 BvF 1/58 - BVerfGE 10, 20, 36; Vertreter des engen Kulurbegriffs sind etwa *Bauer*, Kultur und Sport, 1999, S. 244 f.; *Dreher*, Staatsziele im Bundesstaat am Beispiel des Sports, 2005, S. 134; *Geis*, DÖV 1992, 522, 524; *Hix*, Probleme der Normierung einer Sportklausel im Grundgesetz, 2013, S. 49 f.; *Hölzl*, Der Sport als Staatszielbestimmung, 2002, S. 114 f.; *Nolte*, Protokoll der 44. Sitzung des Rechtsausschusses des Bundestags am 29.01.2007, S. 13; *Oppermann*, Kulturverwaltungsrecht, 1969, S. 6; *Scholz*, Protokoll der 44. Sitzung des Rechtsausschusses des Bundestags am 29.01.2007, S. 57; *Steiner*, VVDStRL 1984 (Bd. 42), 7, 8; *Steiner*, SpuRt 1994, 2; *Stern*, Protokoll der 44. Sitzung des Rechtsausschusses des Bundestags am 29.01.2007, S. 31; *Stern*, Staatsrecht IV/2, 2011, S. 350 ff.; *Thom*, Sportförderung, 1992, S. 161; *Zimmermann*, Förderung des Sports, 2000, S. 85 ff.

[668] So regeln etwa die Bundesländer Berlin, Brandenburg, Bremen, Hessen und Saarland die beiden Komplexe in eigenständigen Artikeln – vgl. Art. 20 und 32 BerlVerf; Art. 34 und 35 BbgVerf; Art. 11 und 36a BremVerf; Art. 62 und 62a HesVerf; Art. 34 und 34a SaarlVerf. Die Länder Nordrhein-Westfalen, Rheinland-Pfalz und Thüringen regeln die beiden Komplexe jedenfalls in getrennten Absätzen – vgl. für Kultur Art. 18 Abs. 1 und 2 NRWVerf, Art. 40 Abs. 1 und 3 RPVerf und Art. 30 Abs. 1 und 2 ThürVerf, und für Sport Art. 18 Abs. 3 NRWVerf, Art. 40 Abs. 4 RPVerf und Art. 30 Abs. 2 ThürVerf für Sport. Selbst die Länder Baden-Württemberg, Bayern, Mecklenburg-Vorpommern, Niedersachsen, Sachsen und Sachsen-Anhalt, die Sport und Kultur in einer Regelung vermengen differenzieren sprachlich zwischen beiden als eigenständige Bereiche – vgl. Art. 3c Abs. 1 BaWüVerf; Art. 140 Abs. 3

sen wäre, bedürfte es aber keiner eigenständigen Regelung für den Sport[669]. Außerdem bedeuten tatsächliche Schnittmengen nicht automatisch, dass ein Bereich als Teilbereich des anderen anzusehen ist. Denn bei Schnittmengen kann es auch zum Teil sogar erhebliche Bereiche geben, die keinerlei Übereinstimmung bzw. Gemeinsamkeiten haben, weshalb schon insoweit eine Unterordnung eines unter den anderen Bereich ausscheidet. Dies bestätigen die den Kulturbegriff prägenden Gesichtspunkte der „geistigen Ausrichtung“ und der „schöpferischen Anstrengung“, die beide für weitreichende Bereiche des Sports nicht prägend sind[670]. Dies gilt etwa auch für die obigen Beispielsfälle Ballett und Eiskunstlauf. Hier gibt es Schnittmengen, aber keine gänzliche Überlagerung durch die Kultur. Fraglich ist auch die Kulturrelevanz etwa des Teilbereichs des Sports, der zu Gesundheitszwecken betrieben wird und damit rein therapeutische Ansätze verfolgt. Und auch bei populären Breitensportarten wie etwa Fußball oder Joggen steht nicht der kulturelle Aspekt im Vordergrund. Hier sind Freizeit, Spiel und freiheitlich-bürgerliche Spontanität die tragenden Elemente, die Sport elementar von dem Bereich der Kultur unterscheiden[671].

Trotz der zahlreichen Berührungspunkte und Schnittmengen zwischen Sport und Kultur gibt es auch weitrechende eigenständige Bereiche[672]. Sport und Kultur stellen sich auch gesellschaftspolitisch als etwas anderes dar[673]. Deshalb müsste der Sport nach aktuellem Stand, sofern man sich für die Aufnahme des Bereichs entscheidet, in einer eigenen Staatszielbestimmung verankert werden[674]. Die Frage nach der Notwendigkeit einer Staatszielbestimmung zugunsten des Sports

---

BayVerf; Art. 16 Abs. 1 MVVerf; Art. 6 NdsVerf; Art. 11 Abs. 1 und 2 SächsVerf; Art. 36 Abs.1 SAVerf.

[669] In diesem Sinne auch *Hix*, Probleme der Normierung einer Sportklausel im Grundgesetz, 2013, S. 48; *Stern*, Staatsrecht IV/2, 2011, S. 356.

[670] Ausführlich dazu *Hix*, Probleme der Normierung einer Sportklausel im Grundgesetz, 2013, S. 49.

[671] *Scholz*, Schriftliche Stellungnahme zur Anhörung in der 44. Sitzung des Rechtsausschusses des Bundestags am 29.01.2007, S. 11.

[672] *Nolte*, Protokoll der 44. Sitzung des Rechtsausschusses des Bundestags am 29.01.2007, S. 13; *Scholz*, Schriftliche Stellungnahme zur Anhörung in der 44. Sitzung des Rechtsausschusses des Bundestags am 29.01.2007, S. 2.

[673] *Scholz*, Protokoll der 44. Sitzung des Rechtsausschusses des Bundestags am 29.01.2007, S. 57.

[674] So auch *Bauer*, Kultur und Sport, 1999, S. 255; *Stern*, Protokoll der 44. Sitzung des Rechtsausschusses des Bundestags am 29.01.2007, S. 31.

wird damit nicht durch die Notwendigkeit einer Staatszielbestimmung zugunsten der Kultur überlagert, sondern muss isoliert beantwortet werden.

C. Rechtfertigung der Aufnahme einer Staatszielbestimmung zugunsten des Sports

Dies soll nunmehr anhand des oben festgelegten Maßstabs der Rechtfertigungs-Theorie erfolgen, die verlangt, dass die Staatszielbestimmung zugunsten des Sports ein legitimes Ziel verfolgt (dazu unter I.), sie zur Erreichung des verfolgten Ziels nach ihrer Wirkungsweise geeignet (dazu unter II.), mangels gleichgeeigneter Mittel, die ohne Verfassungsänderung auskommen erforderlich (dazu unter III.) und insgesamt angemessen ist (dazu unter IV.).

I. Ziel – Verbesserung oder Reparatur der Verfassung

Ziel der Staatszielbestimmung zugunsten des Sports muss die Verbesserung der Wirkungsweise oder der Leistungsfähigkeit der Verfassung und des Verfassungsrechts im Hinblick auf die tatsächlichen Gegebenheiten sein[675]. Als legitime Ziele wurden bereits die Schließung von Regelungs-lücken (dazu nachfolgend unter 1)), die gestalterische Verfassungsänderung zur Vorgabe der Entwicklungsrichtung von tatsächlichen Gegebenheiten (dazu unter 2)) und die Verbesserung der Handlungsfähigkeit des Staates (dazu unter 3)) benannt. Diese könnten auch hier greifen.

1) Schließung der Regelungslücke im Sportbereich

Im Zusammenhang mit einer Staatszielbestimmung zugunsten des Sports wird insbesondere das Vorhandensein einer Regelungslücke im Grundgesetz viel und

---

[675] Siehe zu den Anforderungen oben, 2. Kapitel, A. II. 2) a).

kontrovers diskutiert[676]. Eine Regelungslücke ist gegeben, wenn die Möglichkeit besteht, dass sich ein schützenswertes Gut, ein für die Allgemeinheit anerkennenswertes Gruppeninteresse oder eine wesentliche Staatsaufgabe ohne die Aufnahme oder Anpassung einer verfassungsrechtlichen Regelung zum Nachteil des Gemeininteresses nicht behaupten kann[677].

a) Sport als Gemeininteresse

Zweifelsohne hat der Sport eine hohe gesellschaftspolitische Bedeutung und stellt deshalb ein schützenswertes Gut und ein für die Allgemeinheit anerkennenswertes Gruppeninteresse dar[678]. Ein Großteil der Bevölkerung der *BRD* treibt aktiv Sport. So zählte der *Deutsche Olympische Sportbund (DOSB)* Ende des Jahres 2014 27,8 Millionen Mitgliedschaften[679]. Unberücksichtigt bleibt hierbei die große Masse nicht in Vereinen organisierter aktiv Sporttreibender und passiver Unterstützer. Damit ist Sport für einen Großteil der Bevölkerung ein wichtiger Lebensbereich. Er erlangt in der Gesellschaft verschiedentlich

---

[676] Von dem Vorliegen einer grundgesetzlichen Regelungslücke im Bereich des Sports ausgehend *Bach*, Protokoll der 44. Sitzung des Rechtsausschusses des Bundestags am 29.01.2007, S. 50; *Bach*, Schriftliche Stellungnahme zur Anhörung in der 44. Sitzung des Rechtsausschusses am 20.01.2007, S.7; *Nolte*, Staatliche Verantwortung im Bereich Sport, 2004, S. 217; *Nolte*, Protokoll der 44. Sitzung des Rechtsausschusses des Bundestags am 29.01.2007, S. 12, 52; *Nolte*, Schriftliche Stellungnahme zur Anhörung in der 44. Sitzung des Rechtsausschusses am 20.01.2007, S. 4; *Steiner*, SpuRt 1994, 2; *Wiesner*, Unionsziel Sportförderung, 2008, S. 166; wohl auch *Stern*, Protokoll der 44. Sitzung des Rechtsausschusses des Bundestags am 29.01.2007, S. 19 f., 59; *Stern*, Schriftliche Stellungnahme zur Anhörung in der 44. Sitzung des Rechtsausschusses des Bundestags am 29.01.2007, S. 3; a. A. *Hebeler*, SpuRt 2003, 221, 222; *Scholz*, Protokoll der 44. Sitzung des Rechtsausschusses des Bundestags am 29.01.2007, S. 55; *Hufen*, Protokoll der 44. Sitzung des Rechtsausschusses des Bundestages am 29.01.2007, S. 4; *Möllers*, Protokoll der 44. Sitzung des Rechtsausschusses vom 29.01.2007, S. 8; *Wolff*, Schriftliche Stellungnahme zur Anhörung in der 44. Sitzung des Rechtsausschusses am 29.01.2007, S. 2.

[677] Siehe dazu bereits oben unter 2. Kapitel, A. II. 2) a) aa).

[678] So etwa auch *Bauer*, Kultur und Sport, 1999, S. 327; *Dreher*, Staatsziele im Bundesstaat am Beispiel des Sports, 2005, S. 81; *Steiner*, NJW 1991, 2729, 2730; *Stern*, Staatsrecht III/1, 1988, S. 879; *Stern*, Protokoll der 44. Sitzung des Rechtsausschusses des Bundestags am 29.01.2007, S. 20; besonders ausführlich dazu *Hix*, Probleme der Normierung einer Sportklausel im Grundgesetz, 2013, S. 50 ff.; *Tettinger*, in: Löwer/Tettinger, NRWVerf, 2002, Art. 18, Rn. 26; *Zimmermann*, Förderung des Sports, 2000, S. 72 ff.

[679] 13. Sportbericht der Bundesregierung von Dezember 2014, BT-Drs. 18/3523, S. 28.

durch seine Gesundheits-, Sozial-, kulturelle und Bildungsrelevanz an Bedeutung[680]; er beugt Erkrankungen vor und findet zu therapeutischen Zwecken Anwendung; er hat eine integrierende Funktion und trägt – insbesondere bei dem bildungsrelevanten Einsatz im Rahmen des Schulsports – zur Vermittlung von Werten bei, wie etwa dem respektvollen Umgang mit Mitspielern und Gegnern oder der Respektierung von Spiel- und Verhaltensregeln. Hinzu kommt die wirtschaftliche Bedeutung des Sports[681]. Die Bruttowertschöpfung des Sports für das Jahr 2014 lag bei 73,1 Milliarden Euro und entsprach damit in etwa derjenigen der deutschen Fahrzeugbauindustrie[682]. Der Sport schafft somit zahlreiche Arbeitsplätze, welches seine Bedeutung als für die Allgemeinheit anerkennenswertes Gruppeninteresse untermauert.

Er übernimmt daneben aber auch wesentliche Staatsaufgaben. Spätestens seit dem Gewinn der Herrenfußball-Weltmeisterschaft durch die deutsche Nationalmannschaft im Jahre 1954 ist der Sport von staatserheblicher Relevanz[683]. Dies liegt an dem enormen Repräsentationsfaktor des Spitzensports[684], welches der kürzlich titelgekrönte Auftritt der deutschen Nationalmannschaft bei der Herrenfußball-Weltmeisterschaft in Brasilien im Jahr 2014 wieder belegt hat. Ausweislich einer zum Jahresende 2014 durchgeführten Umfrage löste die *BRD* insbesondere wegen der sportlichen Spitzenleistungen in dem Jahr die *USA* als Land

---

[680] Siehe dazu etwa *Bach*, Schriftliche Stellungnahme zur Anhörung in der 44. Sitzung des Rechtsausschusses am 20.01.2007, S.3 ff.; *Bauer*, Kultur und Sport, 1999, S. 248; *Dreher*, Staatsziele im Bundesstaat am Beispiel des Sports, 2005, S. 70; *Hänni*, in: Waldmann/Belser/Epiney, Basler Kommentar, 2015, Art. 68 BV, Rn. 2; *Nolte*, Staatliche Verantwortung im Bereich Sport, 2004, S. 216; *Scholz*, Schriftliche Stellungnahme zur Anhörung in der 44. Sitzung des Rechtsausschusses des Bundestags am 29.01.2007, S. 11; *Stern*, Schriftliche Stellungnahme zur Anhörung in der 44. Sitzung des Rechtsausschusses des Bundestags am 29.01.2007, S. 3; *Stern*, in: Becker/Bull/Seewald, FS Thieme, 1993, S. 275; *Zimmermann*, Förderung des Sports, 2000, S. 73 f.

[681] Ebenfalls darauf abstellend *Bach*, Schriftliche Stellungnahme zur Anhörung in der 44. Sitzung des Rechtsausschusses am 20.01.2007, S.5; *Nolte*, Staatliche Verantwortung im Bereich Sport, 2004, S. 216; *Stern*, in: Becker/Bull/Seewald, FS Thieme, 1993, S. 275 f.; *Zimmermann*, Förderung des Sports, 2000, S. 75 ff.

[682] 13. Sportbericht der Bundesregierung von Dezember 2014, BT-Drs. 18/3523, S. 131.

[683] *Stern*, Schriftliche Stellungnahme zur Anhörung in der 44. Sitzung des Rechtsausschusses des Bundestags am 29.01.2007, S. 3; *Stern*, Protokoll der 44. Sitzung des Rechtsausschusses des Bundestags am 29.01.2007, S. 20.

[684] *Stern*, Schriftliche Stellungnahme zur Anhörung in der 44. Sitzung des Rechtsausschusses des Bundestags am 29.01.2007, S. 3.

mit dem weltweit besten Image ab[685]. Auf diesem Weg fördert der Sport auch eine gesunde Identifikation der Bürger mit ihrem Land[686]. Der Repräsentationsfaktor bildet aber nur einen Teilbereich seiner Staatsaufgabenrelevanz. Durch den Sport werden weitere wesentliche Staatsaufgaben wie die Gesundheitsvorsorge, die Gewaltprävention oder die Bildungs- oder Integrationsarbeit mitversorgt.

Gegen eine entsprechende Einordnung wird teilweise angeführt, dass es auch zahlreiche andere gesellschaftliche Bereiche mit mindestens gleichwertiger Bedeutung gebe, für die eine Lücke nicht angenommen werde[687]. So komme etwa dem Schutz ethnischer Minderheiten, dem Recht auf Arbeit oder dem Recht der Kinder auf gewaltfreie Erziehung, um nur einige der angeführten zu benennen, keine geringere Plausibilität als dem Sport zu[688]. Mit diesem Vergleich ließe sich jedoch jeder noch so bedeutende Belang relativieren und dessen Aufnahme in das Grundgesetz verhindern. Weil aber die enorme Bedeutung des Sports für einen großen Teil der Bevölkerung der *BRD* nach dem oben Ausgeführten nicht geleugnet werden kann, muss der Sport als ein schützenswertes Gut und ein für die Allgemeinheit anerkennenswertes Gruppeninteresse eigeordnet werden[689];

---

[685] Siehe dazu nur die Berichte bei *dpa*, Dank Fußball-WM: Deutschland beliebter als USA, FAZ vom 12.11.2014, abrufbar unter http://www.faz.net/agenturmeldungen/dpa/dank-fussball-wm-deutschland-beliebter-als-usa-13261816.html (letzter Abruf v. 07.06.2016); *dpa*, Deutschland ist angesehenste Nation laut GfK-Umfrage, Spiegel Online vom 12.11.2014, abrufbar unter http://www.spiegel.de/panorama/gesellschaft/deutschland-ist-angesehenste-nation-laut-gfk-umfrage-a-1002463.html (letzter Abruf v. 07.06.2016); *dpa*, Dank Fußball-WM: Deutschland beliebter als USA, SZ online vom 12.11.2014, abrufbar unter http://www.sueddeutsche.de/news/leben/gesellschaft-dank-fussball-wm-deutschland-belibeter-als-usa-dpa.urn-newsml-dpa-com-20090101-141112-99-02176 (letzter Abruf v. 07.06.2016).

[686] Zur Identifikationsfunktion des Sports siehe *BVerfG*, Urt. v. 17.02.1998 - 1 BvF 1–91 - BverfGE 97, 228, 257.

[687] So wohl *Hufen*, Schriftliche Stellungnahme zur Anhörung in der 44. Sitzung des Rechtsausschusses am 29.01.2007, S. 3; *Möllers*, Schriftliche Stellungnahme zur Anhörung in der 44. Sitzung des Rechtsausschusses am 29.01.2007, S. 3; *Wolff*, Schriftliche Stellungnahme zur Anhörung in der 44. Sitzung des Rechtsausschusses am 29.01.2007, S. 3.

[688] *Möllers*, Schriftliche Stellungnahme zur Anhörung in der 44. Sitzung des Rechtsausschusses am 29.01.2007, S. 3; *Wolff*, Schriftliche Stellungnahme zur Anhörung in der 44. Sitzung des Rechtsausschusses am 29.01.2007, S. 3.

[689] *Hix*, Probleme der Normierung einer Sportklausel im Grundgesetz, 2013, S. 335; *Nolte*, Staatliche Verantwortung im Bereich Sport, 2004, S. 216 m. w. N.; *Stern*, Schriftliche Stellungnahme zur Anhörung in der 44. Sitzung des Rechtsausschusses des Bundestags am 29.01.2007, S. 3. *Tettinger*, in: Löwer/Tettinger, NRWVerf, 2002, Art. 18, Rn. 26; *Stern*, in: Becker/Bull/Seewald, FS Thieme, 1993, S. 275.

zumal der Sport seit dem letzten Viertel des 20. Jahrhunderts erheblich an gesellschaftlicher Bedeutung gewonnen hat[690] und diese Entwicklung sich weiterhin fortsetzt.

b) Möglichkeit der Nicht-Behauptung

Es gibt auch zahlreiche Anhaltspunkte dafür, dass die Möglichkeit besteht, dass der Sport sich ohne die Aufnahme einer Staatszielbestimmung zu seinen Gunsten nicht behaupten könnte[691]. Davon ist bereits dann auszugehen, wenn die Nicht-Behauptung nicht von vornherein und unter jedem denkbaren Gesichtspunkt ausgeschlossen ist. Weil der Sport mit einigen Gütern, die mit Verfassungsrang ausgestattet sind, in einem regelmäßigen Konflikt steht, besteht die Gefahr, dass er sich mangels Verfassungsrang gegenüber diesen nicht behaupten können wird.

Zu den stetig mit dem Sport konfligierenden Gütern mit Verfassungsrang gehören insbesondere das Eigentumsgrundrecht aus Art. 14 GG und der Umwelt- und Tierschutz aus Art. 20a GG[692]. Konfliktpotential zum Tierschutz besteht bei Sportarten, wie etwa dem Reitsport, die unter Zuhilfenahme von Tieren betrieben werden[693]. Weitaus häufiger und bedeutsamer ist jedoch der Konflikt zwischen Sport und Umweltschutz[694]. Zahlreiche Sportarten sind unmittelbar um-

---

[690] *Dreher*, Staatsziele im Bundesstaat am Beispiel des Sports, 2005, S. 69; *Hix*, Probleme der Normierung einer Sportklausel im Grundgesetz, 2013, S. 155.

[691] Vertieft dazu unter 2. Kapitel, C. III.

[692] Zu Konfliktlagen zwischen dem Sport und weiteren Gütern mit Verfassungsrang siehe nur *Dreher*, Staatsziele im Bundesstaat am Beispiel des Sports, 2005, S. 38 f., 69; *Häberle*, in: Becker/Bull/Seewald, FS Thieme, 1993, S. 49 ff.; *Hix*, Probleme der Normierung einer Sportklausel im Grundgesetz, 2013, S. 350 ff.; *Nolte*, Staatliche Verantwortung im Bereich Sport, 2004, S. 74 ff.; *Stern*, in: Becker/Bull/Seewald, FS Thieme, 1993, S. 277; *Wiesner*, Unionsziel Sportförderung, 2008, S. 170 f.; *Zimmermann*, Förderung des Sports, 2000, S. 98 ff.

[693] Ebenso *Dreher*, Staatsziele im Bundesstaat am Beispiel des Sports, 2005, S. 70.

[694] Siehe dazu etwa auch *BVerfG*, Beschl. v. 06.06.1989 - 1 BvR 921/85 - BVerfGE 80, 137, 154 f., zum Konflikt zwischen dem Reiten im Wald und dem Schutz des Waldes; aus der Lit. siehe etwa *Bauer*, Kultur und Sport, 1999, S. 250, 254; *Dreher*, Staatsziele im Bundesstaat am Beispiel des Sports, 2005, S. 38 f., 69 f.; *Fritzweiler*, in: Fritzweiler/Pfister/Summerer, Praxishandbuch Sportrecht, 3. Aufl. 2014, Teil 1, Rn. 39; *Häberle*, in: Becker/Bull/Seewald, FS Thieme, 1993, S. 50; *Humberg*, ZRP 2007, 57, 59; *Stern*, in: Becker/Bull/Seewald, FS Thieme, 1993, S. 277; *Tettinger*, JZ 2000, 1069,1072; besonders anschaulich *Klein*,

weltbelastend – so etwa jede Art von motorisiertem Rennsport, der stets mit Abgas- und Lärmimmissionen auf die Umwelt verbunden ist. Aber auch auf den ersten Blick umweltverbundene Sportarten wie Klettern oder Bergsteigen haben eine belastende Wirkung für die Umwelt, die durch die Anfahrt zu den Gebieten und durch menschliche Hinterlassenschaften wie Müll und Exkremente eintritt[695]. Schließlich sind viele Sportarten ohne Eingriffe in die Natur zur Schaffung der Ausübungsvoraussetzung in Form von Sportstätten nicht denkbar[696] – so ist etwa der Skisport auf gerodete Hänge, präparierte Pisten und Liftanlagen angewiesen, die erhebliche Eingriffe in die Umwelt bedeuten.

Der Sport kommt in diesen Konfliktsituationen oftmals zu kurz. Da er im Gegensatz zu den Konfliktgütern nicht mit Verfassungsrang ausgestattet ist, tritt er auf der Abwägungsebene hinter diese zurück[697]. Zwar genießen bereits bestehende Sportanlagen Bestandsschutz, doch treten die Konfliktsituationen insbesondere beim erforderlichen Neu- oder Umbau von Sportstätten sowie bei der Sportausübung an sich – deren Beschränkung ein enormes Gefahrenpotential für den Sport bedeutet – auf. Diese Konfliktsituationen haben sich mit der Aufwertung insbesondere des Umweltschutzes durch die Absicherung über die Staatszielbestimmung in Art. 20a GG und der wachsenden gesellschaftlichen Bedeutung des Sports derart verschärft[698], dass heute eine weitgehende Lahmlegung

---

DVBl. 1991, 729, 737, der sich fragt: „Darf die Errichtung von Sportplätzen [...] noch zugelassen werden, da sie doch unvermeidlich Natur ‚verbraucht'?"

[695] So auch *Dreher*, Staatsziele im Bundesstaat am Beispiel des Sports, 2005, S. 70.

[696] Auch hierzu entsprechend *Dreher*, Staatsziele im Bundesstaat am Beispiel des Sports, 2005, S. 70.

[697] So auch *Bauer*, Kultur und Sport, 1999, S. 254; *Dreher*, Staatsziele im Bundesstaat am Beispiel des Sports, 2005, S. 81 f.; *Fritzweiler*, in: Fritzweiler/Pfister/Summerer, Praxishandbuch Sportrecht, 3. Aufl. 2014, Teil 1, Rn. 39; *Hix*, Probleme der Normierung einer Sportklausel im Grundgesetz, 2013, S. 358 f.; *Hölzl*, Der Sport als Staatszielbestimmung, 2002, S. 39; *Humberg*, ZRP 2007, 57, 59; *Stern*, Protokoll der 44. Sitzung des Rechtsausschusses des Bundestags am 29.01.2007, S. 20; *Zimmermann*, Förderung des Sports, 2000, S. 96 ff.; zum Vorrang von Schutzgütern mit Verfassungsrang gegenüber solchen ohne siehe oben unter 1. Kapitel, A. IV. 3) a)

[698] Bereits *Dreher*, Staatsziele im Bundesstaat am Beispiel des Sports, 2005, S. 82, sah diese Verschärfung, die aufgrund der stetig wachsenden Bedeutung des Sports weiter zugenommen hat; so etwa auch *Fritzweiler*, in: Fritzweiler/Pfister/Summerer, Praxishandbuch Sportrecht, 3. Aufl. 2014, Teil 1, Rn. 39; *Häberle*, in: Becker/Bull/Seewald, FS Thieme, 1993, S. 52; *Humberg*, ZRP 2007, 57, 59; *Steiner*, in: Burmeister, FS Stern, 1997, S. 516; *Tettinger*, JZ 2000, 1069, 1072.

des Sports zu befürchten ist. Vor diesem Hintergrund ist nicht auszuschließen, dass der Sport ohne die Ausstattung mit Verfassungsrang gegenüber den regelmäßig mit ihm konfligierenden Gütern mit Verfassungsrang auf der Abwägungsebene zurücktritt und sich langfristig nicht durchsetzen kann.

Außerdem besteht die Gefahr der Streichung bzw. der Kürzung der Bundessportförderung. Denn auf Bundesebene gibt es kein Sportförderungsgesetz. Auch lässt sich den bestehenden Vorschriften des Grundgesetzes eine staatliche Verpflichtung zur Förderung des Sports nicht entnehmen[699]. Die staatliche Förderung des Sports erfolgt auf freiwilliger Basis, da sie als allgemein anerkannte kontinuierliche Aufgabe des staatlichen Gemeinwesens verstanden wird[700]. Die Förderung durch das *Bundes-ministerium des Inneren (BMI)* etwa erfolgt auf Grundlage eines von diesem erlassenen Förderprogramms[701]. Die Förderung kann somit beliebig gekürzt, ausgesetzt oder sogar gänzlich gestrichen werden[702], wie die Diskussion nach den Olympischen Winterspielen von *Sotchi* im Jahr 2014 belegt. Damals wurde die Kürzung von Fördergeldern für den Wintersport diskutiert, weil die Medaillenvorgaben des *DOSB* nicht erreicht wurden[703]. Das *BMI* knüpft nach Ziff. 5.2.1 Abs. 4 Satz 2 seiner Richtlinie über die Gewichtung von Zuwendungen zur Förderung von Bundessportfachverbänden vom 10.10.2005 (FVR) die Höhe der Fördergelder an die Erreichung der Zielvorgaben des *DOSB*[704]. Hier ist aber auch jederzeit eine weitergehende Abweichung zulasten des Sports nicht ausgeschlossen; dies gilt insbesondere in Zeiten knap-

---

[699] So auch *Dreher*, Staatsziele im Bundesstaat am Beispiel des Sports, 2005, S. 82; *Hix*, Probleme der Normierung einer Sportklausel im Grundgesetz, 2013, S. 69, 77; ausführlich dazu weiter unten unter 2. Kapitel, C. III.

[700] *Hix*, Probleme der Normierung einer Sportklausel im Grundgesetz, 2013, S. 69.

[701] Programm des Bundesministeriums des Innern zur Förderung des Leistungssports sowie sonstiger zentraler Einrichtungen, Projekte und Maßnahmen des Sports auf nationaler und internationaler Ebene mit Rahmenrichtlinien (Leistungssportprogramm – LSP) vom 28. September 2005 (GMBl S. 1270 ff).

[702] Ähnlich *Dreher*, Staatsziele im Bundesstaat am Beispiel des Sports, 2005, S. 82.

[703] *Siemes*, Olympia-Bilanz: Der deutsche Sport hat ein Problem, abrufbar unter http://www.zeit.de/sport/2014-02/sotschi-sport-bilanz-deutschland/ (letzter Abruf v. 07.06.2016).

[704] Ziff. 5.2.1 Abs. 4 der FRV lautet: „Bewilligungen erfolgen in der Regel auf der Grundlage von Zielen und Zwischenzielen, die zwischen den Zuwendungsempfängern und dem Bundesministerium des Innern vereinbart werden. Werden Zwischenziele nicht erreicht, ist die festgesetzte Zuwendung angemessen anzupassen. Maßstab hierzu ist die Perspektive im Hinblick auf das Erreichen des jeweiligen Zieles. Zur Sicherstellung der Zwischenziele kann ein angemessener Anteil der Gesamtförderung gesperrt werden."

per werdender Haushaltsmittel, weil sich der Staat dann regelmäßig zunächst aus den freiwilligen Aufgaben und damit der Sportförderung zurückzieht[705]. Die Kürzung oder Streichung der insbesondere für den Spitzensport bestandssichernden Bundessportförderung schwebt somit als Damoklesschwert über dem Sport. Kommt es dazu, so ist ein Rückgang bei der Qualität des Spitzensports und dem Umfang des Breitensports zu befürchten. Der Sport könnte seiner heutigen Funktion als bedeutsames Gemeininteresses nicht mehr gerecht werden, weshalb die Möglichkeit des Nicht-Behauptens des Sports und somit eine Regelungslücke schon heute gegeben ist.

2) Gestalterische Verfassungsänderung?

Die Staatszielbestimmung zugunsten des Sports könnte auch das Ziel einer gestalterischen Verfassungsänderung verfolgen. Dies setzt voraus, dass weder einfache Gesetze noch die Verfassung bislang die gewünschte Impulswirkung zugunsten des Sports zu erbringen vermögen[706].

Die Zahl der ehrenamtlich in Sportvereinen und -verbänden Tätigen ist bereits seit Jahren rückläufig[707]. Dies zeigt, dass aktuell weder einfache Gesetze noch das Grundgesetz in der Lage sind, dem entgegenzuwirken. Die ehrenamtliche Tätigkeit ist für die Funktionsfähigkeit der Sportvereine und -verbände jedoch unerlässlich, da nur so der Kostenapparat beherrschbar und für das Funktionieren der Vereine und Verbände notwendige Investitionen möglich bleiben. Durch eine Staatszielbestimmung zugunsten des Sports würde die Tätigkeit der Ehrenamtlichen in den Sport-vereinen und -verbänden honoriert[708]. Dies könnte die ehrenamtliche Tätigkeit wieder attraktiver machen und Ansporn geben den

---

[705] *Bauer*, Kultur und Sport, 1999, S. 254; *Steiner*, in: Burmeister, FS Stern, 1997, S. 517 f.; *Zimmermann*, Förderung des Sports, 2000, S. 90 f.

[706] Siehe dazu bereits oben unter 2. Kapitel, A. II. 2. a) bb).

[707] Während im Jahr 2005/2006 noch ca. 2,1 Mio. Mitglieder in deutschen Sportvereinen ehrenamtlich mitarbeiteten waren es in den Jahren 2013/2014 nur noch 1,7 Mio. Das bedeutet einen Rückgang von fast 20 % binnen acht Jahren. Vgl. dazu *Breuer*, Sportentwicklungsbericht 2005/2006, 2007, S. 196; *Breuer/Feiler*, in: Breuer, Sportentwicklungsbericht 2013/2014, 2015, S. 12.

[708] *Nolte*, Schriftliche Stellungnahme zur Anhörung in der 44. Sitzung des Rechtsausschusses am 20.01.2007, S. 8.

Sport als Ehrenamtlicher zu unterstützen. Durch diesen Impuls des Grundgesetzes könnte die Zahl der im Sport ehrenamtlich Tätigen ansteigen. Das bedeutet einen Beitrag zum Erhalt bzw. der Steigerung der Funktionsfähigkeit der für den Sport essentiell wichtigen Vereine und Verbände.

Dem kann entgegengehalten werden, dass der Sport auch jetzt, ohne eine Staatszielbestimmung, ein in der Gesellschaft anerkanntes bedeutsames Gemeininteresse darstellt. Die Honorierung der Tätigkeit der bereits aktiven Ehrenamtlichen durch eine Staatszielbestimmung zugunsten des Sports würde deshalb eine eher nur geringe Impulswirkung haben. Hinzu kommt, dass die Honorierung ehrenamtlicher Tätigkeit nur einer von vielen Faktoren ist, der Menschen veranlasst, ehrenamtlich tätig zu werden[709]. Die Honorierung durch die Staatszielbestimmung wäre dabei, im Gegensatz zu Urkunden, Ehrenmitgliedschaften oder Berichten in der Presse, derart weit und nicht einzelpersonbezogen, dass sich viele gar nicht angesprochen fühlen dürften. Vor diesem Hintergrund würde die gestalterische Verfassungsänderung durch die Staatszielbestimmung zugunsten des Sports kein hinreichend legitimes Ziel verfolgen und lediglich die „normative Härte des Grundgesetzes“ unnötig verringern[710].

3) Verbesserung der Handlungsfähigkeit des Bundes?

Das Grundgesetz lässt eine ausdrückliche Gesetzgebungskompetenz für den Bereich des Sports vermissen[711]. Vielleicht könnte eine Staatszielbestimmung zugunsten des Sports im Grundgesetz die Handlungsfähigkeit des Bundes verbessern. Doch sind Staatszielbestimmungen nicht geeignet, eine Regelungs- oder Handlungskompetenz zu begründen[712]. Im Übrigen ergibt sich die Regelungskompetenz auch ohne ausdrückliche Benennung des Sports bereits aus den all-

---

[709] Weitaus wichtigere Faktoren sind wohl die Arbeitszufriedenheit der Ehrenamtlichen und die solidargemeinschaftliche Handlungsorientierung als Bindungsmechanismus; ausführlich dazu *Suchy*, Public Relations im Sport, 2011, S. 242 ff.

[710] So *Wolff*, Schriftliche Stellungnahme zur Anhörung in der 44. Sitzung des Rechtsausschusses am 29.01.2007, S. 2, allgemein im Hinblick auf neue Staatszielbestimmungen.

[711] *Hammerstingl*, Erforderlichkeit staatlicher Regelungen im Skisport, 2011, S. 38.

[712] Dazu bereits oben unter 1. Kapitel, A. IV. 7).

gemeinen Regelungen in Art. 30, 70 GG[713]. Es ginge somit keine Verbesserung der Handlungsfähigkeit des Bundes mit einer Staatszielbestimmung zugunsten des Sports im Grundgesetz einher. Sie scheidet deshalb als legitimes Ziel für die hier diskutierte Verfassungsänderung aus. Somit bleibt es bei dem Ziel der Schließung der im Hinblick auf den Sport bestehenden Regelungslücke.

II. Geeignetheit – (positive) Folgen der Aufnahme einer Staatszielbestimmung zugunsten des Sports

Ob eine grundgesetzliche Staatszielbestimmung zugunsten des Sports auch in der Lage wäre, die aufgezeigte Lücke zu schließen, ist im Rahmen der Geeignetheitsprüfung[714] zu klären. Hierbei ist anhand der konkreten Wirkungsweise der Staatszielbestimmung zu bewerten, ob sie die Ursachen für die Regelungslücke beseitigen könnte. Grundsätzlich kann die Einführung neuer Staatsziele den staatlichen Beitrag zu einer notwendigen Anpassung bedeuten[715]. Ob dies auch hier der Fall ist, ist danach zu bemessen, ob die Staatszielbestimmung zugunsten des Sports die Gefahren der Kürzung bzw. Streichung der Sportförderung auf Bundesebene (dazu nachfolgend unter 1)) und des Zurücktretens des Sports gegenüber regelmäßig mit ihm konfligierenden Schutzgütern (dazu weiter unten unter 2)) beseitigen bzw. jedenfalls signifikant verringern könnte.

1) Gewährleistung von Sportförderung auf Bundesebene

Eine grundgesetzliche Staatszielbestimmung zugunsten des Sports wäre, selbst wenn Sie nach ihrem Wortlaut einen Förderungsauftrag für den Sport enthielte, nicht in der Lage, unmittelbar einen subjektiven Anspruch der Bürger, Sportvereine oder -verbände gegenüber dem Bund auf Förderung zu begründen. Staatszielbestimmungen begründen keine subjektiven Rechte[716]. Das heißt aber nicht,

---

[713] Zur aktuellen Kompetenzverteilung für den Sport zwischen Bund und Ländern siehe oben unter 1. Kapitel, B. II. 2).
[714] Dazu und zu den Anforderungen oben unter 2. Kapitel, A. II. 2) b).
[715] *Vogel*, DVBl. 1994, 497, 504.
[716] Dazu allgemein oben im 1. Kapitel, A. VI. 2) a).

dass sich die Förderungssituation auf Bundesebene nicht verbessern würde[717]. Derzeit erfolgt die Förderung des Sports durch den Bund auf freiwilliger Basis. Auch, wenn der Bund schon jetzt den Sport in nicht unwesentlichem Umfang fördert, besteht für ihn derzeit keinerlei Verpflichtung dazu. Durch eine Staatszielbestimmung zugunsten des Sports würde sich diese Situation signifikant verbessern.

Wenn die Regelung mit einem Förderungsauftrag ausgestattet wäre, würde sie einen Auftrag an den Gesetzgeber begründen, sich mit dem Erlass eines Bundessportförderungsgesetzes zu beschäftigen[718]. Natürlich bedeutet der Erlass eines Bundesportförderungsgesetzes nicht automatisch das Bestehen eines Anspruchs auf Gewährung eines bestimmten Umfangs an Förderung[719]. Denn bei der Art und Weise der Umsetzung einer Staatszielbestimmung hat der Gesetzgeber einen weiten Gestaltungsspielraum[720], der kaum durch eine derart weitreichende Qualifizierung, dass dem Gesetzgeber keinerlei Spielraum mehr bliebe, wie etwa bei Vorgabe einer Mindestförderungsquote, beschränkt werden wird. Dem stünden die Beschränkung der parlamentarischen Budgethoheit, die Offenheit von Staatszielbestimmungen und die Normativität des Grundgesetzes entscheidend entgegen. Allerdings wäre eine Kürzung von Mitteln auch bei einer offenen Staatszielbestimmung nicht ohne weiteres möglich[721]. Denn der Staat hat die Zielvorgabe bei all seinem Handeln, also auch bei der Aufstellung des Bundeshaushalts und der Vergabe von Fördermitteln, zu berücksichtigen[722]. Dies würde dazu führen, dass eine gänzliche Streichung von Haushaltsmitteln für den Sport nicht mit der Staatszielbestimmung vereinbar wäre, sodass die Bundesförderung des Sports unabhängig von dem Erlass eines Bundesportförderungsgesetzes ab-

---

[717] Ebenfalls zu einer Verbesserung der Förderungssituation für den Sport durch eine Staatszielbestimmung, *Hix*, Probleme der Normierung einer Sportklausel im Grundgesetz, 2013, S. 325 ff.; *Steiner*, in: Burmeister, FS Stern, 1997, S. 516; *Zimmermann*, Förderung des Sports, 2000, S. 91; *Schwarz*, NdsVBl. 1998, 225, 227; *Stern*, in: Becker/Bull/Seewald, FS Thieme, 1993, S. 282.

[718] Dazu oben unter 1. Kapitel, A. VI. 1) a) aa).

[719] So auch *Hix*, Probleme der Normierung einer Sportklausel im Grundgesetz, 2013, S. 326.

[720] Dazu oben unter 1. Kapitel, A. VI. 1) a) aa).

[721] *Hix*, Probleme der Normierung einer Sportklausel im Grundgesetz, 2013, S. 326; so wohl auch *Schwarz*, NdsVBl. 1998, 225, 227; *Stern*, in: Becker/Bull/Seewald, FS Thieme, 1993, S. 282; so für eine landesverfassungsrechtliche Kulturförderungsklausel, *Günther*, in: Heusch/Schönenbroicher, LVerfNRW, 2010, Art. 18, Rn. 5; *Hellermann*, in: Heckmann/Schenke/Sydow, FS Würtenberger, 2013, S. 1159, 1162 f.

[722] *Hix*, Probleme der Normierung einer Sportklausel im Grundgesetz, 2013, S. 326.

gesichert wäre[723]. Der Sport wäre ein von dem Wechsel von politischen Präferenzen, parlamentarischen Mehrheiten und finanziellen Engpässen unabhängiger, stets zu beachtender Belang mit Verfassungsrang[724]. Zudem könnte sich die Legislative auch ohne einen Förderungsauftrag dazu veranlasst sehen, ein Bundessportförderungsgesetz zu erlassen.

In besonderen Ausnahmesituationen und in Abhängigkeit von ihrer inhaltlichen Ausgestaltung könnte die Staatszielbestimmung zugunsten des Sports sogar, unter den strengen Voraussetzungen der Schutznormtheorie[725], den objektivrechtlichen Teilhabe- und Leistungsgehalt sportrelevanter Grundrechte derart verstärken, dass ein subjektives Teilhabe- oder Leistungsrecht auf Förderung entsteht, bei dem dem Staat jedoch aus den zuvor benannten Gründen ein weiter Gestaltungsspielraum zustünde[726]. Die Bundessportförderung wäre nach alledem hinreichend abgesichert und die aufgezeigte Gefahr des vorrangigen Wegfalls der Sportförderung in Zeiten knapper Haushaltsmittel signifikant verringert. Die Staatszielbestimmung könnte jedenfalls einen Teil der vorhandenen Lücke schließen.

2) Aufwertung des Sports in Konfliktsituationen mit anderen Schutzgütern

Die Staatszielbestimmung würde nicht nur die Sportförderung absichern, sondern sie würde darüber hinaus den Sport an sich aufwerten und könnte ihm deshalb in Konfliktsituationen gegenüber den mit ihm konfligierenden Gütern mit Verfassungsrang zur Geltung verhelfen[727]. Denn der Sport würde durch die

---

[723] *Hix*, Probleme der Normierung einer Sportklausel im Grundgesetz, 2013, S. 326; *Schwarz*, NdsVBl. 1998, 225, 227; *Stern*, in: Becker/Bull/Seewald, FS Thieme, 1993, S. 282.
[724] So etwa auch *Schwarz*, NdsVBl. 1998, 225, 227; *Steiner*, in: Burmeister, FS Stern, 1997, S. 516; *Steiner*, SpuRt 2012, 238; *Stern*, in: Becker/Bull/Seewald, FS Thieme, 1993, S. 282.
[725] Dazu oben im 1. Kapitel, A. VI. 3) b) bb) (3) (b).
[726] Zur Subjektivierung von Grundrechten durch Staatszielbestimmungen siehe 1. Kapitel, A. VI. 3) bb) (3) (b).
[727] *Steiner*, NJW 1991, 2729, 2730, spricht insofern im Hinblick auf den Umweltschutz von einem „verfassungsrechtlichen Rebreak"; für dieses übergreifend angefürte Argument siehe nur aus jüngerer Zeit *Stern*, Protokoll der 44. Sitzung des Rechtsausschusses des Bundestags am 29.01.2007, S. 20; *Streinz*, Causa Sport 2009, 106, 115.

Staatszielbestimmung in den Verfassungsrang gehoben, womit er gleichrangig sowohl mit den Staatszielbestimmungen zugunsten des Umwelt- und Tierschutzes als auch mit dem Grundrecht der Eigentumsgarantie und anderen bereits im Grundgesetz verankerten Gütern wäre[728]. Im Konfliktfall müssten die gleichrangigen Güter dann nach dem Grundsatz der Praktischen Konkordanz im Abwägungsweg in einen schonenden Ausgleich gebracht werden. Maßgeblich für den Vorrang des einen oder des anderen Gutes wäre nicht mehr die bestehende bzw. fehlende verfassungsrechtliche Absicherung des Sports wie bislang, sondern das im jeweiligen Einzelfall zu ermittelnde Maß der Betroffenheit. Der Sport hätte in Konfliktsituationen mehr Gewicht[729] und käme somit deutlich öfter zur Geltung, als es aktuell der Fall ist.

Beispielsweise könnte dem derzeit zu befürchtenden Scheitern sportlicher Großereignisse wegen vorrangiger Eigentümerrechte über auf der Staatszielbestimmung fußende Inhalts- und Schrankenbestimmungen, zumindest für die Dauer des Großereignisses, nach Art. 14 Abs. 1 Satz 1 GG[730] entgegengewirkt werden. Gleiches gilt für entgegenstehende Umweltbelange. Es wäre sogar, ohne dies zu befürworten, die Verkleinerung eines Naturschutzgebietes zum Zwecke der Errichtung eines Leistungsportzentrums denkbar[731]. Auch Beschränkungen der Sportausübung zugunsten des Umweltschutzes wären nicht mehr ohne weiteres möglich, sondern müssten im Einzelfall am Staatsziel Sport gemessen werden. Damit könnte durch die Aufwertung des Sports das derzeit bestehende Ungleichgewicht zu anderen Schutzgütern zugunsten einer einzelfallorientierten und daher den Sport besser gewährleistenden Lösung aufgelöst werden[732]. Die Gefahr des regelmäßigen Zurücktretens des Sports gegenüber den mit ihm in einem stetigen Konflikt stehenden Schutzgütern mit Verfassungsrang würde

---

[728] Zur Gleichrangigkeit von Gütern mit Verfassungsrang oben unter 1. Kapitel, A. VI. 3) b) aa).

[729] So in der Antragsbegründung zur Aufnahme der Staatszielbestimmung zugunsten des Sports in der Verfassung des Landes Baden-Württemberg, LT-Drs. Nr. 12/5193, S. 2, und auch *OLG Stuttgart*, Urt. v. 12.12.2000 - 10 U (Baul) 219/98 - juris, Rn. 67; in diesem Sinne auch *Zimmermann*, Förderung des Sports, 2000, S. 107 ff., 218.

[730] Sogar eine kommunale Enteignung von Grundstücken für den Bau einer Sportanlage wegen des über die landesverfassungsrechtliche Staatszielbestimmung zugunsten des Sports in Art. 3c BaWüVerf für möglich erachtend *OLG Stuttgart*, Urt. v. 12.12.2000 - 10 U (Baul) 219/98 - juris, Rn. 67, 95.

[731] Urspüngliches Beispiel von *Fischer*, Staatszielbestimmungen, 1994, S. 174.

[732] Ähnlich für den Tierschutz *BVerfG*, Beschl. v. 12.10.2010 - 2 BvF 1/07 - BVerfGE 127, 293, 328.

signifikant verringert und damit die aufgezeigte Regelungslücke gänzlich geschlossen.

III. Erforderlichkeit – keine Alternativen zur Staatszielbestimmung

Um dem Grundsatz der Unverbrüchlichkeit der Verfassung gerecht zu werden, muss die Staatszielbestimmung zugunsten des Sports nicht nur geeignet, sondern auch erforderlich sein, um die festgestellte Regelungslücke zu schließen. Das ist nur dann der Fall, wenn keine Mittel und Wege zur Verfügung stehen, um die Gefahr der Nicht-Behauptung des Sports in gleicher Weise zu beseitigen wie eine Staatszielbestimmung im Grundgesetz, im Gegensatz zu dieser aber ohne eine Verfassungsänderung auskommen[733]. Um dies bewerten zu können, müssen zunächst die verfassungsänderungsneutralen Alternativen ermittelt und anschließend in ihrer Wirkungsweise mit der Staatszielbestimmung im Grundgesetz verglichen werden. Wenn sie in gleicher Weise geeignet sind, die Gefahren der Kürzung und Streichung der Sportförderung und des Zurücktretens des Sports gegenüber den stetig mit ihm konfligierenden Gütern zu beseitigen, wäre die Staatszielbestimmung im Grundgesetz nicht erforderlich.

Hier sind sechs Alternativen zur Gewährleistung des Sports denkbar, die ohne eine Grundgesetzänderung auskämen: Die Beseitigung der Gefahren durch Rückgriff auf die Grundrechte (dazu unter 1)), auf eine Kombination der Staatsstrukturprinzipien des Grundgesetztes mit den Grundrechten (dazu unter 2)), auf die in den Verfassungen der Bundesländer verankerten Staatszielbestimmungen zugunsten des Sports (dazu unter 3)), auf die Regelung zugunsten des Sports in Art. 165 des Vertrages über die Arbeitsweise der Europäischen Union (AEUV) (dazu unter 4)), auf die Regelung in Art. 39 des Einigungsvertrages zwischen der *BRD* und der *DDR* vom 31.08.1990 (EV) (dazu unter 5)) und durch eine einfachgesetzliche Lösung (dazu unter 6)).

---

[733] Dazu oben unter 2. Kapitel, A. II. 2) c).

1) Keine gleichwertige Absicherung durch Grundrechte

Auch wenn der Sport im Grundgesetz nicht ausdrücklich erwähnt ist, so wird er bereits heute über die Grundrechte der Sporttreibenden und der Sportverbände bzw. -vereine „aus zweiter Hand“[734] abgesichert[735]. Die Sportausübung durch Spitzensportler wird über die Berufsfreiheit aus Art. 12 Abs. 1 GG geschützt[736]. Art. 12 Abs. 1 GG erfasst jede nicht gemeinschädliche Tätigkeit, die auf Dauer angelegt ist und nicht nur vor-übergehend der Schaffung und Erhaltung einer Lebensgrundlage dient[737]. Da Spitzensportler heute regelmäßig ihre gesamten beruflichen Kapazitäten der Sportausübung widmen und durch die Gehälter aus dieser Tätigkeit sowie etwaige Sponsoreneinnahmen ihren Lebensunterhalt bestreiten, wird der Schutzbereich des Art. 12 Abs. 1 GG für Spitzen- bzw. sog. „Profisportler“ regelmäßig eröffnet sein[738]. Aber auch die Sportausübung im Bereich des Breiten- und Freizeitsports wird grundrechtlich abgesichert. Das Auffanggrundrecht der allgemeinen Handlungsfreiheit aus Art. 2 Abs. 1 GG erfasst jedes menschliche Verhalten, sofern es nicht über ein anderes Grundrecht abge-

---

[734] Prägend für die Formulierung, *Steiner*, DÖV 1983, 173, 177.

[735] *Bauer*, Kultur und Sport, 1999, S. 263 ff.; *Dreher*, Staatsziele im Bundesstaat am Beispiel des Sports, 2005, S. 37 ff.; *Faller*, Staatsziel “Tierschutz,” 2005, S. 27; *Fritzweiler*, in: Fritzweiler/Pfister/Summerer, Praxishandbuch Sportrecht, 3. Aufl. 2014, Teil 1, Rn. 8 ff.; *Hix*, Probleme der Normierung einer Sportklausel im Grundgesetz, 2013, S. 134 f., 246 f.; *Humberg*, ZRP 2007, 57, 58; *Steiner*, in: Isensee/Kirchhof, HdbStR, Band IV, 3. Aufl. 2006, § 87, Rn. 2.

[736] *Bauer*, Kultur und Sport, 1999, S. 265, 290; *Dreher*, Staatsziele im Bundesstaat am Beispiel des Sports, 2005, S. 42; *Hix*, Probleme der Normierung einer Sportklausel im Grundgesetz, 2013, S. 134, 202 f.; *Humberg*, ZRP 2007, 57, 58; *Steiner*, in: Isensee/Kirchhof, HdbStR, Band IV, 3. Aufl. 2006, § 87, Rn. 2; so auch und mit weiteren denkbaren Konstellationen der Sportausübung, die von Art. 12 Abs. 1 GG erfasst wären *Fritzweiler*, in: Fritzweiler/Pfister/Summerer, Praxishandbuch Sportrecht, 3. Aufl. 2014, Teil 1, Rn. 16 ff.

[737] Zum weiten Berufsbegriff siehe nur *BVerfG*, Urt. v. 11.06.1958 - 1 BvR 596/56 - BVerfGE 7, 377, 397; *BVerfG*, Beschl. v. 26.06.2002 - 1 BvR 558, 1428/91 - BVerfGE 105, 252, 265; *Scholz*, in: Maunz/Dürig, GG, Stand: 75. Erglf., September 2015, Art. 12, Rn. 28 ff. m. w. N. aus Rspr. und Lit.

[738] So auch *Hix*, Probleme der Normierung einer Sportklausel im Grundgesetz, 2013, S. 134, 203; siehe etwa für Profifußballer *BAG*, Urt. v. 25.04.2013 - 8 AZR 453/12 - NZA 2013, 1206 ff.; mit weiteren denkbaren Konstellationen der Sportausübung, die von Art. 12 Abs. 1 GG erfasst wären – im Einzelfall auch durch sog. „Amateursportler“ – siehe *Fritzweiler*, in: Fritzweiler/Pfister/Summerer, Praxishandbuch Sportrecht, 3. Aufl. 2014, Teil 1, Rn. 16.

sichert ist[739]. Da der Breitensport in der Regel von keinem anderen Grundrecht erfasst wird, wird dieser Sportbereich vorwiegend über Art. 2 Abs. 1 GG geschützt[740]. Soweit der Sport der Gesundung oder Gesundheitserhaltung dient, wird er über Art. 2 Abs. 2 Satz 1 GG geschützt[741]. Das Grundrecht schützt das Leben und die körperliche Unversehrtheit, die auch als menschliche Gesundheit im weitesten Sinne verstanden wird[742]. Eine weitere Ausprägung des Sports, die Freiheit aktiver und passiver Sportler sich zu Vereinen und Verbänden zu vereinigen und dort die Organisation und innere Ordnung über Satzungen autonom zu gestalten – hier ist regelmäßig von der Autonomie des Sports die Rede – sowie der Bestand der Vereine und Verbände wird über Art. 9 Abs. 1 GG gewährleistet[743]. Auch die entsprechenden Rechte der Sportvereine und -verbände selbst werden, jedenfalls über Art. 19 Abs. 3 GG[744], von Art. 9 Abs. 1 GG erfasst[745].

---

[739] Zum weiten Verständnis der Rspr. siehe nur *BVerfG*, Urt. v. 16.01.1957 - 1 BvR 253/56 - BVerfGE 6, 32, 36 ff.; *Murswiek*, in: Sachs, GG, 7. Aufl. 2014, Art. 2, Rn. 41 ff. mit umfassenden Nachweisen aus der Rspr. und Lit.

[740] *Bauer*, Kultur und Sport, 1999, S. 265; 322; *Dreher*, Staatsziele im Bundesstaat am Beispiel des Sports, 2005, S. 38; *Fritzweiler*, in: Fritzweiler/Pfister/Summerer, Praxishandbuch Sportrecht, 3. Aufl. 2014, Teil 1, Rn. 9 ff.; *Häberle*, in: Becker/Bull/Seewald, FS Thieme, 1993, S. 44; *Hix*, Probleme der Normierung einer Sportklausel im Grundgesetz, 2013, S. 134, 197 ff.; *Humberg*, ZRP 2007, 57, 58; *Steiner*, in: Isensee/Kirchhof, HdbStR, Band IV, 3. Aufl. 2006, § 87, Rn. 2; *Stern*, in: Becker/Bull/Seewald, FS Thieme, 1993, S. 270; *Thom*, Sportförderung, 1992, S. 115 f.

[741] *Dreher*, Staatsziele im Bundesstaat am Beispiel des Sports, 2005, S. 40 f.; *Hix*, Probleme der Normierung einer Sportklausel im Grundgesetz, 2013, S. 134, 197 ff.; *Steiner*, NJW 1991, 2729, 2734.

[742] Siehe nur *BVerfG*, Urt. v. 25.02.1975 - 1 BvF 1, 2, 3, 4, 5, 6/74 - BVerfGE 39, 1, 41 f.; *Di Fabio*, in: Maunz/Dürig, GG, Stand: 75. Erglf., September 2015, Art. 2 Abs. 2, Rn. 55 ff.

[743] *Bauer*, Kultur und Sport, 1999, S. 291 ff.; *Dreher*, Staatsziele im Bundesstaat am Beispiel des Sports, 2005, S. 44 f.; *Fritzweiler*, in: Fritzweiler/Pfister/Summerer, Praxishandbuch Sportrecht, 3. Aufl. 2014, Teil 1, Rn. 22 ff.; *Hix*, Probleme der Normierung einer Sportklausel im Grundgesetz, 2013, S. 134, 200; *Steiner*, in: Isensee/Kirchhof, HdbStR, Band IV, 3. Aufl. 2006, § 87, Rn. 2 f.

[744] Für eine direkte Geltung des Art. 9 Abs. 1 GG für Vereine und Vereinigungen siehe nur *BVerfG*, Urt. v. 01.03.1979 - 1 BvR 532, 533/77, 419/78 und 1 BvL 21/78 - BVerfGE 50, 290, 354 m. w. N. aus der Rspr.; *Jarass*, in: Jarass/Pieroth, Grundgesetz, 14. Aufl. 2016, Art. 9 Rn. 11; *Löwer*, in: von Münch/Kunig, GG, Band 1, 6. Aufl. 2012, Art. 9 Rn. 23; *Merten*, in: Isensee/Kirchhof, HdbStR, Band VII, 3. Aufl. 2009, § 165, Rn. 29; für eine indirekte Geltung über Art. 19 Abs. 3 GG *Ipsen*, Staatsrecht II, 18. Aufl. 2015, Rn. 582 f.; *Isensee*, in: Isensee/Kirchhof, HdbStR, Band IX, 3. Aufl. 2011, § 199, Rn. 103 ff.; *Scholz*, in: Maunz/Dürig, GG, Stand: 75. Erglf., September 2015, Art. 9, Rn. 23 ff.; zum hier unerhebli-

Vor diesem Hintergrund wird gegen die Erforderlichkeit einer Staatszielbestimmung zugunsten des Sports im Grundgesetz angeführt, dass der Sport bereits ausreichend über die Grundrechte der Sporttreibenden abgesichert sei[746]. Im Ausgangspunkt ist die Überlegung auch nachvollziehbar. Denn Grundrechte schreiben neben subjektiv-rechtlichen Abwehrrechten der Bürger auch objektiv-rechtliche verfassungsrechtliche Grund-entscheidungen fest[747]. Wäre aus dem objektiv-rechtlichen Gehalt der sportrelevanten Grundrechte eine verfassungsrechtliche Wertentscheidung zur Förderung des Sports ableitbar[748] (dazu unter a)) und würde der objektiv- und abwehr-rechtliche Gehalt dieser Grundrechte zu einer hinreichenden Aufwertung des Sports bei Kollisionslagen führen (dazu unter b)), so wäre der Einwand auch begründet.

a) Kürzung oder Streichung der staatlichen Sportförderung

Allerdings lässt sich über die Grundrechte der Sporttreibenden bzw. der Vereine und Verbände die Gefahr der Kürzung oder Streichung der Sportförderung durch den Bund nicht ebenso effektiv beseitigen, wie durch eine Staatszielbestimmung zugunsten des Sports. Keinem der einschlägigen Grundrechte lässt sich für den Sport ein Anspruch der Bürger oder eine Pflicht des Staates zur

---

chen Streit im Hinblick auf Sportvereine und -verbände siehe nur *Dreher*, Staatsziele im Bundesstaat am Beispiel des Sports, 2005, S. 45.

[745] *Dreher*, Staatsziele im Bundesstaat am Beispiel des Sports, 2005, S. 45 f.; *Humberg*, ZRP 2007, 57, 58.

[746] So etwa *Hufen*, Protokoll der 44. Sitzung des Rechtsausschusses des Bundestages am 29.01.2007, S. 4; *Hix*, Probleme der Normierung einer Sportklausel im Grundgesetz, 2013, S. 307 ff. m. w. N.; *Scholz*, Schriftliche Stellungnahme zur Anhörung in der 44. Sitzung des Rechtsausschusses des Bundestags am 29.01.2007, S. 12.

[747] Siehe zum objektiv-rechtlichen Gehalt von Grundrechten 1. Kapitel, A. IV. 3) und zum abwehr-rechtlichen Gehalt von Grundrechten 1. Kapitel A. VI. 3) b) bb) (3) (a).

[748] Mit ensprechenden Überlegungen auch *Dreher*, Staatsziele im Bundesstaat am Beispiel des Sports, 2005, S. 37; *Hix*, Probleme der Normierung einer Sportklausel im Grundgesetz, 2013, S. 197.

Förderung des Sports bzw. deren Beibehaltung in dem aktuellen Umfang entnehmen[749].

Art. 12 Abs. 1 GG hat zwar neben der abwehr-rechtlichen auch eine teilhaberechtliche Komponente und vermittelt eine Schutzpflicht[750]. Weder der schutz- noch der teilhabe-rechtlichen Komponente lässt sich aber eine Pflicht zur Förderung des Sports oder zum Erhalt eines bereits bestehenden Förderungsumfangs entnehmen[751]. Denn Schutzpflichten gelten nur in einem Dreiecksverhältnis, da sie für den Betroffenen Schutz durch den Staat vor Beeinträchtigungen Dritter vermitteln[752]. Förderung dagegen erfolgt in einem zweiseitigen Rechtsverhältnis zwischen dem Fördernden und dem Geförderten, weshalb sich aus Schutzpflichten keine Förderungspflichten oder -ansprüche entnehmen lassen[753]. Ähnliches gilt für das durch Art. 12 Abs. 1 GG vermittelte Teilhaberecht. Es beschränkt sich auf den Zugang zu durch den Staat zur Verfügung gestellten Leistungen und Einrichtungen[754]. Fehlt es gänzlich daran oder entschließt sich der Staat dazu, diese nicht mehr zur Verfügung zu stellen, hilft der Teilhabegehalt nicht weiter.

Der überwiegende Teil der sportlichen Betätigung wird über Art. 2 Abs. 1 GG gewährleistet. Wegen der Funktion des Art. 2 Abs. 1 GG als Auffanggrundrecht[755] hat es keinen bestimmten Persönlichkeits- oder Lebensbereich zum Gegenstand. Die Weite und fehlende Bestimmtheit des Grundrechts führt dazu, dass eine hinreichend konkrete objektiv-rechtliche Pflicht zum Schutz oder zur

---

[749] *Dreher*, Staatsziele im Bundesstaat am Beispiel des Sports, 2005, S. 82; *Hix*, Probleme der Normierung einer Sportklausel im Grundgesetz, 2013, S. 77, 206 f.

[750] *Mann*, in: Sachs, GG, 7. Aufl. 2014, Art. 12, Rn. 18 ff.; *Ruffert*, in: Epping/Hillgruber, BeckOK GG, Stand: 28. Edt., 01.03.2016, Art. 12, Überblick.

[751] So auch *Hix*, Probleme der Normierung einer Sportklausel im Grundgesetz, 2013, S. 204.

[752] *Dreher*, Staatsziele im Bundesstaat am Beispiel des Sports, 2005, S. 49; mit ähnlichem Ansatz *Hix*, Probleme der Normierung einer Sportklausel im Grundgesetz, 2013, S. 204; zum Inhalt von Schutzplflichten bzw. -rechten siehe oben 1. Kapitel, A. VI. 3) b) bb) (3) (a).

[753] *Dreher*, Staatsziele im Bundesstaat am Beispiel des Sports, 2005, S. 49; so auch *Hix*, Probleme der Normierung einer Sportklausel im Grundgesetz, 2013, S. 204.

[754] Zum Inhalt von Teilhabepflichten bzw - rechten siehe ebenfalls oben 1. Kapitel, A. IV. 3) b) aa) (2) (a).

[755] Siehe dazu nur *BVerfG*, Urt. v. 16.01.1957 - 1 BvR 253/56 - BVerfGE 6, 32, 36 f.; *Di Fabio*, in: Maunz/Dürig, GG, Stand: 75. Erglf., September 2015, Art. 2 Abs. 1, Rn. 7, 21.

Teilhabe nicht begründbar ist[756]. Deshalb lassen sich auch dem objektiv-rechtlichen Gehalt von Art. 2 Abs. 1 GG für den Staat keine Anstöße oder Pflichten und für die Privaten keine Rechte zur Förderung des Sports entnehmen[757].

Der objektiv-rechtliche Gehalt von Art. 2 Abs. 2 Satz 1 GG verpflichtet den Staat, sich schützend und fördernd vor die Rechtsgüter Leben und körperliche Unversehrtheit zu stellen[758]. Doch kommt die Herleitung einer Förderungspflicht des Staates zugunsten des gesundheitsfördernden Sports aufgrund der Entstehungsgeschichte und des Telos von Art. 2 Abs. 2 Satz 1 GG nicht in Betracht[759]. Denn Art. 2 Abs. 2 Satz 1 GG soll als Antwort auf die lebensvernichtenden Aktivitäten des NS-Staates das Leben und die körperliche Unversehrtheit gegen Beeinträchtigungen durch den Staat und – mittlerweile auch – Dritte oder Naturereignisse schützen[760]. Die Sportförderung dient jedoch nicht dem vorsorglichen Schutz vor Gefahren für die Gesundheit durch den Staat oder Dritte, sondern lediglich der „allgemeinen Gesundheitsprävention“, die weitestgehend von dem Willen und der Bereitschaft des Einzelnen abhängt, Sport zu treiben[761]. Damit ist auch aus Art. 2 Abs. 2 Satz 1 GG keine allgemeine Verpflichtung zur Förderung oder Pflege des Sports abzuleiten[762]. Auch hier greift die Problematik des Dreiecksverhältnisses. Und zudem wäre eine Verpflichtung aus Art. 2 Abs. 2 Satz 1 GG deutlich enger als diejenige aus einer weiten Staatszielbestimmung und damit weniger geeignet. Denn nicht jede Form und jeder Bereich der sportlichen

---

[756] *Dreher*, Staatsziele im Bundesstaat am Beispiel des Sports, 2005, S. 39; *Hix*, Probleme der Normierung einer Sportklausel im Grundgesetz, 2013, S. 198 f.; *Schwerdtfeger*, NVwZ 1982, 5, 10.

[757] *Dreher*, Staatsziele im Bundesstaat am Beispiel des Sports, 2005, S. 39 f.; *Fritzweiler*, in: Fritzweiler/Pfister/Summerer, Praxishandbuch Sportrecht, 3. Aufl. 2014, Teil 1, Rn. 9, 67; *Hix*, Probleme der Normierung einer Sportklausel im Grundgesetz, 2013, S. 199.

[758] *BVerfG*, Urt. v. 25.02.1975 - 1 BvF 1, 2, 3, 4, 5, 6/74 - BVerfGE 39, 1, 41 f.; *Hix*, Probleme der Normierung einer Sportklausel im Grundgesetz, 2013, S. 199 f.

[759] *Hix*, Probleme der Normierung einer Sportklausel im Grundgesetz, 2013, S. 200.

[760] *Hix*, Probleme der Normierung einer Sportklausel im Grundgesetz, 2013, S. 200; *Kunig*, in: von Münch/Kunig, GG, Band 1, 6. Aufl. 2012, Art. 2, Rn. 44, 67; *Lorenz*, in: Kahl/Waldhoff/Walter, BK Grundgesetz, Stand: 178. Akt., April 2016, Art. 2, Rn. 411.

[761] *Hix*, Probleme der Normierung einer Sportklausel im Grundgesetz, 2013, S. 200.

[762] *Hix*, Probleme der Normierung einer Sportklausel im Grundgesetz, 2013, S. 200.

Betätigung hat hinreichende gesundheitliche Relevanz, um ihn unter den Schutzbereich des Art. 2 Abs. 2 Satz 1 GG zu fassen[763].

Schließlich lässt sich auch der Vereinigungsfreiheit aus Art. 9 Abs. 1 GG nichts entnehmen, das mögliche Kürzungen oder gar gänzliche Streichungen der Sportförderung verhindern könnte[764]. Zwar liegt eine Verpflichtung zur Förderung von Sportvereinigungen aus dem objektiv-rechtlichen Gehalt der Vereinigungsfreiheit nahe, weil die privaten Trägerorganisationen bei der Erfüllung von Aufgaben mit Gemeinwohlrelevanz behilflich sind[765] und damit für eine Entlastung des Staates sorgen[766]. Doch sind auch Art. 9 Abs. 1 GG durch eine Kombination mit Art. 3 Abs. 1 GG allenfalls Teilhabegehalte zu entnehmen[767], die nach dem bereits zu Art. 12 Abs. 1 GG Gesagten nicht ausreichen, um die Streichung oder Kürzung der Sportförderung zu verhindern[768]. Im Übrigen begründet auch Art. 9 Abs. 1 GG lediglich eine Schutzpflicht für die Betätigungsfreiheit der Vereinigten und Vereinigungen durch Gewährleistung einer Bestandsgarantie, einer Organisationsautonomie und der Berechtigung zur Schaffung einer inneren Ordnung[769]. Diesem Dreiecksverhältnis lässt sich kein zweiseitiges Verhältnis im Sinne einer Förderungs- oder Pflegepflicht entnehmen[770].

Deshalb sind die Grundrechte nicht geeignet, die Gefahr der Kürzung oder Streichung der Sportförderung durch den Bund in gleicher Weise zu beseitigen wie eine Staatszielbestimmung zugunsten des Sports[771]. Je nach konkreter Ausgestaltung der Staatszielbestimmung wäre der Gesetzgeber verpflichtet, sich mit der Förderung des Sports mehr oder weniger intensiv zu befassen. In jedem Fal-

---

[763] *Hix*, Probleme der Normierung einer Sportklausel im Grundgesetz, 2013, S. 199.

[764] So im Ergebnis auch *Bauer*, Kultur und Sport, 1999, S. 254; *Dreher*, Staatsziele im Bundesstaat am Beispiel des Sports, 2005, S. 47 ff., 82; *Hix*, Probleme der Normierung einer Sportklausel im Grundgesetz, 2013, S. 201 f.; im Übrigen siehe dazu auch die bereits angeführten Argumente oben unter 2. Kapitel, C. I. 1) b).

[765] *Dreher*, Staatsziele im Bundesstaat am Beispiel des Sports, 2005, S. 48; *Hix*, Probleme der Normierung einer Sportklausel im Grundgesetz, 2013, S. 202; zum Beitrag des Sports Gesundheitsvor- und -nachsorge, zur Erziehung und zur Integration siehe oben unter 2. Kapitel, C. I. 1) a).

[766] *Dreher*, Staatsziele im Bundesstaat am Beispiel des Sports, 2005, S. 47.

[767] *Dreher*, Staatsziele im Bundesstaat am Beispiel des Sports, 2005, S. 47; *Hix*, Probleme der Normierung einer Sportklausel im Grundgesetz, 2013, S. 201.

[768] *Dreher*, Staatsziele im Bundesstaat am Beispiel des Sports, 2005, S. 49.

[769] *Dreher*, Staatsziele im Bundesstaat am Beispiel des Sports, 2005, S. 46

[770] *Hix*, Probleme der Normierung einer Sportklausel im Grundgesetz, 2013, S. 202.

[771] *Hix*, Probleme der Normierung einer Sportklausel im Grundgesetz, 2013, S. 313 f.

le wäre aber eine Kürzung der Mittel für die Bundessportförderung im Rahmen der Haushaltsaufstellung durch den Gesetzgeber und bei der Mittelzuweisung durch die Exekutive wegen der Pflicht zur Beachtung des Sports wesentlich erschwert.

b) Kollidierende Güter mit Verfassungsrang

Auch gewährt der über die Grundrechte vermittelte Schutz keine mit einer Staatszielbestimmung gleichwertige Absicherung des Sports gegenüber den regelmäßig mit ihm kollidierenden Gütern mit Verfassungsrang[772]. Zwar stellen bspw. Nutzungsbeschränkungen öffentlicher Sportanlagen zugunsten des Schutzes der Nachbarn nach Art. 2 Abs. 2 Satz 1 GG oder der Umwelt nach Art. 20a GG einen Eingriff in die Handlungsfreiheit der Breitensportler dar, die die Anlage auch darüber hinaus nutzen wollen, und müssen sich an Art. 2 Abs. 1 GG messen lassen[773]. Einschränkungen für bspw. professionelle Auto-, Motorboot- oder Skirennen zum Schutz der Umwelt gem. Art. 20a GG stellen Eingriffe in die Berufsfreiheit der Rennfahrer dar, die sich somit auch an Art. 12 Abs. 1 GG messen lassen müssen. Und schließlich müssen sich Beschränkungen der Betätigungsfreiheit z. B. durch Verbote von Sportveranstaltungen zum Schutze der Umwelt nach Art. 20a GG oder der Gesundheit von Teilnehmern und Zuschauern nach Art. 2 Abs. 2 Satz 1 GG an Art. 9 GG messen.

Wie sich aber schon anhand der knappen Auflistung und den obigen Ausführungen zur fehlenden Förderungsverpflichtung zeigt, besteht derzeit ein „Fleckenteppich" unterschiedlicher grundrechtlicher Gewährleistungsgehalte zugunsten des Sports, der in Konfliktlagen mit anderen Gütern mit Verfassungsrang weiterhin zu einem Zurücktreten führen wird. Während Art. 2 Abs. 2 Satz 1 GG nur den gesundheitsrelevanten Bereich des Sports erfasst, schützt Art. 12 Abs. 1 GG nur solche Tätigkeiten, die auf Dauer angelegt sind und nicht nur vorübergehend der Schaffung und Erhaltung einer Lebensgrundlage dienen. Der Großteil des

---

[772] *Hix*, Probleme der Normierung einer Sportklausel im Grundgesetz, 2013, S. 313 f.

[773] So auch *Dreher*, Staatsziele im Bundesstaat am Beispiel des Sports, 2005, S. 38 f., mit weiteren Beispielen; ein noch ausfürhlicherer Überblick über mögliche Konfliktlagen ist zu finden bei *Tettinger*, SpuRt 1997, 109 ff.

von Art. 2 Abs. 1 GG geschützten Sportbereichs unterliegt der weitreichenden Schranke der gesamten „verfassungsmäßigen Ordnung“. Außerdem fällt das Gewicht der von Art. 2 Abs. 1 GG erfassten Sportbereiche bei Kollisionen wegen der Funktion als Auffanggrundrecht und der Weite der Regelung geringer aus[774], als es bei Aufnahme einer Staatszielbestimmung zugunsten des Sports wäre. Eine Staatszielbestimmung würde zudem den Sport in all seinen Erscheinungsformen erfassen[775] und damit den Fleckenteppich unterschiedlich starker Schutzgehalte jedenfalls nivellieren. Deshalb sind die Grundrechte nicht gleich geeignet wie eine Staatszielbestimmung zugunsten des Sports im Grundgesetz, um die Gefahren für den Sport zu beseitigen. Die sportbezogene Dimension der Grundrechte steht der Erforderlichkeit der Staatszielbestimmung nicht entgegen.

2) Keine gleichwertige Absicherung durch die Staatsstrukturprinzipien des Grundgesetzes

Die Staatszielbestimmung wäre auch dann nicht erforderlich, wenn sich ein gleichwertiger Gehalt aus den Staatsstrukturprinzipien[776] des Grundgesetzes herleiten ließe[777]. Dass die Herleitung neuer Rechtspositionen aus dem Zusammenspiel von Grundrechten mit Staatsstrukturprinzipien möglich ist, belegt ein Blick auf die Rechtsprechung. So wurde etwa aus einer Verbindung des Sozialstaatsprinzips mit Art. 1 Abs. 1 GG ein Anspruch auf Sicherung eines menschenwürdigen Existenzminimums[778] und aus einer Verbindung des Sozialstaatsprinzips mit Art. 12 Abs. 1 GG und Art. 3 Abs. 1 GG ein Teilhabeanspruch auf gleichberechtigten Zugang zum Hochschulstudium[779] abgeleitet. Obwohl diese Bereiche

---

[774] *Hix*, Probleme der Normierung einer Sportklausel im Grundgesetz, 2013, S. 198.

[775] So auch *Hix*, Probleme der Normierung einer Sportklausel im Grundgesetz, 2013, S. 237.

[776] Dazu und zur Abgrenzung zu Staatszielbestimmungen bzw. der teilweisen Teilidentität siehe oben unter 1. Kapitel, A. IV. 1).

[777] Dazu auch *Bauer*, Kultur und Sport, 1999, S. 324 ff.; *Dreher*, Staatsziele im Bundesstaat am Beispiel des Sports, 2005, S. 57 ff.; *Hix*, Probleme der Normierung einer Sportklausel im Grundgesetz, 2013, S. 246 ff.

[778] *BVerfG*, Urt. v. 09.02.2010 - 1 BvL 1, 3, 4/09 - BVerfGE 125, 175, 222 ff.; *BVerfG*, Urt. v. 18.07.2012 - 1 BvL 10/10, 2/11 - BVerfGE 132, 134, 158 ff.; *BVerfG*, Beschl. v. 03.09.2014 - 1 BvR 1768/11 - BeckRS 2014, 59276, Rn. 21.

[779] Grundlegend *BVerfG*, Urt. v. 18.07.1972 - BvL 32/70 und 25/71 - BVerfGE 33, 303, 330 ff.; aus der neueren Rspr. siehe nur *BVerfG*, Beschl. v. 08.05.2013 - 1 BvL 1/08 -

im Grundgesetz an keiner Stelle ausdrücklich erwähnt werden, erfahren sie auf diesem Weg verfassungsrechtlichen Schutz.

Auch zugunsten des Sports könnte sich aus dem Sozialstaatsprinzip eine Förderungs- und Schutzpflicht ergeben[780]. Denn das Sozialstaatsprinzip aus Art. 20 Abs. 1 GG verpflichtet alle drei Staatsgewalten, für das Gemeinwohl und soziale Gerechtigkeit zu sorgen[781]. Der Sport leistet hierzu einen nicht unerheblichen Beitrag, indem er die Gesundheitsvorsorge fördert und zur Vermittlung in der Gemeinschaft wurzelnder Werte beiträgt und dadurch integrative Wirkung entfaltet[782]. Daher liegt die Herleitung einer entsprechenden Verpflichtung des Staates auf den Sport aus dem Sozialstaatsprinzip nahe. Sie könnte etwa darauf gerichtet sein, die Bereitstellung von Sporteinrichtungen als Teil der öffentlichen Einrichtungen für das Gesundheits- und Bildungswesen sicherzustellen[783].

Eine generelle Verpflichtung zum Schutz oder zur Förderung des Sports wird sich dem objektiv-rechtlichen Gehalt des Sozialstaatsprinzips aber nicht entnehmen lassen[784]. Wortlaut, Entstehungsgeschichte, Systematik und Telos der Sozialstaatsklausel in Art. 20 Abs. 1 GG stehen dem entgegen[785]. Der Wortlaut, „die *Bundesrepublik Deutschland* ist ein demokratischer und sozialer Bundesstaat“ ist derart weit und generell, dass sich daraus eine spezielle Verpflichtung

---

NJW 2013, 2498, 2499, Rn. 37; *BayVGH*, Beschl. v. 08.05.2013 - 7 CE 13.10048 - NVwZ-RR 2013, 717, Rn. 10; aus der Lit. siehe nur *Jarass*, in: Jarass/Pieroth, Grundgesetz, 14. Aufl. 2016, Art. 12, Rn. 109; *Ruffert*, in: Epping/Hillgruber, BeckOK GG, Stand: 28. Edt., 01.03.2016, Art. 12, Rn. 25.

780 *Bauer*, Kultur und Sport, 1999, S. 326 ff.; *Dreher*, Staatsziele im Bundesstaat am Beispiel des Sports, 2005, S. 57 ff.; *Hix*, Probleme der Normierung einer Sportklausel im Grundgesetz, 2013, S. 246 ff.; *Thom*, Sportförderung, 1992, S. 158 f.

781 Siehe dazu nur *Stern*, Staatsrecht I, 2. Aufl. 1984, S. 890 m. w. N.

782 Zu der Wirkung und Bedeutung des Sports siehe bereits oben ausführlich unter 2. Kapitel, C. I. 1) a).

783 *Bauer*, Kultur und Sport, 1999, S. 326; *Zippelius/Würtenberger*, Deutsches Staatsrecht, 32. Aufl. 2008, § 13, Rn. 11.

784 So auch *Bauer*, Kultur und Sport, 1999, S. 326 ff.; *Dreher*, Staatsziele im Bundesstaat am Beispiel des Sports, 2005, S. 57 ff.; *Hix*, Probleme der Normierung einer Sportklausel im Grundgesetz, 2013, S. 246 ff.

785 Ausführlich dazu *Dreher*, Staatsziele im Bundesstaat am Beispiel des Sports, 2005, S. 57 ff.; *Hix*, Probleme der Normierung einer Sportklausel im Grundgesetz, 2013, S. 247 ff.

für den Bereich des Sports nicht entnehmen lässt[786]. Gleiches gilt für die Entstehungsgeschichte der Regelung. Ausweislich der Beratungen des Verfassungskonvents von Herrenchiemsee wurde wegen des geplant provisorischen Charakters des Grundgesetzes bewusst auf eine sozialwirtschaftliche Gesamtordnung, ein bestimmtes Programm mit konkreten Forderungen für eine künftige Sozialordnung und damit auf einen konkreten Gestaltungsauftrag etwa auch zugunsten des Sports verzichtet[787]. Die systematische Stellung des Art. 20 Abs. 1 GG am Anfang des zweiten Abschnitts über „Bund und Länder" sowie der Schutz über Art. 79 Abs. 3 GG sagt nur etwas über den besonders hohen Rang des Art. 20 GG aus[788], lässt jedoch keine Rückschlüsse inhaltlicher Natur im Hinblick auf den Sport zu[789]. Und auch das Telos der Regelung, Hilfe gegen Not und Armut und ein menschenwürdiges Existenzminimum zu bieten, mehr Gleichheit durch den Abbau von Wohlstandsdifferenzen und die Kontrolle von Abhängigkeitsverhältnissen zu schaffen, mehr Sicherheit gegenüber den Wechselfällen des Lebens zu gewährleisten und den Wohlstand zu heben[790], ist im Hinblick auf eine Verpflichtung zum Schutz oder zur Förderung des Sports unergiebig[791]. Der Sport wird hierzu nur einen geringen Beitrag leisten können, weshalb schon deshalb keine allgemeine objektiv-rechtliche Verpflichtung des Staates zur Förderung des Sports zu entnehmen ist[792]. Die Förderung und der Schutz des Sports dienen nämlich der Daseinsvorsorge[793], die lediglich dem allgemeinen Zugang zu für das Gemeinwesen notwendigen Diensten und nicht dem Ausgleich sozial-

---

[786] *Dreher*, Staatsziele im Bundesstaat am Beispiel des Sports, 2005, S. 57; *Hix*, Probleme der Normierung einer Sportklausel im Grundgesetz, 2013, S. 247.

[787] Ausführlich dazu *Dreher*, Staatsziele im Bundesstaat am Beispiel des Sports, 2005, S. 58.; *Hix*, Probleme der Normierung einer Sportklausel im Grundgesetz, 2013, S. 247 f., beide m. w. N. zu den konkreten Beratungen.

[788] *Dreier*, in: Dreier, GG, Band II, 3. Aufl. 2015, Art. 20, Rn. 16.

[789] *Dreher*, Staatsziele im Bundesstaat am Beispiel des Sports, 2005, S. 59.; *Hix*, Probleme der Normierung einer Sportklausel im Grundgesetz, 2013, S. 248.

[790] *Dreher*, Staatsziele im Bundesstaat am Beispiel des Sports, 2005, S. 59; *Hix*, Probleme der Normierung einer Sportklausel im Grundgesetz, 2013, S. 248 ff.; *Zacher*, in: Isensee/Kirchhof, HdbStR, Band II, 3. Aufl. 2004, § 28, Rn. 25 m. w. N.

[791] So auch mit ausführlicher Begründung *Dreher*, Staatsziele im Bundesstaat am Beispiel des Sports, 2005, S. 59 ff.; *Hix*, Probleme der Normierung einer Sportklausel im Grundgesetz, 2013, S. 248 ff.

[792] *Dreher*, Staatsziele im Bundesstaat am Beispiel des Sports, 2005, S. 61; *Hix*, Probleme der Normierung einer Sportklausel im Grundgesetz, 2013, S. 250.

[793] *Dreher*, Staatsziele im Bundesstaat am Beispiel des Sports, 2005, S. 60; *Hix*, Probleme der Normierung einer Sportklausel im Grundgesetz, 2013, S. 249.

bedingter Unterschiede im Zugang bezweckt[794]. Allenfalls zu einem geringen Teil dienen Sportförderung und -schutz der sozialstaatsprinzip-typischen Anhebung des Wohlstandes, wenn die Sportförderung etwa jenseits des Bereichs der Gewinnerzielung zur Steigerung der Lebensqualität oder dem Abbau von Wohlstandsdifferenzen beim Zugang sozial Schwächerer zu Sportangeboten etwa durch vergünstigte Eintrittspreise beiträgt[795].

Eine Staatszielbestimmung würde den Sport besser absichern. Denn auch über das Sozialstaatsprinzip wäre allenfalls ein einzelfallabhängiger Fleckenteppich an Positionen zugunsten des Sports begründbar, der nicht zu einer umfassenden Aufwertung des Sports führen würde wie eine explizit darauf abzielende Staatszielbestimmung. Schon die Unterstützung des staatsrepräsentationsbedeutsamen Profisports ließe sich auf Grundlage des Sozialstaatsgebots angesichts der dort regelmäßig vorhandenen wirtschaftlichen Mittel kaum als Dienst zugunsten von Gemeinwohl oder sozialer Gerechtigkeit darstellen[796]. Hinzu kommt, dass nach dem aktuell im vollen Umfang greifenden Gebot der Subsidiarität staatlicher Leistungen, keine staatliche Förderung zu erfolgen haben, wenn Sportler oder Sportorganisationen bestimmte Probleme adäquat in eigener Verantwortung lösen können[797]. Die Gefahren des Förderungswegfalls und des Zurücktretens des Sports gegenüber anderen Gütern können deshalb auch auf diesem Wege nicht in gleich geeigneter Weise beseitigt werden.

---

[794] Zum Begriff der Daseinsvorsorge siehe nur die ausführlichen Ausführungen von *Badura*, DÖV 1966, 624 ff.

[795] *Dreher*, Staatsziele im Bundesstaat am Beispiel des Sports, 2005, S. 60; *Hix*, Probleme der Normierung einer Sportklausel im Grundgesetz, 2013, S. 249.

[796] *Bauer*, Kultur und Sport, 1999, S. 326 f.

[797] *Bauer*, Kultur und Sport, 1999, S. 329; *Steiner*, NJW 1991, 2729, 2730; siehe im Übrigen zum Gebot der Subsidiarität staatlicher Leistungen im Sport, das zum Grundsatz der Autonomie des Sports korrespondiert, nur *Steiner*, in: Isensee/Kirchhof, HdbStR, Band IV, 3. Aufl. 2006, § 87, Rn. 3; *Wiesner*, Unionsziel Sportförderung, 2008, S. 166 f.; *Zimmermann*, Förderung des Sports, 2000, S. 175 ff.

3) Keine gleichwertige Absicherung durch die Staatszielbestimmungen zugunsten des Sports in den Verfassungen der Bundesländer

Wie bereits von *Wahl*[798] bemängelt, wird bei verfassungsrechtlichen und verfassungspolitischen Diskussionen über die Grundrechte und Staatszielbestimmungen in Deutschland leicht übersehen, dass die *BRD* ein Bundesstaat mit 16 Verfassungen auf Länderebene ist. Da der Sport in nahezu allen Verfassungen der Bundesländer über eine Staatszielbestimmung abgesichert ist[799], – einzig in der Verfassung Hamburgs fehlt eine entsprechende Regelung – liegt der Schluss nahe, dass bereits durch einen Rückgriff auf die Verfassungen der Bundesländer eine hinreichende Sicherung des Sports gegen die bestehenden Gefahren möglich ist.

Dabei bliebe jedoch das Verhältnis von Landesrecht zu Bundesrecht außer Acht. Denn Staatszielbestimmungen des Grundgesetzes entfalten eine weitaus umfassendere Bindungswirkung als Staatszielbestimmungen in den Verfassungen der Bundesländer[800]. Während Staatszielbestimmungen im Grundgesetz, mit Ausnahme des Entscheidungs- und Befassungsauftrags bzw. der Umsetzungsverpflichtung, auf allen Ebenen des vertikalen und horizontalen Staatsgefüges umfassend gelten, ist die Bindungswirkung von Staatszielbestimmungen in Verfassungen der Bundesländer für die Bundesstaatsgewalten wegen der Regelungen der föderalen Gliederung stark eingeschränkt bzw. für die Legislative sogar gänzlich ausgeschlossen. Eine Verpflichtung des Bundes zum Schutz oder zur Förderung des Sports lässt sich den Regelungen daher nicht entnehmen[801]. Und sogar die Bindungswirkung von Landesstaatszielbestimmungen auf Länderebene kann wegen besagter Regelungen geringer ausfallen, wenn sie in Widerspruch zum Bundesrecht stehen (Art. 31 GG).

---

[798] *Wahl*, AöR 1987 (Bd. 112), 26, 27.
[799] Vgl. Art. 3c Abs. 1 BaWüVerf; Art. 140 Abs. 3 BayVerf; Art. 32 BerlVerf; Art. 35 BbgVerf; Art. 36a BremVerf; Art. 62a HessV; Art. 16 Abs. 1 MVVerf; Art. 6 NdsVerf; Art. 18 Abs. 3 NRWVerf; Art. 40 Abs. 4 RPVerf; Art. 34a SaarlVerf; Art. 11 Abs. 1, Abs. 2 SächsVerf; Art. 36 Abs. 1, Abs. 3 SAVerf; Art. 9 Abs. 3 SHVerf; Art. 30 Abs. 3 ThürVerf.
[800] Dazu bereits ausführlich oben unter 1. Kapitel, A. VI. 1) b).
[801] So im Ergebnis auch *Hix*, Probleme der Normierung einer Sportklausel im Grundgesetz, 2013, S. 265.

Hinzu kommt, dass das Bundesrecht den rechtlichen Rahmen für die Sportaktivitäten in Deutschland bildet.[802] Die für den Sport besonders relevanten Gebiete, allgemeines Zivilrecht, Arbeitsrecht, Vereinsrecht, Steuerrecht oder auch Strafrecht sind allesamt auf der Bundesebene angesiedelt. Deshalb ist wegen der „Wirkungsschwäche“ der Sportstaatszielbestimmungen in den Verfassungen der Bundesländer[803], unabhängig von den konkreten Inhalten der einzelnen Verfassungen, eine Staatszielbestimmung zugunsten des Sports im Grundgesetz besser geeignet, den für den Sport bestehenden Gefahren zu begegnen. Wenn man eine einheitliche Absicherung von Zielvorgaben erreichen will, ersetzen Staatszielbestimmungen in den Verfassungen der Bundesländer deshalb auf Dauer eine daher auf Bundesebene erforderliche Regelung nicht[804].

4) Keine gleichwertige Absicherung durch die Unionszielbestimmung zugunsten des Sports in Art. 165 AEUV

Außerdem hat die *EU* mit Inkrafttreten des AEUV am 01.12.2009 erstmals in Art. 165 AEUV eine sog. „Unionszielbestimmung“[805] zugunsten des Sports erhalten, die eine ähnliche Wirkung entfaltet wie Staatszielbestimmungen auf der Ebene der Mitgliedsstaaten. Da der AEUV über den Verfassungen der Mitgliedsstaaten anzusiedeln ist, stellt sich die Frage, ob die dortige Regelung, anders als die „niedriger“ anzusiedelnden Verfassungen der Bundesländer, den Sport vor den bestehenden Gefahren in gleichem Maße oder sogar besser abzusichern vermag als eine Staatszielbestimmung im Grundgesetz.

Die Regelung in Art. 165 Abs. 1 Satz 2 AEUV lautet: „Die Union trägt zur Förderung der europäischen Dimension des Sports bei und berücksichtigt dabei dessen besondere Merkmale, dessen auf freiwilligem Engagement basierende Struktur sowie dessen soziale und pädagogische Funktion.“ Nach dem Wortlaut scheint es, als könnte die Regelung jedenfalls der Gefahr des Förderungswegfalls hinreichend beikommen. Zudem bewirkt sie auch ohne einen ausdrückli-

---

[802] So bereits *Steiner*, in: Burmeister, FS Stern, 1997, S. 518.

[803] *Steiner*, in: Isensee/Kirchhof, HdbStR, Band IV, 3. Aufl. 2006, § 87, Rn. 4.

[804] *Pestalozza*, NVwZ 1987, 744, 747.

[805] Ausführlich dazu *Hix*, Probleme der Normierung einer Sportklausel im Grundgesetz, 2013, S. 101 ff.; *Wiesner*, Unionsziel Sportförderung, 2008, S. 118 ff.

chen Schutzauftrag den Schutz des Sports durch die allgemeine Steigerung seiner Bedeutung in Kollisionsfällen.

Doch legt der Wortlaut der Unionszielbestimmung wegen der zweifachen Beschränkung auf die „Union“ und eine bloße Förderung der „europäischen Dimension“ ebenfalls nahe, dass die Regelung nicht in gleicher Weise zu einer Beseitigung der Gefahren in Deutschland beitragen kann wie eine Staatszielbestimmung im Grundgesetz[806]. Die Beschränkungen führen dazu, dass unmittelbar nur die Organe der *EU* verpflichtet sind und sich die Verpflichtung auf die Stärkung der reinen EU-Förderung von Sportprojekten in den Mitgliedsstaaten und im Übrigen die bloße Unterstützung der intergouvernementalen Zusammenarbeit im Bereich des Sports beschränkt[807]. Die Beschränkungen sind erforderlich, weil durch eine unmittelbare und umfassende Bindung der Organe der Mitgliedsstaaten an die Unionszielbestimmung die Kompetenzen der Mitgliedsstaaten im Bereich der Sportförderung weitestgehend ausgehöhlt würden[808]. Deshalb kommt allenfalls eine indirekte Wirkung in Betracht, wenn ein grenzüberschreitender Sachverhalt gegeben ist und die Regelung bei der Ermessensausübung oder Abwägung zu berücksichtigen ist oder die *EU* Maßnahmen auf Grundlage der Unionszielbestimmung erlässt, die aufgrund des Prinzips der Gemeinschaftstreue von den Mitgliedsstaaten unterstützt und umgesetzt werden müssen[809]. Wegen der beschränkten Wirkung ist die Unionszielbestimmung nicht gleichgeeignet mit einer Staatszielbestimmung im Grundgesetz.

Hinzu kommt, dass die Unionszielbestimmung aufgrund des Erfordernisses der Zustimmung durch das *Europäische Parlament* und den *Rat* gem. Art. 165 Abs. 4 AEUV der *Kommission* keine Befugnis zur autonomen Gestaltung der EU-Sportpolitik einräumt, sondern diese von dem Willen der Mitgliedsstaaten abhängig ist, weshalb sie weniger effektiv ist als eine Staatszielbestimmung im

---

[806] Zum konkreten Regelungsgehalt der Unionszielbestimmung siehe nur *Hix*, Probleme der Normierung einer Sportklausel im Grundgesetz, 2013, S. 107 ff. m. w. N.; *Wiesner*, Unionsziel Sportförderung, 2008, S. 118 ff.

[807] *Hix*, Probleme der Normierung einer Sportklausel im Grundgesetz, 2013, S. 115; *Wiesner*, Unionsziel Sportförderung, 2008, S. 121 f, 145.

[808] *Hix*, Probleme der Normierung einer Sportklausel im Grundgesetz, 2013, S. 118; *Wiesner*, Unionsziel Sportförderung, 2008, S. 145.

[809] *Hix*, Probleme der Normierung einer Sportklausel im Grundgesetz, 2013, S. 118; *Wiesner*, Unionsziel Sportförderung, 2008, S. 143 ff.

Grundgesetz[810]. Denn auch die Mitgliedsstaaten, wenn man die *BRD* als Maßgabe nimmt, sind nicht unbedingt von Verfassungs wegen im Hinblick auf den Sport verpflichtet. Deshalb lässt auch die Regelung in Art. 165 AEUV nicht das Erfordernis einer Staatszielbestimmung zugunsten des Sports im Grundgesetz entfallen.

5) Keine gleichwertige Absicherung durch die Regelung zugunsten des Sports in Art. 39 EV

Auch Art. 39 EV enthält für das Gebiet der sog. „neuen Bundesländer" dezidierte Regelungen für den Bereich des Sports. So wird in Abs. 1 Satz 1 zunächst festgeschrieben, dass der Grundsatz der Selbstverwaltung der Sportorganisationen auch dort gelte. Abs. 1 Satz 2 gibt allgemein vor, dass „die öffentlichen Hände [...] den Sport ideell und materiell" fördern. Abs. 2 schreibt die Förderung des Spitzensports fest und trifft dazu detailliertere Regelungen bezüglich des Wie. Und Abs. 3 schließlich verpflichtet den Bund zur Unterstützung des Behindertensports. Insbesondere die umfangreichen Förderungsaspekte erwecken den Eindruck, also könnte unter Rückgriff auf Art. 39 EV der Gefahr des Wegfalls der Bundesförderung und des Zurücktretens des Sports gegenüber konkurrierenden Schutzgütern mit Verfassungsrang auch ohne die Aufnahme der Staatszielbestimmung zugunsten des Sports in das Grundgesetz beigekommen werden.

Doch ergeben sich auch aus Art. 39 EV keine Wirkungen, die mit den einer Staatszielbestimmung im Grundgesetz mithalten könnten. So verpflichtet die Regelung den Staat weder zur Förderung noch zum Schutz des Sports[811]. Sie vermag schon aufgrund der Rechtsnatur dieses Teils des EV den Sport nicht auf einen Rang zu „hieven", der in Kollisionslagen einen hinreichenden Ausgleich zu den typischen Kollisionsgütern des Sports mit Verfassungsrang begründet. Denn der EV war zunächst ein völkerrechtlicher Vertrag zwischen zwei Staaten, der nach der dort geregelten Auflösung des einen Staates und dem Übergang der

---

[810] *Hix*, Probleme der Normierung einer Sportklausel im Grundgesetz, 2013, S. 117.

[811] *Dreher*, Staatsziele im Bundesstaat am Beispiel des Sports, 2005, S. 60; *Hix*, Probleme der Normierung einer Sportklausel im Grundgesetz, 2013, S. 264.

staatsbildenden Bestandteile auf den verbleibenden einheitlichen Staat nach Art. 45 Abs. 2 EV zwar Fortgeltung hatte, aber zu einfachem Bundesrecht „mutierte“[812]. Lediglich die verfassungsändernden Teile in Art. 4 EV haben den Rang von Verfassungsrecht[813], wozu die Regelung betreffend den Sport in Art. 39 EV nicht zählt. Schon deshalb ist eine Staatszielbestimmung besser geeignet, den Sport vor der Gefahr der Nicht-Behauptung zu schützen.

Hinzu kommt, dass die dort festgeschriebene Sportförderung durch die Konkretisierung auf den Spitzensport und den Behindertensport und das Gebiet der neuen Bundesländer nur in sehr eingeschränktem Umfang gilt. Eine derart eingeschränkte Förderungsverpflichtung reicht nicht aus, um die Gefahr des Förderungswegfalls für andere wichtige Sportbereiche hinreichend zu bannen, wie etwa den sozial- oder gesundheitsrelevanten Bereich oder den großen Bereich des Freizeitsports. Auch wird kein bundesweit einheitlicher Status erreicht. Deshalb bleibt eine Staatszielbestimmung zugunsten des Sports im Grundgesetz auch im Hinblick auf die Regelung in Art. 39 EV erforderlich.

6) Keine gleichwertige Absicherung über eine einfachgesetzliche Lösung

Schließlich ist an eine einfachgesetzliche Lösung zu denken, die stets vor einer Verfassungsänderung zu erwägen ist. In Anlehnung an die Rechtslage vor der Kodifikation einer Staatszielbestimmung zugunsten des Tierschutzes in Art. 20a GG – damals existierte bereits ein Tierschutzgesetz, das das heutige Staatsziel ohne eine verfassungsrechtliche Absicherung zu gewährleisten suchte – könnte, ähnlich wie bereits in einigen Bundesländern erfolgt[814], ein Sportförderungsgesetz und darüber hinaus auch ein Sportschutzgesetz[815] auf Bundesebene erlassen werden. Entsprechende Gesetze können auch ohne Staatszielbestimmung erlas-

---

[812] *Stern*, Staatsrecht V, 2000, S. 1976; *Badura*, in: Isensee/Kirchhof, HdbStR, Band X, 3. Aufl. 2012, § 225, Rn. 45 f.
[813] *Stern*, Staatsrecht V, 2000, S. 1976, Fn. 451; *Badura*, in: Isensee/Kirchhof, HdbStR, Band X, 3. Aufl. 2012, § 225, Rn. 46.
[814] So verfügen heute bereits Berlin, Brandenburg, Bremen, Mecklenburg-Vorpommern, Rheinland-Pfalz und Thüringen über Landessportförderungsgesetze.
[815] Zu den bisherigen Ansätzen siehe *Wegemann*, Causa Sport 2010, 242 ff., zum Entwurf des Freistaats Bayern vom 30.11.2009; *Mortsiefer*, SpuRt 2015, 2 ff., zum Entwurf des *BMI* vom 12.11.2014.

sen werden, weil der Gesetzgeber kraft seiner demokratischen Legitimität auch ohne eine ausdrückliche verfassungsrechtliche Ermächtigung befugt ist, im Rahmen der Verfassung im Gemeinwohlinteresse Aufgaben wahrzunehmen[816]. In diesen einfachgesetzlichen Regelwerken könnten beispielsweise eine existenz-sichernde Mindestförderung und detaillierte Förderungs- und Schutztatbestände festgelegt werden.

Allerdings wären die Gesetze nicht ebenso effektiv wie eine Staatszielbestimmung. Insbesondere beim Schutz des Sports gegen das Zurücktreten gegenüber kollidierenden Schutzgütern mit Verfassungsrang zeigt sich ein ähnliches Problem, wie es seinerzeit beim Tierschutz aufgekommen ist, das letztendlich zur Aufnahme einer Staatszielbestimmung zugunsten des Tierschutzes geführt hat[817]. Angenommen, das Sportschutzgesetz schriebe beispielsweise „Ausnahmetatbestände" fest, die trotz der grundsätzlich durch naturschutzrechtliche Verbotstatbestände wie etwa § 23 Abs. 2 BNatSchG verbotene Eingriffe in Naturschutzgebiete zugunsten von sportlichen Großereignissen mit landesübergreifender und damit auch für die *BRD* repräsentativer Bedeutung zuließen. So wäre auch hier aufgrund des einerseits unbestimmten Rechtsbegriffs der „repräsentativen Bedeutung", aber auch sonst im Einzelfall zu prüfen, ob ein Eingriff in die Natur im Hinblick auf die Eingriffsintensität und die Bedeutung des Sportereignisses verhältnismäßig ist. Im Rahmen der hierbei anzustellenden Abwägung hätte der Naturschutz trotz des einfachgesetzlichen Schutzes durch den Ausnahmetatbestand zugunsten des Sports im Ausgangspunkt weiterhin ein höheres Gewicht, weil dieser Belang durch die Staatszielbestimmung in Art. 20a GG im

---

[816] *BVerfG*, Urt. v. 14.07.1998 - 1 BvR 1640/97 - BVerfGE 98, 218, 246; *Badura*, AöR 1967 (Bd. 92), 382 392 m. w. N. aus der älteren Rspr.

[817] Die Staatszielbestimmung zum Tierschutz wurde in Art. 20a GG aufgenommen, um „den bereits einfachgesetzlich normierten Tierschutz [zu] stärken und die Wirksamkeit tierschützender Bestimmungen sicher[zu]stellen"; vgl. BT-Drs. 14/8860 vom 23.04.2002, S. 3. Denn die beabsichtigte Schutzwirkung eines wesentlichen Teils des Tierschutzgesetzes war aufgrund von Eingriffen zum Schutz von vorbehaltlos gewährleisteten Grundrechten gefährdet – so griff das Tierschutzgesetz etwa mit dem Erfordernis einer Ausnahmegenehmigung für das Schächten in die nach Art. 4 GG vorbehaltlos gewährleistet Religionsfreiheit und durch die Beschränkung des Tierversuchsrechts in die nach Art. 5 Abs. 3 GG vorbehaltlos garantierten Forschungs- und Wissenschaftsfreiheit ein -, weil der Tierschutz vor der Aufnahme der Staatszielbestimmung in Art. 20a GG kein einschränkungstaugliches kollidierendes Rechtsgut mit Verfassungsrang war. Ausführlich hierzu *Kluge*, ZRP 2004, 10, 11; den fehlenden Verfassungsrang des Tierschutzes vor Aufnahme als Staatsziel in Art. 20a GG feststellend *BVerwG*, Urt. v. 18.06.1997 - 6 C 5/96 - BVerwGE 105, 73, 81.

Schutz der Verfassung steht. Schon danach zeigt sich, dass eine ausschließlich einfachgesetzliche Lösung keine mit einer Staatszielbestimmung gleichwertige Absicherung des Sports zu gewährleisten vermag.

Gleiches gilt für die Sportförderung. Denn selbst wenn ein Bundessportförderungsgesetz die Förderung des Sports im Detail regeln und sogar ein Mindestförderungsmaß festlegen sollte, so wäre der Sport deswegen nicht davor gewappnet, dass die zunächst zugesagten Fördermittel durch eine Gesetzesänderung wieder verringert oder entzogen werden. Die Staatszielbestimmungsvorgabe dagegen müsste unabhängig von der Existenz eines Gesetzes berücksichtigt werden. Damit steht auch eine einfachgesetzliche Lösung mangels gleicher Eignung nicht der Erforderlichkeit der Staatszielbestimmung entgegen.

IV. Angemessenheit - Gesamtwürdigung

Die Notwendigkeit der Aufnahme einer Staatszielbestimmung zugunsten des Sports in das Grundgesetz hängt damit von ihrer Angemessenheit im Sinne der Rechtfertigungs-Theorie ab[818]. Für die hier anzustellende Gesamtwürdigung werden nachfolgend die mit der Aufnahme der Regelung in das Grundgesetz einhergehenden tatsächlichen, verfassungsrechtlichen und verfassungskonzeptionellen sowie politischen Risiken (dazu unter 1)) und Chancen (dazu unter 2)) ermittelt, bewertet und, sofern relevant, einander gegenübergestellt und gegeneinander abgewogen (dazu unter 3))[819]. Im Ergebnis der Abwägung wird sich ein Gesamteindruck bilden, der die Aufnahme der Staatszielbestimmung entweder als angemessen oder unangemessen erscheinen lässt.

---

[818] Zur den Anforderungen der Angemessenheit siehe oben unter 2. Kapitel, A. II. 2) d).

[819] Umfassende Gegenüberstellungen der Gefahren und Chancen einer Staatszielbestimmung zugunsten des Sports sind auch zu finden bei *Bauer*, Kultur und Sport, 1999, S. 345 ff.; *Dreher*, Staatsziele im Bundesstaat am Beispiel des Sports, 2005, S. 34 ff.; *Hix*, Probleme der Normierung einer Sportklausel im Grundgesetz, 2013, S. 269 ff.; *Hölzl*, Der Sport als Staatszielbestimmung, 2002, S. 27 ff.

1) Risiken

Im Hinblick auf eine Staatszielbestimmung zugunsten des Sports im Grundgesetz drängen sich neun Risiken auf, die nachfolgend näher beleuchtet und auf ihren Gehalt hin untersucht werden.

a) Gefährdung der Unverbrüchlichkeit der Verfassung

Verfassungen als Grundordnung des Staates sollen auch für die Zukunft eine stabile Ordnung gewährleisten und haben deswegen stets den Anspruch auf dauerhafte Geltung und Unverbrüchlichkeit[820]. Jede Verfassungsänderung und damit auch die Aufnahme einer Staatszielbestimmung zugunsten des Sports relativiert diesen Anspruch[821]. Zudem kann eine Ergänzung des Grundgesetzes durch neue Staatszielbestimmungen auch dazu führen, dass die Verfassung als Grundordnung des Staates nicht nur insoweit, sondern auch in Zukunft weiter an Stabilität verliert[822]. Denn derartige Verfassungsänderungen können auch einen Sog ausüben, der die Aufnahmen weiterer Staatszielbestimmungen und damit eine Inflationierung der Änderungen auslöst[823]. So gibt es zahlreiche andere gesellschaftlich anerkannten Werte mit programmatischem Charakter, wie etwa den Schutz ethnischer Minderheiten oder die Abkehr von nationalsozialistischem Gedankengut, die ebenso gut wie der Sport den Anspruch auf die Aufnahme in das Grundgesetz erheben könnten[824]. Der Sog kann auch dadurch entstehen, dass die neue Staatszielbestimmung zu ungewollten Einschränkungen von Gütern führt, die dann durch die Aufnahme weiterer Staatszielbestimmungen ausgeglichen werden.

Andererseits wurden trotz der nunmehr seit 1994 und damit über 20 Jahren existierenden Staatszielbestimmung zugunsten des Umweltschutzes in Art. 20a GG

---

[820] Dazu bereits oben unter 2. Kapitel.

[821] *Wolff*, Protokoll der 44. Sitzung des Rechtsausschusses des Bundestags vom 29.01.2007, S. 21.

[822] *Hix*, Probleme der Normierung einer Sportklausel im Grundgesetz, 2013, S. 285.

[823] *Hix*, Probleme der Normierung einer Sportklausel im Grundgesetz, 2013, S. 286; *Hebeler*, SpuRt 2003, 221, 222; *Wahl*, JuS 2001, 1041, 1045 f.

[824] *Hix*, Probleme der Normierung einer Sportklausel im Grundgesetz, 2013, S. 274.

kaum neue Staatszielbestimmungen in das Grundgesetz aufgenommen. Einzig der Tierschutz fand 2002 Einzug, wofür jedoch nicht die Aufnahme des Umweltschutzes der Anlass war, sondern die Kollisionslage mit einem klassischen Verfassungsgut, der Religionsfreiheit[825]. Damit scheint die Theorie der zu erwartenden Inflation von Staatszielbestimmungen nicht zu greifen[826]. Hinzu kommt, dass nicht alle Belange, die einen Anspruch auf Aufnahme in das Grundgesetz anmelden könnten, in demselben Maße von der Möglichkeit der Nicht-Behauptung bedroht sind, wie der Sport. Zu denken ist etwa an das „Recht auf Arbeit“ oder das „Recht auf eine Wohnung“. So bedeutsam und legitim die Forderungen nach Aufnahme entsprechender Regelungen in das Grundgesetz auch sein mögen, die Gefährdungslage ist bereits aufgrund der Erwähnung im Grundgesetz in Art. 12 und 13 GG eine andere, als im Falle des Sports, weshalb der pauschale Verweis auf andere potentielle „Anspruchsteller“ nicht geeignet ist, um die Gefahr einer inflationären Erweiterung des Grundgesetzes zu begründen.

Bleibt der Einwand der Relativierung des Anspruchs auf Unverbrüchlichkeit durch die neue Staatszielbestimmung selbst. Dem ist entgegenzuhalten, dass auch der Unverbrüchlichkeitsanspruch Grenzen hat. Denn das Grundgesetz kann seine Funktion als stabile Grundordnung nur dann erfüllen, wenn es in der Bevölkerung auf Akzeptanz stößt, welches dann der Fall ist, wenn es sich durch eine gemäßigte Anpassung an veränderte Verhältnisse vor einer Verfassungsablösung und Revolution schützt[827] und nicht starr auf dem status quo beharrt[828]. Deshalb bedeutet die Unverbrüchlichkeit nicht, dass die vom Parlamentarischen Rat getroffene und vom verfassungsändernden Gesetzgeber bis heute festgehaltene Entscheidung über Stil und Praxis einer staatszielarmen Verfassung verfassungsrechtlich kein Grenzdatum habe und zukünftige Verfassungsänderungen nicht möglich seien[829]. Bevor es zu einer ungeplanten Verfassungsablösung in-

---

[825] Siehe dazu oben unter 2. Kapitel, C. I. 1) b).

[826] So auch *Hix*, Probleme der Normierung einer Sportklausel im Grundgesetz, 2013, S. 286.

[827] Nach *Kirchhof*, in: Isensee/Kirchhof, HdbStR, Band II, 3. Aufl. 2004, § 21, Rn. 20, wird die Flexibilität des Verfassungsgesetztes gerade durch ein Verfahren zur Verfassungsänderung sichergestellt und schützt so vor einer gänzlichen Verfassungsablösung oder Revolution.

[828] Dazu bereits oben unter 2. Kapitel m. w. N.; so auch *Hix*, Probleme der Normierung einer Sportklausel im Grundgesetz, 2013, S. 287; *Vogel*, DVBl. 1994, 497, 497; ähnlich *Bull*, Die Staatsaufgaben nach dem Grundgesetz, 2. Aufl. 1977, S. 369.

[829] *Bundesminister des Inneren/Bundesminister der Justiz (Hrsg.)*, Kommissionsbericht, 1983, S. 25.

folge der gewandelten tatsächlichen Gegebenheiten kommt, ist eine Verfassungsänderung angebracht.

Natürlich darf nicht jede bloße „politische Zeitströmung“ Einzug in das Grundgesetz finden, sondern nur solche Werte, die für die Allgemeinheit bedeutsame anerkennenswerte Gruppeninteressen darstellen[830]. Dann ist auch die Unverbrüchlichkeit nicht gefährdet, weil die Akzeptanz in der Bevölkerung und die Beständigkeit des Grundgesetzes im Gegenteil sogar gestärkt werden. Dem Ganzen trägt die Rechtfertigungstheorie mit ihren Anforderungen an ein legitimes Ziel hinreichend Rechnung, wie die Ausführungen zum heutigen hohen Stellenwert des Sports belegen[831]. Aufgrund dessen ist die Unverbrüchlichkeit des Grundgesetzes durch die Staatszielbestimmung zugunsten des Sports nicht gefährdet.

b) Gefährdung des normativen Charakters des Grundgesetzes

In eine ähnliche Richtung zielt das nachfolgende Risiko. Die Verfassungsväter des Grundgesetzes haben bewusst auf umfassende, nicht durchsetzbare Verheißungen in Form von Programmsätzen und Staatszielbestimmungen im Stile der Weimarer Reichsverfassung weitestgehend verzichtet[832]. Das Grundgesetz sollte angesichts der ungewissen Zukunft Deutschlands ein vorläufiges für künftige Entwicklungen offenes Statut sein und dem Gesetzgeber überlassen bleiben, je nach Gegebenheiten und Erfordernissen, im politischen Prozess den Weg zu bestimmen[833]. Deshalb beinhaltet das Grundgesetz, im Gegensatz zu den Verfassungen der Bundesländer, keinen breiten Katalog verschiedener Staatszielbestimmungen, sondern ist arm an programmatischen Aussagen und durch eine hohe Bestimmtheit und Justiziabilität gekennzeichnet, weshalb es einen starken

---

[830] Ähnlich *Hix*, Probleme der Normierung einer Sportklausel im Grundgesetz, 2013, S. 287 f.
[831] Siehe dazu oben unter 2. Kapitel, C. I. 1) a).
[832] *Badura*, in: Sachs/Siekmann, FS Stern, 2012, S. 275, 278 f.; *Steiner*, SpuRt 1994, 2.
[833] *Badura*, in: Sachs/Siekmann, FS Stern, 2012, S. 275, 279; *Dreher*, Staatsziele im Bundesstaat am Beispiel des Sports, 2005, S. 17 f.; *Graf Vitzthum*, VBlBW. 1991, 404, 413; *Ipsen*, Über das Grundgesetz, 1988, A. 1., S. 6, Rn. 12; *Zacher*, in: Isensee/Kirchhof, HdbStR, Band II, 3. Aufl. 2004, § 28, Rn. 14 m. w. N.

normativen Charakter hat[834]. Dieser normative Charakter könnte wegen der Offenheit und Unbestimmtheit von Staatszielbestimmungen, die oftmals ungewisse Verheißungen treffen und deshalb gerne auch als „Verfassungslyrik" bezeichnet werden, bei Aufnahme vieler neuer Staatszielbestimmungen gefährdet werden[835]. Denn auch, wenn Staatszielbestimmungen eine gewisse normative Wirkung entfalten, die „normative Härte" des Grundgesetzes insgesamt würde dadurch verringert[836].

Doch bedeutet der Umstand, dass das Grundgesetz im Zeitpunkt seines In-Kraft-Tretens kaum Staatszielbestimmungen enthielt, nicht zwingend, dass dies auch heute noch angebracht sein muss. Anders als die staatszielbestimmungsreichen Verfassungen der Bundesländer mit endgültigem Charakter, wurde das Grundgesetz aufgrund seines nach damaliger Vorstellung vorläufigen Charakters staatszielbestimmungsarm ausgestaltet[837]. Da das Grundgesetz seinen vorläufigen Charakter mit der Wiedervereinigung verloren hat, gelten die damaligen Maßgaben nicht mehr. Dies wird dadurch bestätigt, dass das Grundgesetz seit seinem In-Kraft-Treten einige neue Staatsziele dazu gewonnen hat und heute bereits einen anderen weniger normativen Charakter hat als im Zeitpunkt seines In-Kraft-Tretens[838]. Die Entwicklung zeigt zugleich, dass eine Flut von Staatszielbestimmungen nicht zu befürchten ist. Denn seit In-Kraft-Treten des Grundgesetzes wurden nur wenige neue Staatszielbestimmungen aufgenommen[839], wie etwa der Umwelt- und der Tierschutz, was darauf zurückzuführen ist, dass nur solche Belange kodifiziert werden, die gesellschaftlich von besonders herausragender Bedeutung sind[840]. Weil Staatszielbestimmungen auch keine Fremdkörper im Grundgesetz darstellen, sondern als Rechtsnormen mit einer feststehenden Wirkungsweise anerkannt sind, und weil das Grundgesetz gegenwärtig trotz

---

[834] *Dreher*, Staatsziele im Bundesstaat am Beispiel des Sports, 2005, S. 17 f.; *Wolff*, Protokoll der 44. Sitzung des Rechtsausschusses des Bundestags vom 29.01.2007, S. 21 und *Wolff*, Schriftliche Stellungnahme zur Anhörung in der 44. Sitzung des Rechtsausschusses am 29.01.2007, S. 2; ausführlich zum normativen Charakter des GG *Hufeld*, APuZ 2009, 15, 17 ff.; *Wahl*, JuS 2001, 1041, 1043.

[835] *Graf Vitzthum*, VBlBW. 1991, 404, 412 f.; *Hix*, Probleme der Normierung einer Sportklausel im Grundgesetz, 2013, S. 274; *Wienholtz*, AöR 1984 (Bd. 109), 532, 536 f.

[836] *Hix*, Probleme der Normierung einer Sportklausel im Grundgesetz, 2013, S. 274.

[837] Abgedruckt bei *Ipsen*, Über das Grundgesetz, 1988, A. 1., S. 4, Rn. 10, S. 6, Rn. 12.

[838] *Hix*, Probleme der Normierung einer Sportklausel im Grundgesetz, 2013, S. 273.

[839] Dazu bereits oben unter 1. Kapitel, A. V. 1).

[840] *Hix*, Probleme der Normierung einer Sportklausel im Grundgesetz, 2013, S. 320.

der etlichen auch neuen Staatszielbestimmungen nicht als narrativ gilt, ist ein Normativitätsverlust durch das Einfügen einer weiteren Staatszielbestimmung nicht zu befürchten[841].

c) Gefährdung des ungeschriebenen Verfassungsrechts

Die Weite und Offenheit von Staatszielbestimmungen birgt ein weiteres Risiko. Das ungeschriebene Verfassungsrecht[842] könnte in den Bereich der Funktionslosigkeit abdriften, wenn eine Verfassung in weiten Teilen Staatszielbestimmungen enthält[843]. Denn das über offene Staatszielbestimmungen niedergeschriebene Recht birgt die Gefahr in sich, dass es überdehnt und der Unterschied zwischen geschriebenem und ungeschriebenem Verfassungsrecht aufgehoben wird[844]. Dies gefährdet die enorm wichtige Legitimierungs-, Ordnungs-, Ergänzungs-, Korrektur-, Auslegungs- und Klärungsfunktion des ungeschriebenen Verfassungsrechts für die Lösung von verfassungsrechtlichen Problemen, die sich anhand des Textes des Grundgesetzes keiner unmittelbaren Lösung zuführen lassen[845].

Es gibt jedoch einen wesentlichen Unterschied zwischen Staatszielbestimmungen und ungeschriebenem Verfassungsrecht, den es zu berücksichtigen gilt. Im Gegensatz zum ungeschriebenen Verfassungsrecht ist bei Staatszielbestimmungen eine „Marschrichtung" vorgegeben, die auf dem Willen und einer Entscheidung des Verfassungsgebers beruht. Diese kann anders aussehen als es nach ungeschriebenem Verfassungsrecht der Fall wäre bzw. war. Da es auch – ähnlich dem ungeschriebenen Verfassungsrecht – Sinn und Zweck von Staatszielbestimmungen ist, Reak-tion auf gewandelte Gegebenheiten zu sein, muss dieses Risiko als Konsequenz der mit einer neuen Staatszielbestimmung einhergehenden Entscheidung des unmittelbar legitimierten Verfassungsgebers gesehen

---

[841] *Hix*, Probleme der Normierung einer Sportklausel im Grundgesetz, 2013, S. 274 f.; *Vogel*, DVBl. 1994, 497, 503 f.
[842] Zu dem Begriff und für eine Aufzählung der anerkannten ungeschriebenen Verfassungsrechtssätze siehe *Wolff*, Ungeschriebenes Verfassungsrecht, 2000, S. 2 ff.
[843] *Wolff*, Ungeschriebenes Verfassungsrecht, 2000, S. 173.
[844] *Wolff*, Ungeschriebenes Verfassungsrecht, 2000, S. 173, 203 ff.
[845] Siehe dazu *Unruh*, Der Verfassungsbegriff des Grundgesetzes, 2002, S. 429; *Wolff*, Ungeschriebenes Verfassungsrecht, 2000, S. 11 ff., 451.

werden. Ob es der Neuaufnahme einer Staatszielbestimmung zugunsten des Sports im Ergebnis entgegensteht, hängt entscheidend von der verfassungspolitischen Grundeinstellung des Entscheidungsberechtigten ab.

d) Herabsetzung der bereits im Grundgesetz normierten Güter

Aus einem etwas anderen Ansatz folgen die nachfolgenden vier Risiken. Sie beruhen nicht auf der reinen Gefährdung des Grundgesetzes in seinem aktuellen Bestand, sondern sind eher auf die Relativierung oder Beschneidung bestehender Kompetenzen und Rechte zurückzuführen. Die Aufnahme einer neuen Staatszielbestimmung in das Grundgesetz würde nämlich zwangsläufig zu einer relativen Herabsetzung einiger bereits im Grundgesetz normierter Güter führen[846]. Denn je mehr Staatszielbestimmungen zugunsten verschiedener Bereiche aufgenommen werden, desto mehr werden die bereits kodifizierten Staatszielbestimmungen und anderen Verfassungsgehalte Teil einer breiten Masse und verblassen relativ gesehen durch den Verlust des „Alleinstellungsmerkmals" der verfassungsrechtlichen Absicherung. Dies wird insbesondere in Kollisionslagen spürbar, weil dann im Rahmen der Praktischen Konkordanz ein Überwiegen des bereits vorhandenen gegenüber dem neu aufgenommenen Gut über das Alleinstellungsmerkmal nicht mehr begründbar ist[847]. Im Ergebnis würde also bei einer Inflation an Staatszielbestimmungen der eigentliche Zweck des Bedeutungsgewinns für einen bestimmten durch eine Staatszielbestimmung hervorgehobenen Bereich nicht erreicht, sondern im Gegenteil eine „arme, weil wenig sagende und konturenlose Verfassung" geschaffen[848]. Dies würde eine Trivialisierung

---

[846] *Hix*, Probleme der Normierung einer Sportklausel im Grundgesetz, 2013, S. 284 f.; *Hebeler*, SpuRt 2003, 221, 225; *Hufen*, Schriftliche Stellungnahme zur Anhörung in der 44. Sitzung des Rechtsausschusses am 29.01.2007, S. 3; *Merten*, DÖV 1993, 368, 375 f.; *Stern*, in: Becker/Bull/Seewald, FS Thieme, 1993, S. 282; *Streinz*, Causa Sport 2009, 106, 115.
[847] So zu dieser Auffassung *Hix*, Probleme der Normierung einer Sportklausel im Grundgesetz, 2013, S. 285.
[848] So zu dieser Auffasung *Hix*, Probleme der Normierung einer Sportklausel im Grundgesetz, 2013, S. 285.

der Gehalte des Grundgesetzes und damit eine Schwächung der Demokratie bedeuten[849].

Zu einer Herabsetzung der im Grundgesetz bereits normierten Güter im eigentlichen Sinne führt die Aufnahme neuer Staatszielbestimmungen jedoch nicht[850]. Denn die bereits kodifizierten Staatszielbestimmungen bleiben in ihrem von dem Grundgesetz vermittelten Rang unangetastet. Es wird lediglich ein anderes Gut aufgewertet[851]. Dabei geht die Aufwertung nicht soweit, dass etwa die neue Staatszielbestimmung einen höheren Rang als bereits bestehende Gehalte erlangt. Denn alle grundgesetzlichen Staatszielbestimmungen sind gleichwertig und ein Vorrang kann sich nur bei Kollisionen aufgrund der Umstände des Einzelfalls ergeben[852]. Deshalb ist die Staatszielbestimmung nicht vor dem Hintergrund der Verdrängung anderer bereits verfassungsrechtlich abgesicherter Werte zu sehen, sondern als ein bislang unberücksichtigt gebliebenes bedeutsames Gemeininteresse, das nunmehr hinreichende Berücksichtigung findet[853].

Um dem verbleibenden Risiko der relativen Herabsetzung bereits abgesicherter Werte wirksam zu begegnen, muss jedoch nicht gänzlich auf die Neuaufnahme von Staatszielbestimmungen verzichtet werden. Es genügt, wenn bei der Neuaufnahme umsichtig vorgegangen wird, indem nur bedeutsame Güter die verfassungsrechtliche Aufwertung erfahren und durch eine entsprechende Ausgestaltung die Wirkung der neuen Staatszielbestimmungen auf die bestehenden Regelungen abgestimmt und auf diesem Wege eine relative Herabsetzung – sofern nicht gewollt – minimiert und ein „Ziel-Wirrwarr“ vermieden wird[854]. Hier zeigt sich erneut die zentrale Bedeutung der konkreten Ausgestaltung der Staatszielbestimmung.

---

[849] *Hix*, Probleme der Normierung einer Sportklausel im Grundgesetz, 2013, S. 270; *Möllers*, Schriftliche Stellungnahme zur Anhörung in der 44. Sitzung des Rechtsausschusses am 29.01.2007, S. 3.

[850] *Hix*, Probleme der Normierung einer Sportklausel im Grundgesetz, 2013, S. 287.

[851] So *Stern*, in: Becker/Bull/Seewald, FS Thieme, 1993, S. 285, erachtet die Herstellung der verfassungsrechtlichen Gleichrangigkeit von Kunst, Kultur, Wissenschaft und Sport als Ziel einer neuen Staatszielbestimmung; ähnlich *Hix*, Probleme der Normierung einer Sportklausel im Grundgesetz, 2013, S. 287.

[852] Dazu bereits oben unter 1. Kapitel, A. VI. 3) b) cc); so auch *Hix*, Probleme der Normierung einer Sportklausel im Grundgesetz, 2013, S. 287.

[853] *Hix*, Probleme der Normierung einer Sportklausel im Grundgesetz, 2013, S. 287.

[854] So auch *Hix*, Probleme der Normierung einer Sportklausel im Grundgesetz, 2013, S. 286; *Merten*, DÖV 1993, 368, 376.

Im Übrigen kann auch hier unter Bezug auf die Staatszielbestimmung zugunsten des Umweltschutzes in Art. 20a GG darauf verwiesen werden, dass die mit der Aufwertung eines Gutes durch eine Staatszielbestimmung verbundene relative Herabsetzung anderer Verfassungswerte zu vernachlässigen ist. Denn seit der Aufnahme des Umweltschutzes in Art. 20a GG ist weder ein Verblassen bestehender Werte noch eine Inflation neuer Staatszielbestimmungen auszumachen[855]. Deshalb ist auch eine Staatszielbestimmung zugunsten des Sports trotz einer zu erwartenden relativen Herabsetzung nicht kategorisch abzulehnen. Der Gehalt des eher geringeren Risikos weicht entscheidend von der konkreten Ausgestaltung der neuen Regelung ab. Da das Risiko aber nicht gänzlich zu leugnen ist, muss es, wie bereits die Gefährdung des ungeschriebenen Verfassungsrechts, im Rahmen der Abwägung berücksichtigt werden.

e) Eingriff in die Länderkompetenzen

Mangels ausdrücklicher Erwähnung des Sports im Rahmen der grundgesetzlichen Kompetenzvorschriften nach Art. 30 und 70 Abs. 1 GG fällt er überwiegend in die Länderzuständigkeit[856]. Zwar begründen Staatszielbestimmungen keine neuen Kompetenzen[857], sie könnten aber faktisch zu einer Unitanisierung beitragen[858]. So könnte eine Staatszielbestimmung zugunsten des Sports im Grundgesetz auf Seiten des Bundes Begehrlichkeiten nach Anerkennung ungeschriebener oder Normierung geschriebener Bundeskompetenzen wecken[859], weil der Sport derzeit in den Kompetenzbereich der Länder fällt und die Bundeskompetenz in nur eingeschränktem Umfang und nur mittelbar oder über un-

---

[855] So auch *Hix*, Probleme der Normierung einer Sportklausel im Grundgesetz, 2013, S. 286.
[856] Ausführlich zu der Kompetenzverteilung für den Sport zwischen Bund und Ländern *Bauer*, Kultur und Sport, 1999, S. 337 ff.; *Fritzweiler*, in: Fritzweiler/Pfister/Summerer, Praxishandbuch Sportrecht, 3. Aufl. 2014, Teil 1, Rn. 41 ff.; *Hix*, Probleme der Normierung einer Sportklausel im Grundgesetz, 2013, S. 254 ff.; und bereits oben unter 1. Kapitel, B. II. 2).
[857] Siehe zu dieser h. M. bereits oben unter 1. Kapitel, A. IV. 7).
[858] So auch *Fritzweiler*, in: Fritzweiler/Pfister/Summerer, Praxishandbuch Sportrecht, 3. Aufl. 2014, Teil 1, Rn. 38; *Hix*, Probleme der Normierung einer Sportklausel im Grundgesetz, 2013, S. 286; *Steiner*, NJW 1991, 2729, 2730.
[859] So auch *Fritzweiler*, in: Fritzweiler/Pfister/Summerer, Praxishandbuch Sportrecht, 3. Aufl. 2014, Teil 1, Rn. 38; *Hix*, Probleme der Normierung einer Sportklausel im Grundgesetz, 2013, S. 286; *Steiner*, NJW 1991, 2729, 2730.

geschriebene Kompetenzen begründet wird[860]. Schließlich steht es dem verfassungsändernden Gesetzgeber frei und er kann sich durch eine Staatszielbestimmung zugunsten des Sports im Grundgesetz sogar dazu veranlasst sehen, die Kompetenzvorschriften des Grundgesetzes dahingehend anzupassen und sich neue Kompetenzbereiche zuzuweisen, um das Ziel verwirklichen zu können[861]. Außerdem könnte die Auslegung ungeschriebener Kompetenztitel auf dem Gebiet des Sports zugunsten des Bundes großzügiger ausfallen, wenn hierbei unterstützend auf eine ausdrückliche Staatszielbestimmung zugunsten des Sports Bezug genommen wird[862].

Da Staatszielbestimmungen aber nicht nur horizontal, sondern auch vertikal an alle Staatsgewalten gerichtet sind[863], sind sie im Ausgangspunkt föderalismusneutral und können bei der Ermittlung neuer ungeschriebener Kompetenzen keinen Ausschlag zugunsten von Bundeskompetenz geben[864]. Vor diesem Hintergrund und weil sich die Bundeskompetenzen auf dem Gebiet des Sports insbesondere auf die gesamtstaatliche Repräsentation sowie resortzugehörige Funktionen wie Sport in der Bundeswehr oder im Bundesgrenzschutz beziehen[865], die bereits heute kompetenziell dem Bund zugewiesen sind, erscheint auch eine Begehrlichkeit des Bundes zur Herleitung ungeschriebener oder Normierung geschriebener neuer Kompetenzen fernliegend[866]. Schließlich kann auch hier die Einführung des Umweltschutzes als Staatszielbestimmung als Beleg dafür angeführt werden, dass eine Kompetenzausweitung zulasten der Länder nicht zu befürchten ist. Daher kann dieses Risiko im Rahmen der Abwägung unberücksichtigt bleiben[867].

---

[860] Siehe dazu auch *Hix*, Probleme der Normierung einer Sportklausel im Grundgesetz, 2013, S. 299; *Tettinger*, in: Löwer/Tettinger, NRWVerf, 2002, Art. 18, Rn. 26; und oben unter 1. Kapitel, B. II. 2).

[861] *Hix*, Probleme der Normierung einer Sportklausel im Grundgesetz, 2013, S. 300.

[862] *Hix*, Probleme der Normierung einer Sportklausel im Grundgesetz, 2013, S. 299.

[863] Dazu bereits oben unter 1. Kapitel, A. 1. Kapitel, A. IV. 1) und 1. Kapitel, A. VI. 7).

[864] *Hix*, Probleme der Normierung einer Sportklausel im Grundgesetz, 2013, S. 301.

[865] *Tettinger*, in: Löwer/Tettinger, NRWVerf, 2002, Art. 18, Rn. 26.

[866] Ähnlich *Hix*, Probleme der Normierung einer Sportklausel im Grundgesetz, 2013, S. 301 f.

[867] Ebenfalls keine entsprechende Gefahr sehend *Hix*, Probleme der Normierung einer Sportklausel im Grundgesetz, 2013, S. 301 f.

f) Beschränkung des Gestaltungsspielraums des Gesetzgebers und Kompetenzverlust zugunsten der Judikative

Eine Staatszielbestimmung zugunsten des Sports könnte die Tätigkeit des Gesetzgebers sogar doppelt belasten. Die Verkonstitutionalisierung weiterer Lebensbereiche über neue Staatszielbestimmungen begründet das Risiko, dass der gestalterische Spielraum der Legislative für die Zukunft eingeengt wird, wodurch das in Art. 20 Abs. 1, Abs. 2 Satz 1 GG verankerte Demokratieprinzip beschnitten und die Handlungsfähigkeit des Staates geschmälert würde[868]. Denn Staatszielbestimmungen bewegen sich immer in Bereichen, die eng mit gesellschaftspolitischen Entscheidungsprozessen verflochten sind, bei denen der Legislative ein weiter Gestaltungsspielraum zusteht[869]. Zudem könnte, durch die mit der Staatszielbestimmung einhergehende Möglichkeit der gerichtlichen Kontrolle der Einhaltung der Vorgaben die Kompetenz der Legislative als primär zur Ausgestaltung berufene Staatsgewalt auf die Judikative verlagert und derart ebenfalls das Demokratieprinzip sowie das in Art. 20 Abs. 2 Satz 2 GG verankerte Gewaltenteilungsprinzip gefährdet werden[870]. So wäre etwa die Festlegung der Verwendung öffentlicher Mittel im Staatshaushalt, eine originär und mit weitem Spielraum dem Parlament zugewiesene Aufgabe, durch die neue Staatszielbestimmung zugunsten des Sports vorgeprägt und könnte in einem gerichtlichen Verfahren überprüft werden, obwohl die Legislative nach der funktionalen Aufteilung der Staatsgewalten berufen ist[871].

Richtig ist, dass der politische Gestaltungsspielraum des Gesetzgebers in einem demokratischen Rechtsstaat geschützt werden muss, doch widerspricht dies nicht kategorisch der Aufnahme von Staatszielbestimmungen[872]. Denn Staats-

---

[868] So etwa *Graf Vitzthum*, VBlBW. 1991, 404, 413; *Hix*, Probleme der Normierung einer Sportklausel im Grundgesetz, 2013, S. 276 ff.; *Hesse*, in: Müller, FS Huber, 1981, S. 270; *Hölzl*, Der Sport als Staatszielbestimmung, 2002, S. 31; *Klein*, DVBl. 1991, 729, 735 f.; *Kloepfer*, in: Kahl/Waldhoff/Walter, BK Grundgesetz, Stand: 178. Akt., April 2016, Art. 20a, Rn. 38; *Merten*, DÖV 1993, 368, 376; *Wienholtz*, AöR 1984 (Bd. 109), 532, 553.

[869] *Klein*, DVBl. 1991, 729, 735.

[870] So etwa *Graf Vitzthum*, VBlBW. 1991, 404, 413; *Hix*, Probleme der Normierung einer Sportklausel im Grundgesetz, 2013, S. 278 f.; *Hölzl*, Der Sport als Staatszielbestimmung, 2002, S. 31; *Klein*, DVBl. 1991, 729, 736 f.; *Merten*, DÖV 1993, 368, 376.

[871] *Hix*, Probleme der Normierung einer Sportklausel im Grundgesetz, 2013, S. 276; *Merten*, DÖV 1993, 368, 376.

[872] *Stern*, in: Becker/Bull/Seewald, FS Thieme, 1993, S. 281.

zielbestimmungen belassen dem Gesetzgeber nach ihrer allgemeinen Grundkonzeption bereits einen weiten Gestaltungsspielraum[873]. Das Ob, Wann und auch Wie der Umsetzung ist davon umfasst[874]. Darüber hinaus kann die Einschränkung des Gestaltungsspielraums weiter verringert werden, indem die Staatszielbestimmung in eine Grundsatzklausel gekleidet wird, die weder einen bestimmten Gesetzgebungsauftrag noch Vorgaben für die Durchsetzung bestimmter Politiken enthält[875]. Wird dies bei der Ausgestaltung der Staatszielbestimmung zugunsten des Sports beachtet – dies ist schon im Hinblick auf die Autonomie des Sports angezeigt und auch sinnvoll, um der Regelung die hinreichende Flexibilität zu geben, um auch künftigen Entwicklungen des Sports Rechnung tragen zu können –, so sind Befürchtungen um eine nachhaltige Beschränkung gesetzgeberischer Handlungsspielräume nur noch wenig gerechtfertigt[876]. Denn die aufgezeigten Risiken bestehen nur dann, wenn Staatszielbestimmungen en détail fixiert werden, während eine Beschränkung auf allgemeine Aussagen unbedenklich ist[877]. Durch eine Grundsatzklausel wird daher den hier behandelten Gefahren gänzlich die Grundlage entzogen[878], welches bei dem hiesigen Ausgestaltungsvorschlag zu berücksichtigen ist.

Auch die oben beschriebene Gefahr der Kompetenzverlagerung auf die Rechtsprechung ist nicht ernsthaft zu befürchten. Denn die Judikative ist bei der Kontrolle der Umsetzung staatszielbestimmerischer Vorgaben durch den Gesetzgeber darauf beschränkt festzustellen, ob die Legislative ihren Gestaltungsspielraum im Hinblick auf ihren Prognose- und Einschätzungsprärogativen eingehalten hat[879]. Als sei dies nicht genug, übt sie bei der Kontrolle der Legislative zusätzlich Zurückhaltung nach dem Prinzip des judicial self-restraint, indem sie sich allein auf die Feststellung evidenter Verstöße und eine zurückhaltende Tenorierung beschränkt[880]. Dem steht auch nicht entgegen, dass das judicial

---

[873] *Scheuner*, in: Schnur, FS für Ernst Forsthoff, 2. Aufl. 1974, S.325; *Stern*, in: Becker/Bull/Seewald, FS Thieme, 1993, S. 281.
[874] Siehe dazu bereits oben unter 1. Kapitel, A. VI. 1) a) aa).
[875] *Bauer*, Kultur und Sport, 1999, S. 347; *Hix*, Probleme der Normierung einer Sportklausel im Grundgesetz, 2013, S. 283; *Stern*, in: Becker/Bull/Seewald, FS Thieme, 1993, S. 281.
[876] *Hix*, Probleme der Normierung einer Sportklausel im Grundgesetz, 2013, S. 283; *Stern*, in: Becker/Bull/Seewald, FS Thieme, 1993, S. 281.
[877] *Graf Vitzthum*, VBlBW. 1991, 404, 413.
[878] *Smeddinck*, Gesetzesproduktion, 2006, S. 136.
[879] Siehe dazu oben unter 1. Kapitel, A. VII. 1) b).
[880] Siehe dazu oben unter 1. Kapitel, A. VII. 1) b).

self-restraint nicht unbegrenzt durch die Judikative praktiziert werden kann. Zwar hat ein angerufenens Gericht, sofern es zuständig ist, seine Kompetenzen wahrzunehmen und muss entscheiden, weshalb die Selbstbeschränkung trotz gegebener Entscheidungszuständigkeit eine Kompetenzüberschreitung und damit einen Verstoß gegen das Rechtsstaatsprinzip bedeuten könnte[881]. Doch führt das Spannungsverhältnis zwischen Demokratieprinzip und Rechtsstaatsprinzip zwangsläufig zu Situationen, die das *BVerfG* vor die Herausforderung stellen, ob es das Rechtsstaatsprinzip jedenfalls teilweise zurücktreten lässt und zur Wahrung des Demokratieprinzips dem eigentlich zum Handeln berufenen Gesetzgeber die erneute Ausgestaltung des betroffenen Bereichs überlässt[882]. Im Ergebnis ist ein sorgsamer Umgang mit der Möglichkeit der gerichtlichen Zurückhaltung erforderlich; dies bedeutet aber nicht, dass die praktizierte Zurückhaltung unzulässig sei und es deshalb zu der befürchteten Kompetenzverlagerung komme. Das *BVerfG* hat mit seiner bisherigen Entscheidungspraxis belegt, das ihm diese Gratwanderung gut gelingt. Deshalb ist ein Kompetenzverlust an die Judikative nicht ernsthaft zu befürchten[883].

g) Beschränkung der Autonomie des Sports

Eine Staatszielbestimmung zugunsten des Sports, die den Staat zur Förderung und zum Schutz verpflichtet, könnte ein Risiko für die aus Art. 9 Abs. 1 GG folgende Autonomie des Sports bedeuten[884]. Die Autonomie gewährleistet die Freiheit aktiver und passiver Sportler, sich zu Vereinen und Verbänden zu vereinigen, deren Bestand, sowie dort die Organisation und innere Ordnung und damit auch die Sportausübung selbst über Satzungen autonom zu gestalten[885].

---

[881] Siehe dazu *Schlaich/Korioth*, Das Bundesverfassungsgericht, 10. Aufl. 2015, Rn. 505.

[882] Insofern von einem systemimmanenten Problem sprechend, *Hesse*, in: Müller, FS Huber, 1981, S. 263 und 265.

[883] So etwa auch *Hix*, Probleme der Normierung einer Sportklausel im Grundgesetz, 2013, S. 283; *Hölzl*, Der Sport als Staatszielbestimmung, 2002, S. 35 ff.; *Stern*, in: Becker/Bull/Seewald, FS Thieme, 1993, S. 281, 283; *Uhle*, DÖV 1993, 947, 951.

[884] So etwa *Fritzweiler*, in: Fritzweiler/Pfister/Summerer, Praxishandbuch Sportrecht, 3. Aufl. 2014, Teil 1, Rn. 38; *Zuck*, NJW 2014, 276, 277.

[885] Mit umfangreichen Ausführungen zur Autonomie des Sports *Pfister*, in: Fritzweiler/Pfister/Summerer, Praxishandbuch Sportrecht, 3. Aufl. 2014, Einführung, Rn. 11 ff.; *Steiner*, in: Isensee/Kirchhof, HdbStR, Band IV, 3. Aufl. 2006, § 87, Rn. 2 f.; *Pfis-*

Eine Beschränkung der Autonomie des Sports bedeutet deshalb nicht nur eine Beschneidung der Möglichkeit, sich in Vereinen und Verbänden zu organisieren; sie kann sich im Ergebnis auch auf die Ausübung des Sports selbst auswirken, wie ihn die, in Verbänden und Vereinen organisierten Sporttreibenden autonom gestaltet haben. Dabei hat die Autonomie des Sports einen enormen Stellenwert auch für die Gesellschaft, weil der Sport heute nicht mehr eine reine Freizeitbeschäftigung ist, sondern für einen nicht unwesentlichen Teil der Bevölkerung wirtschaftlich aber auch ideell die Lebensgrundlage, oder jedenfalls einen wichtigen Teil davon bildet.

So könnten durch die Verpflichtung aus der Staatszielbestimmung indirekt auch die von der Autonomie gewährleisteten Bereiche beeinträchtigt werden, weil der Staat an die Förderung des Sports Bedingungen knüpfen muss, um die Einhaltung des Förderungszwecks sicherzustellen, und Schutz auch immer in gewissem Umfang Einflussnahme bedeutet[886]. Ein Schutzauftrag kann den Staat beispielsweise verpflichten, regelnd, etwa im Hinblick auf die sich verfestigenden Doping- und die Korruptionsprobleme im Profisport durch Erlass spezieller Sportstraftatbestände einzugreifen, sobald in seinen Augen die autonomen Strukturen nicht in der Lage sind, den Problemen Herr zu werden[887]. Zur Bekämpfung von Wettmanipulationen könnten auch staatliche Auflagen und Bedingungen für die Ausbildung und Zulassung von Schiedsrichtern vorgegeben werden, wie etwa das Bestehen einer staatlichen Prüfung, oder der Videobeweis als in allen Sportarten verpflichtend festgelegt werden.

---

ter, in: Lorenz/Pfister/Will, FS Lorenz, 1991, S. 180 f.; *Fritzweiler*, SpuRt 2011, 1; *Zimmermann*, Förderung des Sports, 2000, S. 174; aus der Rspr. siehe nur *BVerfG*, Beschl. v. 01.04.2003 - 1 BvR 539/03 - NVwZ 2003, 855 ff.; im Übrigen siehe dazu bereits oben unter 2. Kapitel, C. III. 1).

[886] *Bull*, Die Staatsaufgaben nach dem Grundgesetz, 2. Aufl. 1977, S. 364; *Zuck*, NJW 2014, 276, 277.

[887] *Schneider*, ZRP 2007, 202; *Steiner*, SpuRt 1994, 2, 5; *Steiner*, SpuRt 2009, 222, 224; ausführlich zu dazu *Hix*, Probleme der Normierung einer Sportklausel im Grundgesetz, 2013, S. 345 ff.

Dabei bliebe jedoch unberücksichtigt, dass der Sport über Art. 9 Abs. 1 GG vor Autonomiebeschränkungen geschützt wird[888]. Auch Einschränkungen aufgrund einer Staatszielbestimmung zugunsten des Sports sind daher nicht ohne weiteres möglich, sondern müssen sich im Rahmen der Praktischen Konkordanz an Art. 9 Abs. 1 GG messen[889]. Zudem dürfte aufgrund der grundrechtsverstärkenden Wirkung von Staatszielbestimmungen[890] die Position des Sports hierbei zusätzlich verstärkt werden. Schließlich kann unmittelbar aus Staatszielbestimmungen auch ein Beeinflussungsverbot folgen[891], wenn eine vorgeschriebene im Ausganspunkt begünstigende Wirkung in eine belastende Wirkung für das Schutzgut umschlägt. Bedingungen einer Mittelvergabe, die auf eine Einschränkung der Freiheit des Sports der Geförderten hinauslaufen, wären deshalb unzulässig[892].

Dem schon danach eher geringen Risiko der Beschränkung der Autonomie des Sports könnte zusätzlich durch eine autonomiewahrende Ausgestaltung der Staatszielbestimmung begegnet werden. So kann das Risiko des schutzbedingten Eingriffs schon dadurch verringert werden, dass auf die Verwendung des Begriffes „Schutz" verzichtet wird[893]. Eine ausdrückliche Autonomiewahrungsklausel könnte einer Beeinträchtigung zusätzlich entgegenwirken[894]. Schließlich ist ein

---

[888] *Hix*, Probleme der Normierung einer Sportklausel im Grundgesetz, 2013, S. 297 f.; *Nolte*, Schriftliche Stellungnahme zur Anhörung in der 44. Sitzung des Rechtsausschusses am 20.01.2007, S. 7; *Steiner*, SpuRt 1994, 2, 5.

[889] *Hix*, Probleme der Normierung einer Sportklausel im Grundgesetz, 2013, S. 298; *Nolte*, Schriftliche Stellungnahme zur Anhörung in der 44. Sitzung des Rechtsausschusses am 20.01.2007, S. 7.

[890] Dazu oben unter 1. Kapitel, A. VI. 3) bb) (3).

[891] So *Bull*, Die Staatsaufgaben nach dem Grundgesetz, 2. Aufl. 1977, S. 364, allgemein von Verfassungsnormen sprechend; diese Aussage gilt jedoch ohne weiteres auch für Staatszielbestimmungen als Verfassungsnormen.

[892] So *Bull*, Die Staatsaufgaben nach dem Grundgesetz, 2. Aufl. 1977, S. 364, im Hinblick auf Förderungen, die zu Einschränkungen der Wissenschaftsfreiheit oder der freien Meinungsäußerung führen.

[893] *Hix*, Probleme der Normierung einer Sportklausel im Grundgesetz, 2013, S. 298; *Steiner*, SpuRt 1994, 2, 5.

[894] *Hix*, Probleme der Normierung einer Sportklausel im Grundgesetz, 2013, S. 297; *Nolte*, Sport und Recht, 2004, S. 80; *Zimmermann*, Förderung des Sports, 2000, S. 215 f.; *Stern*, in: Becker/Bull/Seewald, FS Thieme, 1993, S. 285; ähnlich *Steiner*, NJW 1991, 2729, 2733; a. A. *Dreher*, Staatsziele im Bundesstaat am Beispiel des Sports, 2005, S. 216; *Nolte*, Schriftliche Stellungnahme zur Anhörung in der 44. Sitzung des Rechtsausschusses am 20.01.2007, S. 7, die einem entsprechenden Passus rein deklaratorichen Charakter beimisst, weil sich der Status bereits aus Art. 9 Abs. 1 GG ergebe.

gänzlicher Ausschluss der Beschränkung auch nicht im Sinne des Sports, wie etwa die neuerdings an die Öffentlichkeit geratenen staatlichen Ermittlungen gegen führende Funktionäre bei dem Weltfußballverband *FIFA* wegen Korruptionsverdachts belegen. Hätte der Staat sich aufgrund der Autonomie des Sports hier nicht eingeschaltet, so würden die schwarzen Schafe in der *FIFA* unter dem „Vorhang der Autonomie" zuungunsten des Verbandes und damit der breiten Masse der Sporttreibenden ungehindert und ohne Furcht vor Verfolgung weiterhin dubiose Geschäfte tätigen. Um einen Missbrauch der Autonomie des Sports zu verhindern, kann sie nicht grenzenlos gewährleistet sein. Vor diesem Hintergrund ist das Risiko der Beschränkung der Autonomie des Sports nicht in die Abwägung einzustellen.

h) Mangelnde Bestimmtheit des Sportbegriffs

Ein sportspezifisches Risiko hat seine Wurzeln darin, dass es bis heute eine allgemein anerkannte Definition des Begriffs „Sport" nicht gibt[895]. Zwar wurden bereits zahlreiche Definitionsversuche unternommen[896]. Aufgrund der Vielfalt des Sports sind sie im Ergebnis aber nicht in der Lage gewesen, all das und auch nur das zu erfassen, was nach allgemeinem Verständnis unter den Sportbegriff zu subsumieren wäre[897]. Entweder sind die Definitionen zu eng, um alle heute schon anerkannten Sportarten zu erfassen[898]. Oder sie sind so weit, dass sie zu unbestimmt und offen werden, um die Funktion einer Definition zu erfüllen, eine trennscharfe Abgrenzung erfasster und eindeutig nicht erfasster Bereiche

---

[895] So nur aus der aktuelleren Zeit *Fechner/Arnhold/Brodführer*, Sportrecht, 2014, S. 3, Rn. 2; *Pfister*, in: Fritzweiler/Pfister/Summerer, Praxishandbuch Sportrecht, 3. Aufl. 2014, Einleitung, Rn. 1 ff.; *Hix*, Probleme der Normierung einer Sportklausel im Grundgesetz, 2013, S. 44; grundlegen zum Begriff des Sports aus juristischer Sicht, *Holzke*, Der Begriff Sport im deutschen und europäischen Recht, 2001, S. 1 ff.

[896] Eine ausführliche und kritische Darstellung der bisherigen Definitionsversuche liefern *Hix*, Probleme der Normierung einer Sportklausel im Grundgesetz, 2013, S. 40 ff.; *Holzke*, Der Begriff Sport im deutschen und europäischen Recht, 2001, S. 91 ff.; *Zimmermann*, Förderung des Sports, 2000, S. 162 ff.

[897] So im Ergebnis auch *Bauer*, Kultur und Sport, 1999, S. 253; *Hix*, Probleme der Normierung einer Sportklausel im Grundgesetz, 2013, S. 44 f.; *Holzke*, Der Begriff Sport im deutschen und europäischen Recht, 2001, S. 91 ff.

[898] *Hix*, Probleme der Normierung einer Sportklausel im Grundgesetz, 2013, S. 44.

voneinander zu gewährleisten[899]. Angesichts dieser Unklarheiten hinsichtlich des Sportbegriffs ist nicht abschätzbar, inwieweit eine Staatszielbestimmung zugunsten des Sports ihre Wirkungen entfalten würde. Dies begründet das Risiko der Konturenlosigkeit der in der Staatszielbestimmung geregelten Materie, was es zu verhindern gilt. Weiterhin ist der Schluss naheliegend, dass, ähnlich der bei der Kunst- und Religionsfreiheit bereits anerkannten Gepflogenheit[900], die Ausgestaltung des Sportbegriffs den Sportverbänden überlassen, und letztlich die originär dem Staat obliegende Befugnis, den Anwendungsbereich der Staatszielbestimmung festzulegen, dogmatisch bedenklich auf einen Teil der Betroffenen übertragen würde[901].

Andererseits stellen, wie die Beispiele Kunst in Art. 5 Abs. 3 GG und Religion in Art. 4 GG belegen, unklare bzw. unbestimmte Rechtsbegriffe schon heute keine Seltenheit im Grundgesetz dar. Sie sind nach den allgemeinen Regeln der juristischen Methodenlehre der Auslegung zugänglich. Da diese gerichtlich überprüfbar ist, würde die Definition des Sportbegriffs schon deswegen nicht den Sportverbänden, sondern jedenfalls mittelbar über die Kontrolle der Judikative weiterhin dem Staat obliegen[902]. Schließlich besteht, trotz der verschiedenen Definitionsversuche, weitest- gehender Konsens in der Literatur bezüglich eines weiten Sportbegriffs[903], der etwa wie folgt definiert werden könnte: Sport ist jede eigene motorische Aktivität, die dem Selbstzweck der Betätigung dient und sich an der Einhaltung bestimmter ethischer Werte, Regeln und/oder einem System von Wettkampf und Klassenleistung orientiert[904]. Hieran oder an anderen weiten Definitionsansätzen könnte sich der Gesetzgeber jedenfalls orientieren,

---

[899] *Hix*, Probleme der Normierung einer Sportklausel im Grundgesetz, 2013, S. 45.

[900] *Kokott*, in: Sachs, GG, 7. Aufl. 2014, Art. 4, Rn. 16, geht sowohl für die Religion als auch für die Kunst davon aus, dass den Grundrechtsträgern überlassen werde, die Begriffe zu definieren und damit zu bestimmen, ob sie sich auf das Grundrecht berufen können oder nicht; im Einzlenen siehe für die Religion nur *BVerfG*, Beschl. v. 05.02.1991 - 2 BvR 263/86 - BVerfGE 83, 341, 353, und für die Kunst nur *BVerfG*, Beschl. v. 17.07.1984 - 1 BvR 816/82 - BVerfGE 67, 213, 224 f.

[901] So im Ergebnis *Unger/Wellige*, NdsVBl. 2004, 1, 8; so auch *Kokott*, in: Sachs, GG, 7. Aufl. 2014, Art. 4, Rn. 16.

[902] *Hix*, Probleme der Normierung einer Sportklausel im Grundgesetz, 2013, S. 315.

[903] *Hix*, Probleme der Normierung einer Sportklausel im Grundgesetz, 2013, S. 45, 317; *Hebeler*, SpuRt 2003, 221, 222; *Steiner*, SpuRt 1994, 2, 4; *Zimmermann*, Förderung des Sports, 2000, S. 165.

[904] *Hix*, Probleme der Normierung einer Sportklausel im Grundgesetz, 2013, S. 45.

womit der Anwendungsbereich zwar weit, jedoch nicht konturenlos wäre[905]. Im Übrigen würde der Anwendungsbereich über die Auslegung der in der Definition enthaltenen unbestimmten Rechtsbegriffe weiter eingeengt, sodass sich im Laufe der Zeit, ähnlich dem Kultur- und Religionsbegriff, ein präzise bestimmter Sportbegriff herauskristallisieren dürfte. Deshalb sind die aus den Schwierigkeiten bei der Definition des Sports resultierenden Befürchtungen unbegründet[906]. Daraus resultierende Risiken können bei der Abwägung außer Acht bleiben.

i) Gefährdung der integrativen Wirkung des Grundgesetzes

Ebenfalls auf die Unklarheit, hier jedoch in Bezug auf die Kenntnisse der Bevölkerung von der Wirkungsweise von Staatszielbestimmungen, zurückzuführen ist das nachfolgende Risiko. Der Wortlaut von Staatszielbestimmungen erweckt nicht selten den Eindruck eines subjektiven öffentlichen Rechts, während sich die tatsächlich nur objektiv-rechtliche Wirkung von Staatszielbestimmungen erst im Auslegungswege ergibt[907]. Das gilt insbesondere dann, wenn sie als „Recht auf" formuliert ein subjektives Recht implizieren[908]. Deswegen und wegen der Verankerung im Grundgesetz schaffen Staatszielbestimmungen oftmals Illusionen und Erwartungshaltungen in der Bevölkerung, die aufgrund der tatsächlich weniger weitreichenden Wirkungen[909] enttäuscht werden und so die integrative Wirkung des Grundgesetzes gefährden, weil sich die Bürger mit der Verfassung nicht mehr zu identifizieren vermögen[910]. Dieses Phänomen kann sich verstär-

---

[905] *Hix*, Probleme der Normierung einer Sportklausel im Grundgesetz, 2013, S. 317.

[906] So im Ergebnis auch *Hix*, Probleme der Normierung einer Sportklausel im Grundgesetz, 2013, S. 316 f.

[907] *Graf Vitzthum*, VBlBW. 1991, 404, 413, mit mehreren Belegen für den subjektiv-rechtlich anmutenden Wortlaut von Staatszielbestimmungen aus Verfassungen der Bundesländer.

[908] So heißt es etwa in Art. 7 Abs. 1 SächsVerf: „Das Land erkennt das Recht eines jeden Menschen auf ein menschenwürdiges Dasein, insbesondere auf Arbeit, auf angemessenen Wohnraum, auf angemessenen Lebensunterhalt, auf soziale Sicherung und auf Bildung, als Staatsziel an."; ausführlich dazu und insbesondere zur Auslegung entsprechend formulierter Regelungen als Staatszielbestimmungen *Sommermann*, Staatsziele und Staatszielbestimmungen, 1997, S. 418 f.

[909] Ausführlich dazu oben unter 1. Kapitel, A. VI. und VII.

[910] *Badura*, in: Sachs/Siekmann, FS Stern, 2012, S. 275, 285; *Fritzweiler*, in: Fritzweiler/Pfister/Summerer, Praxishandbuch Sportrecht, 3. Aufl. 2014, Teil 1, Rn. 38; *Graf*

ken, wenn die Verwirklichung der objektiv-rechtlichen Vorgaben nicht in dem erwarteten Maß erfolgt, weil sie die vorhandenen Haushaltskapazitäten übersteigen würde und die Verwirklichung eines anderen Verfassungsguts den Vorzug erhalten hat[911]. Dadurch würde auch die Verfassungsredlichkeit des Grundgesetzes gefährdet[912].

Bei genauerer Betrachtung stellt sich dieses Risiko jedoch nicht derart gravierend dar wie soeben ausgemalt. Auch wenn Staatszielbestimmungen keine subjektiven Rechte begründen, sind sie doch in gewissem Umfang durchsetzbar und gerichtlich überprüfbar[913]. Sie wirken auf jedes staatliche Handeln ein, das auch auf die Beachtung der Zielvorgabe hin gerichtlich überprüft werden kann. Schon danach stellt sich die Lücke zwischen Verheißung bzw. Erwartung und Wirklichkeit gar nicht derart groß dar wie befürchtet. Das Risiko kann sogar noch weiter verringert werden, indem bei der Ausgestaltung der Staatszielbestimmung auf Begriffe wie „Recht auf" oder „Anspruch" verzichtet wird[914]. Dadurch und durch eine eindeutige Verpflichtung des Staates wird verhindert, dass die Regelung als subjektives Recht missverstanden wird[915].

Es bleibt damit das Risiko der unzureichenden Ausgestaltung und aufgrund einer tatsächlich geringen Beachtung des verfassungsrechtlichen Ziels etwa infolge von Haushaltsengpässen oder einem gestaltungs- oder gefahrbedingten Präferieren eines anderen Gutes mit Verfassungsrang. Ersteres gilt es hier zu bannen,

---

Vitzthum, VBlBW. 1991, 404, 414; *Hesse*, Grundzüge des Verfassungsrechts, 20. Aufl. 1999, Rn. 208; *Klein*, DVBl. 1991, 729, 737; *Kloepfer*, in: Grupp/Hufeld, FS Mußgnug, 2005, S. 17; *Kloepfer*, in: Kahl/Waldhoff/Walter, BK Grundgesetz, Stand: 178. Akt., April 2016, Art. 20a, Rn. 35; *Merten*, DÖV 1993, 368, 376; so auch *Degenhart*, in: Degenhart/Meissner, Hdb der Verfassung Sachsens, 1997, § 6, Rn. 1, der diese Gefahr jedoch durch eine eindeutige Ausgestaltung der Staatszielbestimmung für entschärfbar erachtet.

[911] *Hesse*, Grundzüge des Verfassungsrechts, 20. Aufl. 1999, Rn. 208.

[912] *Graf Vitzthum*, VBlBW. 1991, 404, 414.

[913] Zur gerichtlichen Kontrolle der Einhaltung von Staatszielbestimmungen ausführlich bereits oben unter 1. Kapitel, A. V.

[914] *Hix*, Probleme der Normierung einer Sportklausel im Grundgesetz, 2013, S. 292; in diesem Sinne auch *Degenhart*, in: Degenhart/Meissner, Hdb der Verfassung Sachsens, 1997, § 6, Rn. 1.

[915] *Hix*, Probleme der Normierung einer Sportklausel im Grundgesetz, 2013, S. 292; *Hölzl*, Der Sport als Staatszielbestimmung, 2002, S. 27 f.; so *Vogel*, DVBl. 1994, 497, 499, im Hinblick auf die Staatszielbestimmung zum Schutz der natürlichen Lebensgrundlage in Art. 20 a GG.

und letzteres liegt in der Natur von Staatszielbestimmungen begründet, die der Legislative einen weiten Gestaltungsspielraum bei der Zielverwirklichung belassen und die Ziele nicht in einen höheren Rang heben als andere verfassungsrechtliche Güter. Um dieser Wirkungsweise willen kann das verbleibende Risiko für die integrative Wirkung des Grundgesetzes im Einzelfall hinnehmbar sein. Womöglich kann es aber über eine entsprechende Ausgestaltung des Wortlauts der Staatszielbestimmung gänzlich beseitigt werden. Trotzdem und auch wenn das Risiko im Verhältnis zu den sonst zu berücksichtigenden Risiken eher gering ausfällt, ist es als solches in die Abwägung einzustellen.

2) Chancen

Trotz der Risiken haben sich zahlreiche Staaten aufgrund der positiven Folgen einer Staatszielbestimmung zugunsten des Sports für die Aufnahme einer entsprechenden Regelung in ihre Verfassung entschieden[916]. Dies kann als Indiz dafür gewertet werden, dass die Chancen die Risiken überwiegen und die Aufnahme der Regelung in das Grundgesetz angebracht ist[917]. Um dies zu verifizieren, werden nachfolgend die mit einer Staatszielbestimmung zugunsten des Sports einhergehenden Chancen aufgezeigt, um sie anschließend in die Abwägung einstellen zu können.

a) Integrative Wirkung

Eine Staatszielbestimmung zugunsten des Sports könnte die integrative Wirkung des Grundgesetzes nicht nur gefährden, sie könnten sie im Gegenteil auch positiv beeinflussen und steigern[918]. Die heutige Bedeutung des Sports in der Gesellschaft würde durch die Aufnahme des Sports in das Grundgesetz hinreichend

---

[916] Ausführlich dazu weiter unten im Rahmen der Wortlautanalyse im 3. Kapitel.

[917] Ähnlich *Sommermann*, Staatsziele und Staatszielbestimmungen, 1997, S. 320 f.

[918] So auch *Bauer*, Kultur und Sport, 1999, S. 350; *Hix*, Probleme der Normierung einer Sportklausel im Grundgesetz, 2013, S. 324; *Klein*, DVBl. 1991, 729, 733 f.; *Stern*, in: Becker/Bull/Seewald, FS Thieme, 1993, S. 284; *Streinz*, Causa Sport 2009, 106 115.

anerkannt[919]. Dadurch würde sich eine breite Masse der Bevölkerung unmittelbar angesprochen fühlen und mit dem Grundgesetz stärker identifizieren[920]. Damit ginge auch ein Beitrag zur Einlösung des Gebots der Verfassungsredlichkeit einher[921]. Schließlich würde die Aufnahme einer Staatszielbestimmung zugunsten des Sports in das Grundgesetz den Beitrag der Verfassungen der Bundesländer zu einer gesamtdeutschen Verfassungskultur aufgreifen[922] und die integrative Wirkung noch weiter verstärken.

b) Impulsgebung

Daneben kann die Staatszielbestimmung zugunsten des Sports sowohl für die Bürger als auch für den Staat eine impulsgebende Wirkung entfalten[923]. Für den Staat folgt dies aus dem dynamischen Charakter von Staatszielbestimmungen[924]. Staatszielbestimmungen sind auf eine Erreichung der dort vorgegebenen Ziele in der Zukunft ausgelegt. Zu diesem Zweck geben sie der Legislative einen stetigen Befassungs- und Entscheidungsauftrag auf, über die Notwendigkeit gesetzgeberischer Maßnahmen zum Zwecke der Zielerreichung zu entscheiden[925]. Auf diesem Weg können sie impulsgebend das Handeln der Legislative anregen und anleiten[926] und zu sportrelevanten Gesetzgebungsvorhaben führen.

Die impulsgebende Wirkung für die Bevölkerung folgt aus der sog. „volkspädagogischen Signalwirkung" von Staatszielbestimmungen für den gesellschaftli-

---

[919] *Bauer*, Kultur und Sport, 1999, S. 350; *Nolte*, Sport und Recht, 2004, S. 80; *Steiner*, NJW 1991, 2729, 2730; *Stern*, Staatsrecht III/1, 1988, S. 879; *Zimmermann*, Förderung des Sports, 2000, S. 218; kritisch von einer „symbolischen Verfassungsgebung" sprechend *Hebeler*, SpuRt 2003, 221, 224.
[920] *Hix*, Probleme der Normierung einer Sportklausel im Grundgesetz, 2013, S. 324.
[921] *Nolte*, Sport und Recht, 2004, S. 80.
[922] *Vogel*, DVBl. 1994, 497, 503.
[923] *Badura*, in: Sachs/Siekmann, FS Stern, 2012, S. 275, 293; *Hix*, Probleme der Normierung einer Sportklausel im Grundgesetz, 2013, S. 321 ff.; *Hölzl*, Der Sport als Staatszielbestimmung, 2002, S. 33; *Klein*, DVBl. 1991, 729, 733; *Pestalozza*, NVwZ 1987, 744, 748; *Streinz*, Causa Sport 2009, 106, 115.
[924] *Hix*, Probleme der Normierung einer Sportklausel im Grundgesetz, 2013, S. 321.
[925] Ausführung dazu oben unter 1. Kapitel, A. VI. 1) a) aa).
[926] *Badura*, in: Sachs/Siekmann, FS Stern, 2012, S. 275, 293.

chen Bereich[927]. Wenn Bürger sehen, dass Themen von besonderer gesellschaftlicher Bedeutung, die ihre breite Zustimmung erfahren, im Grundgesetz Berücksichtigung finden, kann dies dazu führen, dass sie sich ermahnt sehen, auf die politisch Verantwortlichen im Sinne einer Forderung des proklamierten Staatsziels einzuwirken und sich selbst in ihrem Verhalten an ihm zu orientieren[928].

c) Verfassungsrechtliche Klarstellung

Ein weiterer praktischer Vorteil einer Staatszielbestimmung zugunsten des Sports bestünde darin, dass Schutz- und Abwägungsgehalte zugunsten des Sports nicht mehr kompliziert über die Grundrechte der Sporttreibenden ggf. in Verbindung mit Staatsstrukturprinzipien oder anderen Normen des Grundgesetzes begründet werden müssten[929]. Da sich dieser Umstand als rein praktische Nebenfolge der Staatszielbestimmung darstellt und keinen wirklichen Nutzen für die Verbesserung des Grundgesetzes an sich bedeutet, ist ihm jedoch derart geringes Gewicht beizumessen, dass er bei der Gesamtabwägung unberücksichtigt bleiben kann. Denn sollte sich dieser nebensächliche Vorteil im Rahmen der Gesamtabwägung als das „Zünglein an der Waage“ herausstellen, wäre dies im Hinblick auf die Bedeutung dieses Vorteils kaum zu rechtfertigen.

d) Beseitigung der Regelungslücke

Die wohl wichtigste positive Wirkung einer Staatszielbestimmung zugunsten des Sports liegt in der bereits dargestellten Schließung der Regelungslücke durch Beseitigung bzw. erheblicher Verringerung der aktuell für den Sport bestehenden Gefahren der Kürzung und Streichung der Sportförderung und des

---

[927] Während *Hix*, Probleme der Normierung einer Sportklausel im Grundgesetz, 2013, S. 321, und Karpen, BT-Drs. 16/387, S. 7, von einem „volkspädagogischen Nutzen“ sprechen, ist bei *Badura*, in: Sachs/Siekmann, FS Stern, 2012, S. 275, 293, allgemeiner von einer „Signalwirkung“ für die Gesellschaft die Rede. Diesen Effekt zutreffender umschreibt aber wohl die hier verwendete Begrifflichkeit der „volkspädagogischen Signalwirkung“.

[928] *Hix*, Probleme der Normierung einer Sportklausel im Grundgesetz, 2013, S. 321 ff.; *Hölzl*, Der Sport als Staatszielbestimmung, 2002, S. 33; *Klein*, DVBl. 1991, 729, 733.

[929] *Hix*, Probleme der Normierung einer Sportklausel im Grundgesetz, 2013, S. 321.

Zurücktretens gegenüber regelmäßig mit dem Sport konfligierenden Gütern mit Verfassungsrang[930]. Durch die Aufnahme der Staatszielbestimmung würde der Sport zu einem von dem Wechsel von politischen Präferenzen, parlamentarischen Mehrheiten und finanziellen Engpässen unabhängigen, im Rahmen von Abwägungs-, Ermessens- und Planungsentscheidungen stets zu beachtenden Belang mit Verfassungsrang[931]. Ohne sie stünde der Sport auf Bundesebene auf einem „wackeligen und löchrigen Fundament".

3) Abwägung von Risiken und Chancen

Stellt man allein die Anzahl der behandelten Risiken den Chancen gegenüber, so bietet sich ein eindeutiges Bild überwiegender Risiken. Bei einer derartigen Betrachtung wäre die Ergebnisfindung einfach und das Ergebnis recht eindeutig. Bei der vorausgehenden Bewertung der potentiellen Risiken hat sich aber gezeigt, dass sich die Befürchtungen oftmals als unbegründet erwiesen haben und ein Großteil der potentiellen Risiken auch durch eine wohl bedachte Ausgestaltung der Staatszielbestimmung vermieden werden kann. Im Ergebnis stehen sich deshalb in der Abwägung lediglich drei relevante Risiken und Chancen gegenüber. Das sind die Risiken für die im Grundgesetz bereits jetzt abgesicherten Güter mit Verfassungsrang, für das ungeschriebene Verfassungsrecht und für die integrative Wirkung des Grundgesetzes auf der einen Seite und die Chancen ebenfalls für eine integrative Wirkung des Grundgesetzes, einer Impulsgebung zugunsten des Sports sowie die Chance der Beseitigung bzw. Verringerung der aktuell vorhandenen Gefahren für den Sport. Wie schon diese erste Gegenüberstellung zeigt, stellen sich diese Risiken und Chancen als Paare dar, die entweder anhand der Folge oder aber funktionell anhand der Wirkungsweise der Staatszielbestimmung einander zuordenbar und gegeneinander abwägbar sind.

---

[930] Ausführlich dazu bereits oben unter 2. Kapitel, C. II.; so heißt es auch bei der Meinungsgegenüberstellenden Darstellung bei *Hix*, Probleme der Normierung einer Sportklausel im Grundgesetz, 2013, S. 350, dazu, dass dies eines der am häufigsten genannten Argumente für die Einführung einer Sportklausel sei.
[931] So etwa auch *Klein*, DVBl. 1991, 729, 733; *Steiner*, in: Burmeister, FS Stern, 1997, S. 516; *Steiner*, SpuRt 2012, 238; *Stern*, in: Becker/Bull/Seewald, FS Thieme, 1993, S. 282.

Auf der Folgenseite der Staatszielbestimmung zugunsten des Sports stehen sich das Risiko der Senkung der integrativen Wirkung des Grundgesetzes aufgrund der Möglichkeit der gestaltungs- bzw. ermessensspielraumbedingten geringeren Umsetzung des Ziels als erhofft und die Chance auf eine Steigerung der integrativen Wirkung gegenüber, weil die Aufnahme der Staatszielbestimmung die Anerkennung eines gesellschaftlich besondere Bedeutung genießenden Bereiches bedeuten würde, was zu einer gesteigerten Identifikation mit dem Grundgesetz führen würde. Diese anfängliche Patsituation ist zugunsten der bestehenden Chance aufzulösen. Dies folgt aus einem Vergleich der Integrationskraft des Grundgesetzes mit und ohne eine Staatszielbestimmung zugunsten des Sports[932]. Die mit der Aufnahme einer Staatszielbestimmung zugunsten des Sports einhergehende Integrationskraft würde in jedem Falle eintreten. Dieser Effekt könnte zwar durch eine die Erwartungen nicht erfüllende Umsetzung der Staatszielbestimmungen geschmälert werden; dies muss jedoch nicht eintreten und müsste zudem erst den positiven Effekt übertreffen, um sich negativ auszuwirken. Ohne eine Staatszielbestimmung zugunsten des Sports bliebe der Effekt dagegen gänzlich aus und es könnte ohne einen erhöhten Begründungs- und Abwägungsaufwand der Sport weniger Berücksichtigung finden als es heute der Fall ist. Vor diesem Hintergrund überwiegt die sich bietende Chance das potentiell bestehende Risiko. Dieses Ergebnis wird durch die Erfahrungen mit den Staatszielbestimmungen in den Verfassungen der Bundesländer bestätigt. Denn diese haben gezeigt, dass durch die landesverfassungsrechtlichen Staatszielbestimmungen zugunsten des Sports ein Enttäuschungseffekt nicht eingetreten ist, weil im Ergebnis mit den Staatszielbestimmungen keine Versprechungen gemacht wurden, die die Länder nicht einhalten konnten[933]. Das Fehlen konkreter Förderungsquoten in den Staatszielbestimmungen beispielsweise wird dazu beigetragen haben, dass es, soweit ersichtlich, keine Klagen von Sporttreibenden, -vereinen oder -verbänden gab, mit dem Ziel gab, allein unter Berufung auf die Staatszielbestimmung zugunsten des Sports konkrete Förderungsleistungen zu erhalten. Die Landessportbünde begreifen die Staatszielbestimmungen vielmehr nicht als Anspruchsnormen, sondern als Chancen, die Politik insbesondere auch auf kommunaler Ebene „an einen Tisch zu bringen“ und auf dieser Grundlage

---

[932] So auch *Sacksofsky*, NVwZ 1993, 235, 240.
[933] *Bauer*, Kultur und Sport, 1999, S. 350.

über Förderungsmöglichkeiten offen zu sprechen[934]. Dort wie hier gilt daher, die Situation des Sports wird durch eine Staatszielbestimmung zugunsten des Sports im Hinblick auf die beiden die Verfassungsänderung legitimierenden Gefahren in jedem Falle verbessert und es verbleibt ein Überschuss an positiver Integrationswirkung[935].

Auf funktioneller Ebene stehen sich das Risiko für das ungeschriebene Verfassungsrecht und die Chance einer Impulsgebung für das Handeln des Staates und der Bevölkerung gegenüber. Beide rühren aus der verbindlichen Festlegung des Staates auf die Verfolgung eines bestimmten Ziels her. Und auch in dieser Konstellation überwiegt die sich bietende Chance aus der Impulsgebung. Denn aus der impulsgebenden Wirkung resultiert in erster Linie Handeln des unmittelbar demokratisch legitimierten und nach der funktionalen Aufteilung der Staatsgewalten in Art. 20 Abs. 2 Satz 2 GG dazu berufenen Gesetzgebers. Dagegen erfolgt die Schaffung ungeschriebenen Verfassungsrechts zur Anpassung der Verfassung an die tatsächlichen Gegebenheiten im Wege der Verfassungsinterpretation oder des Verfassungswandels insbesondere durch die Judikative, wodurch der Gewaltenteilungsgrundsatz gefährdet wird[936]. Außerdem stellt ungeschriebenes Verfassungsrecht eine bloße Reaktion auf bereits eingetretene und verfestigte Gesamtumstände dar. Die Impulsgebung von Staatszielbestimmungen ist zukunftsorientiert und bietet aufgrund der vielfältigen Ausgestaltungsmöglichkeiten für die Legislative Chancen, die bei einer bloß reaktiven Anpassung an die bestehenden Gegebenheiten anhand von ungeschriebenem Verfassungsrecht nicht bestünden. Deshalb überwiegt auch die Chance aus der Impulsgebung das Risiko für das ungeschriebene Verfassungsrecht.

Schließlich stehen sich das Risiko der relativen Herabsetzung bereits verfassungsrechtlich normierter Werte und die Chance der Beseitigung bestehender Gefahren für den Sport ebenfalls funktionell gegenüber. Denn beide Konse-

---

[934] So hat etwa der *Landessporbund Hessen e. V.* in seinem Newsletter vom 17.04.2014, abrufbar unter http://www.sportkreis-rheingau-taunus.de/downloads/editor/4rm8f2_de.pdf (letzter Abruf v. 07.06.2016), in der Staatszielbestimmung zugunsten des Sports in Art. 62a HesVerf auch in Zeiten „von ‚kommunalem Schutzschirm', Schuldenbremse und allgemeinen Sparmaßnahmen" nicht als Anspruchsgrundlage für Förderungsmaßnahmen, sondern als eine Grundlage für gemeinsame „Gespräche gemeinsam mit allen Beteiligten" gesehen.

[935] So im Ergebnis auch *Bauer*, Kultur und Sport, 1999, S. 350 f.

[936] In diesem Sinne *Hesse*, in: Ehmke/Kaiser/Kewenig/Meessen/Rüfner, FS Scheuner, 1973, S. 125.

quenzen sind auf die, das Staatsziel in den Verfassungsrang hebende Funktion einer Staatszielbestimmung zurückzuführen. Da die Risiken und Chancen sehr weitreichend sind, ist diesem Paar eine hervorragende Bedeutung für das Ergebnis der Abwägung beizumessen.

Im Hinblick auf die Risiken für die bereits verfassungsrechtlich abgesicherten Güter gilt, dass diese ex ante kaum eindeutig benannt werden können, weil alle Kollisionslagen[937] im vornhinein nicht prognostizierbar sind. Hinzu kommt, dass die Auflösung von Kollisionen mit der neuen Staatszielbestimmung im Wege der Praktischen Konkordanz erfolgen müsste und hierbei nicht die Verankerung im Grundgesetz, sondern die Umstände des konkreten Einzelfalls auschlaggebend sind für den Vorrang des einen Gutes vor dem anderen. Allgemein wird jedoch davon auszugehen sein, dass bereits im Grundgesetz abgesicherte Güter wie der Umweltschutz oder der Tierschutz aus Art. 20a GG gewisse Einschnitte erfahren werden. Sie werden zwar nicht durchgängig gegenüber dem Sport zurücktreten; das Risiko liegt jedoch gerade auch in dem Umstand begründet, dass nicht von vornherein genau gesagt werden kann, wie sehr die anderen Güter mit Verfassungsrang an Gehalt verlieren[938]. Aufgrund dieser Ungewissheit hinsichtlich des Umfangs der relativen Herabsetzung bereits verfassungsrechtlich abgesicherter Güter muss dem Risiko ein erhebliches Gewicht beigemessen werden.

Auf der anderen Seite kann aber mit absoluter Sicherheit gesagt werden, dass die ebenfalls erheblichen und nicht von der Hand zu weisenden Gefahren für Sport deutlich verringert würden. Angesichts dieser Gewissheit und der Bedeutung des Sports für die Gesellschaft und für den Staat wird man der Chance ein ebenfalls erhebliches Gewicht beimessen müssen, sodass sich Chance und Risiko zunächst gleichwertig gegenüberstehen. Zwei Aspekte geben aber wohl auch hier einen leichten Ausschlag für die Chancen. Die Relativierungsgefahr kann durch eine auf Gleichrangigkeit mit anderen Verfassungsgütern ausgerichtete Ausgestaltung der Staatszielbestimmung verringert werden. Und die dann vorzunehmende einzelfallorientierte Auflösung von Kollisionslagen würde einen auch im Sinne des Sports „fairen" Lösungsweg darstellen.

---

[937] Unter Kollisionslagen werden an dieser Stelle nicht nur die Kollisionen verstanden, die klassich bei Eingriffen entstehen, sondern auch solche die aus einer weniger oder mehr umfangreichen Förderung des einen zulasten des anderen Gutes resulitieren.

[938] So auch *Möllers*, Protokoll der 44. Sitzung des Rechtsausschusses vom 29.01.2007, S. 37.

V. Fazit

Bei Zugrundelegung der Rechtfertigungs-Theorie für die Ermittlung der Notwendigkeit von Verfassungsänderungen kann die Aufnahme einer Staatszielbestimmung zugunsten des Sports in das Grundgesetz mit guten Gründen für notwendig erachtet werden. Heute besteht eine Regelungslücke für den Sport, weil er ein bedeutsames Gemeininteresse darstellt, das in dem ständigen Konflikt mit insbesondere dem Umweltschutz dauerhaft zurückzutreten droht und die Sportförderung durch den Bund gefährdet ist. Eine Staatszielbestimmung zugunsten des Sports könnte diese Gefahren beseitigen bzw. jedenfalls signifikant verringern und die Regelungslücke schließen. Eine Alternative, die die Lücke gleichermaßen effektiv schließen könnte und ohne eine Verfassungsänderung auskäme, gibt es nicht. Insbesondere reicht der über die Grundrechte mit Sportrelevanz vermittelte Gewährleistungsgehalt bei weitem nicht an den einer Staatszielbestimmung heran. Da die sich bietenden Chancen, die mit der Regelung einhergehenden Risiken überwiegen, ist die Verfassungsänderung zugunsten des Sports auch angemessen und wird hier befürwortet.

Dabei muss jedoch klargestellt werden, dass diese Bewertung relativiert werden muss. Andere verfassungspolitische Grundannahmen rechtfertigen auch eine andere Bewertung, die dann keineswegs falsch sein muss[939]. Hier wird jedoch davon ausgegangen, dass sich das Grundgesetz gewandelten Gegebenheiten stellen muss und, wenn sie nicht nur vorrübergehende Phänomene mit geringer gesellschaftlicher Relevanz darstellen, auch daran anpassen muss. Da die Anpassung an die aktuellen Gegebenheiten immer nur in einem „Prozess von trial and error" erfolgen kann, wird hier der Versuch für angezeigt erachtet. Denn nur auf diesem Wege kann die beste Gewähr für eine relativ richtige Anpassung des Grundgesetzes gegeben werden[940].

---

[939] In diesem Sinne auch *Simon*, EuGRZ 1978, 100, 103.
[940] *Simon*, EuGRZ 1978, 100, 103.

3. Kapitel: Ausgestaltung einer möglichen Staatszielbestimmung zugunsten des Sports

Ist einmal die Hürde des „Ob“ einer Kodifizierung eines Lebensbereiches in der Verfassung genommen, schließt sich daran zwangsläufig die Frage nach dem „Wie“ an, d. h. der konkreten Ausgestaltung der Regelung. Hierbei bilden die Systematik, die Begründung und insbesondere der Wortlaut der Regelung die maßgeblichen Stellschrauben[941]. Letzterer nimmt jedoch eine herausragende Bedeutung ein, da er sich direkt und am stärksten auf die Wirkungsweise der Regelung niederschlägt[942]. Deshalb beschäftigt sich die vorliegende Abhandlung im Schwerpunkt auch mit der Frage nach dem Wortlaut einer grundgesetzlichen Staatszielbestimmung zugunsten des Sports. Dabei wird anhand einer Analyse der Regelungen in den Verfassungen anderer Staaten (dazu unter A.) und der Bundesländer (dazu unter B.), der Vorschläge aus der letztmaligen parlamentarischen Debatte um die Aufnahme des Sports in das Grundgesetz (dazu unter C.) und ausgewählter Vorschläge verschiedener Experten (dazu unter D.) ein konkreter Wortlautvorschlag für die Staatszielbestimmung erarbeitet (der Vorschlag erfolgt unter E.). Da auch die systematische Stellung einer Norm von nicht zu unterschätzender Bedeutung für ihre Gesamtwirkung ist, muss die Abhandlung schließlich auch eine Aussage zu der systematischen Verortung der Regelung treffen, welche am Ende dieses Kapitels geschehen wird (dazu am Ende unter F.).

A. Analyse der Regelungen ausgewählter Verfassungen anderer Staaten

Zahlreiche Mitgliedsstaaten der *EU* haben die Bedeutung des Sports und die Gefahren für ihn erkannt. Ihre Verfassungen enthalten deshalb bereits heute Regelungen, die den Sport hinreichend würdigen und vor den Gefahren schützen sol-

---

[941] *Kloepfer*, in: Kahl/Waldhoff/Walter, BK Grundgesetz, Stand: 178. Akt., April 2016, Art. 20a, Rn. 21 f.

[942] So auch *Badura*, Staatsrecht, 6. Aufl. 2015, A, Rn. 15; und so konkret für Staatszielbestimmungen *Dreher*, Staatsziele im Bundesstaat am Beispiel des Sports, 2005, S. 19.

len[943]. Diese Entwicklung ist auch außerhalb der Mitgliedsstaaten der EU zu beobachten[944]. Die dort für geeignet erforderlich und angemessen erachteten Regelungen können Anhaltspunkte für den hier zu unterbreitenden Ausgestaltungsvorschlag enthalten, weshalb sie nachfolgend, unterschieden nach Staaten mit föderaler (dazu unter I.) und Staaten mit einheitsstaatlicher Struktur (dazu unter II.), näher betrachtet werden. Dabei wird untersucht, ob die jeweilige Regelung geeignet wäre, die Erreichung des mit der Staatszielbestimmung zugunsten des Sports im Grundgesetz verfolgten Ziels der Schließung der Regelungslücke hinreichend zu gewährleisten. Maßgeblich dafür ist in erster Linie der Wortlaut der Regelung. Deshalb konzentrieren sich die nachfolgenden Darstellungen darauf, wie die Regelung oder einzelne Teile davon im Grundgesetz wirken würden. Aspekte wie etwa die Rechtsnatur und die Wirkungen im jeweiligen Staat sind für die hiesigen Zwecke nicht entscheidend und können daher außer Acht bleiben.

I. Staaten mit föderalem System

Die *BRD* ist ein Föderalstaat (vgl. Art. 20 Abs. 1 GG). Dies hat zur Folge, dass sich in Abhängigkeit von dem Adressatenbegriff eine mehr oder weniger umfassende Bindung nur für den Bund oder auch für die Länder ergeben kann. Diesen Umstand dürften Regelungen von Staaten mit ebenfalls föderalen Strukturen berücksichtigen, weshalb zunächst diese näher betrachtet werden. Da das der schweizerischen Verfassungsordnung zugrundeliegende Verständnis vom Bundesstaat weitestgehend dem der deutschen entspricht[945], wird zunächst die dortige Regelung zugunsten des Sports untersucht und erst danach die weiteren als solche ersichtlichen Regelungen in den Verfassungen anderer Föderalstaaten.

---

[943] Bereits 14 der 28 Mitgliedstaaten verfügen über Verfassungsregelungen zugunsten des Sports; vgl. Art. 23 Abs. 1 und 3 Verf-BEL; Art. 52 Abs. 3 Verf-BG; Art. 16 Abs. 2 und 9 Verf-GR; Art. 9 Verf-IT; Art. 68 Abs. 4 Verf-KRO; Art. 53 Abs. 2 Verf-LIT; Kap. 2, Ziff. 8 Verf-MAL; Art. 22 Abs. 3 Verf-NL; Art. 68 Abs. 5 Verf-PL; Art. 64 Abs. 2 Verf-PGL; Art. 45 Abs. 5 Verf-RO; Art. 44 Abs. 2 Verf-SK; Art. 43 Abs. 3 Verf-ES; Art. XX GG-H.

[944] Siehe nur die Verfassungsregelungen zugunsten des Sports in Art. 68 BV; Art. 217 Verf-BRA; Art 107 Abs. 6 Verf-CHI; Art. 91 und 92 Verf-GUA; Art. 52 Verf-KOL; Art. 4 Abs. 13 Verf-MEX; Art. 26 Verf-MK; Art. 86 Verf-PAN; Art. 41 Abs. 2 Verf-RU; Art. 111 Verf-VEN.

[945] *Zeidler*, DVBl. 1960, 573, 575 m. w. N.

1) Schweiz, Art. 68 der Bundesverfassung der schweizerischen Eidgenossenschaft vom 18.04.1999 (BV)

Die BV regelt den Sport ausdrücklich in ihrem Art. 68. Die Regelung geht auf einen Entwurf des schweizerischen Bundesrates aus dem Jahr 1969 zurück, der zunächst in Art. 27 BV dem Bund die Kompetenz verlieh, Vorschriften über die Förderung und die Ausübung von Turnen und Sport für die Bevölkerung aufzustellen[946]. Im Rahmen der letzten Totalrevision der BV im Jahr 1999 wurde die Vorschrift redaktionell auf ihre heutige Form angepasst und in Art. 68 BV überführt[947]. Dabei wurden der damals noch vorhandene Hinweis auf den Vollzug durch die Kantone, weil sich dies ohnehin bereits aus Art. 46 BV ergab, und insbesondere der zu enge Begriff des Turnens gestrichen[948]. Art. 68 BV lautet heute:

„Der Bund fördert den Sport, insbesondere die Ausbildung. Er betreibt eine Sportschule. Er kann Vorschriften über den Jugendsport erlassen und den Sportunterricht an Schulen obligatorisch erklären."

Für die vorliegenden Zwecke ist allein Satz 1 der Vorschrift relevant. Die Qualifizierung, wie sie in den Sätzen 2 und 3 vorgesehen ist, ist im Hinblick auf die Ziele der deutschen Regelung nicht angebracht. Denn die Qualifizierung würde insbesondere den Gesetzgeber und seine politische Gestaltungsfreiheit, aber auch die Rechtsprechung und die Verwaltung unnötig weit binden und einschränken[949].

Dem Wortlaut nach handelt es sich bei der Regelung in Art. 68 Satz 1 BV um eine Staatszielbestimmung. Sie nimmt den Bund verbindlich in die Pflicht, den Sport zu fördern, ohne ein zu der Verpflichtung korrespondierendes Recht der

---

[946] *Hänni*, in: Waldmann/Belser/Epiney, Basler Kommentar, 2015, Art. 68 BV, Rn. 1; *Zen-Ruffinen*, in: Ehrenzeller/Schindler/Schweizer/Vallander, St. Galler Kommentar, 3. Aufl. 2014, Art. 68 BV, Rn 2.

[947] *Hänni*, in: Waldmann/Belser/Epiney, Basler Kommentar, 2015, Art. 68 BV, Rn. 1; *Zen-Ruffinen*, in: Ehrenzeller/Schindler/Schweizer/Vallander, St. Galler Kommentar, 3. Aufl. 2014, Art. 68 BV, Rn 3.

[948] *Zen-Ruffinen*, in: Ehrenzeller/Schindler/Schweizer/Vallander, St. Galler Kommentar, 3. Aufl. 2014, Art. 68 BV, Rn 3.

[949] Dazu bereits ausführlich im Rahmen der von der Staatszielbestimmung ausgehenden Gefahren unter 2. Kapitel, C. IV. 1) f).

Begünstigten zu begründen[950]. Durch die Verwendung von Verben wie „pflegen", „schützen" oder, wie hier, „fördern", wird eine staatliche Aktivität vorgeschrieben[951], mithin eine staatliche Pflicht begründet. Durch die indikative Formulierung gibt der Verfassungsgeber zu erkennen, dass er den Regelungsgehalt als Ziel deklarieren wollte[952]. Die zusätzliche Ausgestaltung im Aktiv und die ausdrückliche Adressierung an das Subjekt des Satzes unterstreichen im Gegensatz zu einem Satzbau im Passiv – der Sport wird gefördert – den verpflichtenden und verbindlichen Sinn der Verfassungsbestimmung[953].

Trotz der Ausgestaltung als Staatszielbestimmung empfiehlt sich eine vollumfängliche Übernahme des Regelungswortlauts nicht. Die Vorschrift beschränkt ihre Bindungswirkung auf den „Bund". Denn die ausdrückliche Bezeichnung von – sei es mehreren oder einzelnen – Institutionen als Verpflichtungsadressaten führt zu der Restriktion, dass die Verpflichtung nur für diese gilt[954]. Dies ist für eine Staatszielbestimmung im Grundgesetz nicht nur unnötig, sondern steht auch im Widerspruch zur gewünschten Rechtsnatur. Denn Staatszielbestimmungen sind nach deutschem Verständnis weit und an alle Staatsgewalt adressiert. Eine Beschränkung nach dem schweizerischen Vorbild auf den Bund würde die umfassende Bindungswirkung aller Staatsgewalt auf Bundes-, Landes- und kommunaler Ebene vereiteln und die Chance der Einführung eines bundesweit einheitlichen Mindeststatus für den Sport gefährden[955]. Die Beschränkung in der BV ist dem Umstand geschuldet, dass die Regelung nach der schweizerischen Dogmatik eine Doppelnatur hat und sowohl einen Förderungsauftrag in Gestalt der Staatszielbestimmung als auch eine Kompetenzvorschrift

---

[950] Den verbindlich verpflichtenden Gehalt der Regelung betonend *Hänni*, in: Waldmann/Belser/Epiney, Basler Kommentar, 2015, Art. 68 BV, Rn. 3.

[951] *Dreher*, Staatsziele im Bundesstaat am Beispiel des Sports, 2005, S. 6; *Hebeler*, SpuRt 2003, 221, 222; *Scheuner*, in: Schnur, FS für Ernst Forsthoff, 2. Aufl. 1974, S. 337.

[952] *Bull*, Die Staatsaufgaben nach dem Grundgesetz, 2. Aufl. 1977, S. 164 m. w. N.

[953] *Dogalini/Pinelli*, in: Bogdandy/Cruz Villalòn/Huber, HdbIPE, Band I, 2007, § 5, Rn. 141.

[954] So für die ausdrückliche Bezeichnung der Adressaten „Land und die Kommunen" in der Staatszielbestimmung zugunsten des Sports in Art. 36 Abs. 3 SAVerf, *Hix*, Probleme der Normierung einer Sportklausel im Grundgesetz, 2013, S. 158; *Hölzl*, Der Sport als Staatszielbestimmung, 2002, S. 46; *Reich*, Kommentar SAVerf, 2. Aufl. 2004, Art. 36, Rn. 3; *Zimmermann*, Förderung des Sports, 2000, S. 34.

[955] So für die im Rahmen von Art. 20a GG diskutierte Beschränkung der Staatszielbestimmung zugunsten der Umwelt auf den Bund, *Scholz*, in: Maunz/Dürig, GG, Stand: 75. Erglf., September 2015, Art. 20a, Rn. 44.

darstellt[956]. Weil Staatszielbestimmungen im Grundgesetz aber keine Kompetenzen begründen[957], muss auch deswegen eine Beschränkung auf den Bund unterbleiben. Dies gilt umso mehr, als auch die schweizerische Literatur im Hinblick auf den Förderungsauftrag in Art. 68 Satz 1 BV davon ausgeht, dass die Norm trotz ihrer Doppelnatur parallele kantonale Förderungskompetenzen bestehen lässt[958].

Funktional verpflichtet die Vorschrift zur Förderung des Sports. Die Verpflichtung ist damit sehr weit. Denn der Begriff „Sport“ ist weit zu verstehen[959] und umfasst alle Erscheinungsformen des Sports[960]. Auch der Begriff „Förderung“ ist weit und umfasst jede personelle, finanzielle und sachliche Unterstützung durch den Staat, die auf eine dynamische Entwicklung von Neuem und die Entfaltung von Bestehendem auf dem Gebiet des Sports gerichtet ist[961]. Mit der weiten Ausgestaltung würde der Gefahr der Kürzung bzw. Streichung der Bundesförderung hinreichend begegnet[962]. Denn über die weiten Begriffe „Förderung“ und „Sport“ ohne nähere Qualifikation wären alle Förderungsmaßnahmen und alle Sportarten von der Verpflichtung umfasst. Zu begrüßen ist auch, dass es wegen der Weite dem Gestaltungsspielraum der Staatsgewalt überlassen bliebe, wie sie die Förderung ausgestalten möchte. Dies macht im Hinblick auf die sich stetig wandelnden tatsächlichen Verhältnisse Sinn, um nicht binnen kürzester

---

[956] *Biaggini*, Kommentar BV, 2007, Art. 68 BV, Rn. 3; *Hänni*, in: Waldmann/Belser/Epiney, Basler Kommentar, 2015, Art. 68 BV, Rn. 3; *Zen-Ruffinen*, in: Ehrenzeller/Schindler/Schweizer/Vallander, St. Galler Kommentar, 3. Aufl. 2014, Art. 68 BV, Rn. 4; zur Tendenz in den neueren Kompetenzvorschriften der BV auch Staatsziele zu formulieren sie nur *Breiter*, Staatszielbestimmungen als Problem des schweizerischen Bundesverfassungsrechts, 1980, S. 97.

[957] Siehe dazu oben 1. Kapitel, A. IV. 7) und 1. Kapitel, B. II. 2).

[958] *Biaggini*, Kommentar BV, 2007, Art. 68 BV, Rn. 3; *Hänni*, in: Waldmann/Belser/Epiney, Basler Kommentar, 2015, Art. 68 BV, Rn. 3; *Zen-Ruffinen*, in: Ehrenzeller/Schindler/Schweizer/Vallander, St. Galler Kommentar, 3. Aufl. 2014, Art. 68 BV, Rn. 4.

[959] So auch *Hänni*, in: Waldmann/Belser/Epiney, Basler Kommentar, 2015, Art. 68 BV, Rn. 2; dazu oben unter 2. Kapitel, C. IV. 1) h).

[960] *Hänni*, in: Waldmann/Belser/Epiney, Basler Kommentar, 2015, Art. 68 BV, Rn. 2; *Steiner*, SpuRt 1994, 2, 4; *Zimmermann*, Förderung des Sports, 2000, S. 165 f., 168.

[961] *Hix*, Probleme der Normierung einer Sportklausel im Grundgesetz, 2013, S. 160; *Hölzl*, Der Sport als Staatszielbestimmung, 2002, S. 48; *Nolte*, Schriftliche Stellungnahme zur Anhörung in der 44. Sitzung des Rechtsausschusses am 20.01.2007, S. 7; *Stern*, in: Becker/Bull/Seewald, FS Thieme, 1993, S. 285; *Zimmermann*, Förderung des Sports, 2000, S. 166 f.

[962] So auch *Hix*, Probleme der Normierung einer Sportklausel im Grundgesetz, 2013, S. 168.

Zeit eine erneute Verfassungsänderung notwendig zu machen, und ist daher so für die Staatszielbestimmung im Grundgesetz sinnvoll.

Allerdings reicht der reine Förderungsauftrag nicht aus, um der Gefahr des Zurücktretens des Sports bei Kollisionen mit anderen verfassungsrechtlich abgesicherten Gütern, wie insbesondere dem Umweltschutz aus Art. 20a GG hinreichend zu begegnen[963]. Über den Förderungsauftrag wird kein Schutzgehalt festgeschrieben, sondern primär die Verpflichtung zur finanziellen Unterstützung durch den Bund postuliert[964]. Teilweise wird der Förderungsbegriff in Art. 68 Satz 1 BV zwar weit verstanden, um den aktuellen Anforderungen an eine wirksame Sportförderung gerecht zu werden und neben der finanziellen Förderung auch die Errichtung von Sportstätten bis hin zur Bekämpfung des Dopings einbezogen[965]. Diese weite Auslegung wird allerdings dem Gesetzestext nicht mehr gerecht und darf daher für eine grundgesetzliche Staatszielbestimmung nicht zum Maßstab gemacht werden. Zwar wäre der Sport durch die verfassungsrechtliche Verankerung in Kollisionslagen auch ohne Schutzpflicht zu berücksichtigen; ein zu schützendes Gut wie etwa der Umweltschutz in Art. 20a GG wird sich gegenüber einem lediglich zu fördernden aber tendenziell eher durchsetzen. Außerdem hat der Staat eher die Möglichkeit, falls erforderlich, den Sport „vor sich selbst" – es sei nochmals an die sich verstetigenden Doping-, Betrugs- und Korruptionsskandale erinnert, denen der Sport autonom offenbar nicht Herr werden kann[966] – oder vor Dritten – in Form von übermäßig Einfluss nehmenden Sponsoren – zu schützen[967]. Zudem können die in den För-

---

[963] In diesem Sinne etwa *Stern*, in: Becker/Bull/Seewald, FS Thieme, 1993, S. 285; wohl auch *Fritzweiler*, SpuRt 2011, 1; a. A. wohl *Hix*, Probleme der Normierung einer Sportklausel im Grundgesetz, 2013, S. 168, der bereits die Förderungsverpflichtung für ausreichend erachtet, um bei Konfliktlagen die Interessen des Sports mit dem Umweltschutz auf Augenhöhe zu einem Ausgleich zu bringen.

[964] *Zen-Ruffinen*, in: Ehrenzeller/Schindler/Schweizer/Vallander, St. Galler Kommentar, 3. Aufl. 2014, Art. 68 BV, Rn 4.

[965] So etwa *Biaggini*, Kommentar BV, 2007, Art. 68 BV, Rn. 4.

[966] Siehe dafür etwa *Fritzweiler*, SpuRt 2011, 1.

[967] Dies im Hinblick auf die damit einhergehende Autonomiebeschränkung anfangs kritisch sehend *Steiner*, SpuRt 1994, 2, 5, nunmehr aber wohl auch davon ausgehend, dass der Sport die Einmischung des Staates bis zur Grenze des Kernbereichs hinnehmen müsse *Steiner*, SpuRt 2009, 222, 224; in diesem Sinne auch *Fritzweiler*, SpuRt 2011, 1; da der Gefahr der Autonomiebeschränkung durch eine zusätzliche Verpflichtung zur Autonomiewahrung hinreichend begegnet werden kann, wird ein zusätzlicher Schutzgehalt befürwortet – ausführlich dazu weiter unten unter 3. Kapitel, A. I. 3) und 4).

derungsauftrag hineingelesenen Schutzgehalte – Förderung durch Schutz – nur einen geringen Teil des ausdrücklichen Schutzauftrags abdecken. Deshalb fehlt es ohne einen ausdrücklichen Schutzauftrag an einem hinreichenden Schutzgehalt.

Die Formulierung „Sport, insbesondere die Ausbildung" dient nach der schweizerischen Fachliteratur lediglich dazu, die Entwicklung von öffentlichen oder privaten Sportschulen für Spitzenathleten zu unterstützen, um die Schulpflicht und den Sport miteinander in Einklang zu bringen[968], nicht jedoch einer Priorisierung des Spitzensports[969]. Die BV setzt damit aber einen „deutlichen Akzent" auf die Ausbildung von Sportlern[970]. Eine solche Regelung kann zwar bei entsprechenden Gefahren in diesem Bereich auch für eine Staatszielbestimmung im Grundgesetz sinnvoll sein. Da sie aber, ebenso wie die Sätze 2 und 3, von Verfassungs wegen zu einer unnötigen Vorfestlegung des Staates führt, ist davon für die grundgesetzliche Staatszielbestimmung abzuraten, um den Gestaltungsspielraum insbesondere des Gesetzgebers zu wahren. Damit bleibt es lediglich bei den brauchbaren Ansätzen im Hinblick auf die verbindliche Ausgestaltung und den Förderungsauftrag.

2) Belgien, Art. 23 Abs. 1 und Abs. 3 Nr. 5 der Verfassung des Königreichs Belgien vom 07.02.1831 in der Fassung vom 17.02.1994 (Verf-BEL)

Auch das Königreich Belgien ist nach Art. 1 Verf-BEL ein Föderalstaat[971]. Im Gegensatz zur BV enthält die Verf-BEL aber keine Vorschrift, die ausdrücklich einen Förderungsauftrag oder eine ähnliche Verpflichtung zugunsten des Sports festschreibt. Sie verfügt über eine Klausel, zu der vertreten wird, dass sie richtig

---

[968] *Zen-Ruffinen*, in: Ehrenzeller/Schindler/Schweizer/Vallander, St. Galler Kommentar, 3. Aufl. 2014, Art. 68 BV, Rn 4.

[969] Nach *Biaggini*, Kommentar BV, 2007, Art. 68 BV, Rn. 3, und *Zen-Ruffinen*, in: Ehrenzeller/Schindler/Schweizer/Vallander, St. Galler Kommentar, 3. Aufl. 2014, Art. 68 BV, Rn 4, erfasst die Formulierung sowohl den Breiten- als auch den Spitzensport bzw. den Amateur- und Berufssport, ohne dabei einen Bereich zu bevorzugen.

[970] *Biaggini*, Kommentar BV, 2007, Art. 68 BV, Rn. 3.

[971] Zu den föderalen Strukturen Belgiens, *Alen*, Der Föderalstaat Belgien, 1995, S. 11 ff.

interpretiert der Sache nach den Sport im Auge habe[972], weshalb es auch diese Regelung hier näher zu beleuchten gilt. Gemeint ist Art. 23 Abs. 1 und Abs. 3 Nr. 5 Verf-BEL, der durch die Gesetzesänderung vom 31.01.1994 als Art. 24a Verf-BEL a. F. in seiner heutigen Fassung eingefügt wurde[973] und wie folgt lautet:

„(1) Jeder hat das Recht, ein menschenwürdiges Leben zu führen. [...] (3) Diese Rechte [gemeint sind die wirtschaftlichen, sozialen und kulturellen Rechte, die nach Abs. 2 zum Zwecke der Verwirklichung des Abs. 1 gewährleistet werden] umfassen insbesondere: [...] 5. das Recht auf kulturelle und soziale Entfaltung."[974]

Hier soll Sport durch Interpretation in die „kulturelle und soziale Entfaltung" gemäß Art. 23 Abs. 3 Nr. 5 Verf-BEL hineingelesen werden[975]. Eine Ausgestaltung, die das Hineinlesen des Sports in andere Gehalte erfordert, ist jedoch nicht zu empfehlen. Denn dadurch gehen die zahlreichen durch die explizite Benennung des Sports erhofften positiven Folgen wie etwa die integrative Wirkung, die Anerkennung der Leistungen der Sporttreibenden und der Tätigkeit der Ehrenamtlichen oder die Verringerung des Argumentationsaufwandes bei der Begründung von Schutz- oder Förderungsposi-tionen für den Sport verloren. Hinzu kommt, dass der Sport nicht zwingend als von der kulturellen und sozialen Entfaltung erfasst erachtet werden muss – zu denken sei nur an die unterschiedlichen Auffassungen bei der Frage, ob Sport einen Unterfall von Kultur darstellt[976].

Weiterhin ist die Vorschrift als „Recht auf" ausgestaltet und begründet daher nach ihrem Wortlaut ein subjektives Recht. Eine subjektive Rechtsposition auf Förderung und Schutz des Sports aus dem Grundgesetz soll aber, um die Legislative nicht übermäßig zu binden, durch die Staatszielbestimmung gerade nicht

---

[972] *Hix*, Probleme der Normierung einer Sportklausel im Grundgesetz, 2013, S. 93 f.

[973] Vgl. das belgische Gesetztesblatt, *Belgisch Staatsblad*, vom 12.02.1994.

[974] Die Verfassung des Königreichs Belgien ist auf Deutsch, Französisch und Flämisch niedergelegt und der amtliche deutsche Text abrufbar unter http://www.senate.be/deutsch/const_de.html (letzter Abruf v. 12.12.2015).

[975] So *Hix*, Probleme der Normierung einer Sportklausel im Grundgesetz, 2013, S. 94; so für eine entsprechende Regelung in der Verfassung des Königsreichs Niederlande *Häberle*, in: Becker/Bull/Seewald, FS Thieme, 1993, S. 32.

[976] Siehe dazu oben unter 2. Kapitel, B.

geschaffen werden. Deshalb ist davon abzuraten. Und selbst wenn man in Übereinstimmung mit der belgischen Fach-literatur davon ausginge, dass die Regelung wegen der Nähe zu Art. 23 Abs. 2 Verf-BEL den „wirtschaftlichen, sozialen und kulturellen Rechten" zugehörig ist und damit kein subjektives Recht, sondern eine bloße rein objektiv-rechtliche Pflicht begründet[977], wäre von der dortigen Formulierung abzuraten. Denn die Verwendung der Begriffe „Recht auf" schürt in der Bevölkerung die Erwartung eines subjektiven Rechts. Wird dieses Recht nicht vermittelt, so wird eine illusorische Wirkung in der Bevölkerung hervorgerufen. Damit bietet die belgische Regelung keine neuen brauchbaren Erkenntnisse für den hiesigen Ausgestaltungsvorschlag.

3) Brasilien, Art. 217 der Verfassung der Föderativen Republik Brasilien vom 05.10.1988 (Verf-BRA)

Seit In-Kraft-Treten der Verf-BRA im Jahr 1988 ist auch Brasilien ein Föderalstaat. Die Verf-BRA bringt die föderale Gliederung in Union bzw. Bund, Staaten und Bundesdistrikt sowie Gemeinden, die jeweils autonom sind, in ihren Art. 1 Satz 1 und Art. 18 Sätze 1 und 2[978] zum Ausdruck. Mit der Verf-BRA ging eine klare Abkehr von der Verfassung des Militärregimes aus dem Jahr 1967 einher, die durch die Aufnahme eines von der Mehrheit der Brasilianer erstrebten umfassenden Systems öffentlicher Freiheiten mit staatlichen Gewährleistungsgarantien zum Ausdruck gebracht wurde[979]. Damit unterscheidet sich die Verf-BRA deutlich von dem Grundgesetz, das stark normativ ist und sich

---

[977] *Gallez*, in: Verdussen, La Constitution Belge, 2004, Art. 23 Verf-BEL, S. 84, 86.

[978] Art. 1 Satz 1 und Art. 18 Sätze 1 und 2 Verf-BRA lauten nach der Übersetzung von *Paul*, in: Paul, Die brasilianische Verfassung von 1988, 1989, S. 126, 137, wie folgt: „[Art. 1] Die Föderative Republik Brasilien in Gestalt des unauflöslichen Bundes der Staaten und Gemeinden und des Bundesdistrikts konstituiert sich als Demokratischer Rechtsstaat und zählt zu ihren Grundlagen: [...]; [Art. 18] Die politisch-administrative Ordnung der Föderativen Republik Brasilien umfaßt die Union, die Staaten, den Bundesdistrikt und die Gemeinden. Alle sind, nach Maßgabe dieser Verfassung, autonom. [...]"; im Original lauten die Vorschriften wie folgt: „[Art. 1] A República Federativa do Brasil, formada pela união indissolúvel dos Estados e Municípios e do Distrito Federal, constitui-se em Estado Democrático de Direito e tem como fundamentos: [...]; [Art. 18] A organização político-administrativa da República Federativa do Brasil compreende a União, os Estados, o Distrito Federal e os Municípios, todos autônomos, nos termos desta Constituição."

[979] *Paul*, in: Paul, Die brasilianische Verfassung von 1988, 1989, S. 113.

weitestgehend auf Grundrechte und die Staatsorganisation beschränkt, während die Verf-BRA, ähnlich der Weimarer Reichsverfassung detailverliebt ist und weniger durch die Staatsorganisation, denn durch eine Vielzahl sozialer Rechte geprägt ist[980]. So verwundert es auch nicht weiter, dass Art. 217 Verf-BRA eine ausdrückliche und besonders ausführliche Regelung zugunsten des Sports enthält. Dort heißt es:

„Es ist eine Pflicht des Staates, die organisierte und nicht-organisierte sportliche Betätigung, im Sinne eines Rechts für alle, zu fördern; dabei ist zu beachten: I. die Autonomie der führenden Sportorganisationen und Verbände, was ihre Organisation und ihren Betrieb anbetrifft; II. die Bestimmung öffentlicher Mittel für die vorrangige Förderung der Sporterziehung und in besonderen Fällen für die Förderung des Hochleistungssports; III. unterschiedliche Behandlung von professionellem und Amateursport; IV. der Schutz und die Förderung von Sportarten nationalen Ursprungs [Anmerkung des Verfassers: *Huf* bezieht den Schutz und die Förderung fälschlich auf die sportlichen Darbietungen der nationalen Jugend]. § 1 Die rechtsprechende Gewalt lässt Klagen in Bezug auf Regeln und Wettbewerbe des Sports nur nach Erschöpfung des Rechtswegs der gesetzlich geregelten Sportgerichtsbarkeit zu. § 2 Die Sportgerichtsbarkeit hat zur Verkündung einer endgültigen Entscheidung eine nicht verlängerbare Frist von sechzig Tagen, gerechnet ab Einleitung des Verfahrens. § 3 Die öffentliche Gewalt wird zur Freizeit ermutigen, als eine Art der sozialen Förderung. [Anmerkung des Verfassers: *Huf* geht hier unzutreffend von einer Förderung der Freizeit aus.]“[981]

---

[980] *Schmidt*, in: Schmidt/da Silva, Verfassungsvergleich Deutschland und Brasilien, 2012, S. 142.

[981] Übersetzung von *Huf*, Die brasilianische Verfassung von 1988, 1991, S. 359 ff., mit einigen eigenen Änderungen auf Grundlage der offiziellen englischen Fassung der Verf-BRA, erstellt durch den Übersetzungsdienst des Sekretariats für Information und Dokumenation des Bundessenats, abrufbar auf der Internetpräsenz des brasilianischen Bundesverfassungsgericht unter http://www.stf.jus.br/repositorio/cms/portalstfinternacional/portalstfsobrecorte_en_us/anexo/constituicao_ingles_3ed2010.pdf (letzter Abruf v. 07.06.2016); im Original lautet Art. 217 Verf-BRA wie folgt: „É dever do Estado fomentar práticas desportivas formais e não formais, como direito de cada um, observados: I - a autonomia das entidades desportivas dirigentes e associações, quanto a sua organização e funcionamento; II - a destinação de recursos públicos para a promoção prioritária do desporto educacional e, em casos específicos, para a do desporto de alto rendimento; III - o tratamento diferenciado para o desporto profissional e o não profissional; IV - a proteção e o incentivo às manifestações desportivas de criação naci-

Sofort fällt der hohe Detaillierungs- und damit auch Qualifizierungsgrad der Regelung ins Auge. Sie schreibt zunächst für den Staat eine allgemeine Verpflichtung zur Förderung der organisierten und nicht-organisierten sportlichen Betätigung fest und trifft anschließend weitere Maßgaben, die Qualifizierungen darstellen. Damit stellt sich die Norm zwar zunächst als Staatszielbestimmung dar. Wegen des Zusatzes in Satz 1 „im Sinne eines Rechts für alle" kann es aber bei einer rein wortlautorientierten Betrachtung, wie sie hier erfolgen muss, nicht bei dieser Bewertung bleiben. Denn danach vermittelt die Vorschrift ein subjektives Recht, weshalb für den hiesigen Vorschlag von einem entsprechenden Zusatz abzusehen ist[982]. Auch wenn die Regelung wegen der Stellung des Adressaten als Objekt – es ist die Pflicht des Staates – und nicht als Subjekt des Satzes – der Staat ist verpflichtet –, wie bei der Regelung in der BV, weniger verbindlich wirkt, dürfte sie ohne den Zusatz wegen ihrer Zukunftsorientierung – die Regelung stellt nach der brasilianischen Dogmatik ein sog. „soziales Entwicklungsziel"[983] dar – und des rein objektiv-rechtlichen Verpflichtungsgehalts im Übrigen als Staatszielbestimmung zu qualifizieren sein.

Die allgemeine Regelung in Art. 217 Satz 1 Verf-BRA ist an den „Staat" gerichtet und betrifft damit alle Staatsgewalt auf allen föderalen Ebenen. Ein derart weiter Adressatenbegriff ist im Hinblick auf die föderale Struktur Brasiliens sinnvoll und erforderlich, um ein einheitliches Niveau für den Sport auf allen staatlichen Ebenen zu erreichen. Er sollte auch dem hiesigen Vorschlag zugrunde gelegt werden. Denn auch das Grundgesetz kennt den Begriff und versteht ihn im umfassenden Sinne, der alle drei Staatsgewalten auf Bundes-, Landes- und kommunaler Ebene einschließlich der Selbstverwaltungs- und sonstigen

---

onal. § 1° O Poder Judiciário só admitirá ações relativas à disciplina e às competições desportivas após esgotarem-se as instâncias da justiça desportiva, regulada em lei. § 2° A justiça desportiva terá o prazo máximo de sessenta dias, contados da instauração do processo, para proferir decisão final. § 3° O Poder Público incentivará o lazer, como forma de promoção social."

[982] Nach *Paul*, in: Paul, Die brasilianische Verfassung von 1988, 1989, S. 115, 117 f., begründen die in Titel VIII verfassten Regelungen, zu denen auch Art. 217 Verf-BRA zählt, keine subjektiven Recht, sondern „soziale Entwicklungsziele" mit rein objektiv-rechtlichen staatlichen Verpflichtungen. Dies folge nach *Paul* aber nicht nur aus dem Wortlaut sondern insbesondere auch aus der systamatisch von Titel II über Grundrechte und soziale Grundrechte getrennten Verortung im Titel VIII, dem sog. „Ausführungsteil".

[983] *Paul*, in: Paul, Die brasilianische Verfassung von 1988, 1989, S. 115, 117 f.

Körperschaften des öffentlichen Rechts erfasst[984]. Auch der Förderungsauftrag, der die „Pflicht“ ausdrücklich betont, ist wegen der damit einhergehenden Klarstellung der Verbindlichkeit und des rein objektiv-rechtlichen Gehalts für den hiesigen Vorschlag sinnvoll. Dabei müsste jedoch die Pflicht in Verbform und der Staat als Subjekt des Satzes formuliert werden – „der Staat ist verpflichtet zu fördern“ –, um die Verbindlichkeit deutlicher zum Ausdruck zu bringen.

Die Beschränkung auf die „sportliche Betätigung“ in Satz 1 bedeutet, dass die Verpflichtung nur für die aktive Sportausübung gilt. Sportzugehörige Bereiche, die nicht durch eine aktive Sportausübung gekennzeichnet sind, wie etwa das Fan-Wesen, die Sportindustrie, die Sportberichterstattung oder das betätigungsunabhängige Sportverbands- und Sportvereinswesen, könnten nicht von der Unterstützungspflicht umfasst sein, obwohl dies im Hinblick auf die Bedeutung dieser Bereiche für den Sport und die Gemeinschaft angebracht wäre. Deshalb sollte eine entsprechende Beschränkung im Vorschlag unterbleiben. Die Begriffe „organisierte und nicht-organisierte“ sportliche Betätigung in Satz 1 sind an keiner Stelle näher definiert, sodass schon offen bleibt, was darunter zu verstehen ist. Als damit unbestimmte Begriffe sind sie auszulegen. Das Auslegungsergebnis könnte wie folgt aussehen: Organisierte sportliche Betätigung könnte jegliche Art von Sport sein, die nach Maßgabe von Verbands- oder sonstigen festen Regeln erfolgt, wie etwa Sport in einem organisierten Ligabetrieb. Als nicht-organisierte sportliche Betätigung könnte der verbandsunabhängige Freizeitsport außerhalb eines festen Ligabetriebs und stets einzuhaltender Wettkampfregeln sein. Fraglich ist aber, wo bei einer derartigen Differenzierung beispielsweise Sport zu Gesundheitszwecken einzuordnen wäre, der zwar keinem Ligabetrieb unterliegt, sehr wohl aber festen Regeln der Gesundheitsfürsorge. Gleiches gilt für den Schulsport[985]. Wäre dieser Bereich nicht von der Förderung erfasst, weil es hier an einer organisierten Zusammenkunft zum Zwecke der

---

[984] Zum umfassenden Staatsbegriff im Allgmeinen siehe *Isensee*, in: Isensee/Kirchhof, HdbStR, Band III, 3. Aufl. 2005, § 15, Rn. 137 ff.; zur umfassenden Bedeutung in Grundrechten siehe *Hillgruber*, in: Epping/Hillgruber, BeckOK GG, Stand: 28. Edt., 01.03.2016, Art. 1, Rn. 65 ff.; zur umfassenden Bedeutung in Staatszielbestimmungen siehe *Langenfeld*, in: Maunz/Dürig, GG, Stand: 75. Erglf., September 2015, Art. 3 Abs. 2, Rn. 56; *Sannawald*, in: Schmidt-Bleibtreu/Hofmann/Hopfauf, GG, 13. Aufl. 2014, Art. 20a, Rn. 13; besonders ausführlich *Scholz*, in: Maunz/Dürig, GG, Stand: 75. Erglf., September 2015, Art. 20a, Rn. 44 ff.

[985] So differenziert die guatemaltekische Vorschrift betreffend den Sport in Art. 91 Verf-GUA zwischen organisiertem, nicht organisiertem und als dritte Kategorie dem Schul- und Erholungssport; siehe dazu weiter unten unter 3. Kapitel, D. III. 14).

wettbewerblichen Wettkampfaustragung fehlt? Die Unbestimmtheit zeigt, dass eine derartige zudem beschränkend wirkende Klausel nicht angebracht ist. Hierauf ist im Vorschlag zugunsten einer umfassenden Sportregelung zu verzichten.

Nun zu den Qualifizierungen in den Ziff. I. bis IV. und §§ 1 bis 3 des Art. 217 Verf-BRA. Im Ausgangspunkt gilt: Wegen einer unnötigen Einschränkung des Gestaltungsspielraums und der Reaktionsmöglichkeiten des Staates ist von Qualifizierungen eher abzusehen. Deshalb wird hier, unter Zugrundelegung einer grundauf kritischen Haltung gegenüber Qualifizierungen, nur auf die für den hiesigen Vorschlag einzig interessante Zusatzregelung in Ziff. I. eingegangen. Danach hat der Staat die Autonomie der Sportorganisationen und der Sportverbände im Hinblick auf ihre Organisation und Arbeitsweise zu beachten. Angesichts der Gefahren für die Sportautonomie[986] ist eine die Autonomie sichernde Regelung wie in der Verf-BRA erforderlich[987]. Die Autonomie des Sports ist nicht hinreichend über Art. 9 Abs. 1 GG abgesichert, weshalb die Regelung keine bloß klarstellende Wirkung hat[988]. Zwar erfährt die Autonomie bereits einen gewissen Schutz durch Art. 9 Abs. 1 GG, doch kann eine ausdrückliche Verpflichtung auf die Beachtung der Autonomie zu einer Erhöhung des Gewichts bei Abwägungsprozessen führen und so die Autonomie besser wahren[989]. Außerdem entfällt die „komplizierte" Herleitung des Autonomiewahrungsgehalts aus Art. 9 Abs. 1 GG. Im Hinblick auf die bestehenden Gefahren ist eine vorsichtig formulierte Verpflichtung zum Schutz der Autonomie des Sports daher zweckmäßig. Die Regelung in Art. 217 I. Verf-BRA bietet durch den dort verwendeten Begriff der „Beachtung" eine optimale Lösung, um die Sportautonomie hinreichend zu gewährleisten und zugleich zwingend notwendige Einschränkungen nicht gänzlich zu verhindern. Denn dadurch, dass nicht eine strenge Maßgabe, wie etwa die „Gewährleistung" oder der „Schutz" der Autonomie, vorgegeben wird, sondern die bloße Beachtung gefordert wird, bleiben

---

[986] Dazu ausführlich oben unter 2. Kapitel, C. IV. 1) g).

[987] So etwa auch, *Hix*, Probleme der Normierung einer Sportklausel im Grundgesetz, 2013, S. 297; *Steiner*, NJW 1991, 2729, 2734; *Stern*, in: Becker/Bull/Seewald, FS Thieme, 1993, S. 285; *Zimmermann*, Förderung des Sports, 2000, S. 215 f.

[988] So aber *Dreher*, Staatsziele im Bundesstaat am Beispiel des Sports, 2005, S. 216; *Nolte*, Schriftliche Stellungnahme zur Anhörung in der 44. Sitzung des Rechtsausschusses am 20.01.2007, S. 7.

[989] Dazu bereits ausführlich oben unter 2. Kapitel, C. IV. 1) g).

zwingend notwendige Autonomiebeschränkungen etwa im Dopingbereich zum Schutz der Gesundheit der Sportler möglich[990].

Die zusätzlichen Bezugnahmen auf Sportorganisationen und -verbände und ihre Organisation und Arbeitsweise dagegen ist unzweckmäßig. Ähnlich wie bei den Adressaten[991] führt auch bei den Begünstigten eine ausdrückliche Benennung einiger zu einer Beschränkung auf diese. Zwar werden die hier benannten Sportverbände und Sportorganisationen regelmäßig die Betroffenen sein, weil sie die innere Ordnung des Sports festlegen und damit am anfälligsten für Beschränkungen sind. Doch sind als Träger der Autonomie in letzter Konsequenz die Sporttreibenden selbst anzusehen, weil die Sportorganisationen und -verbände „nur" Zusammenschlüsse dieser darstellen, zu denen sich die Sporttreibenden aus ihrem Recht zur Selbstbestimmung heraus entschlossen haben[992]. Deshalb würde eine Beschränkung auf die Organisationen und Verbände die originären Träger der Autonomie nicht erfassen, weshalb für den Vorschlag von einer entsprechenden Beschränkung abzusehen und die Regelung allgemein auf den Sport zu beziehen ist.

4) Mexiko, Art. 4 Abs. 13 der Politischen Verfassung der Vereinigten Mexikanischen Staaten vom 05.02.1917 (Verf-MEX)

Ein weiterer Staat mit föderalen Strukturen, der den Sport ausdrücklich in seiner Verfassung erwähnt, ist Mexiko. Die Verf-MEX folgte 1917 auf mehrere Jahre des Aufstandes des bäuerlichen Bevölkerungsgroßteils gegen die wenigen oligarchischen Machthaber und führte im Ergebnis, noch vor der Weimarer Reichsverfassung von 1919, zur Verankerung einer Vielzahl sozialer Rechte[993].

---

[990] So *Dreher*, Staatsziele im Bundesstaat am Beispiel des Sports, 2005, S. 216, im Hinblick auf den in Art. 3c BaWüVerf verwendeten Begriff der „Wahrung" der Autonomie; zum Erfordernis der Beschränkungsmöglichkeit sieh nur *Fritzweiler*, SpuRt 2011, 1; *Steiner*, SpuRt 2009, 222, 224.

[991] Dazu oben unter 3. Kapitel, A. I. 1).

[992] *Dreher*, Staatsziele im Bundesstaat am Beispiel des Sports, 2005, S. 215.

[993] Mit detaillierten Ausführungen zu den Entwicklungen in Mexiko, die zu der Verf-MEX mit einer Vielzahl sozialer Rechte führten, *Barajas Montes de Oca*, in: Hurtado Márquez, Estudios jurídicos en torno a la Constitución mexicana de 1917, 1992, S. 19 ff.; *Carpizo*, in:

In ihrer nunmehr fast 100-jährigen Geschichte hat die Verf-MEX zahlreiche Änderungen erfahren, ohne dabei ihre Eigenart als Verfassung der Bevölkerung mit einer Vielzahl sozialer Verbürgungen zu verlieren[994]. So fand 2011 mit Art. 4 Abs. 13 Verf-MEX eine Regelung in die Verf-MEX Einzug[995], die ausdrückliche Verbürgungen betreffend den Sport enthält und wie folgt lautet:

„Jede Person hat das Recht auf Körperkultur und Ausübung von Sport. Dem Staat obliegt seine Förderung, Pflege und Belebung in Übereinstimmung mit den auf diesem Gebiet bestehenden Gesetzen."[996]

Die Ausgestaltung in Art. 4 Abs. 13 Satz 1 Verf-MEX als „Recht auf" lässt auf einen subjektiv-rechtlichen Gehalt schließen[997]. Dies ist für die Regelung zugunsten des Sports im Grundgesetz nicht gewollt, weshalb Satz 1 der Regelung hier nicht weiter berücksichtigt wird. Anders der Wortlaut von Art. 4 Abs. 13 Satz 2 Verf-MEX; dieser entspricht dem einer Staatszielbestimmung. Die Formulierung „dem Staat obliegt" begründet eine objektiv-rechtliche Verpflichtung des Staates auf die in der Regelung näher beschriebenen Handlungen betreffend den Sport. Ein Anspruch auf diese konkreten Handlungen wird jedenfalls bei isolierter Betrachtung von Satz 2 nicht begründet.

Hurtado Márquez, Estudios jurídicos en torno a la Constitución mexicana de 1917, 1992, S. VII ff.; *Fischer*, in: Schröter, Das politische System Mexikos, 2015, S. 37 ff.

[994] Ausweislich der Auflistung aller Verfassungsreformen der Verf-MEX auf dem Internetauftritt des mexikanischen Abgeordentenhauses, der *Camara de Diputados*, hat die Verf-MEX bislang insgesamt 227 Änderungen erfahren – die Liste ist abrufbar unter http://www.diputados.gob.mx/LeyesBiblio/ref/cpeum_crono.htm (letzter Abruf v. 07.06.2016). Nur Art. 4 Verf-MEX hat ausweislich einer Darstellung auf dem Internetauftritt des Obersten Bundesgerichts, dem *Suprema Corte de Justicia de la Nación*, 14 Änderungen erfahren; vgl. https://www.scjn.gob.mx/normativa/analisis_reformas/Analisis%20Reformas/CPEUM-004.pdf (letzter Abruf v. 07.06.2016).

[995] Die Regelung betreffend den Sport wurde in ihrer heutigen Fassung mit der zehnten Änderung von Art. 4 Verf-MEX in dessen Abs. 13 aufgenommen; vgl. Mexikanisches Bundesgesetzblatt, *Diario Official de la Federación*, Band DCXCVII, Nr. 8 vom 12.10.2011, abrufbar unter https://www.scjn.gob.mx/normativa/analisis_reformas/Analisis%20Reformas/00130215.pdf (letzter Abruf v. 07.06.2016).

[996] Eigene Übersetzung; im Original lautet Art. 4 Abs. 13 Verf-Mex: „Toda persona tiene derecho a la cultura física y a la práctica del deporte. Corresponde al Estado su promoción, fomento y estímulo conforme a las leyes en la materia."

[997] Bestätigt wird dies durch die systematische Stellung des Art. 4 Verf-MEX im Kapitel I über die „Menschenrechte und ihre Garantien".

Funktional bindet Art. 4 Abs. 13 Satz 2 Verf-MEX „den Staat“ im umfassenden Sinne auf allen Ebenen. Besonders hierbei ist, dass die Bindung nicht über eine „Verpflichtung“ oder eine direkte „Förderungspflicht“, sondern durch die Auferlegung einer „Obliegenheit“ erfolgt. Obliegenheiten binden den Adressaten tendenziell in geringerem Maße als Pflichten. Denn anders als Pflichten verpflichten sie den Adressat nicht zu einem bestimmten Tun oder Unterlassen, sondern stellen ihm ihre Einhaltung frei, ziehen für den Fall der Zuwiderhandlung jedoch negative Konsequenzen für ihn nach sich[998]. Da die geringere Bindungswirkung mit dem Verbindlichkeitsanspruch von Staatszielbestimmung nicht vereinbar ist, sollte eine entsprechende Ausgestaltung im hiesigen Vorschlag unterbleiben.

Weiterhin gilt es zu klären, ob die – im Vorschlag als Verpflichtungen auszugestaltenden – Obliegenheiten des Art. 4 Abs. 13 Satz 2 Verf-MEX zur „Förderung“, „Pflege“ und „Belebung“ des Sports für den Vorschlag zweckmäßig sind. Eine Förderungsverpflichtung ist zwingend erforderlich[999]. Für die Lösung von Kollisionsfällen bedarf es einer weiteren funk-tionalen Verpflichtung, die statisch den Sport wahrend in die Pflicht nimmt[1000]. Die Verpflichtung zur Pflege des Sports würde daher nur dann zu einer umfassend wirkenden Staatszielbestimmung zugunsten des Sports führen, wenn man den Pflegebegriff in Richtung einer statischen Schutzpflicht interpretieren könnte[1001].

Die Pflege des Sports umfasst Maßnahmen, mit denen die sportverbandlichen Aktivitäten umhegt werden und solche, die an einer zeitgemäßen und zukunftsorientierten Entwicklung unter besonderer Beachtung der Verbandsautonomie mitwirken[1002]. Trotz der aktiven Ausrichtung wird teilweise in der Literatur vertreten, dass der Begriff, im Gleichlauf zum Schutzbegriff[1003], im Schwerpunkt

---

[998] Siehe nur die umfassenden Ausführungen bei *Schmidt*, Die Obliegenheiten, 1995, S. 29 ff.
[999] Dazu bereits oben unter 3. Kapitel, A. I. 1).
[1000] Dazu bereits oben unter 3. Kapitel, A. I. 1).
[1001] So auch *Hix*, Probleme der Normierung einer Sportklausel im Grundgesetz, 2013, S. 163 f., 171.
[1002] *Hix*, Probleme der Normierung einer Sportklausel im Grundgesetz, 2013, S. 172; *Zimmermann*, Förderung des Sports, 2000, S. 172 m. w. N.
[1003] Zum statischen Verständnis des Schutzbegriffs, der auf eine Bewahrung des Vorhandene bzw. des status quo gerichtet ist siehe nur, *Driehaus*, in: Driehaus, BerlVerf, 3. Aufl. 2009, Art. 32, Rn. 2; *Hix*, Probleme der Normierung einer Sportklausel im Grundgesetz, 2013, S. 163, 233; *Jutzi*, ThürVBl. 1995, 54, 56; *Nolte*, Schriftliche Stellungnahme zur Anhörung in der 44. Sitzung des Rechtsausschusses am 20.01.2007, S. 7; *Stöhr*, in: Pfennig/Neumann, BerlVerf, 3. Aufl. 2000, Art. 32, Rn. 3.

statisch, als auf den Erhalt des status quo zu verstehen sei und somit die Förderungspflicht ergänze[1004]. Dabei habe die Pflegepflicht gegenüber einer Schutzpflicht einen entscheidenden Vorteil. Die Schutzpflicht sei auf die Abwehr von Angriffen auf den Sport von außen, etwa durch kollidierende Verfassungsgüter, und zeitgleich auf die Abwehr von Angriffen aus dem Sport selbst gerichtet, etwa durch Doping oder durch Eingriffe von Sponsoren, und kann deshalb eine staatliche Schutzhaft des Sports begründen[1005]. Diese gelte es vor dem Hintergrund des freiheitlichen Abwehrstatus der Autonomie des Sports zu vermeiden[1006]. Die Pflegepflicht sei dagegen in einem umfassenderen Sinne als bloße Unterstützung zum Erhalt und zur zeitgemäßen und zukunftsorientierten Entwicklung des Gutes zu verstehen[1007], sodass die Gefahr einer Schutzhaft dort nicht bestehe.

Diesem Verständnis wird hier nicht gefolgt[1008]. Zwar ist die Einschätzung zutreffend, dass eine Pflegeverpflichtung die Sportautonomie wohl weniger gefährden würde als eine Schutzpflicht, da ihre statisch schützende Komponente weniger intensiv ist als die einer Schutzpflicht. Doch ist die Pflege jedenfalls nicht im Schwerpunkt als den status quo sichernd, sondern gleichermaßen statisch wie dynamisch zu verstehen[1009]. Aber nur durch eine Kombination aus hinreichend intensiver statischer Schutzpflicht und dynamischer Förderungspflicht wird die Verpflichtung gleichermaßen auf beides ausgerichtet und so Vorhande-

---

[1004] Zum statischen Verständnis des Pflegebegriffs, *Hix*, Probleme der Normierung einer Sportklausel im Grundgesetz, 2013, S. 165; *Magiera*, in: Grimm/Caesar, RPVerf, 2001, Art. 40, Rn. 8, der allerdings nur zu einer statischen Bewertung gelangt, weil die Kombination aus Förderung und der ebenfalls dynamischen Pflege sonst keinen Sinn mache.

[1005] *Nolte*, Schriftliche Stellungnahme zur Anhörung in der 44. Sitzung des Rechtsausschusses am 20.01.2007, S. 7; *Zimmermann*, Förderung des Sports, 2000, S. 171.

[1006] *Hix*, Probleme der Normierung einer Sportklausel im Grundgesetz, 2013, S. 160; *Zimmermann*, Förderung des Sports, 2000, S. 171.

[1007] *Hix*, Probleme der Normierung einer Sportklausel im Grundgesetz, 2013, S. 234; *Zimmermann*, Förderung des Sports, 2000, S. 172.

[1008] Bestätigt wird dies durch die Verfassungen der Bundesländer, von denen zusätzlich zur Förderungspflicht insgesamt sechs eine Schutz- aber nur vier eine Pflegeverpflichtung vorsehen. Dies spiegelt den breiteren Konsens dahingehend wieder, dass die Kombination aus Förderungs- und Schutzpflicht besser geeignet ist, den für den Sport bestehenden Gefahren zu begegnen, als eine Kombination aus Förderungs- und Pflegepflicht. So auch *Ernst*, in: Lieber/Iwers/Ernst, BbgVerf, 2012, Art. 35, S. 272, der sich wundert, dass in die BbgVerf kein Schutzgehalt Einzug in die Staatszielbestimmung gefunden habe.

[1009] In diesem Sinne auch *Schulze*, in: Fritsch, 20 Jahre LVerf - FS LT-Bbg, 2012, S. 77; *Zimmermann*, Förderung des Sports, 2000, S. 172.

nes hinreichend geschützt und bewahrt sowie das Entstehen von Neuem und die Ausdehnung des Bestehenden gefördert[1010]. Die Kombination mit der Pflegepflicht dagegen führt zu einer unnötigen Überschneidung mit der Förderungsverpflichtung und lässt den Sicherungsgehalt für den Sport geringer ausfallen als eine Schutzpflicht. Weil insbesondere auch die Umwelt in Art. 20a GG über einen Schutzgehalt gesichert ist, muss auch der Sport, um in den zahlreichen Kollisionsfällen unter denselben Vorzeichen zu stehen und eine einzelfallorientierte Lösung im Wege der Praktischen Konkordanz noch besser zu gewährleisten[1011], sowie den Sport vor den sich verstetigenden Gefahren des Dopings und der Korruption in den „eigenen Reihen" hinreichend zu schützen, über eine Schutzpflicht gesichert werden. Aufgrund der zudem möglichen Sicherung der Autonomie des Sports über einen entsprechenden Passus in der Regelung[1012] erscheint eine Schutzverpflichtung vorzugswürdig gegenüber einer Pflegeverpflichtung.

Die Verpflichtung zur Belebung des Sports in der mexikanischen Regelung hingegen hat neben der Förderungsverpflichtung, die ebenfalls eine Belebung umfasst, keinen eigenständigen Bedeutungsgehalt. Deshalb sollte sie zur Wahrung der Klarheit und Normativität des Grundgesetzes nicht in den hiesigen Vorschlag übernommen werden.

Schließlich enthält die Regelung einen ausdrücklichen Gesetzesvorbehalt, indem sie festschreibt, dass die Verpflichtung „in Übereinstimmung mit den bestehenden Gesetzen" erfolgen muss. Einen solchen sieht nach allgemeiner Auffassung

---

[1010] *Driehaus*, in: Driehaus, BerlVerf, 3. Aufl. 2009, Art. 32, Rn. 2; *Ernst*, in: Lieber/Iwers/Ernst, BbgVerf, 2012, Art. 35, S. 272; *Nolte*, Schriftliche Stellungnahme zur Anhörung in der 44. Sitzung des Rechtsausschusses am 20.01.2007, S. 7; *Stöhr*, in: Pfennig/Neumann, BerlVerf, 3. Aufl. 2000, Art. 32, Rn. 3.

[1011] Der Umweltschutz ist zwar gleichrangig mit anderen Staatszielen und sonstigen Verfassungsnormen, welches nochmal durch die Beschränkung der Schutzpflicht auf den „Rahmen der verfassungsmäßigen Ordnung" nochmals klargestellt wird – siehe dazu nur siehe dazu nur *Sachs*, in: Sachs, GG, 7. Aufl. 2014, Art. 20a, Rn. 58 f.; *Scholz*, in: Maunz/Dürig, GG, Stand: 75. Ergl., September 2015, Art. 20a, Rn. 52 –, doch schließt dies nicht aus, dass im Einzelfall bei der Auflösung von Zielkonflikten im Wege der Praktischen Konkordanz der Umweltschutz aufgrund des Schutzgehalts vorgeht. Denn weil Schutz mehr als Pflege gebietet, kann ein Schutzgut auch eher oder intensiver tangiert sein als ein bloßes Pflegegut.

[1012] Dazu bereits unter 3. Kapitel, A. I. 3).

auch Art. 20a GG vor[1013], in dem es heißt, dass die dortigen Verpflichtungen auf Umwelt- und Tierschutz „im Rahmen der verfassungsmäßigen Ordnung" und „nach Maßgabe von Gesetz und Recht" zu erfüllen sind. Der ausdrückliche Gesetzesvorbehalt mag in Mexiko nötig sein, ist in Deutschland jedoch – trotz der Aufnahme in Art. 20a GG – nicht angebracht. Denn der Vorbehalt folgt in Deutschland bereits aus dem allgemeinen Grundsatz der Gesetzmäßigkeit der Verwaltung und ihren Ausprägungen im Vorrang und Vorbehalt des Gesetzes aus Art. 20 Abs. 3 GG[1014]. Die Wiederholung in Art. 20a GG stellt lediglich klar, dass die dort verbürgten Güter gleichrangig mit anderen Verfassungsgütern sind, welches aber ebenfalls bereits aus Art. 20 Abs. 3 GG folgt. Eine Wiederholung ist daher unnötig.

5) Russland, Art. 41 Abs. 2 der Verfassung der Russländischen Föderation vom 12.12.1993 (Verf-RU)

Schließlich ist auch die *Russländische Föderation* gemäß Art. 1 Abs. 1 und Art. 5 Abs. 1 und 2 Verf-RU[1015] ein Föderalstaat[1016]. Trotz der klaren Emanzipation von dem totalitären Regime der *Union der Sozialistischen Sowjetrepubliken*

[1013] Siehe dazu nur *Fischer*, Staatszielbestimmungen, 1994, S. 166 ff.; *Hahn*, Staatszielbestimmungen, 2010, S. 87; *Müller-Bromley*, Staatszielbestimmung Umweltschutz, 1990, S. 137 ff.; *Sommermann*, Staatsziele und Staatszielbestimmungen, 1997, S. 434 f.

[1014] Siehe dazu oben unter 1. Kapitel, A. VI. 1) a) bb).

[1015] Nach der Übersetzung von *Lemke*, in: Wieser, Hdb Verf-RU, 2014, S. 29, 71 lauten Art. 1 Abs. 1 und Art. 5 Abs. 1 und 2 Verf-RU: „[Art. 1 Abs. 1 Verf-RU] Die Rußländische Föderation - Rußland ist ein demokratischer föderativer Rechtsstaat mit republikanischer Regierungsform."; [Art. 5 Abs. 1 Verf-RU] Die Rußländische Föderation besteht aus Republiken, Regionen, Gebieten, bundesbedeutsamen Städten, einem autonomen Gebiet und autonomen Bezirken als den gleichberechtigten Subjekten der Rußländischen Föderation. [Art. 5 Abs. 2 Verf-RU] Die Republik ist ein Staat und hat ihre eigene Verfassung und Gesetzgebung. Die Region, das Gebiet, die bundesbedeutsame Stadt, das autonome Gebiet und der autonome Bezirk haben ihr Statut und ihre Gesetzgebung."; im Original lauten die Vorschriften: „[Art. 1 Abs. 1 Verf-RU] Российская Федерация - Россия есть демократическое федеративное правовое государство с республиканской формой правления."; „[Art. 5 Abs. 1 Verf-RU] Российская Федерация состоит из республик, краев, областей, городов федерального значения, автономной области, автономных округов - равноправных субъектов Российской Федерации. [Art. 5 Abs. 2 Verf-RU] Республика (государство) имеет свою конституцию и законодательство. Край, область, город федерального значения, автономная область, автономный округ имеет свой устав и законодательство."

[1016] *Luchterhandt*, in: Wieser, Hdb Verf-RU, 2014, Einleitung, Rn. 16.

(UdSSR) stellt die Verf-RU aber ein Abbild und Zeugnis der inneren Zerrissenheit der an der Verfassungsgebung beteiligten politischen Kräfte dar[1017]. Da hierbei auch die Traditionalisten eine entscheidende Kraft waren, verwundert es nicht, dass auf deren Wirken hin ein starkes Gewicht auf die Verkündung von sozio-ökonomischen Rechten gelegt wurde[1018]. Auf diesem Wege fand auch eine Regelung zugunsten des Sports Einzug in Art. 41 Abs. 2 Verf-RU. Die Vorschrift lautet:

„In der Russländischen Föderation werden Bundesprogramme zum Schutz und zur Verbesserung der Gesundheit der Bevölkerung finanziert, Maßnahmen zur Entwicklung des staatlichen, kommunalen und privaten Systems des Gesundheitsschutzes ergriffen und die Tätigkeit, die die Stärkung der Gesundheit des Menschen, die Entwicklung von Körperkultur und Sport sowie die ökologische und hygienisch-epidemiologische Wohlfahrt unterstützt, gefördert."[1019]

Nach ihrem Wortlaut stellt die Regelung eine Staatszielbestimmung dar[1020]. Sie schreibt eine rein objektiv-rechtliche Verpflichtung fest, ist offen formuliert und durch den Förderungs- und Entwicklungsgehalt auch zukunftsorientiert. Allerdings wird durch die Ausgestaltung im Passiv die Verbindlichkeit der Verpflichtung ein wenig geschmälert[1021], weshalb davon für den hiesigen Ausgestaltungsvorschlag abzusehen ist.

[1017] *Luchterhandt*, in: Wieser, Hdb Verf-RU, 2014, Einleitung, Rn. 19.

[1018] *Luchterhandt*, in: Wieser, Hdb Verf-RU, 2014, Einleitung, Rn. 30.

[1019] Übersetzung von *Lemke*, in: Wieser, Hdb Verf-RU, 2014, Art. 41 Verf-RU, S. 395; im Original lautet Art. 41 Abs. 2 Verf-RU: „В Российской Федерации финансируются федеральные программы охраны и укрепления здоровья населения, принимаются меры по развитию государственной, муниципальной, частной систем здравоохранения, поощряется деятельность, способствующая укреплению здоровья человека, развитию физической культуры и спорта, экологическому и санитарно-эпидемиологическому благополучию."

[1020] Bei Berücksichtigung der systematischen Stellung könnte der Regelung auch eine andere Rechtsnatur zugesprochen werden. Denn sie steht in engem Zusammenhang mit Art. 41 Abs. 1 Verf-RU, der ein „Recht auf Schutz der Gesundheit und medizinische Hilfe" und damit ein klassisches Grundrecht festschreibt – so *Lemke*, in: Wieser, Hdb Verf-RU, 2014, Art. 41 Verf-RU, Rn. 1 f. – und ist im 2. Kapitel über „Rechte und Freiheiten der Menschen und Bürger" angesiedelt. Hier kommt es indes Einzig auf den Wortlaut an. Im Hinblick darauf sollte jedoch eine systematische Verortung in unmittelbarer Nähe zu einem Grundrecht, etwa dem Recht auf Leben und körperliche Unversehrheit in Art. 2 Abs. 2 Satz 1 GG, deswegen jedoch für die Staatszielbestimmung im Grundgesetz unterbleiben.

[1021] Dazu oben unter 3. Kapitel, A. I. 1).

Besonders an der Regelung ist, dass sie adressatenneutral formuliert ist. Es wird lediglich ein geographischer Geltungsbereich „in der Russländischen Föderation“ bestimmt. Ohne Verpflichtungsadressaten wäre die Regelung gegenstandslos, weshalb sie im Auslegungswege nicht adressatenneutral, sondern adressatenoffen zu verstehen und so zu lesen ist, dass alle Staatsgewalt auf dem Gebiet der gesamten Russländischen Föderation in die Pflicht genommen wird, weil weder eine örtliche noch eine persönliche Beschränkung – bezogen auf das Staatsgebiet – erfolgt. Erfasst sind deshalb die oberste Ebene des Staatsgefüges, die Föderation sowie die Republiken und Regionen. Aufgrund ihrer Weite könnte die adressatenoffene Ausgestaltung auch eine Option für den hiesigen Vorschlag sein. Sie hat jedoch zwei entscheidende Nachteile, die gegen ihre Übernahme für den hiesigen Vorschlag sprechen: Zum einen bietet die Auslegungsbedürftigkeit Einfallstore für andere Auslegungsergebnisse, die auch enger ausfallen könnten. Außerdem wird die Verbindlichkeit durch das Weglassen des Adressaten geschmälert[1022]. Vor diesem Hintergrund ist von dieser Ausgestaltungsweise abzuraten und eine ausdrückliche umfassende Adressierung an „den Staat“ vorzuziehen.

Der in Art. 41 Abs. 2 Verf-RU verbürgte Förderauftrag ist mittelbar und bedingt formuliert. Nicht der Sport an sich ist zu fördern, sondern die Tätigkeit, die zudem – als weitere Voraussetzung bzw. Bedingung – die Entwicklung von Körperkultur und Sport unterstützen muss. Der mittelbar-bedingte Förderungsauftrag führt dazu, dass die Verpflichtung zur Förderung tendenziell geringer ausfällt. Denn der Sport wird danach nicht insgesamt in all seinen Facetten und mit all seinen Berührungspunkten gefördert, sondern nur die Tätigkeit, die zur Entwicklung beiträgt. Zwar könnte die Entwicklung als Minus auch die Absicherung bzw. Gewährleistung des Erhalts des aktuellen Förderungsstatus mitumfassen. Bei einer wortlautnahen Auslegung muss die Verpflichtung aber so verstanden werden, dass ausschließlich die Entwicklung und nicht auch die Förderung zur Aufrechterhaltung eines hohen Niveaus erfasst wird. Dieses Verständnis wird dadurch gestützt, dass die Regelung keinen ausdrücklichen Schutzauftrag enthält. Da aber auch ein Schutz des aktuellen Status des Sports Ziel der Staatszielbestimmung zugunsten des Sports ist, ist die mittelbar-bedingte Regelung der Verf-RU nicht geeignet für den hiesigen Vorschlag.

[1022] Dazu oben unter 3. Kapitel, A. I. 1).

Die gemeinsame Aufnahme von „Körperkultur“ und „Sport“ in Art. 41 Abs. 2 Verf-RU legt den Schluss nahe, dass Sport und Körperkultur zwei eigenständige Bereiche seien, die deshalb jeweils erwähnt werden müssen. Tatsächlich dürfte die Verf-RU damit aber einen rein ideologischen Gedanken aus der sozialistischen Vergangenheit übernommen und mit ihrem neuen Anspruch, sich von der Vergangenheit zu lösen, kombiniert haben[1023]. Ungeachtet dessen ist die Aufnahme beider Begriffe nur dann sinnvoll, wenn sie sich ergänzen. Wird der eine von dem anderen jedoch erfasst, so würde sich die Benennung des bereits erfassten Bereichs als Bevorzugung gegenüber anderen Unterfällen darstellen, die zur Wahrung des Gestaltungsspielraums des Gesetzgebers zu unterbleiben hat. Der Wortteil „Körper“ in dem Begriff Körperkultur spricht dafür, die Körperkultur als einen bloßen Teilbereich des Sports zu sehen, der eine körperliche Kraftentfaltung voraussetzt[1024], während Sport auch andere Sportarten erfasst und somit den Oberbegriff bildet. Körperkultur muss aber wohl richtigerweise als der weitere Begriff gesehen werden, der den Sport als Unterfall umfasst[1025]. Denn nicht nur jegliche Art von Sport dient der Körperkultur und ist somit ein Teil davon, auch bspw. die Körperpflege ist von dem Begriff erfasst. So wird etwa die Durchführung von sog. SPA-Behandlungen, aber auch das bloße Sonnenbaden nach dem allgemeinen Begriffsverständnis als Körperkultur verstanden. Schon deshalb ist eine kumulative Aufnahme der Begriffe nicht zweckmäßig. Hinzu kommen die Schwierigkeiten bei der Auslegung des Begriffs Körperkultur mit den entsprechenden Konsequenzen[1026]. Deshalb muss der Sport, damit er eine hinreichende Anerkennung erfährt und die weiteren positiven Folgen eintreten können, ausdrücklich und ohne die Körperkultur in den Vorschlag Einzug finden.

[1023] Denn der Begriff Körperkultur wurde im ersten Drittel des 20. Jahrhunders verwendet, um zu betonen, dass die sozialistische Arbeiterbewegung eine spezifische, den Massen der arbeitenden Bevölkerung zugute kommenden Kultur des Körpers hervorbringen werde, während der Begriff Sport für einen bürgerlich-elitären Begriff erachtet wurde, der auf den Prinzipien des Kapitalismus beruhe; vgl. *Balz*, Sportentwicklung, 2009, S. 38.

[1024] Dazu *Hopf*, Kritik der Sportsoziologie, 1990, S. 7.

[1025] So auch *Hix*, Probleme der Normierung einer Sportklausel im Grundgesetz, 2013, S. 94; ebenfalls von einem weiten Körperkulturbegriff ausgehend *Hopf*, Kritik der Sportsoziologie, 1990, S. 7.

[1026] Dazu oben unter 2. Kapitel, C. IV. 2) c).

6) Venezuela, Art. 111 der Verfassung der Bolivarischen Republik Venezuela vom 30.12.1999 (Verf-VEN)

Auch Venezuela ist nach Art. 4 Verf-VEN[1027] ein Föderalstaat. Die Verf-VEN enthält eine aufgrund ihres Ursprungs etwas exotischere Regelung zugunsten des Sports. Der Text der Verf-VEN ist nicht wie üblich durch ein verfassungsgebendes Gremium erarbeitet worden, das die verschiedenen politischen Richtungen in der Bevölkerung widerspiegelt und über Debatten auf einen gemeinsamen Nenner vereint. Der im Jahr 1998 zum Präsidenten gewählte *Hugo Chávez* hat den Text erarbeitet und ihn der Verfassungsgebenden Nationalversammlung am 25.06.1999 vorgelegt[1028]. Die Anhänger von *Chávez* stellten dort die überwältigende Mehrheit der Abgeordneten[1029], weshalb *Chávez'* Vorlage auch weitestgehend umgesetzt wurde.

Entsprechend der Tendenz der jüngeren südamerikanischen Verfassungen und *Chávez`* erklärter Absicht, die soziale Gerechtigkeit im Land herzustellen, haben sozialstaatliche Verbürgungen in seiner Vorlage und somit auch in der Verf-VEN eine erhebliche Bedeutung [1030]. Einen Schwerpunkt der in der *Chavez'schen* Vorlage vorgesehenen individuellen und kollektiven Gewährleistungen und Staatszielbestimmungen bildete daher das in den Art. 102 bis 111 Verf-EN ausführlich kodifizierte Recht auf Bildung[1031], im Rahmen dessen auch in Art. 111 Verf-EN die nachfolgende Regelung zugunsten des Sports aufgenommen wurde:

„(1) Alle Personen haben ein Recht auf Sport und Erholung als Aktivitäten, die der individuellen und kollektiven Lebensqualität zugute kommen. Der Staat

---

[1027] Nach eigener Übersetzung lautet Art. 4 Verf-VEN: „Die Bolivarische Republik Venezuela ist ein dezentraler Föderalstaat gemäß den in dieser Verfassung festgelegten Bestimmungen und wird nach den Grundsätzen der territorialen Integrität, Zusammenarbeit, Solidarität, Teilnahme und Mitverantwortung ausgestaltet.“; im Original lautet Art. 4 Verf-VEN: „La República Bolivariana de Venezuela es un Estado federal descentralizado en los términos consagrados en esta Constitución, y se rige por los principios de integridad territorial, cooperación, solidaridad, concurrencia y corresponsabilidad.“; zur Kritik an der der föderalen Ausgestaltung in der Verf-VEN wegen fehlender Mitwirkungsbefugnisse der Gliedstaaten bei der Willensbildung des Gesamtstaates siehe nur *Timmermann*, VRÜ 2005, 78, 97 f.

[1028] *Timmermann*, VRÜ 2005, 78, 83, 95 f.

[1029] *Monleón*, VRÜ 2004, 59, 66; *Timmermann*, VRÜ 2005, 78, 96.

[1030] *Monleón*, VRÜ 2004, 59, 73; *Timmermann*, VRÜ 2005, 78, 100.

[1031] *Timmermann*, VRÜ 2005, 78, 100 f.

übernimmt Sport und Erholung als Aufgaben der Bildungs- und öffentlichen Gesundheitspolitik und garantiert die Mittel für ihre Förderung. Die Leibesertüchtigung und der Sport haben eine fundamentale Rolle für die Bildung von Kindern und Jugendlichen. Ihre Unterrichtung in allen Erscheinungsformen ist, mit den gesetzlich vorgesehenen Ausnahmen, für alle Ebenen der öffentlichen und privaten Bildung verpflichtend. Der Staat garantiert eine umfassende Betreuung der Sportler und Sportlerinnen ohne jegliche Diskriminierung sowie die Unterstützung des Hochleistungssports und die Bewertung sowie Regulierung der staatlichen und privaten Sportorganisationen in Übereinstimmung mit dem Gesetz. (2) Das Gesetz legt für Einzelpersonen, Institutionen und Gemeinschaften, die Athleten fördern und Pläne, Programme und sportliche Aktivitäten im Land entwickeln oder finanzieren, Anregungen und Anreize fest."[1032]

Art. 111 Abs. 1 Satz 1 Verf-VEN schreibt ein „Recht auf" Sport und Erholung fest, weshalb die Regelung nach ihrem Wortlaut eine subjektiv-rechtliche Position verbürgt[1033]. Die nachfolgenden Sätze haben dagegen isoliert betrachtet teilweise programmatischen und teilweise Staatszielbestimmungscharakter mit erheblichem Qualifizierungsgrad.

So werden in Art. 111 Abs. 1 Satz 2, 1. HS Verf-VEN dem Staat im umfassenden Sinne zunächst „Sport und Erholung" als „Aufgaben" der Bildungs- und Gesundheitspolitik zugewiesen. Diese Aufgabenzuweisung allein ist noch zu unbestimmt, um eine konkrete Verpflichtung für den Staat zu begründen und

---

[1032] Nach eigener Übersetzung; im Original lautet Art. 111 Verf-VEN: „(1)Todas las personas tienen derecho al deporte y a la recreación como actividades que benefician la calidad de vida individual y colectiva. El Estado asumirá el deporte y la recreación como política de educación y salud pública y garantizará los recursos para su promoción. La educación física y el deporte cumplen un papel fundamental en la formación integral de la niñez y adolescencia. Su enseñanza es obligatoria en todos los niveles de la educación pública y privada hasta el ciclo diversificado, con las excepciones que establezca la ley. El Estado garantizará la atención integral de los y las deportistas sin discriminación alguna, así como el apoyo al deporte de alta competencia y la evaluación y regulación de las entidades deportivas del sector público y del privado, de conformidad con la ley. (2) La ley establecerá incentivos y estímulos a las personas, instituciones y comunidades que promuevan a los y las atletas y desarrollen o financien planes, programas y actividades deportivas en el país."

[1033] Die systematische Stellung im Rahmen der Art. 102 bis 111 Verf-VEN gebietet die Einordnung als soziales Grundrecht im engeren Sinne, da das Sportrecht danach primär der Verwirklichung des Grundrechts auf Bildung dient. In jedem Falle wird aber ein subjektivrechtlicher Gehalt anzunehmen sein.

stellt daher eher eine allgemeine Staatsaufgabe dar[1034]. Da von programmatischen Verfassungsinhalten für das Grundgesetz abzuraten ist, um dessen normativen Charakter nicht zu gefährden, ist von einer Aufgabenzuweisung im hiesigen Vorschlag abzuraten.

Art. 111 Abs. 1 Satz 2, 2. HS Verf-VEN dagegen stellt eine Staatszielbestimmung dar. Er begründet die rein objektiv-rechtliche und zukunftsgerichtete Verpflichtung, für alle staatlichen Ebenen die Mittel für die Förderung des Sports und der Erholung zu „garantieren". Die Ausgestaltung als Garantie der Fördermittel und nicht als unmittelbare Förderungsverpflichtung führt zu positiven Nebenwirkungen, die so für die von der sozialistischen Ideologie *Chavez'* geprägten Verf-VEN nicht zu erwarten waren. Denn sie verpflichtet einerseits zu einer unmittelbaren staatlichen Förderung, wenn sie erforderlich ist. Sie lässt aber auch Raum für eine vorrangige private Förderung bzw. verpflichtet sogar zu Maßnahmen zur Steigerung dieser und trägt zu einer Entlastung des Staatshaushalts sowie zur Verringerung der Gefahr der Autonomiebeschränkung bei. Dass dies so gewollt war, bestätigt Art. 111 Abs. 2 Verf-VEN, der den Erlass eines Gesetzes vorsieht, das zur Anregung der privaten Förderung und Entwicklung des Sports beitragen soll. Da dieser Zweck auch ohne eine ausdrückliche Erwähnung schon aus Abs. 1 ersichtlich wird und die Regelung den Gesetzgeber wieder unnötig bindet, ist ein entsprechender Hinweis besser in der Gesetzesbegründung aufgehoben und daher in dem hiesigen Vorschlag zu unterbleiben. Im Übrigen sollte aber dieser Ansatz der Verf-VEN, unter der Maßgabe, dass die Erholung entsprechend dem bereits oben Gesagten nicht zusätzlich zum Sport als eigenständiges Gut Einzug findet, auch für den hiesigen Vorschlag berücksichtigt werden.

Die Hervorhebung der fundamentalen Rolle des Sports für die Bildung von Kindern und Jugendlichen in Art. 111 Abs. 1 Satz 3 Verf-VEN hat wiederum programmatischen Charakter und sollte daher nicht übernommen werden. Gleiches gilt für die umfangreichen Qualifizierungen in Art. 111 Abs. 1 Sätze 4 und 5 Verf-VEN. Nicht nur, dass die Qualifizierungen sich bereits aus dem Zusammenspiel mit anderen Normen des Grundgesetzes ergäben[1035]. Von Qualifizie-

---

[1034] Zum Normtypus Staatsaufgabe siehe oben unter 1. Kapitel, A. IV. 8).

[1035] So wären etwa Unterrichtung von Sport in Art. 111 Abs. 1 Satz 4 Verf-VEN über Art. 7 GG – vgl. *Uhle*, in: Epping/Hillgruber, BeckOK GG, Stand: 28. Edt., 01.03.2016, Art. 7,

rungen ist wegen der unnötigen Einschränkung des Gestaltungsspielraums der Legislative im Allgemeinen abzuraten.

II. Zwischenfazit

Die vorstehend behandelten Regelungen haben bereits einige wichtige Erkenntnisse gebracht. So stellt sich danach die Adressierung der Staatszielbestimmung an „den Staat" als besonders geeignet dar, um der Zielsetzung einer umfassenden Bindung auf dem gesamten Bundesgebiet und auf allen Ebenen Rechnung zu tragen. Dementsprechend haben die meisten der vorbenannten Staaten diesen Adressatenbegriff ihren Normen zugrunde gelegt. Adressatenoffene Formulierungen oder rein gebietsbezogene Adressierungen sind dagegen aufgrund der damit einhergehenden Unklarheiten nicht ratsam. Ebenso die Adressierung an „den Bund" nach dem schweizerischen Vorbild.

Dagegen schreibt keine der untersuchten Regelungen einen Schutzgehalt für den Sport fest. Sie beschränken sich auf unterschiedlich ausgestaltete und mehr oder weniger stark qualifizierte Förderungsgehalte. Einzig die mexikanische Regelung verfügt mit der Pflegepflicht auch über ein statisches Element, das jedoch für eine hinreichende Gewährleistung und Sicherung des Sports nicht ausreicht.

Die wohl fortschrittlichste Regelung zur Förderung des Sports enthält die Verf-VEN, die keine reine Förderungsverpflichtung, sondern eine Garantie der Förderungsmittel festschreibt. Dadurch fördert sie eine vorrangige durch den Staat motivierte private Förderung und leistet einen Beitrag zur Schonung des Staatshaushalts und zur Wahrung der Autonomie des Sports. Die zahleichen Qualifizierungen in den behandelten Vorschriften sind dagegen, mit Ausnahme der Pflicht zur Beachtung der Autonomie des Sports nach der Verf-BRA, für den hiesigen Vorschlag nicht verwertbar, da dadurch nur eine unnötige Bindung und Beschränkung der Legislative in ihrem Gestaltungsspielraum erfolgt. Die Pflicht zur Beachtung nach brasilianischem Vorbild trägt dagegen zur Autonomiewah-

Rn. 10 – oder das Diskriminierungsverbot in Art. 111 Abs. 1 Satz 5 Verf-VEN über Art. 3 Abs. 2 Satz 1 GG abgedeckt.

rung bei und wird zugleich dem Umstand gerecht, dass eine Einschränkung der Autonomie möglich bleiben muss, um im Einzelfall andere wichtige Güter schützen zu können. Die „bloße“ Beachtenspflicht stellt hierfür einen angemessenen Mittelweg dar.

Außerdem hat sich gezeigt, dass die Regelung sich auf den Sport im Allgemeinen, und nicht „insbesondere“ auf Einzelbereiche oder auf diese „und“ den Sport im Allgemeinen beziehen sollte, um die explizit benannten Bereiche nicht zu priorisieren. Auffällig ist schließlich, dass vier der sechs behandelten Regelungen ein subjektives Recht festgeschrieben haben. Dies steht nicht in Einklang mit dem Normtyp Staatszielbestimmung, würde den Staat übermäßig belasten und hat daher zwingend zu unterbleiben.

III. Staaten ohne föderales System

Die größere Zahl der Staaten ist nicht föderal, sondern als Einheitsstaat konzipiert. Daher verwundert es nicht, dass sich auch zahlenmäßig mehr Regelungen zugunsten des Sports in den Verfassungen dieser Staaten finden lassen. Obwohl die *BRD* ein Föderalstaat ist, dürfen diese Regelungen aufgrund der trotzdem möglichen Erkenntnisse für den hiesigen Vorschlag nicht außer Acht bleiben. Denn der Unterschied wirkt sich in erster Linie bei dem Adressatenbegriff aus, sodass die Regelungen im Übrigen übertragbare Ansätze liefern können. Und selbst die Adressatenbegriffe können bei Beachtung der Unterschiede zwischen Einheits- und Föderalstaat übertragbar sein. Deshalb sollen nachfolgend auch die Verfassungsregelungen zugunsten des Sports ausgewählter Einheitsstaaten dargestellt und der Wortlaut auf die Übernahme von Regelungsbestandteilen für den hiesigen Regelungsvorschlag bewertet werden. Aufgrund der Vielzahl der Staaten muss hierbei ein Schwerpunkt gesetzt werden, der aufgrund der größeren historischen und kulturellen Gemeinsamkeiten auf den Verfassungen der Mitgliedstaaten der *EU* liegen muss.

Obwohl die *DDR* heute nicht mehr existiert, nie Mitglied der EU war und der tatsächliche Gehalt der dort verfassungsrechtlich für die Bürger verbürgten Inhalte wegen der regimetypisch fehlenden Möglichkeit der tatsächlichen gerichtlichen Überprüfbarkeit fragwürdig ist[1036], soll die dortige Regelung zugunsten des Sports an vorderster Stelle betrachtet werden. Denn die *DDR* und die *BRD* verbindet nicht nur die Sprache, sondern auch eine gemeinsame insbesondere auch sportliche Vergangenheit. Dies kann sich positiv auf die Übertragungsfähigkeit einzelner Regelungsbestandteile auswirken. Außerdem bieten sozialistisch geprägte Verfassungen, wie schon die Regelung in der Verf-VEN gezeigt hat, mit ihren zahlreichen sozialen und kulturellen Verbürgungen umfangreiches Anschauungsmaterial für die hier gesuchte Regelung.

1) DDR, Art. 25 Abs. 3 und 35 Abs. 2 der Verfassung der DDR vom 06.04.1968 in der Fassung vom 07.10.1974 (Verf-DDR)

Die *DDR* traf schon früh in den Art. 25 Abs. 3 und 35 Abs. 2 der Verfassung der *DDR* vom 06.04.1968, die mit der letzten gültigen Fassung vom 07.10.1974 gleichlautendend waren, Regelungen zugunsten des Sports. Art. 25 Abs. 3: Verf-DDR lautete:

„Alle Bürger haben das Recht auf Teilnahme am kulturellen Leben. Es erlangt unter den Bedingungen der wissenschaftlichen-technischen Revolution und der Erhöhung der geistigen Anforderungen wachsende Bedeutung. Zur vollständigen Ausprägung der sozialistischen Persönlichkeit und zur wachsenden Befriedigung der kulturellen Interessen und Bedürfnisse wird die Teilnahme der Bürger am kulturellen Leben, an der Körperkultur und am Sport durch den Staat und die Gesellschaft gefördert."

In Art. 35 Abs. 2 Verf-DDR hieß es:

„Dieses Recht [auf Schutz der Gesundheit und Arbeitskraft] wird durch die planmäßige Verbesserung der Arbeits- und Lebensbedingungen, die Pflege der Volksgesundheit, eine umfassende Sozialpolitik, die Förderung der Körperkultur, des Schul- und Volkssports und der Touristik gewährleistet."

[1036] So *Steinberg*, JöR 1995, 55, 62 f.; allgemein für alle sozialistischen Verfassungen; kritisch zu mehreren Regelungen zugunsten des Sports diversen Verfassungen sozialistischer Staaten *Häberle*, in: Becker/Bull/Seewald, FS Thieme, 1993, S. 37 ff.

Art. 25 Abs. 3 Satz 1 und Art. 35 Abs. 2 Verf-DDR, die jeweils ein „Recht“ festschrieben, begründeten nach ihrem Wortlaut subjektiv-rechtliche Rechtspositionen[1037]. Da dies hier nicht bezweckt ist, sollen nachfolgend ausschließlich die isoliert betrachtet objektiv-rechtlich erscheinenden Verpflichtungen betreffend den Sport[1038] analysiert werden.

Art. 25 Abs. 3 Satz 3 Verf-DDR hat mit der Verpflichtung zur Förderung der Teilnahme der Bürger am kulturellen Leben, an der Körperkultur und am Sport durch den Staat und die Gesellschaft Staatszielbestimmungsgehalt[1039]. Die Einleitung, dass dies zur wachsenden Befriedigung der kulturellen Interessen und Bedürfnisse erfolge, hat keinen konkreten Regelungsgehalt, sondern ist von rein programmatischer Natur und hat daher in den hiesigen Vorschlag keinen Einzug zu finden. Hinzu kommt, dass sich dadurch zeigt, dass die Verf-DDR Sport und Kultur für eng verflochten erachtet[1040] und damit, entgegen dem hiesigen Verständnis, von einem weiten Kulturbegriff ausgeht, der den Sport mit umfasst.

Aber auch isoliert betrachtet bietet die Förderungsverpflichtung in Art. 25 Abs. 3 Satz 3, 2. HS Verf-DDR keine brauchbaren Ansätze für den hiesigen Vorschlag. Sie knüpft lediglich mittelbar an den Sport an, indem sie zur Förderung der Teilnahme am kulturellen Leben, an Körperkultur und am Sport und nicht des Sport selbst verpflichtet. Damit geht eine unnötige Beschränkung des Förderungsauftrags einher, weil dadurch alle sportrelevanten Bereiche, die kei-

---

[1037] Hierbei dürfte es sich soziale Grundrechte im engeren Sinne handeln; siehe dazu oben unter 1. Kapitel, A. V. 4). Die Fachliteratur geht im Hinblick auf Art. 25 Abs. 3 und Art. 35 Abs. 2 Verf-DDR teilweise von sozialen Grundrechten, *Mampel*, Die sozialistische Verfassung der DDR, Kommentar, 3. Aufl. 1997, Art. 19, Rn. 35, Art. 25, Rn. 3; Art. 35, Rn. 3; und teilweise von (echten) Grundrechten aus, *Sorgenicht/Weichelt/Riemann/Semler*, Verfassung der DDR, Kommentar, 1969, Art. 25, Ziff. 5., S. 91; Art. 35, Ziff. 1., S. 144 bzw. Ziff. 2, S. 146; wegen des subjektiv-rechtlichen Gehalts beider Normen kommt es darauf hier im Ergebnis jedoch nicht an.

[1038] Ähnlich *Mampel*, Die sozialistische Verfassung der DDR, Kommentar, 3. Aufl. 1997, Art. 25 Verf-DDR, Rn. 17, 22; die beiden Regelungen mit ausdrücklichem Sportbezug in Art. 25 Abs. 3 Satz 3 und 35 Abs. 2 Verf-DDR in diesem Sinne als bloße „Verfassungsaufträge“ bezeichnende, *Mampel*, Die sozialistische Verfassung der DDR, Kommentar, 3. Aufl. 1997, Art. 25 Verf-DDR, Rn. 17; Art. 35, Rn. 5; ebenfalls in diesem Sinne von „Garantien“ sprechend, *Sorgenicht/Weichelt/Riemann/Semler*, Verfassung der DDR, Kommentar, 1969, Art. 25, Ziff. 3., S. 91; Art. 35, Ziff. 3, S. 148.

[1039] So auch *Mampel*, Die sozialistische Verfassung der DDR, Kommentar, 3. Aufl. 1997, Art. 25 Verf-DDR, Rn. 17.

[1040] Ein weiteres Beispiel dafür ist Art. 18 Abs. 3 Verf-DDR, wonach „Körperkultur, Sport und Touristik als Element der sozialistischen Kultur [...]“ angesehen werden.

nen Teilnahmegehalt besitzen, wie etwa die Ausrichtung von Sportwettkämpfen oder die Schaffung von Sportstätten, nicht vom Auftrag erfasst werden. Dies stellt eine unnötige Beschränkung des Gestaltungsspielraums der Legislative dar. Auch ist aus einem ähnlichen Grund die Differenzierung zwischen Körperkultur und Sport unnötig[1041].

Ähnlich verhält es sich mit Art. 35 Abs. 2 Verf-DDR. Auch hier erfolgt eine Relativierung und unnötige Beschränkung der Legislative, indem die Gewährleistung der Förderung auf die Körperkultur sowie den Schul- und Volkssport beschränkt wird. Denn durch die ausdrückliche Benennung des Schul- und Volkssports werden diese gegenüber zahlreichen anderen wichtigen Bereichen der Körperkultur bzw. des Sports, wie etwa der sportlichen Betätigungen der Profisportler priorisiert. Schließlich enthält auch diese Regelung einen unnötigen programmatischen Teil, indem die Förderung als der Verwirklichung des Rechts auf Schutz der Gesundheit und Arbeitskraft dienend beschrieben wird.

Art. 35 Abs. 2 Verf-DDR enthält aber auch eine Formulierung, die an die venezolanische Regelung erinnert, aber zweckmäßiger erscheint und daher für den hiesigen Vorschlag einen sinnvollen Ansatz bietet. Die Regelung sieht keine unmittelbare Förderungsverpflichtung, sondern eine Verpflichtung zur „Gewährleistung der Förderung“ vor. Diese Förderungs-gewährleistungspflicht ist einer unmittelbaren Förderungsverpflichtung vorzuziehen, da sie den Staatshaushalt entlasten und die Autonomie des Sports besser gewährleisten kann[1042]. Die vorliegende Regelung hat aber auch zwei wesentliche Vorteile gegenüber der venezolanischen: Es ist nicht von einer Garantie, sondern von einer bloßen Gewährleistung die Rede. Während eine Garantie auch als subjektiv-rechtliche Position missverstanden werden kann, wird durch die schwächere Formulierung als Gewährleistung der objektiv-rechtliche Gehalt der Vorschrift besser zum Ausdruck gebracht und zeitgleich das Enttäuschungspotential in der Bevölkerung minimiert. Außerdem gewährleistet Art. 35 Abs. 2 Verf-DDR nicht lediglich die Mittel zur Förderung wie Art. 111 Abs. 1 Satz 2, 2. HS Verf-VEN, sondern die Förderung an sich. Das heißt, dass auch eine nicht mittelbezogene Förderung des Sports von der Verpflichtung erfasst ist, beispielsweise durch Umwandlung von Bebauungs- oder Flächennutzungsplänen, um die Errichtung

---

[1041] Dazu bereits oben unter 3. Kapitel, A. I. 5).
[1042] Dazu bereits oben unter 3. Kapitel, A. I. 6).

von Sporteinrichtungen zu ermöglichen. Diese Ausgestaltungsweise für den Förderungsgehalt ist daher der venezolanischen vorzuziehen und sollte für den hiesigen Vorschlag unbedingt Berücksichtigung finden.

2) Bulgarien, Art. 52 Abs. 3 der Verfassung der Republik Bulgarien vom 12.07.1991 (Verf-BG)

Die neuen Verfassungen der Staaten Osteuropas sind durch einen starken sozialstaatlichen Einschlag durch soziale Grundrechte und Staatszielbestimmungen gekennzeichnet[1043]. Dies ist i. d. R. der sozialistischen Vergangenheit geschuldet, die bei der Ausgestaltung der neuen Verfassungen nicht gänzlich abgelegt werden konnte. So enthält auch die Verf-BG in ihrem Art. 52 Abs. 3 eine soziale Regelung zugunsten des Sports, die wie folgt lautet:

„Der Staat schützt die Gesundheit der Bürger und fördert die Entwicklung des Sports und des Tourismus."[1044]

Sie schreibt eine rein objektiv-rechtliche und weite Verpflichtung des Staates fest, die Gesundheit der Bürger zu schützen und die Entwicklung des Sports und des Tourismus zu fördern und stellt damit nach ihrem Wortlaut eine Staatszielbestimmung dar. Art. 52 Abs. 3 Verf-BG ist die erste der hier betrachteten Regelung, die sowohl einen Schutz- als auch einen Förderungsauftrag enthält. Eine derart kombinierte Verpflichtung ist im Hinblick auf die für den Sport bestehenden Gefahren auch für den hiesigen Vorschlag erforderlich[1045]. Allerdings bezieht sich der Schutzauftrag in Art. 53 Abs. 3 Verf-BG nur auf die Gesundheit und nicht wenigstens auch auf den Sport, weshalb eine identische Übernahme nicht sinnvoll ist. Da auch der Sport durch seinen Beitrag zum Gesundheitserhalt und zur Gesundheitsverbesserung der Bevölkerung gesundheitsrelevant ist, erscheint zwar eine Ausdehnung des Schutzauftrags durch eine Auslegung nach dem Telos der Regelung auch auf den Sport denkbar. Doch stünde dies in Wi-

---

[1043] *Steinberg*, JöR 1995, 55, 65.

[1044] Übersetzung von *Roggemann*, Die Verfassungen Mittel- und Osteuropas, 1999, S. 384; im Original lautet Art. 52 Verf-BG: „(3) Държавата закриля здравето на гражданите и насърчава развитието на спорта и туризма."

[1045] Siehe dazu die Ausführungen unter 3. Kapitel, A. I. 4).

derspruch zu dem eindeutigen Wortlaut der Vorschrift, weshalb eine entsprechende Auslegung nicht zulässig ist.

Hier zeigt sich ein weiteres Problem der Regelung. Sie vereinigt Verpflichtungen betreffend dreier Güter mit Verfassungsrang, der Gesundheit, des Sports und des Tourismus, unter verschiedenen Vorzeichen – Schutz für die Gesundheit und Förderung für die anderen beiden Güter. Dadurch wird eine einheitliche Auslegung der Vorschrift erschwert, weil beispielsweise die Reichweite des Förderungsgehalts streitig werden könnte. Hier könnte vertreten werden, dass er nur für die letzten beiden gilt oder aber auch für das erste Gut, weil er am Ende der Regelung steht und sich somit auf alle drei bezieht. Auch bleibt unklar, ob die Gesundheit in Konfliktlagen mit dem Sport oder Tourismus mehr Bedeutung hat, weil sie zu schützen ist, während Sport und Tourismus nur zu fördern sind. Derartige Kumula-tionen von Gütern unter verschiedenen Vorzeichen sollten daher in dem Vorschlag unterbleiben und eine Konzentration auf den Sport erfolgen. Schließlich bezieht sich der Förderungsauftrag auch hier nicht unmittelbar auf den Sport im Allgemeinen, sondern nur auf dessen Entwicklung. Dies hat zur Folge, dass die Verpflichtung zur Förderung ein tendenziell geringeres Gewicht hat als eine direkte Verpflichtung[1046]. Deshalb sollte auch diese Formulierung nicht übernommen werden.

3) Griechenland, Art. 16 Abs. 2 und Abs. 9 der Verfassung der Griechischen Republik vom 09.06.1975 (Verf-GR)

Die Verf-GR folgte unmittelbar auf das Ende des von 1967 bis 1974 herrschenden Militärregimes[1047]. Weil die alten Machthaber bei der Ausarbeitung der Verf-GR entscheidend mitwirkten und die Oppositionskritik kaum Berücksichtigung fand, gelang es ihr nicht wie den ebenfalls nach dem Ende eines Militärregimes erlassenen Verfassungen Brasiliens oder Spaniens, sich von den alten Strukturen gänzlich zu lösen[1048]. Trotz des deshalb verhältnismäßig geringen

---

[1046] Ausführlich dazu bereits oben unter 3. Kapitel, A. I. 5).

[1047] *Kassaras*, Die griechische Verfassung von 1975, 1983, S. 1, 11 f.; *Koutnatzis*, in: Bogdandy/Cruz Villalòn/Huber, HdbIPE, Band I, 2007, § 3, Rn. 10 f., 22.

[1048] *Kassaras*, Die griechische Verfassung von 1975, 1983, S. 1, 11 f.; *Koutnatzis*, in: Bogdandy/Cruz Villalòn/Huber, HdbIPE, Band I, 2007, § 3, Rn. 12.

Einflusses der sozial-orientierten Opposi-tion fanden zahlreiche neue „Gewährleistungen sozialen Inhalts“ Einzug in die Verf-GR, um den Bruch mit der siebenjährigen Militärdiktatur nach außen zu bekräftigen[1049]. So erhielt die Verf-GR mit Art. 16 Abs. 2 und Abs. 9 den „wohl ersten umfassenden Sport-Artikel“[1050] folgenden Inhalts:

„(2) Die Bildung ist eine Grundaufgabe des Staates und hat die sittliche, geistige, berufliche und physische Erziehung der Griechen [...] zum Ziel. [...] (9) Der Sport steht unter dem Schutz und der obersten Aufsicht des Staates. Der Staat subventioniert und kontrolliert alle Verbände von Sportvereinen nach Maßgabe der Gesetze. Ein Gesetz regelt auch die Verwendung der jeweils gewährten Subventionen gemäß der Zweckbestimmung der subventionierten Vereine.“ [1051]

In Art. 16 Abs. 2 Verf-GR wird der Sport zwar nicht ausdrücklich erwähnt, er sei jedoch in die „physische Erziehung“ hineinzulesen[1052]. Ungeachtet der tatsächlichen Möglichkeit einer solchen Auslegung ist eine Regelung schon deshalb für den Vorschlag unpassend, weil sie den Sport nicht ausdrücklich erwähnt[1053]. Ungewöhnlich ist auch die Einordnung des Sports über die physische Erziehung, als Teil der „Grundaufgabe Bildung“ und zeitgleich als „Ziels“. Abs. 2 stellt damit in seinem ersten Teil eine Staatsaufgabe[1054] und in seinem zweiten Teil eine Staatszielbestimmung dar. Denn die Vorschrift begründet in ihrem zweiten Teil dem Wortlaut nach keinen einklagbaren Anspruch[1055], son-

---

[1049] *Koutnatzis*, in: Bogdandy/Cruz Villalòn/Huber, HdbIPE, Band I, 2007, § 3, Rn. 22, 26.

[1050] So *Hix*, Probleme der Normierung einer Sportklausel im Grundgesetz, 2013, S. 92; *Häberle*, in: Becker/Bull/Seewald, FS Thieme, 1993, S. 29; *Zimmermann*, Förderung des Sports, 2000, S. 17.

[1051] Übersetzung von *Kimmel/Kimmel*, Verfassungen der EU-Mitgliedstaaten, 6. Aufl. 2005, S. 203 f.; im Original lautet Art. 16 Abs. 2, Abs. 9 Verf-GR: „[Abs. 2] Η παιδεία αποτελεί βασική αποστολή του Κράτους και έχει σκοπό την ηθική, πνευματική, επαγγελματική και φυσική αγωγή των Ελλήνων, την ανάπτυξη της εθνικής και θρησκευτικής συνείδησης και τη διάπλασή τους σε ελεύθερους και υπεύθυνους πολίτες. [...] [Abs. 9] Ο αθλητισμός τελεί υπό την προστασία και την ανώτατη εποπτεία του Κράτους.Το Κράτος επιχορηγεί και ελέγχει τις ενώσεις των αθλητικών σωματείων κάθε είδους, όπως νόμος ορίζει. Νόμος ορίζει επίσης τη διάθεση των ενισχύσεων που παρέχονται κάθε φορά στις επιχορηγούμενες ενώσεις σύμφωνα με τον προορισμό τους.“

[1052] *Hix*, Probleme der Normierung einer Sportklausel im Grundgesetz, 2013, S. 92.

[1053] Dazu bereits oben unter 3. Kapitel, A. I. 2).

[1054] Dazu oben unter 1. Kapitel, A. IV. 8).

[1055] So für alle auch als Recht ausgestalteten sozialen Gewährleistungen, mit Ausnahme des Rechts auf Bildung in Art. 16 Abs. 4 Verf-GR und des Rechts auf Umweltschutz in Art. 24

dern legt eine rein objektiv-rechtliche Pflicht des Staates fest[1056]. Weil eine Kombination aus Staatsaufgabe und Staatszielbestimmung die eindeutige Einordnung der Rechtsnatur erschwert, ist davon für den hiesigen Vorschlag abzuraten. Art. 16 Abs. 9 Verf-GR dagegen betrifft ausdrücklich den Sport. Er sieht im Wesentlichen zwei Verpflichtungen vor, zu denen jeweils eine Kontrollpflicht korrespondiert: Satz 1 eine staatliche Pflicht den Sport zu schützen und die Aufsicht über ihn auszuüben; Satz 2 verpflichtet den Staat, alle Sportverbände nach Maßgabe der (einfachen) Gesetze zu subventionieren und zu kontrollieren. Dabei soll das Gesetz nach Satz 3 die Verwendung der Subventionen gemäß der Zweckbestimmung der Sportvereine regeln. Damit begründet auch Abs. 9 nach seinem Wortlaut verbindliche rein objektiv-rechtliche und in die Zukunft gerichtete Verpflichtungen für den Staat, ohne dazu korrespondierende subjektiv-rechtliche Gehalte festzuschreiben[1057] und stellt sich als Staatszielbestimmung dar.

Inhaltlich gilt auch hier: Schnittmengen zwischen zwei Bereichen lassen nicht den Schluss zu, der eine sei vollständig von dem anderen umfasst und daher ein Unterfall des anderen[1058]. Deshalb ist von der von der Verf-GR vorgenommenen Einordnung des Teilbereichs der Sports, „physische Erziehung“[1059] als Unterfall der Bildung in Art. 16 Abs. 2 Verf-GR abzuraten. Im Übrigen sind auch die beiden Beschränkungen in Art. 16 Abs. 2 Verf-GR auf die bloße physische Erziehung und nicht den Sport im Allgemeinen sowie die Erziehung der Griechen und nicht aller auf dem griechischen Staatsgebiet befindlicher Personen unabhängig von der Staatszugehörigkeit unzweckmäßig. Dadurch kommen andere wichtige Sportbereiche sowie die zahlreichen Einwohner des Landes ohne grie-

---

Abs. 1 Verf-GR *Koutnatzis*, in: Bogdandy/Cruz Villalòn/Huber, HdbIPE, Band I, 2007, § 3, Rn. 98.

[1056] In diesem Sinne bezeichnet *Koutnatzis*, in: Bogdandy/Cruz Villalòn/Huber, HdbIPE, Band I, 2007, § 3, Rn. 26, die in Art. 16 Verf-GR die verbürgten sozialen Gewährleistungen, die nicht als „Recht“ ausgestaltet sind, als „staatliche Fürsorgepflichten“.

[1057] *Koutnatzis*, in: Bogdandy/Cruz Villalòn/Huber, HdbIPE, Band I, 2007, § 3, Rn. 26, 98.

[1058] So bereits für die Bereiche Kultur und Sport oben unter 2. Kapitel, B.

[1059] Die physische Erziehung stellt richtig verstanden, nur einen Teilbereich des Sports dar, nämlich den erziehungs- bzw. entwicklungsbezogenen und lässt dabei andere Bereiche, wie etwa den Gesundheits- oder Leistungssport außer Acht. Dagegen den Sport wohl als Unterfall der physischen Erziehung verstehend, *Hix*, Probleme der Normierung einer Sportklausel im Grundgesetz, 2013, S. 92.

chische Staatsangehörigkeit ohne hinreichenden Grund zu kurz. Dies führt nicht nur zu einer unnötigen Beschränkung des Gestaltungsspierlaums des Staates, sondern muss sich auch an dem europarechtlichen Diskriminierungsverbot aus Art. 18 Abs. 1 AEUV messen lassen. Deshalb ist davon für den hiesigen Vorschlag abzuraten.

In der Verf-GR ist neben einem Förderungs- auch einen Schutzauftrag kodifiziert, der anders als die Regelung in der Verf-BG, auch ausdrücklich auf den Sport bezogen und nicht lediglich im Rahmen der sportbezogenen Regelung mit Bezug auf ein anderes Gut erwähnt ist. Die Formulierung „der Sport steht unter dem Schutz [...] des Staates" begründet eine starke Schutzpflicht, die auf den Erhalt des status quo gerichtet ist. Die Pflicht ist offen genug, um dem Staat hinreichend Gestaltungsspielraum zu belassen, und durch die aktive Formulierung auch verbindlich. Wobei eine an den Staat als Subjekt des Satzes adressierte Schutzpflicht mit dem Wortlaut „der Staat schützt den Sport" noch verbindlicher sein und einer Staatszielbestimmung noch besser entsprechen dürfte. Mit dieser Maßgabe liefert die Verf-GR jedoch einen brauchbaren Ansatz und bestätigt die hier vertretene Auffassung der Kombination von Förderungs- und Schutzpflicht. Allerdings ist die weitere Qualifizierung in Art. 16 Abs. 9 Satz 1, 2. HS Verf-GR, dass der Sport auch unter „der obersten Aufsicht des Staates steht", für den hiesigen Vorschlag nicht zweckmäßig. Denn die zusätzliche Aufsichtspflicht verstärkt die Schutzpflicht zusätzlich, sodass sie insgesamt der nach Art. 9 Abs. 1 GG gebotenen Wahrung der Autonomie des Sports zuwider laufen würde[1060].

Ähnlich verhält es sich mit dem Förderungsauftrag in Art. 16 Abs. 9 Satz 2 Verf-GR, der auch insoweit eine staatliche Kontrollpflicht vorsieht. Außerdem schreibt die Regelung keine allgemein gehaltene Förderungspflicht zugunsten des Sports fest, sondern eine Pflicht zur „Subventionierung". Da Subventionierung Förderung durch Gewährung finanzieller Mittel bedeutet, wären andere sachliche und personelle Förderungsmöglichkeiten, wie etwa die Errichtung staatlicher Sportstätten, von der Verpflichtung nicht erfasst und die Verpflichtung unnötig beschränkt. Von dieser Formulierung ist deshalb für den hiesigen Vorschlag abzuraten. Eine weitere zunächst unnötig erscheinende Beschränkung stellt die Verpflichtung zur Subventionierung nur der Sportverbände dar, womit

---

[1060] *Hix*, Probleme der Normierung einer Sportklausel im Grundgesetz, 2013, S. 92.

beispielsweise die direkte Förderung der Athleten selbst, etwa durch die Beschäftigung in Bundeswehr oder Bundespolizei und Freistellung zum Zwecke der sportlichen Betätigung, von der Regelung nicht erfasst wäre. Doch könnte sie sich auch positiv, nämlich autonomiesichernd auswirken. Denn der Staat würde danach nicht selbst über die konkrete Mittelverteilung bestimmen, sondern dies den Sportverbänden überlassen. Ob dieser Vorteil aber im Hinblick auf den Wegfall der unmittelbaren Athletenförderung oder auch eine unmittelbare Förderung des Sports durch den Bau staatlicher Sportstätten überwiegt, erscheint fragwürdig. Jedenfalls macht Satz 3 der Regelung den vermeintlichen Autonomiegewinn wieder zunichte, indem er vorsieht, dass die Verwendung der Subventionen durch Gesetze geregelt werden soll und dergestalt eine Einflussnahme auf die Autonomie bleibt. Und selbst ohne diesen Zusatz bleiben sportbeschränkende Förderungsbedingungen gegenüber den Sportverbänden möglich, die weiterhin in einem erheblichen Ausmaß die Autonomie beschränken könnten. Weil auch die Beschränkung der Förderung nach Maßgabe der Gesetze in Satz 2 unnötig ist[1061], liefert die Förderungsregelung der Verf-GR, im Gegensatz zur Schutzregelung keine übertragenswerten Ansätze für den hiesigen Vorschlag.

4) Italien, Art. 9 der Verfassung der Republik Italien vom 27.12.1947 (Verf-IT)

Obwohl bei der Ausgangslage und Intention enorme Ähnlichkeiten zur Situation in Deutschland bestanden – verlorener Krieg, Erfahrung des Faschismus, Wille zur Wiederherstellung und Sicherung der wiedererlangten Demokratie –, enthält die Verf-IT vom 27.12.1947 einen im Vergleich zum Grundgesetz umfangreicheren und anders strukturierten Katalog individueller und kollektiver Gehalte[1062]. Dies ist unter anderem darauf zurückzuführen, dass die Verfassung noch vor Ausbruch des kalten Krieges unter maßgeblicher Beteiligung der damals

[1061] Dazu bereits oben unter 3. Kapitel, A. I. 4)

[1062] Während das Grundgesetz über einen Grundrechtsabschnitt mit 19 Artikeln verfügt, unterscheidet die Verf-IT in insgesamt 54 Artikeln zwischen sog. „Grundprinzipien“ (Art. 1 - 12 Verf-IT), Rechten und Pflichten der Staatsbürger betreffend bürgerliche Freiheiten (Art. 12 - 28 Verf-IT), enthnisch-sozialen Beziehungen (Art. 29 - 34 Verf-IT), wirtschaftlichen Beziehungen (Art. 35 - 47 Verf-IT) und politische Beziehungen (Art. 48 - 54 Verf-IT); zu den diesbezüglichen Unterschieden siehe *Polakiewicz*, ZAOERV 1994, 340, 345.

wohl stärksten kommunistischen Partei Westeuropas ausgearbeitet wurde[1063]. Dementsprechend fand mit Art. 9 eine Regelung in die Verf-IT Einzug, die auch den Sport betreffen soll[1064]. Die Vorschrift lautet:

„(1) Die Republik fördert die Entwicklung der Kultur und die wissenschaftliche und technische Forschung. (2) Sie schützt die Landschaft und das historische und künstlerische Erbe der Nation“[1065].

Art. 9 Verf-IT adressiert an die Republik als Subjekt des im Indikativ aktiv formulierten Satzes einen Förderungs- und Schutzauftrag. Dem Wortlaut nach sieht die Regelung daher eine verbindliche rein objektiv-rechtliche Verpflichtung vor, die einer Staatszielbestimmung entspricht[1066].

Doch findet auch hier der Sport keinerlei Erwähnung. Er sei entweder durch Interpretation in den Begriff „Kultur“ in Art. 9 Abs. 1 Verf-IT hineinzulesen[1067], oder der Begriff „Landschaft“ in Art. 9 Abs. 2 Verf-IT sei weit zu verstehen als das gesamte Habitat des Menschen umfassend, zu dem auch der Sport als Res-

---

[1063] *Polakiewicz*, ZAOERV 1994, 340, 345; ausführlich dazu *Dogalini/Pinelli*, in: Bogdandy/Cruz Villalòn/Huber, HdbIPE, Band I, 2007, § 5, Rn. 3 ff.

[1064] So *Hix*, Probleme der Normierung einer Sportklausel im Grundgesetz, 2013, S. 94.

[1065] Übersetzung von *Kimmel/Kimmel*, Verfassungen der EU-Mitgliedstaaten, 6. Aufl. 2005, S. 290; im Original lautet Art. 9 Verf-IT: „(1) La Repubblica promuove lo sviluppo della cultura e la ricerca scientifica e tecnica. (2) Tutela il paesaggio e il patrimonio storico e artistico della Nazione.“

[1066] Auch nach der italienischen Verfassungssystematik stellt sich die Regelung als Staatszielbestimmung dar. Denn wegen der systematischen Einordnung im Rahmen der Grundprinzipien (Art. 1 - 12 Verf-IT) und nicht im Rahmen der auch subjektiv-rechtliche Postionen vermittelnden Rechte und Pflichten (Art. 13 - 54 Verf-IT), ist von einer rein objektiv-rechtlichen Verpflichtung auszugehen. Die Grundprinzipien treffen lediglich grundlegende Aussagen unter anderem zur Position von Individuen und Gruppen, sind bei der Gesetzesauslegung und Rechtssetzung zu berücksichtigen und werden durch die nachfolgenden Bestimmungen ausgeführt - *Riz/Happacher*, Grundzüge des Italienischen Verfassungsrechts, 3. Aufl. 2008, S. 15 -, ohne unmittelbar subjektive Rechtspositionen zu begründen. Da die weiterführenden Aussagen zur Kultur in Art. 33 und 34 Verf-IT keinerlei Sportrelevanz besitzen - vgl. *Riz/Happacher*, Grundzüge des Italienischen Verfassungsrechts, 3. Aufl. 2008, S. 18 f. -, ist auch diesen nichts anderslautendes zu entnehmen.

[1067] So *Hix*, Probleme der Normierung einer Sportklausel im Grundgesetz, 2013, S. 94, auch für die ähnlichen Regelungen in den Verfassungen der bislang nicht dargestellten Republiken Malta und Slowakei und des Königreichs Niederlande. Wegen der Ähnlichkeit zur italienischen Regelung und des im Übrigen daraus im Verhältnis zu den sonst dargestellten Vorschriften folgenden geringen Mehrwerts wird auf die Behandlung Regelung in der Verfassung der Republik Malta verzichtet. Die Regelung lautet nach der Übersetzung von Hix, a. a. O. wie folgt: „Der Staat soll die Entwicklung von Kultur sowie wissenschaftlichem und technischem Fortschritt fördern.“

source der menschlichen Bedürfnisse gehöre[1068]. Im Hinblick auf den Wegfall der positiven Folgen aus einer ausdrücklichen Benennung des Sports[1069] und der, angesichts des hier favorisierten engen Kulturbegriffes[1070], ist von einer entsprechenden Ausgestaltung im hiesigen Vorschlag abzuraten.

Art. 9 Verf-IT enthält einen bislang nicht gesehenen Adressatenbegriff. Er wendet sich an die „Republik". Grundsätzlich bezeichnet dieser Begriff die Staatsform[1071]. Wird er aber in der Verfassung nicht zu diesem Zwecke gebraucht wie hier, kann er auch die Funktion eines Adressatenbegriffs haben. Der Begriff lässt im Hinblick auf die im Jahre 2001 erfolgte Umgestaltung Italiens zu einem föderalstaatsähnlichen sog. „dezentralisierten Einheitsstaat" nach dem spanischen Vorbild[1072] auf Erkenntnisse für den hiesigen Ausgestaltungsvorschlag hoffen. Diese Hoffnung bestätigt sich, als die italienische Verfassungsrechtslehre zwischen den beiden Adressatenbegriffen Republik und Staat funktional unterscheidet[1073]. Danach wird der Begriff Republik von der Verf-IT unter anderem dann verwendet, wenn es darum geht, den Zentralstaat und die autonomen Gebietskörperschaften zu bezeichnen, mit denen zusammen er die Republik bildet, während mit dem Begriff Staat nur der Zentralstaat gemeint ist[1074]. Folgte man in Deutschland auch diesem italienischen Verständnis, so wäre der Begriff Republik dem bislang bevorzugten Adressatenbegriff „Staat" vorzuziehen, da letzterer nur an den Zentralstaat adressiert wäre und die bundesweit einheitliche Rechtsposition nicht zu begründen vermochte. Das Grundgesetz kennt den Begriff der Republik bzw. Bundesrepublik aber auch. In Art. 20 Abs. 1 und 28 Abs. 1 GG wird er beispielsweise (klassisch) zur Festlegung der Staatsform verwendet. Hieraus lässt sich nach dem oben gesagten jedoch kein Schluss auf

---

[1068] *Riz/Happacher*, Grundzüge des Italienischen Verfassungsrechts, 3. Aufl. 2008, S. 19.

[1069] Dazu oben unter 3. Kapitel, A. I. 2).

[1070] Dazu oben unter 2. Kapitel, B.

[1071] So etwa der Begriff „Bundesrepublik Deutschland" in Art. 20 Abs. 1 GG, vgl. *Grzeszik*, in: Maunz/Dürig, GG, Stand: 75. Erglf., September 2015, Art. 20 III, Rn. 1 ff.

[1072] Mit dem verfassungsändernden Gesetz Nr. 3/2001 vom 18.10.2001 wurde eine gestufte vertikale Gewaltenteilung vorgenommen, nach der zwar im Rahmen der ausschließlichen Zuständigkeiten weiterhin alle drei Staatsgewalten beim Zentralstaat bleiben, Exekutive und teilweise auch Legislative abgestuft aber auch auf die Regionen und Kommunen übergehen. Siehe dazu *Riz/Happacher*, Grundzüge des Italienischen Verfassungsrechts, 3. Aufl. 2008, S. 238 ff.

[1073] *Dogalini/Pinelli*, in: Bogdandy/Cruz Villalòn/Huber, HdbIPE, Band I, 2007, § 5, Rn. 140 ff.

[1074] *Dogalini/Pinelli*, in: Bogdandy/Cruz Villalòn/Huber, HdbIPE, Band I, 2007, § 5, Rn. 142.

das Begriffsverständnis ziehen. Er dient aber auch im Grundgesetz als Adressatenbegriff für die in Art. 23 Abs. 1 Satz 1 GG verankerte Staatszielbestimmung zur Verwirklichung des vereinten Europas. Dort wird unter dem Begriff der Bundestaat in seiner Gesamtheit bzw. der Gesamtstaat, also Bund und die Länder verstanden[1075]. Danach entspräche das deutsche dem italienischen Verständnis. Bestätigt wird dies durch das Begriffsverständnis zu Art. 21 Abs. 2 GG. Dort wird der Begriff gebraucht, um das Schutzgut der Regelung, bestehend aus Zentralstaat und den Bundesländern, zu bestimmen[1076]. Allerdings wird der Begriff im Grundgesetz nicht einheitlich verwendet und teilweise sogar genau gegenteilig verstanden. Denn in Art. 22 Abs. 1 GG dient er zur Umschreibung ausschließlich des Zentralstaates, dessen Hauptstadt Berlin sein soll[1077]. Vor diesem Hintergrund ist zur Vermeidung von Unklarheiten von der Verwendung des italienischen Adressatenbegriffs abzuraten und im Hinblick auf den nach dem einheitlichen Verständnis des Grundgesetzes von dem Begriff „Staat"[1078], der alle Staatsgewalten umfasst, dieser vorzugswürdig. Da schließlich auch die Beschränkung auf die ausschließliche „Entwicklung" unzweckmäßig ist[1079] und der Förderungs- und Schutzgehalt, der zwar die hier gewählte Pflichtenkombination bestätigt, sich aber nicht ausdrücklich auf den Sport bezieht, bietet die italienische Regelung keine neuen übertragenswerten Ansätze.

5) Niederlande, Art. 22 Abs. 3 der Verfassung des Königreichs der Niederlande vom 24.08.1815, in der Fassung der Neubekanntmachung vom 17.02.1983 (Verf-NL)

In den Niederlanden war die Zeit ab der zweiten Hälfte der 1960er Jahre von sozialen und kulturellen Bewegungen geprägt, die sich gegen die bestehende konservative Verfassungsordnung richteten[1080]. Diese Bewegungen hatten nach mehreren erfolglosen Anläufen die Neubekanntmachung der Verfassung im Jah-

---

[1075] *Scholz*, in: Maunz/Dürig, GG, Stand: 75. Erglf., September 2015, Art. 23, Rn. 50.
[1076] *Klein*, in: Maunz/Dürig, GG, Stand: 75. Erglf., September 2015, Art. 21, Rn. 520.
[1077] *Heintschel von Heinegg*, in: Epping/Hillgruber, BeckOK GG, Stand: 28. Edt., 01.03.2016, Art. 22, Überblick.
[1078] Ausführlich dazu oben unter 3. Kapitel, A. I. 3).
[1079] Ausführlich dazu oben unter 3. Kapitel, A. I. 5).
[1080] *Besselink*, in: Bogdandy/Cruz Villalòn/Huber, HdbIPE, Band I, 2007, § 6, Rn. 43.

re 1983 zur Folge[1081]. Den sozialen Bestrebungen folgend ordnete neue Verf-NL die bestehenden Grundrechte nicht nur neu, sondern fügte auch zahlreiche neue kulturelle und soziale Gehalte in Form von Grundrechten und Staatszielen in ihr Anfangskapitel ein[1082]. Dazu zählt auch Art. 22 Abs. 3 Verf-NL, der wie folgt lautet:

„Der Staat und die anderen öffentlich-rechtlichen Körperschaften schaffen Voraussetzungen für die soziale und kulturelle Entfaltung und für die Freizeitgestaltung."[1083]

Die Regelung hat nach ihrem Wortlaut einen rein objektiv-rechtlichen Gehalt und begründet keine subjektiv-rechtliche Position[1084]. Sie ist verbindlich, aktiv formuliert und nimmt den Staat bzw. wegen ihrer Offenheit[1085] (zwar) primär die Legislative als Subjekt des Satzes auf eine Umsetzung und Beachtung in die Pflicht. Wegen der „bloßen" Verpflichtung zur Schaffung der Voraussetzungen kann sie (aber) nicht als reiner Gesetzgebungsauftrag verstanden werden, weil sie nicht ausschließlich an den Gesetzgeber, sondern den Staat insgesamt adressiert ist[1086]. Dies bestätigt der Zusatz „Staat und die anderen öffentlich-rechtlichen Körperschaften". Damit stellt sich die Regelung als Staatszielbestimmung dar[1087]. Allerdings kann der Sport allenfalls durch Interpretation als

---

[1081] *Besselink*, in: Bogdandy/Cruz Villalòn/Huber, HdbIPE, Band I, 2007, § 6, Rn. 44 f.

[1082] *Besselink*, in: Bogdandy/Cruz Villalòn/Huber, HdbIPE, Band I, 2007, § 6, Rn. 46.

[1083] Übersetzung von *Kimmel/Kimmel*, Verfassungen der EU-Mitgliedstaaten, 6. Aufl. 2005, S. 440; im Original lautet Art. 22 Abs. 3 Verf-NL: „Zij schept voorwaarden voor maatschappelijke en culturele ontplooiing en voor vrijetijdsbesteding."

[1084] So auch die niederländische Verfassungsrechtslehre; nach *Kortmann*, in: Kortmann/Bovend'Eert/Ackermans-Wijn/Fleuren/van der Nat, Grondwet voor het Koninkrijk der Nederlanden, commentaar, 1998, Art. 22, Ziff. 1., begründet die Regelung staatliche Pflichten ohne dazu korrespondierende einklagbare Rechte.

[1085] Ebenfalls von einer Unbestimmtheit bzw. Offenheit der Regelung ausgehend *Kortmann*, in: Kortmann/Bovend'Eert/Ackermans-Wijn/Fleuren/van der Nat, Grondwet voor het Koninkrijk der Nederlanden, commentaar, 1998, Art. 22, Ziff. 4.

[1086] So *Badura*, in: Maunz/Dürig, GG, Stand: 75. Erglf., September 2015, Art. 6, Rn. 178, für Art. 6 Abs. 5 GG, der ebenfalls eine funktionale Verpflichtung zur Schaffung von Bedingungen vorsieht, jedoch nur an den Gesetzgeber adressiert ist.

[1087] So wohl auch das niederländische Verfassungsverständnis, das zwischen klassischen Grundrechten mit subjektiv-rechtlichem Gehalt und sozialen, wirtschaftlichen und kulturellen Rechten mir eher objektiv-rechtlichem Gehalt, der auf eine Ausgestaltung durch den Gesetzgeber ausgelegt ist, unterscheidetet und die Schaffung der Voraussetzungen für die soziale und kulturelle Entfaltung und Freizeigestaltung in Art. 22 Abs. 3 Verf-NL letzterer Gruppe

Teil der „sozialen und kulturellen Entfaltung“ und zugleich als Beispiel für die „Freizeitgestaltung“ in Art. 22 Abs. 3 Verf-NL in die Regelung hineingelesen werden[1088]. Für den Vorschlag ist eine ausdrückliche Erwähnung vorzugswürdig[1089].

Wie gesehen, richtet sich die Vorschrift an den „Staat und die anderen öffentlich-rechtlichen Körperschaften“. Damit scheint es, als verfüge sie über einen weiteren Adressatenkreis, als dies bei einer Adressierung ausschließlich an den Staat der Fall ist. Tatsächlich ist jedoch der Zusatz nicht nötig. Denn der Staatsbegriff erfasst nach dem Verständnis des Grundgesetzes auch öffentlich-rechtliche Körperschaften, sofern sie rein tatsächlich auch Adressaten und nicht etwa Berechtigte sind[1090]. Deshalb ist für den hiesigen Vorschlag von dem Zusatz abzusehen.

Die funktionale Verpflichtung auf die „Schaffung der Voraussetzungen“ für die soziale und kulturelle Entfaltung und Freizeitgestaltung könnte, wenn es zur – übertragen auf den Sport – Sportausübung staatlichen Schutzes oder staatlicher Förderung bedarf, einen für die hier festgestellten Gefahren hinreichenden Verpflichtungsgehalt begründen und zeitgleich die Wahrung der Autonomie besser gewährleisten. Denn die Verpflichtung zur Schaffung von Voraussetzungen ist weniger intensiv als eine ausdrückliche Schutz- oder Förderungsverpflichtung. Doch gewährleistet die bloße Schaffung der Voraussetzungen nicht, dass etwa der Spitzensport derart intensiv gefördert wird, dass er bei Olympischen Spielen oder anderen interstaatlichen Wettbewerben wie Weltmeisterschaften konkurrenzfähig bleibt. Die Regelung in der Verf-NL gewährleistet vielmehr einen bloßen Mindestgehalt[1091]. Dies reicht zur Bekämpfung der bestehenden Gefahren jedoch nicht aus. Deshalb ist ihr eine ausdrückliche Verpflichtung auf Schutz

---

zuordnet; vgl. *Besselink*, in: Bogdandy/Cruz Villalòn/Huber, HdbIPE, Band I, 2007, § 6, Rn. 140 f.

[1088] So *Häberle*, in: Becker/Bull/Seewald, FS Thieme, 1993, S. 32; *Hix*, Probleme der Normierung einer Sportklausel im Grundgesetz, 2013, S. 94.

[1089] Dazu oben unter 3. Kapitel, A. I. 2).

[1090] Ausführlich und mit zahlreichen Nachweisen oben unter 3. Kapitel, A. I. 3).

[1091] In diesem Sinne geht auch die niederländische Verfassungsrechtslehre davon aus, dass die Regelung derart unbestimmt ist, dass sie wegen der geringen Verpflichtungsintensität sogar kaum Sinn mache; vgl. *Kortmann*, in: Kortmann/Bovend'Eert/Ackermans-Wijn/Fleuren/van der Nat, Grondwet voor het Koninkrijk der Nederlanden, commentaar, 1998, Art. 22, Ziff. 4.

und Förderung vorzuziehen, sodass der Regelung in der Verf-NL keine neuen Ansätze zu entnehmen sind.

6) Polen, Art. 68 Abs. 5 der Verfassung der Republik Polen vom 02.04.1997 (Verf-PL)

Polen hat als einer der letzten postkommunistischen Staaten seine neue Verfassung erst mit Wirkung zum 17.10.1997 erhalten. Sie löste ein Übergangskonstrukt aus Teilen der Verfassung der *Volksrepublik Polen* aus dem Jahre 1952 und der sog. „Kleinen Verfassung" der *Republik Polen* aus dem Jahre 1992 ab[1092]. Polen ging damit einen ungewöhnlichen Weg mit dem Ziel, nicht eine eilig und womöglich unausgereifte Verfassung zu erlassen. Es sollte ein in sich schlüssiges Verfassungskonzept ausgearbeitet werden, das die sich verstetigenden politischen Stimmungen in der Bevölkerung hinreichend berücksichtigt. Trotz oder wegen dieser ausgiebigen Befassung konnten sich die an der Erarbeitung der Verf-PL Beteiligten im Rahmen der kontroversen Diskussion um die Aufnahme wirtschaftlicher, sozialer und kultureller Rechte aus der kommunistischen Verfassung von 1952 nicht gänzlich von der Vergangenheit lösen, weshalb zahlreiche Regelungen entsprechender Natur auch in die Verf-PL Einzug fanden[1093]. Dazu zählt auch eine Regelung zugunsten des Sports in Art. 68 Abs. 5 Verf-PL, die wie folgt lautet:

„Die öffentliche Gewalt unterstützt die Entwicklung der sportlichen Betätigung, insbesondere im Fall von Kindern und Jugend."[1094]

Nach ihrem Wortlaut[1095] stellt sich die Regelung als eine Staatszielbestimmung[1096] und nicht als bloßer Programmsatz dar[1097]. Denn sie spricht keine reine

---

[1092] *Tuleja*, in: Bogdandy/Cruz Villalòn/Huber, HdbIPE, Band I, 2007, § 8, Rn. 19 f.

[1093] *Tuleja*, in: Bogdandy/Cruz Villalòn/Huber, HdbIPE, Band I, 2007, § 8, Rn. 14.

[1094] Übersetzung von *Kimmel/Kimmel*, Verfassungen der EU-Mitgliedstaaten, 6. Aufl. 2005, S. 555; im Original lautet Art. 68 Abs. 5 Verf-PL: „Władze publiczne popierają rozwój kultury fizycznej, zwłaszcza wśród dzieci i młodzieży."

[1095] Auch die systematische Stellung innerhalb des Kapitel II im Rahmen der wirtschaftlichen, sozialen und kulturellen Freiheiten und Rechte – siehe dazu *Banaszak*, Einführung in das polnische Verfassungsrecht, 2003, S. 83, 97; *Grabowski*, in: Skrzydło/Grabowska/Grabowski, Konstytucja Rzeczypospolitej Polskiej - komentarz encyklopedyczny, 5. Aufl. 2009, S. 377 –

Empfehlung aus, deren Erfüllung in der Disposition des Staates steht, sondern begründet durch die Stellung des Adressaten als Satzsubjekt und die aktive Formulierung eine verbindliche Pflicht für den Staat[1098]. Sie schreibt für die öffentliche Gewalt eine rein objektiv-rechtliche Verpflichtung fest, die Entwicklung der sportlichen Betätigung zu unterstützen und überlässt ihre Realisierung auf dem Wege der ordentlichen Gesetze primär dem Gesetzgeber[1099]. Eine dazu korrespondierende subjektiv-rechtliche Komponente lässt sich ihr nicht entnehmen.

Die Vorschrift richtet sich an die „öffentliche Gewalt" und scheint damit weit genug zu sein, um alle staatlichen Stellen auch über alle föderalen Ebenen hinweg erfassen zu können. Denn die öffentliche Gewalt kann vertikal sowohl auf Bundes-, Landes- als auch kommunaler Ebene angesiedelt sein. Horizontal lässt die Verwendung des Begriffes „Gewalt", der auch in dem Begriff „Staatsgewalten" enthalten ist, die Einbeziehung aller drei Staatsgewalten vermuten. Dies verwundert, da Polen kein Föderal-staat, sondern ein zentralistischer Einheitsstaat ist[1100] und ein weiter Adressatenbegriff nicht erforderlich gewesen wäre, um alle Staatsgewalt in die Pflicht zu nehmen. So kommt es auch, dass der Adressatenbegriff trotz des anfänglich positiven Eindrucks sowohl nach der polnischen als auch nach der deutschen Verfassungsrechtslehre insgesamt kritisch zu sehen ist. In der polnischen Literatur trifft er etwa auf Abgrenzungsschwierig-

---

und die historische Auslegung – siehe dazu *Tuleja*, in: Bogdandy/Cruz Villalòn/Huber, HdbIPE, Band I, 2007, § 8, Rn. 14 – sprechen gegen eine Einordnung als Norm mit subjektivrechtlichem Gehalt und für eine Bewertung als Staatszielbestimmung.

[1096] So auch *Diemer-Benedict*, ZAOERV 1998, 205, 210; *Hix*, Probleme der Normierung einer Sportklausel im Grundgesetz, 2013, S. 92.

[1097] Dies gilt es klarzustellen, da *Diemer-Benedict*, ZAOERV 1998, 205, 210, im Zusammenhang mit mehreren Regelungen des Abschnitts über ökonomische, soziale und kulturelle Freiheiten und Rechte im Teil II, zu denen auch die „Körperkultur" in Art. 68 Abs. 5 Verf-PL zählt, unterschiedslos von Programmsätzen oder Staatszielbestimmungen spricht.

[1098] Zur Unterscheidung von Programmsätzen und Staatszielbestimmungen siehe oben unter 1. Kapitel. A. IV. 9).

[1099] *Surówka*, in: Skrzydło/Grabowska/Grabowski, Konstytucja Rzeczypospolitej Polskiej - komentarz encyklopedyczny, 5. Aufl. 2009, S. 395.

[1100] Dies folgt aus Art. 3 Verf-PL, der nach der Übersetzung von *Kimmel/Kimmel*, Verfassungen der EU-Mitgliedstaaten, 6. Aufl. 2005, S. 546 wie folgt lautet: „Die Republik Polen ist ein einheitlicher Staat."; im Original lautet Art. 3 Verf-PL: „Rzeczpospolita Polska jest państwem jednolitym."; vgl. dazu auch *Tuleja*, in: Bogdandy/Cruz Villalòn/Huber, HdbIPE, Band I, 2007, § 8, Rn. 96.

keiten zu den Begriffen Staatsgewalt und Organ bzw. Organe der öffentlichen Gewalt[1101]. Nach polnischem Verständnis ist der Begriff insgesamt wohl eher eng zu begreifen und umfasse weniger als der Begriff Staatsgewalt, weil der Staat wegen seiner Souveränität immer auch die Verfassung ändern könne, während dies nicht jeder öffentlichen Gewalt möglich sei[1102]. Deshalb können die Begriffe öffentliche Gewalt und Organ der öffentlichen Gewalt auch synonym verwendet werden[1103], was bei den Begriffen Staat und öffentlicher Gewalt nicht möglich wäre. Die hiesige Staatszielbestimmung soll sich jedoch an alle Organe der öffentlichen Gewalt wenden, weshalb der Begriff nach polnischem Verständnis zu eng wäre.

Die danach schon bestehenden Bedenken gegen diesen Begriff werden durch eine grundgesetzorientierte Betrachtung und Heranziehung der deutschen Verfassungsrechtslehre bestätigt. Das Grundgesetz kennt den Begriff der „öffentlichen Gewalt" auch. So wird der Begriff etwa im Rahmen von Art. 19 Abs. 4 Satz 1 GG verwendet. Die dort verankerte Rechtsschutzgarantie knüpft an eine Verletzung von Rechten durch „die öffentliche Gewalt" an. Teilweise wird zu dem Begriff in Art. 19 Abs. 4 Satz 1 GG vertreten, dass er eng, nur im Sinne der vollziehenden Gewalt zu verstehen sei[1104], während andere ihn weit interpretieren und auch die Gesetzgebung und Justiz einbeziehen wollen[1105]. Unabhängig davon, welche Auffassung den Vorzug genießt, sollte, um eine entsprechende Diskussion im Rahmen der Staatszielbestimmung zugunsten des Sports zu vermeiden, von der Verwendung dieses Adressatenbegriffs abgesehen werden.

[1101] Siehe dazu *Wojtyczek*, in: Skrzydło/Grabowska/Grabowski, Konstytucja Rzeczypospolitej Polskiej - komentarz encyklopedyczny, 5. Aufl. 2009, S. 628.

[1102] *Wojtyczek*, in: Skrzydło/Grabowska/Grabowski, Konstytucja Rzeczypospolitej Polskiej - komentarz encyklopedyczny, 5. Aufl. 2009, S. 628.

[1103] *Wojtyczek*, in: Skrzydło/Grabowska/Grabowski, Konstytucja Rzeczypospolitej Polskiej - komentarz encyklopedyczny, 5. Aufl. 2009, S. 628.

[1104] Siehe nur *Enders*, in: Epping/Hillgruber, BeckOK GG, Stand: 28. Edt., 01.03.2016, Art. 19, Rn. 55 m. w. N.; so hat die Rspr. etwa Akte der parlamentarischen Gesetzgebung nicht als öffentliche Gewalt im Sinne von Art. 19 Abs. 4 Satz 1 GG verstanden; vgl. nur *BVerfG*, Beschl. v. 08.04.1987 - 2 BvR 909, 934-936, 938, 941, 942, 947/82, 64/83, 142/84 - BVerfGE 75, 108, 165.

[1105] *Schmidt-Aßmann*, in: Maunz/Dürig, GG, Stand: 75. Erglf., September 2015, Art. 19, Rn. 45; 93 m. w. N.; ausführlich zu den vielfach ausgetauschten Argumenten *Schenke*, in: Kahl/Waldhoff/Walter, BK Grundgesetz, Stand: 178. Akt., April 2016, Art. 19 Abs. 4, Rn. 338 ff.

Funktional verpflichtet die Regelung in Art. 68 Abs. 5 Verf-PL die öffentliche Gewalt die Entwicklung der sportlichen Betätigung zu unterstützen. Zwar lässt sich dem Verb „unterstützen“ ausdrücklich weder eine Förderungsverpflichtung noch eine Schutzpflicht entnehmen. Denn Unterstützung bedeutet lediglich die Gewährung von Hilfestellung jeglicher Art ohne konkrete Vorgaben hinsichtlich der Art und Weise. Im Einzelfall können sich beide Pflichten aber sehr wohl im Auslegungswege entnehmen lassen, wenn die Entwicklung der sportlichen Betätigung ohne schützende oder fördernde Hilfe der öffentlichen Gewalt gefährdet wäre. Damit könnte diese Ausgestaltung der Kodifizierung einer ausdrücklichen Schutz- und Förderungspflicht vorzuziehen sein, da sie weniger intensiv ist und somit dem Staat einen weiteren Gestaltungsspielraum belässt sowie die Autonomie des Sports besser wahren könnte[1106]. Tendenziell führt der Begriff „Unterstützen“ letztendlich aber dazu, dass die Verpflichtung auf Förderung und Schutz auch schwächer ausfällt als bei einer ausdrücklichen Verpflichtung zu Schutz und Förderung. Denn für eine bloße Unterstützung kann unter Umständen schon eine geringere staatliche Tätigkeit ausreichen, als sie für die Erfüllung eines ausdrücklichen Förderungsauftrags erforderlich wäre. Um den Pflichten eine hinreichende Intensität zukommen zu lassen, sollten deshalb die Förderungs- und Schutzpflicht nicht über einen weiten Unterstützungsbegriff als bloße Unterfälle in die Regelung Einzug finden, sondern ausdrücklich benannt werden. Die Wahrung der Autonomie kann hinreichend über eine entsprechende Beachten-Klausel gesichert werden. Darüber hinaus besteht für eine zusätzliche funktionale Verpflichtung auf eine Unterstützung hin kein Bedarf, da alle für die Abwendung der Gefahren für den Sport notwendige staatliche Tätigkeit über die Förderungs- und Schutzverpflichtung gedeckt wird.

Die Verf-PL enthält zudem drei Beschränkungen des Gestaltungsspielraums des Staates, die unnötig sind und zur Sicherung allen Sports nicht übernommen werden sollten[1107]. Das sind die Beschränkungen auf die Unterstützung der bloßen „Entwicklung“ und ausschließlich der „sportlichen Betätigung“ sowie die Schwerpunktlegung auf die Unterstützung der Entwicklung der sportlichen Betätigung von Kindern und Jugendlichen.

[1106] So für den Vorteil im Hinblick auf die Autonomie des Sports *Hix*, Probleme der Normierung einer Sportklausel im Grundgesetz, 2013, S. 92.
[1107] Ausführlich dazu bereits oben unter 3. Kapitel, A. I. 3) und 5).

7) Kroatien, Art. 69 Abs. 5 der Verfassung der Republik Kroatien vom 21.12.1990 (Verf-KRO)

Ähnlich wie die die *Republik Polen* blickt die *Republik Kroatien* auf eine sozialistische Vergangenheit zurück[1108]. Sie ist aus der *Sozialistischen Föderativen Republik Jugoslawien* hervorgegangen, zu der sie die staatsrechtliche Verbindung mit dem Beschluss des kroatischen Parlaments von 1991 aufgelöst hat[1109]. Wie so oft – und dies gilt selbst im Falle Polens, das sich ausgiebig Zeit für die Ausarbeitung der neuen Verfassung nahm – konnten sich auch die Verfassungsväter der Verf-KRO nicht ganz von dieser Vergangenheit lösen. Die Verf-KRO verfügt deshalb über einen Grundrechtskatalog, der umfassende soziale und kulturelle Rechte festschreibt[1110]. Dazu gehört auch eine Regelung in Art. 69 Abs. 5 Verf-KRO zugunsten des Sports, die wie folgt lautet:

„Der Staat fördert und unterstützt die Pflege der Körperkultur und des Sports."[1111]

Nach dem Wortlaut der Regelung handelt es sich um eine Staatszielbestimmung. Sie nimmt den Staat als Subjekt des Satzes durch zwei aktiv formulierte Verben verbindlich auf eine zukunftsgerichtete Aufgabe in die Pflicht, ohne den Begünstigten einen dazu korrespondierenden Anspruch zuzusprechen.

Art. 69 Abs. 5 Verf-KRO ist an den „Staat" adressiert und bestätigt damit den hier favorisierten Adressatenbegriff, wie die Entwicklungsgeschichte des Begriffs belegt. In der Ursprungsfassung war nicht der Staat, sondern die „Repub-

---

[1108] Wegen der Ähnlichkeit der kroatischen und polnischen Regelungen wird die Regelung der Verf-KRO an dieser Stelle dargestellt, und nicht an der Stelle, die ihr nach der sonst aufbaumaßgeblichen alphabetischen Reihenfolge zuzuweisen wäre. Da die kroatische Regelung, wie sich gleich zeigen wird, an einer entscheidenden Stelle spzieller als die polnische ausgestaltet ist, war letztere voranzustellen.

[1109] Der Beschluss ist abgedruckt im Amtsblatt der Republik Kroatien Nr. 53/91 vom 28.06.1991, abrufbar unter http://narodne-novine.nn.hr/clanci/sluzbeni/1991_10_53_1272.html (letzter Abruf v. 07.06.2016).

[1110] Der Abschnitt über „wirtschaftliche, soziale und kulturelle Rechte" allein fasst 21 Artikel.

[1111] Übersetzung von *Roggemann*, Die Verfassungen Mittel- und Osteuropas, 1999, S. 498, zu der wortlautidentischen Vorgängerregelung in Art. 68 Abs. 5 Verf-KRO, die mit der Verfassungsänderung vom 16.06.2010, Amtsblatt der Republik Kroatien Nr. 76/10, abrufbar unter http://narodne-novine.nn.hr/clanci/sluzbeni/ 2010_06_76_2214.html (letzter Abruf v. 07.06.2016) in Art. 69 Abs. 5 Verf-KRO verschoben wurde; im Original lautet Art. 69 Abs. 5 Verf-KRO: „Država potiče i pomaže skrb o tjelesnoj kulturi i športu."

lik“ als Adressatin der Norm benannt. Erst durch das Verfassungsänderungsgesetz vom 12.12.1997 wurde die Republik durch den Begriff „der Staat“ ersetzt[1112]. Dies legt den Schluss nahe, dass der der Ursprungsfassung zugrunde liegende Begriff nach der kroatischen Verfassungsrechtsdogmatik für zu eng erachtet wurde, um den gewünschten Bindungsumfang zu erreichen. Diese Abweichung zum weiten italienischen Verständnis bestätigt die hier vertretene ablehnende Haltung gegenüber der Verwendung des Begriffs Republik bzw. Bundesrepublik[1113]. Denn nicht nur im Grundgesetz ist ein einheitlicher Begriff nicht auszumachen, er wird auch im Staatenvergleich uneinheitlich bewertet.

Ebenfalls interessant ist die Ausgestaltung der funktionalen Verpflichtung. Diese ist, über die polnische Regelung hinaus, auf eine Förderung und Unterstützung ausgerichtet. Wegen der zusätzlichen ausdrücklichen Förderungsverpflichtung wäre die Gefahr einer geringeren Förderung bei einer bloßen Unterstützungsverpflichtung beseitigt[1114]. Allerdings wäre der insoweitige Gewinn für die Autonomie mit der ausdrücklichen Förderungsverpflichtungen auch wieder dahin. Hinzu kommt, dass es für den Schutzgehalt bei einem geringeren Niveau gegenüber einer ausdrücklichen Verpflichtung bliebe, der es aber zum Ausgleich von Güterkollisionen zwingend bedarf. Vor diesem Hintergrund ist auch die in der Verf-KRO gewählte Kombination für den vorliegenden Vorschlag ungeeignet. Auch die Beschränkung auf die Pflege und die Priorisierung der Körperkultur[1115] sind wegen der unnötigen Beschränkung des Gestaltungsspielraums des Staates nicht ratsam.

8) Litauen, Art. 53 Abs. 2 der Verfassung der Republik Litauen vom 25.10.1992 (Verf-LIT)

Eine weitere Verfassung, die eine Regelung mit einer ausdrücklichen Verpflichtung im Hinblick auf den Sport enthält und den beiden zuvor behandelten Rege-

---

[1112] Vgl. Amtsblatt der Republik Kroatien Nr. 135/97 vom 15.12.1997, abrufbar unter http://narodne-novine.nn.hr/clanci/sluzbeni/1997_12_135_1944.html (letzter Abruf v. 07.06.2016).

[1113] Siehe dazu oben unter 3. Kapitel, A. III. 4).

[1114] Siehe dazu oben unter 3. Kapitel, A. III. 6).

[1115] Zu beiden oben unter 3. Kapitel, A. I. 4).

lungen stark gleicht, ist die Verf-LIT[1116]. Der Grund dafür liegt in der sozialstaatlichen Tradition der baltischen Staaten und auch hier in der sozialistischen Vergangenheit, die dazu geführt haben, dass die Verf-LIT in erheblichem Maße soziale Staatszielbestimmungen, Aufträge und Grundrechte enthält[1117]. Die Regelung betreffend den Sport in Art. 53 Abs. 2 Verf-LIT lautet wie folgt:

„Der Staat soll die Körperkultur in der Gesellschaft fördern und den Sport unterstützen."[1118]

Bei der den zuvor behandelten stark ähnelnden Regelung handelt es sich nach dem Wortlaut ebenfalls um eine Staatszielbestimmung[1119]. Wegen des hier verwendeten Verbes „soll" besteht jedoch die Gefahr, dass wegen der geringeren Verbindlichkeitsintensität lediglich ein Programmsatz angenommen wird. Denn sog. „Soll-Vorschriften" binden den Staat tendenziell in geringerem Umfang als sog. „Muss-Vorschriften"[1120]. Dies führt andererseits aber auch dazu, dass ein Mehr an staatlichem Gestaltungsspielraum verbleibt als bei einer Ausgestaltung ohne Soll, und die Gefahr der Einengung des Gestaltungsspierlaums des Gesetzgebers sowie der Verschiebung der nach der funktionalen Gewaltenteilung ihm zukommenden Befugnisse verringert wird. Wegen der Auswirkungen auf die Rechtsnatur, des geringeren Gehalts für den Sport und einer hinreichenden Gewährleistung des Gestaltungsspielraums auch ohne Ausgestaltung als Soll-Vorschrift nach dem litauischen Vorbild ist dieser Ansatz für den hiesigen Vorschlag aber abzulehnen.

Funktional enthält sie wie die kroatische Regelung und über die polnische Regelung hinaus eine kombinierte Verpflichtung. Sie sieht, ähnlich wie die kroatische Vorschrift, eine Unterstützungs- und eine Förderungsverpflichtung vor. Da sich

---

[1116] Deshalb wird auch diese Regelung an dieser Stelle in Zusammenhang mit der kroatischen und polnischen Regelung dargestellt und nicht an der ihr nach dem sonst zugrunde gelegten Aufbau zuzuweisenden Stelle.

[1117] *Steinberg*, JöR 1995, 55, 64.

[1118] Eigene Übersetzung aus der englischen Fassung, die bei *Kimmel/Kimmel*, Verfassungen der EU-Mitgliedstaaten, 6. Aufl. 2005, S. 336, abgedruckt ist; im Original lautet Art. 51 Abs. 2 Verf-Lit: „Valstybė skatina visuomenės kūno kultūrą ir remia sportą.".

[1119] So für die Regelung in der Verf-LIT, *Wiesner*, Unionsziel Sportförderung, 2008, S. 89; in diesem Sinne auch *Steinberg*, JöR 1995, 55, 64, aber allgemein für die in Art. 53 Verf-LIT verankerten Pflichten.

[1120] Zum größeren Gestaltungsspielraum bei Soll-Vorschriften gegenüber sog. „Muss-Vorschriften" siehe nur *Sodan/Ziekow*, Grundkurs Öffentliches Recht, 6. Aufl. 2014, § 69, Rn. 2.

die Förderungsverpflichtung jedoch lediglich auf die Körperkultur und damit einen Unterfall des Sports bezieht und für den Sport im Allgemeinen eine bloße Unterstützungsverpflichtung besteht, bleibt sie sogar hinter dem Gehalt der kroatischen Regelung zurück. Damit ist sie nicht geeignet, um den Gefahren für den Sport hinreichend beizukommen und bietet insgesamt keine übertragenswerten Ansätze.

9) Portugal, Art. 64 Abs. 2 b) und 79 der Verfassung der Republik Portugal vom 02.04.1976 (Verf-PGL)

Ähnlich wie in Griechenland fanden auch in Portugal verhältnismäßig früh Regelungen zugunsten des Sports Einzug in die Verfassung. Denn auch die Ausarbeitung der Verf-PGL fiel in eine Epoche in den siebziger Jahren des 20. Jahrhunderts, in der mehrere autoritäre Regime in Europa zu Fall gebracht wurden, welches in diesen Staaten ein Bedürfnis nach klarer Abgrenzung zu den abgelösten Systemen hervorrief. Die Verf-PGL wurde nach dem Sturz des autoritären *Estado Novo* in den Jahren 1975/1976 unter der Federführung der sozialistischen Partei ausgearbeitet[1121]. Durch den dabei geschaffenen wohl detailliertesten Katalog sozialer, wirtschaftlicher und kultureller Rechte aller westeuropäischen Verfassungen[1122] wurde den Bedürfnissen nach Abkehr und Distanzierung von der Verfassung des *Estado Novo* sowie nach Setzung eigener Schwerpunkte im sozialen Bereich Genüge getan. Dabei wurde auch eine Regelung zugunsten des Sports in Art. 79 der Ursprungsfassung der Verf-PGL aufgenommen, die im Jahre 1982 ihre heutige Fassung erhielt[1123] und wie folgt lautet:

„(1) Jedermann hat das Recht auf Körperkultur und Sport. (2) Der Staat ist verpflichtet, in Zusammenarbeit mit den Schulen und den Sportvereinigungen und Sportgemeinschaften die Praktizierung und Verbreitung der Körperkultur und

---

[1121] Ausführlich dazu *Polakiewicz*, ZAOERV 1994, 340, 346 f.
[1122] So *Polakiewicz*, ZAOERV 1994, 340, 347.
[1123] *Häußling*, Soziale Grundrechte in der Verf-PGL, 1997, S. 254.

des Sports zu fördern, anzuregen, auszurichten und zu unterstützen, sowie die Gewalt im Sport zu verhindern.“ [1124]

Daneben ist der Sport auch in Art. 64 Abs. 2 b) Verf-PGL geregelt:

„Das Recht auf Schutz der Gesundheit wird verwirklicht: a) [...] b) durch [...] die Förderung der körperlichen und sportlichen Betätigung in den Schulen und des Volkssports [...].“[1125]

Art. 79 Abs. 1 Verf-PGL begründet ein „Recht auf“, schreibt somit nach seinem Wortlaut ein subjektives Recht auf Körperkultur und Sport fest[1126] und scheidet daher für den hiesigen Vorschlag aus. In Art. 79 Abs. 2 und 64 Abs. 2 b) Verf-PGL werden dagegen an den Staat als Subjekt des Satzes im Indikativ aktiv formulierte verbindliche rein objektiv-rechtliche Pflichten zur Anregung, Ausrichtung, Förderung und Unterstützung festgelegt[1127]. Art. 79 Abs. 2 und 64 Abs. 2 b) Verf-PGL sind deswegen als Staatszielbestimmungen zu qualifizieren.

[1124] Übersetzung von *Kimmel/Kimmel*, Verfassungen der EU-Mitgliedstaaten, 6. Aufl. 2005, S. 620; im Original lautet Art. 79 Verf-PGL: „(1) Todos têm direito à cultura física e ao desporto. (2) Incumbe ao Estado, em colaboração com as escolas e as associações e colectividades desportivas, promover, estimular, orientar e apoiar a prática e a difusão da cultura física e do desporto, bem como prevenir a violência no desporto.“

[1125] Übersetzung von *Kimmel/Kimmel*, Verfassungen der EU-Mitgliedstaaten, 6. Aufl. 2005, S. 614; im Original lautet Art. 64 Abs. 2 b) Verf-PGL: „O direito à protecção da saúde é realizado: [...] b) Pela criação de condições económicas, sociais, culturais e ambientais que garantam, designadamente, a protecção da infância, da juventude e da velhice, e pela melhoria sistemática das condições de vida e de trabalho, bem como pela promoção da cultura física e desportiva, escolar e popular, e ainda pelo desenvolvimento da educação sanitária do povo e de práticas de vida saudável.“

[1126] *Häußling*, Soziale Grundrechte in der Verf-PGL, 1997, S. 224 f., 254; *Hix*, Probleme der Normierung einer Sportklausel im Grundgesetz, 2013, S. 93; *Polakiewicz*, ZAOERV 1994, 340, 350; *Streinz*, Causa Sport 2009, 106, 109; diese Bewertung wird auch durch die historische Verfassungsentwicklung in Portugal – vgl. dazu *Polakiewicz*, ZAOERV 1994, 340, 350 – und die systematische Stellung im Teil I der Verf-PGL über „Grundrechte und Grundpflichten“ bestätigt. *Häußling*, Soziale Grundrechte in der Verf-PGL, 1997, S. 225, geht insoweit von einem sozialen Grundrecht im engeren Sinne aus. Dabei verkennt sie jedoch, dass es an dem dafür typischen sozialen Leistungsgehalt fehlt – siehe dazu oben unter 1. Kapitel, A. VI. 4). Richtigerweise wird die Regelung nach ihrem Wortlaut daher als „einfaches“ Grundrecht einzuordnen sein

[1127] So nur für Art. 79 Abs. 2 Verf-PGL, *Häußling*, Soziale Grundrechte in der Verf-PGL, 1997, S. 254. Auch lässt sich für Art. 79 Abs. 2 Verf-PGL aus der Nähe zu Abs. 1 nichts Gegenteiliges folgern, da die Bestimmungen in Kapitel III von Teil I der Verf-PLG über die „wirtschaftlichen, sozialen und kulturellen Rechte und Pflichten“, in dem die Regelung systematisch verortet ist, dadurch gekennzeichnet sind, dass in ihnen ein buntes Gemisch aus

Art. 79 Abs. 2 Verf-PGL weicht im Hinblick auf den funktionalen Verpflichtungsgehalt von den bisher untersuchten Regelungen ab. Er gibt dem Staat keine eigene Schutz- bzw. Handlungspflicht, sondern zuvorderst die Pflicht auf, mit den Schulen, Sportvereinigungen und Sportgemeinschaften bei der Erfüllung seiner im weiteren Verlauf aufgeführten Handlungspflichten zusammenzuarbeiten. Dies hat den Vorteil, dass der Staat seinen näher umschriebenen Verpflichtungen gegenüber dem Sport nicht nach eigenem Dafürhalten nachkommen kann, sondern sich zunächst mit den Vertretern des Sports auf schulischer, Verbands- und sonst organisierter Ebene abstimmen muss[1128]. Durch Rückgriff auf die Kenntnisse dieser bestens informierten Personen und Einrichtungen kann der Staat Bedarfspositionen besser erkennen und die Förderung gezielter und kostenorientierter vornehmen. Zugleich können autonomiegefährdende Maßnahmen tendenziell eher erkannt werden, weil die Beteiligten im Rahmen der Zusammenarbeit darauf hinweisen können. Da die Zusammenarbeitsverpflichtung staatszielbestimmungstypisch offen ist, bedeutet sie keineswegs, dass es tatsächlich zu dem zuvor dargestellten Austausch kommen muss. Wie so oft könnte diese Verpflichtung in den bürokratischen „Untiefen“ des Verwaltungsapparates auf Seiten des Staates und der Sportinstitutionen „untergehen“. Damit bleibt das Autonomiebeschränkungsrisiko tatsächlich weiterhin bestehen und es tritt ein erhebliches Verzögerungs-risiko hinzu. Im Gegensatz zu der bereits gefundenen Regelung zur hinreichenden Wahrung der Autonomie würde die Ausgestaltung nach der Verf-PGL daher wenig für die Autonomie des Sports bewirken, dafür aber die Staatszielbestimmung eher unnötig aufblähen, die Gestaltungsfreiheit des Staates wieder einschränken und ein neues (Verzögerungs-)Risiko schaffen. Daher ist eine Zusammenarbeitspflicht nicht in den hiesigen Regelungsvorschlag zu übernehmen.

Die staatlichen Pflichten sind hier auf die Förderung, Anregung, Ausrichtung und Unterstützung von Körperkultur und Sport sowie die Verhinderung von

---

Leistungsrechten und -pflichten, Teilhaberechten, Verpflichtungen, Organisations- und Kompetenznormen sowie institutionellen Garantien kodifiziert wurde. Deshalb muss stets zwischen den einzelnen Absätzen differenziert werden und es darf nicht von einem Typ auf den anderen geschlossen werden; vgl. dazu *Häußling*, a. a. O.

[1128] Die Zusammenarbeitspflicht ebenfalls positiv hervorhebend, *Zimmermann*, Förderung des Sports, 2000, S. 19; *Häberle*, in: Becker/Bull/Seewald, FS Thieme, 1993, S. 30.

Gewalt im Sport gerichtet. Diese Pflichten lassen sich als qualifizierte Förderungs- und Schutzpflichten zusammenfassen. Denn die Förderung (im engeren Sinne), Anregung, Ausrichtung und Unterstützung zielen auf positive Entwicklungshandlungen ab, während die Pflicht zur Verhinderung von Gewalt im Sport eher dem Schutz des Sports dient. Aufgrund der Qualifizierungen werden jedoch andere nicht erwähnte Förderungs- und Schutzaspekte nicht berücksichtigt. Denn durch die ausdrückliche Benennung einzelner Bereiche werden ausschließlich diese vom Regelungsgehalt erfasst. So wird etwa der für die Regelung im Grundgesetz besonders wichtige Schutz vor dem Zurücktreten gegenüber konkurrierenden Gütern nicht von der Pflicht zum Schutz vor Gewalt im Sport erfasst. Deshalb ist eine allgemeine Schutz- und Förderungsverpflichtung der Qualifizierung des Art. 79 Abs. 2 Verf-PGL vorzuziehen[1129].

Weil die Förderung des Sports bereits über Art. 79 Verf-PGL abgesichert ist, wird teilweise vertreten, die Verpflichtung zur Förderung der körperlichen und sportlichen Betätigung in den Schulen und des Volkssports in Art. 64 Abs. 2 b) Verf-PGL sei nur erfolgt, um auch die Bereiche, die in Zusammenhang mit dem Recht auf Gesundheit stehen, der Vollständigkeit halber dort zu benennen[1130]. Da die Regelung aber einen eigenen Fokus setzt, kann dem nicht gefolgt werden. Auch wenn sie systematisch unglücklich im Rahmen des Rechts auf Gesundheitsschutz in Art. 64 Abs. 1 Verf-PGL verortet ist, hat sie einen eigenständigen Regelungsgehalt, nämlich die Fokussierung auf die Förderung des gesundheitsrelevanten Schul- und Volkssports. Da jede Fokussierung eine unnötige Beschneidung der Gestaltungs- und Reaktionsmöglichkeiten des Staates bedeutet, darf sie für den hiesigen Vorschlag nicht übernommen werden. Und auch die Aufteilung des Staatsziels zugunsten des Sports in mehrere voneinander getrennte Staatszielbestimmungen macht systematisch keinen Sinn.

[1129] In diese Richtung auch *Häberle*, in: Becker/Bull/Seewald, FS Thieme, 1993, S. 30, der davon spricht, dass man die Ausgestaltung für „zu intensiv und zu extensiv“ erachten kann.
[1130] *Häußling*, Soziale Grundrechte in der Verf-PGL, 1997, S. 190.

10) Slowakei, Art. 44 Abs. 2 der Verfassung der Slowakischen Republik vom 01.09.1992 (Verf-SK)

Auch die *Slowakische Republik*, als Teilnachfolgerin des sozialistischen Staates *Tschechoslowakische Republik*[1131] ist durch diese Epoche ihrer Geschichte geprägt, was sich in dem Grundrechtskatalog des zweiten „Hauptstücks“ der Verf-SK widerspiegelt. Dieser enthält neben klassischen Grundrechten in den ersten drei Abteilungen, Rechten ethnischer Minderheiten in der vierten Abteilung auch einen umfangreichen Katalog an wirtschaftlichen, sozialen und kulturellen Rechten in der fünften und sechsten Abteilung. Zu letzteren gehört auch eine Regelung in Art. 44 Abs. 2 Verf-SK betreffend das kulturelle Leben, in die, ähnlich wie bei den Verfassungen Belgiens und Italiens, der Sport hineingelesen wird[1132]. Die Regelung lautet:

„Jeder ist verpflichtet, die Umwelt und das kulturelle Leben zu schützen und zu fördern.“[1133]

Die Regelung begründet eine verbindliche rein objektiv-rechtliche Förderungs- und Schutzpflicht des Staates, ohne unmittelbar durchsetzbar zu sein[1134], und entspricht damit nach ihrem Wortlaut einer Staatszielbestimmung[1135]. So positiv die direkte Adressierung, aktive Formulierung und insbesondere die, so bislang nicht gesehene, Unterstreichung des Verpflichtungsgehalts durch die Benutzung des Verbs „verpflichtet“ in Verbindung mit den einzelnen ebenfalls in Verbform verankerten konkreten funktionalen Verpflichtungen für die Festlegung des verbindlichen objektiv-rechtlichen Gehalts und damit der Rechtsnatur als Staatszielbestimmung ist, so sehr ist auch von der Verankerung des Sports als Unter-

---

[1131] Die *Slowakische Republik* ist lediglich mittelbare Nachfolgerin der *Tschechoslowakischen Republik*, da sie in der Zeit vom 22.04.1990 bis zum 31.12.1992 noch übergangsweise Teil der *Tschechischen und Slowakischen Föderativen Republik* war, vgl. *Baumgartner*, ROW 1992, 375.

[1132] So *Hix*, Probleme der Normierung einer Sportklausel im Grundgesetz, 2013, S. 94; gegen eine entsprechende Ausgestaltung sprechen die unter 3. Kapitel, A. I. 2), angeführten Bedenken.

[1133] Übersetzung von *Kimmel/Kimmel*, Verfassungen der EU-Mitgliedstaaten, 6. Aufl. 2005, S. 726; im Original lautet Art. 44 Abs. 2 Verf-SK: „Každý je povinný chrániť a zveľaďovať životné prostredie a kultúrne dedičstvo.“

[1134] *Baumgartner*, ROW 1992, 375, 376, Fn. 14.

[1135] *Baumgartner*, ROW 1992, 375, 376, Fn. 14.

fall des „kulturellen Lebens“ abzuraten[1136]. Die aktive Formulierung unter Verwendung des Verbs „verpflichten“ sollte aber auch für den hiesigen Vorschlag berücksichtigt werden.

Neben der Adressierungsart ist auch der Adressatenbegriff der Regelung besonders. Dieser beschränkt sich nicht darauf, die staatlichen Stellen in die Pflicht zu nehmen, sondern verpflichtet „jeden“. Damit sind neben aller staatlichen Gewalt auch alle Privatpersonen von der Regelung erfasst. Die Verpflichtung zum privaten Engagement könnte dazu führen, dass sich der staatliche Förderungsbeitrag verringert und die Autonomie des Sports weniger belastet wird, weil durch das private Engagement bereits ein gewisser Teil des Förderungsbedarfs gedeckt werden kann. Ungeachtet der fragwürdigen Rechtsnatur dieser Doppelverpflichtung[1137] steht einer entsprechenden Ausgestaltung jedoch entgegen, dass rechtsstaatliche Verfassungen keine unmittelbar geltenden Pflichten gegenüber den Bürgern begründen, da auch sie durch den Gesetzgeber konkretisierungsbedürftig sind[1138]. Zumal eine auf einer entsprechend adressierten Staatszielbestimmung beruhende konkrete Verpflichtung der Bürger zu sportfördernden Maßnahmen immer jedenfalls einen Eingriff in das Grundrecht der allgemeinen Handlungsfreiheit aus Art. 2 Abs. 1 GG darstellen würde und einer hinreichenden Grundlage sowie der Rechtfertigung bedürfte. Die Staatszielbestimmung genügt den Anforderungen an eine Ermächtigungsgrundlage mangels hinreichender Bestimmtheit nicht. Durch die zeitgleiche Verpflichtung des Staates wäre zudem den eingriffsrechtfertigenden Gefahren in der Regel bereits hinreichend Rechnung getragen, womit eine zusätzliche Verpflichtung der Bürger nicht erforderlich wäre. Der Adressatenbegriff der Verf-SK ist daher für den hiesigen Vorschlang nicht zu verwenden.

Allerdings enthält die Verf-SK als erste der hier untersuchten Regelungen eine kumulative Förderungs- und Schutzpflicht für den Sport in einer einheitlichen

---

[1136] Zu letzterem bereits ausführlich unter 3. Kapitel, A. I. 2) und III. 4).

[1137] Denkbar sind Einordnungen für die Bürger als eine bloße Appellregelung, eine Pflicht oder eine Grundrechtsschranke; ausführlich dazu, *Fischer*, Staatszielbestimmungen, 1994, S. 53 ff.

[1138] Ausführlich dazu *Sommermann*, Staatsziele und Staatszielbestimmungen, 1997, S. 465 ff. m. w. N.

Staatszielbestimmung[1139]. Eine derartige Kumulation aus Förderungs- und Schutzgehalt bietet sich auch für den hiesigen Vorschlag an, da dadurch am besten den Gefahren für den Sport begegnet werden kann und keine unnötige normativitätsabträgliche Aufblähung der Regelung erfolgt. Durch Kombination aus hinreichend statischer Schutzpflicht und dynamischer Förderungspflicht wird die Verpflichtung gleichermaßen auf beides gerichtet und so Vorhandenes – im Gegensatz zu einer bloßen Pflegepflicht – hinreichend geschützt und bewahrt sowie das Entstehen von Neuem und die Ausdehnung des Bestehenden gefördert[1140]. Damit bietet die Regelung in der Verf-SK im Ergebnis zwei übertragenswerte Ansätze für die funktionale Verpflichtung, nämlich die aktive Formulierung unter Verwendung des Verbs „verpflichten" und die Kombination aus Förderungs- und Schutzgehalt, wobei der Förderungsgehalt durch eine Gewährleistungspflicht nach dem Vorbild der Verf-VEN und Verf-DDR „reduziert" werden sollte.

11) Spanien, Art. 43 Abs. 3 der Verfassung des Königsreichs Spanien vom 31.10.1978 (Verf-ES)

Die Einstufung Spaniens als Föderal- oder Zentralstaat und damit unter die hier im Teil III. verortete Staatengruppe ist nicht ganz einfach. Der heutigen Verf-ES nach existiert in Spanien ein sog. „Exekutivföderalismus", bei dem die Kompetenzen für die Durchführung und deren normative Ausgestaltung grundsätzlich bei den *Autonomen Gemeinschaften* liegen, während der Zentralstaat die wichtigen Normsetzungskompetenzen behält[1141]. Diese teilweise Delegierung ändert jedoch nichts daran, dass Spanien nach der Verf-ES als Einheitsstaat konzipiert

---

[1139] Der Schutzgehalt der Regelung in der Verf-BG bezieht sich ausschließlich auf die Gesundheit und nur der Förderungsgehalt auf den Sport, vgl. 3. Kapitel, A. III. 2); die Regelung in der Verf-GR bezieht zwar beide Pflichten auf den Sport, sie sind jedoch in zwei getrennten Staatszielbestimmungen verankert; vgl. 3. Kapitel, A. III. 3).

[1140] Siehe dazu bereits oben unter 3. Kapitel, A. I. 4).

[1141] *Medina Guerrero*, in: Bogdandy/Cruz Villalòn/Huber, HdbIPE, Band I, 2007, § 11, Rn. 73.

ist[1142]. Deshalb wird die Regelung in der Verf-ES im Rahmen dieser Gruppe behandelt.

Die als „Verfassung des Konsenses" bezeichnete Verf-ES geht auf ausgiebige Debatten aller politischen und sozialen Kräfte im Land zurück, die auf das Ende des Militärregimes von *Francisco Franco* im Jahre 1975 folgten[1143]. Die hierbei zwischen den Rechten und Linken gefundenen, für die Bezeichnung der Verf-ES maßgeblichen Kompromisse, führten auch in Orientierung an die damals erst kürzlich in Kraft getretene Verf-PGL etliche soziale Gehalte in den Verfassungstext ein[1144], wozu auch eine ausdrückliche Regelung zugunsten des Sports in Art. 43 Abs. 3 Verf-ES gehörte. Die Vorschrift lautet:

„Die öffentliche Gewalt fördert die Gesundheitserziehung, die Leibeserziehung und den Sport sowie eine geeignete Nutzung der Freizeit."[1145]

Nach dem Wortlaut handelt es sich auch bei der spanischen Regelung um eine Staatszielbestimmung, da sie keinen subjektiv-rechtlichen Gehalt vermittelt, sondern für die öffentliche Gewalt verbindlich die rein objektiv-rechtliche Pflicht zur Förderung der dort benannten Güter festschreibt[1146].

[1142] Überweigend wird Spanien nicht als Einheits- oder Zentralstaat, sondern als sog. „Autonomiestaat" bezeichnet – siehe dazu *Nohlen/HildebrandMessner*, Verfassungsrechtliche Asymmetrien im spanischen Autonomienstaat, 2008, S. 9; *Messner*, Verfassungsrechtliche Asymmetrien im spanischen Autonomienstaat, 2008, S. 37 f., letztere auch mit zahlreichen in der spanischen Rechtslehre vorgeschlagenen Bezeichnungen. Im Ergebnis liegt dem Autonomiestaat jedoch die Verfassung eines Einheitsstaates zugrunde, die die Möglichkeit der Dezentralisierung auf regionaler vorsieht. Siehe zu den Eigenschaften eines Autonomiestaates *Nohlen/Hildebrand*, in: Nohlen/Encinar, Der Staat der Autonomen Gemeinschaften in Spanien, 1992, S. 9, Fn. 1.

[1143] *Medina Guerrero*, in: Bogdandy/Cruz Villalòn/Huber, HdbIPE, Band I, 2007, § 11, Rn. 7, 22.

[1144] *Medina Guerrero*, in: Bogdandy/Cruz Villalòn/Huber, HdbIPE, Band I, 2007, § 11, Rn. 12, 22.

[1145] Übersetzung von *Kimmel/Kimmel*, Verfassungen der EU-Mitgliedstaaten, 6. Aufl. 2005, S. 797; im Original lautet Art. 43 Abs. 3 Verf-ES: „Los poderes públicos fomentarán la educación sanitaria, la educación física y el deporte. Asimismo facilitarán la adecuada utilización del ocio."

[1146] *García de Enterría*, in: López Pina, Hdb SpanVerfR, 1993, S. 71 f.; *López Pina*, in: López Pina, Hdb SpanVerfR, 1993, S. 32; *Pérez Royo*, Curso de derecho constitucional, 2. Aufl. 1995, S. 324; *Polakiewicz*, ZAOERV 1994, 340, 351 f. a. A. *Borrajo Dacruz*, in: Alzaga Villaamil, Comentarios a las Leyes Politicas, Bd. IV, 1984, Art. 43, S. 147, 196 – diesen zitierend *Romanski*, Sozialstaatlichkeit und soziale Grundrechte im GG und in der Verf-ES, 2001, S. 180 –, der Art. 43 Abs. 3 Verf-ES keine eigenständige Bedeutung beimisst, weil

Der Förderungsauftrag in Art. 43 Abs. 3 Verf-ES richtet sich, genauso wie die polnische Regelung, an die „öffentliche Gewalt". Zwar besteht insoweit in der spanischen Literatur Einigkeit, dass die Regelung weit zu verstehen ist und dadurch alle Organe der öffentlichen Gewalt gebunden werden[1147]. Es bleibt jedoch auch hier das Problem, dass bei einer Übertragung auf das Grundgesetz unklar wäre, ob alle staatlichen Gewalten erfasst werden[1148].

Die Regelung enthält funktional einen ausdrücklichen Förderungsauftrag betreffend die Gesundheitserziehung, die Leibeserziehung und den Sport sowie eine geeignete Nutzung der Freizeit. Welchen Vorteil die Aufnahme der weiteren Förderungsgegenstände nach dem Vorbild von Art. 43 Abs. 3 Verf-ES betreffend die Gesundheitserziehung, die Leibeserziehung sowie eine geeignete Nutzung der Freizeit im Zusammenhang mit dem Sport haben soll, erschließt sich nicht. Vielmehr dürfte die Leibeserziehung als Sport, der der körperlichen Verbesserung dient, bereits von dem Begriff Sport erfasst sein, sodass schon insofern Bedenken gegen ihre Mit-kodifikation bestehen, weil damit eine Priorisierung dieses Sportbereiches einherginge. Die Gesundheitserziehung und die Nutzung der Freizeit stehen in einem engen tatsächlichen Zusammenhang mit dem Sport, weil der Sport beiden Bereichen dienlich ist, und könnten ebenfalls zu einer Hervorhebung und damit Priorisierung dieser Aspekte führen. Übertragenswerte Ansätze bleiben damit aus.

die Regelung rechtlich kaum fassbar und daher eher politisches Programm denn ein rechtliches Leitprinzip sei. Die schwere Fassbarkeit infolge ihrer Offenheit zeichnet aber gerade Staatszielbestimmungen aus, weshalb der Bewertung als bloßes politisches Programm nicht gefolgt werden kann. Dies folgt im Übrigen auch aus der systematischen Stellung im Kapitel 3 des Titels I als „Leitprinzipien der Sozial- und Wirtschaftspolltik" und nicht als „Grundrechte und öffentliche Freiheiten" in Kapitel 2, sowie aus Art- 53 Verf-ES, vgl. dazu *García de Enterría*, in: López Pina, Hdb SpanVerfR, 1993, S. 67, 71.

[1147] *Polakiewicz*, ZAOERV 1994, 340, 352 m. w. N.

[1148] Siehe dazu die Ausführungen zur Verf-PL unter 3. Kapitel, A. III. 4) c).

12) Rumänien, Art. 45 Abs. 5 der Verfassung Rumäniens vom 21.11.1991 (Verf-RO)

Anders als in den anderen Staaten des ehemaligen „Ostblocks" begann der Übergang zur Demokratie in Rumänien nicht friedlich, sondern mit einem gewaltsamen Umbruch[1149]. Nach dem Sturz und der Hinrichtung des autoritären Machthabers, *Nicolae Ceauseşcu* im Dezember 1989 kam eine Gruppe der kommunistischen Elite des Landes an die Macht, die die spontane Revolution der Bevölkerung nutzte, um ein (ebenfalls) semi-autoritäres Regime zu installieren und den eigenen Machtanspruch über eine symbolisch das alte Regime beendende Verfassung abzusichern[1150]. Letzteres wurde durch die Ausrichtung der staatlichen Politik und des staatlichen Handelns in der Verf-RO auf die Förderung der allgemeinen Interessen der Gesellschaft erreicht[1151]. Konkret diente hierfür ein umfangreicher Grundrechtskatalog im Titel II der Verf-RO[1152], in den mit Art. 45 Abs. 5 Verf-RO auch eine ausdrückliche Regelung zugunsten Sport aufgenommen wurde, die wie folgt lautet:

„Die öffentlichen Behörden haben die Pflicht, zur Sicherstellung der Bedingungen für die freie Teilnahme der Jugendlichen am politischen, gesellschaftlichen, ökonomischen, kulturellen und sportlichen Leben des Landes beizutragen."[1153]

Dem Wortlaut zufolge stellt die Regelung eine Staatszielbestimmung dar. Sie nimmt staatliche Stellen ausdrücklich und daher verbindlich in die „Pflicht", oh-

---

[1149] *Hein*, Verfassungskonflikte zwischen Politik und Recht in Südosteuropa, 2013, S. 265 f.
[1150] Ausführlich dazu *Hein*, Verfassungskonflikte zwischen Politik und Recht in Südosteuropa, 2013, S. 265 ff.
[1151] *Ionescu*, in: Kortmann/Fleuren/Voermans, Constitutional law of Bulgaria and Romania, 2008, S. II-18.
[1152] *Ionescu*, in: Kortmann/Fleuren/Voermans, Constitutional law of Bulgaria and Romania, 2008, S. II-29.
[1153] Die deutsche Fassung der gleichlautenden Vorgängervorschrift in Art. 45 Abs. 5 Verf-RO ist abrufbar auf der Homepage der Abgeordnetenkammer unter http://www.cdep.ro/pls/dic/site.page?id=258&idl=4&par1=2 (letzter Abruf v. 07.06.2016). Im Original lautet Art. 49 Abs. 5 Verf-RO: „Autorităţile publice au obligaţia să contribuie la asigurarea condiţiilor pentru participarea liberă a tinerilor la viaţa politică, socială, economică, culturală şi sportivă a ţării."

ne ein dazu korrespondierendes Recht der Bevölkerung zu begründen[1154]. Insbesondere kann wegen der Ausgestaltung als ausdrückliche Pflicht nicht allein aufgrund der Verwendung des schwachen Verbs „beitragen“ auf eine für die Annahme einer Staatszielbestimmung zu geringe Verbindlichkeit geschlossen werden.

Adressat der Verpflichtung aus Art. 45 Abs. 5 Verf-RO sind die „öffentlichen Behörden“. Der Adressatenbegriff erscheint damit ungewöhnlich eng ausgestaltet, wobei sich aus der Verwendung des Begriffs in der Verf-RO auch für eindeutig an alle Staatsgewalt gerichtete Normen ergibt, dass er der Einordnung als Staatszielbestimmung nach der rumänischen Verfassungsrechtsdogmatik nicht entgegensteht[1155]. Für den hiesigen Vorschlag ist der Begriff jedoch ungeeignet, da nach deutschem Verfassungsrechtsverständnis die unmittelbaren Staatsorgane, wie etwa der Bundestag und der Bundesrat, und somit der Primäradressat von Staatszielbestimmungen, nicht von der Regelung erfasst wären. Die unmittelbaren Staatsorgane sind keine Behörden im Sinne des Regelungsbegriffs[1156].

Auch die funktionale Verpflichtung erweist sich insgesamt als zu stark qualifiziert. So beschränkt sich die Verpflichtung auf die bloße Teilnahme der Jugendlichen und nicht der gesamten Bevölkerung am sportlichen Leben. Ferner wird nur das sportliche Leben des Landes zum Maßstab für die Verpflichtung genommen. Hierbei bleiben sportliche Betätigungen im Ausland etwa auf internationalen Wettbewerben außer Acht. Ferner ist die bloße Verpflichtung, einen Beitrag zu der Sicherstellung der Bedingungen der freien Teilnahme am sportlichen Leben zu leisten zu schwach, um die Gefahren für den Sport hinreichend zu beseitigen. Denn die Leistung eines Beitrags kann auch derart gering ausfal-

---

[1154] Die systematische Stellung im Rahmen des Titel II über die „fundamentalen Rechte, Freiheiten und Pflichten“ und dort unter Kapitel II über die „fundamentalen Rechte und Freiheiten“ (und nicht Pflichten) kann auch eine andere Bewertung, als Vorschrift mit subjektivrechtlichem Gehalt gebieten. Gleiches gilt für die Nähe zu der Vorschrift über den Schutz der Kinder und jungen Leute in Art. 45 Abs. 1 Verf-RO, die ein sog. „sozioökonomisches und kulturelles Recht“ festschreibt – vgl. dazu *Ionescu*, in: Kortmann/Fleuren/Voermans, Constitutional law of Bulgaria and Romania, 2008, S. II-29.

[1155] Die Verf-RO verwendet diesen Begriff in zahlreichen Grundrechten an, die sich eindeutig nicht nur an Behörden, sondern an alle Staatsgewalt, insbesondere auch den Gesetzgeber richten, der diese bei der Gesetzgebung zu beachten hat; vgl. Art. 16 Abs. 1, 26 Abs. 1, 31 Abs. 2, 47 Abs. 2, Abs. 4 Verf-RO. Andernfalls wären diese Grundrechte weitestgehend ausgehöhlt.

[1156] Siehe dazu nur *Peters*, Lehrbuch der Verwaltung, 1949, S. 116; ausführlich zu den Staatsorganen, *Sodan/Ziekow*, Grundkurs Öffentliches Recht, 6. Aufl. 2014, § 12-16.

len, dass dadurch die Teilnahme nicht sichergestellt wird. Damit reicht die Regelung insgesamt nicht aus, um den aufgezeigten Gefahren für den Sport hinreichend zu begegnen und beschränkt den Gestaltungsspielraum des Gesetzgebers zudem unnötig, weshalb sie keine neuen übertragenswerten Ansätze bietet.

13) Ungarn, Art. XX des Grundgesetzes Ungarns vom 25.04.2011 (GG-H)

Im Gegensatz zu Rumänien ist der Umbruch nach dem Fall des Ostblocks in Ungarn friedlich verlaufen und beruhte nicht auf einem plötzlichen Sturz, sondern auf kontinuierlichen Entwicklungen im Land[1157]. Zwischenzeitlich wurde aber die postkommunistische Verfassung durch die heute geltende und neueste Verfassung Europas aus dem Jahre 2011, dem GG-H, ersetzt[1158]. Der Neuerlass im Jahr 2011 ist auf zwei Umstände zurückzuführen: Die postkommunistische Verfassung stammte aus dem Jahr 1949 und war damit, trotz der durch die tiefgreifenden Verfassungsänderungen nach dem Fall des Ostblocks in den Jahren 1989 und 1990 erreichten rechtsstaatlichen und demokratischen Verfassungswirklichkeit weiterhin eine Verfassung stalinistischen Ursprungs[1159]. Dies war in den Augen des stetig wachsenden national-populistischen Lagers in der Politlandschaft Ungarns ein nicht hinnehmbarer Zustand[1160]. So kam es, dass mit dem Erdrutschsieg der national-populistischen Partei *FIDESZ* im Jahr 2010 durch den neuen Regierungschef *Viktor Orbán* eine Art „Kodifikationskommission" eingesetzt wurde, die sich vor allem aus hochrangigen *FIDESZ*-Funktionären zusammensetzte, und ohne fundierte Vorarbeiten und ohne eine

---

[1157] Zu den Entwicklungen um 1990 *Kerek*, Verfassungsgerichtsbarkeit in Ungarn und Rumänien, 2010, S. 52 ff.; *Spuller*, Das Verfassungsgericht der Republik Ungarn, 1998, S. 1 f.

[1158] Ausführlich zur Entstehung des neuen GG-H *Küpper*, Ungarns Verfassung vom 25. April 2011, 2012, S. 11 ff.

[1159] Ausführlich dazu und insbesondere zu der rechtsstaatlichen und demokratischen Natur der geänderten postkommunistischen Verfassung *Küpper*, Ungarns Verfassung vom 25. April 2011, 2012, S. 11 ff.; im Übrigen siehe dazu auch *Spuller*, Das Verfassungsgericht der Republik Ungarn, 1998, S. 1 f.

[1160] Dies wird in den in dem Band von *Ablonczy*, Gespräche über das Grundgesetz Ungarns, 2012, siehe nur S. 6 f., S. 10 f., 22 ff., mit den beiden Kodifikationskommissions-Führungspersönlichkeiten und *FIDESZ*-Funktionären, *József Szájer* und *Gergely Gulyás* geführten Gesprächen und der dort mitabgedruckten Empfehlung des Parlamentspräsidenten, *László Kövér* (ebenfalls *FIDESZ*) besonders deutlich.

echte Diskussion im Parlament, in der Rechtswissenschaft oder in der Öffentlichkeit einen Entwurf ausarbeitete, der am 18.04.2011 durch das Parlament weitestgehend unverändert angenommen wurde[1161].

Die seitens der *FIDESZ* verfolgte Abkehr von der abgelösten Verfassung sozialistischen Ursprungs ist im Ergebnis jedoch nur teilweise gelungen. So hat das GG-H zahlreiche Regelungen sozialistischen Ursprungs aus der postkonstitutionellen Verfassung übernommen, welches sich insbesondere in dem neuen Grundrechtskatalog widerspiegelt, der inhaltlich zu großen Teilen auf den Grundrechten der postkommunistischen Verfassung aufbaut[1162]. Deshalb enthält das GG-H mit Art. XX Abs. 2 auch eine Regelung zugunsten des Sports, die weitestgehend mit § 70 D der postkommunistischen Verfassung übereinstimmt[1163] und wie folgt lautet:

„Ungarn fördert die Durchsetzung des gemäß Absatz 1 bestehenden Rechts [auf körperliche und seelische Gesundheit] durch eine von genmanipulierten Lebewesen freie Landwirtschaft, durch die Gewährleistung des Zugangs zu gesunden Lebensmitteln und zu Trinkwasser, durch Organisierung des Arbeitsschutzes und der medizinischen Versorgung, durch Förderung von Sporttreiben und regelmäßiger körperlicher Ertüchtigung sowie durch Sicherung des Schutzes der Umwelt."[1164]

Die Regelung legt dem Staat als Subjekt des Satzes verbindlich eine Verpflichtung zur Förderung von Sporttreiben und regelmäßiger körperlicher Ertüchtigung auf, ohne dazu ein korrespondierendes Recht zu begründen. Insbesondere lässt der Bezug auf das Recht in Absatz eins von Art. XX GG-H als Grund für

---

[1161] Ausführlich auch hierzu, *Küpper*, Ungarns Verfassung vom 25. April 2011, 2012, S. 11 ff., 32 ff.

[1162] *Küpper*, Ungarns Verfassung vom 25. April 2011, 2012, S. 47 f., 111.

[1163] Siehe dazu die Gegebnüberstellung der Verfassungen bei *Küpper*, Ungarns Verfassung vom 25. April 2011, 2012, S. 410 f., und die entsprechende Feststellung auf S. 131.

[1164] Die Übersetzung entspricht der offiziellen Übersetzung des ungarischen Grundgesetzes auf der Homepage der ungarischen Regierung, die unter http://www.mfa.gov.hu/NR/rdonlyres/09A650FD-0ACB-4C14-B572-7CDEF40B8966/0/grundgesetz_ungarn.pdf (letzter Abruf v. 07.06.2016) abrufbar ist. Im Original lautet Art. XX Abs. 2 GG-Ung: „Az (1) bekezdés szerinti jog érvényesülését Magyarország genetikailag módosított élőlényektől mentes mezőgazdasággal, az egészséges élelmiszerekhez és az ivóvízhez való hozzáférés biztosításával, a munkavédelem és az egészségügyi ellátás megszervezésével, a sportolás és a rendszeres testedzés támogatásával, valamint a környezet védelmének biztosításával segíti elő."

die Pflichten in Absatz zwei nicht den Schluss zu, dass auch die Pflichten subjektiv-rechtliche Gehalte vermitteln. Damit handelt es sich bei der Regelung ausweislich ihres Wortlauts um eine Staatszielbestimmung.

Der allein für die Übertragung relevante sportbezogene Teil der Vorschrift weist drei Besonderheiten auf: Adressat der Regelung ist „Ungarn" und nicht etwa die „Republik Ungarn". Das Grundgesetz verwendet dagegen regelmäßig den Begriff „Bundesrepublik Deutschland"[1165] und den Begriff „Deutschland" nur dann, wenn dadurch auch die Vorgängerstaaten wie das *Deutsche Reich* oder die *DDR* erfasst werden sollen[1166]. Weil der Staatsname im GG-H nicht, wie in anderen Verfassungen üblich, auf Republik Ungarn o.ä., sondern auf Ungarn festgelegt wurde[1167], ist der kurze Adressatenbegriff dort passend, für den hiesigen Vorschlag jedoch nicht geeignet, weil eine neue Verpflichtung der *DDR* oder des *Deutschen Reichs* auf den Sport keinen Sinn macht.

Durch die Festlegung der Förderungsbereiche auf das „Sporttreiben" und die „körperliche Ertüchtigung" wird nur der aktive Bereich des Sports von der Verpflichtung erfasst. Sowohl Sporttreiben als auch eine körperliche Ertüchtigung liegen nur bei aktiver Ausübung von Sport im weitesten Sinne vor. Eine derartige Beschränkung der Verpflichtung ist für die hiesige Regelung nicht gewollt, da schutz- bzw. förderungswürdige Bereiche mit Sportbezug aber ohne Aktivitätsrelevanz nicht erfasst wären[1168]. Obwohl das GG-H die neueste Verfassung eines europäischen Staates ist, bietet sie damit nicht die erhofften innovativen Ansätze. Eine Übertragung von Regelungsteilen empfiehlt sich nicht.

[1165] Vgl. Art. 20 Abs. 1, 21 Abs. 2, 22 Abs. 2, 23 Abs. 1, Abs. 6, 73 Abs. 1 Nr. 10 c), 87 Abs. 1, 109 Abs. 2 GG.

[1166] So für Art. 116 Abs. 2 GG, *Hillgruber*, in: Epping/Hillgruber, BeckOK GG, Stand: 28. Edt., 01.03.2016, Art. 116, Rn. 28 m. w. N.; dieses Verständnis gebietet auch Art. 146 GG, der andernfalls keinen Sinn hätte.

[1167] Vgl. Art. A. GG-H – „Der Name unseres VATERLANDES ist Ungarn.".

[1168] Ausführlich dazu bereits oben unter 3. Kapitel, A. I. 3).

14) Guatemala, Art. 91 und 92 der Verfassung der Republik Guatemala vom 31.05.1985 (Verf-GUA), und Panama, Art. 86 der Verfassung der Republik Panama vom 11.10.1972 (Verf-PAN)

Die Verfassungen der Staaten Lateinamerikas sind durch sehr umfangreiche Regelungen und eine Vielzahl politischer Rechte und Pflichten geprägt[1169]. Dies haben schon die Regelungen aus Brasilien, Mexiko und Venezuela gezeigt. Der Grund dafür liegt insbesondere in dem Glauben, dadurch eine Dynamik für weitreichende politische Veränderungen im Land in Gang bringen zu können[1170] und in der beabsichtigten Manifestation der Abkehr von den in lateinamerikanischen Staaten regelmäßig einschneidenden Epochen autoritärer Machthaber[1171]. So hat der Großteil der Staaten Lateinamerikas in den umfangreichen Katalogen auch Rechte bzw. Pflichten im Hinblick auf den Sport kodifiziert[1172]. Auffällig hierbei ist, dass die meisten Verfassungen ein Recht auf Sport (im weitesten Sinne) begründen und somit keine reinen Staatszielbestimmungen darstellen[1173]. Der „Mut“ der lateinamerikanischen Staaten, großzügig Rechte festzuschreiben, verwundert nicht, da die zahlreichen Rechte kaum befolgt werden, weil sie regelmäßig im Widerspruch zu den sozialen und politischen Gegebenheiten des betreffenden Landes stehen[1174]. Sie stellen im Ergebnis bloße Verheißungen dar.

[1169] So auch *Nolte/Horn*, GIGA Focus 2009, 1, 4 f., mit einer Darstellung zum Umfang der jeweiligen Verfassungen; so für die hier behandelte Verf-GUA *Karpen*, JöR 1987, 527, 529, 538.

[1170] *Nolte/Horn*, GIGA Focus 2009, 1, 4.

[1171] So auch für die der Verf-GUA vorausgehende Epoche zahlreicher autoritärer Militärregime *Karpen*, JöR 1987, 527, 535 m. w. N.

[1172] Regelungen, die sich nicht ausschließlich auf eine Kompetenzzuweisung für den Sport beschränken, sondern den Staat im Hinblick auf den Sport in die Pflicht nehmen bzw. sogar subjektive Rechte der Bürger begründen, sehen die Verfassungen von Bolivien (Art. 104 und 105), Chile (Art. 118 Abs. 6), von der Dominikanischen Republik (Art. 65), von Ecuador (Art. 24, 39 Abs. 2, 45 Abs. 2, 340 Satz 3, 381 bis 383 und die erste Übergangsbestimmung), von Guatemala (Art. 91 und 92), von Honduras (Art. 123 und 174), von Kolumbien (Art. 52), von Kuba (Art. 52), von Nicaragua (Art. 65), von Panama (Art. 86) und Peru (Art. 14 und 195) vor, sowie die bereits oben unter 3. Kapitel, D. I. dargestellten Verfassungen von Brasilien, Mexiko und Venezuela.

[1173] Ein Recht auf Sport im weitesten Sinne begründen die Verfassungen von Bolivien (Art. 104 Satz 1), der Dominikanischen Republik (Art. 65 Satz 1), Equador (Art. 24), Honduras (Art. 123 Abs. 2), Kolumbien (Art. 52 Abs. 1), Kuba (Art. 52 Satz 1), Nicaragua (Art. 65 Satz 1) und auch die drei bereits oben unter 3. Kapitel, A. I. dargestellten Verfassungen von Brasilien, Mexiko und Venezuela.

[1174] *Nolte/Horn*, GIGA Focus 2009, 1, 5.

Die lateinamerikanischen „Sportrechte“ dürfen daher nicht als Argument für eine subjektiv-rechtliche Regelung im Grundgesetz gesehen werden.

Weiterhin ist den meisten Regelungen gemein, dass sie sehr detailliert ausgestaltet sind und sich sogar teilweise über mehrere Artikel verteilen. Hier sei nur das Extrembeispiel Ecuador angeführt, dessen Verfassung Regelungen betreffend den Sport enthält, die sich über acht Artikel erstrecken und einen erheblichen Detaillierungsgrad aufweisen[1175]. Eine derartige Detailltiefe ist für die Staatszielbestimmung im Grundgesetz nicht empfehlenswert, damit keine unnötige Einschränkung des legislativen Gestaltungsspielraums erfolgt. Vor dem Hintergrund der schon danach tenden-ziell wenig für den hiesigen Vorschlag passenden Regelungen sollen hier nur zwei (weitere) ausgewählte Regelungen näher untersucht werden: die Vorschriften der Verfassungen der beiden zentralameri-

---

[1175] Zum bloßen Nachweis des Umfangs des sportrelevanten Regelungsgehalts werden nachfolgend die Vorschriften der Verfassung Ecuadors auf Spanisch dargestellt: Art. 24 – „Las personas tienen derecho a la recreación y al esparcimiento, a la práctica del deporte y al tiempo libre.“ –, Art. 39 Abs. 2 – „El Estado reconocerá a las jóvenes y los jóvenes como actores estratégicos del desarrollo del país, y les garantizará la educación, salud, vivienda, recreación, deporte, tiempo libre, libertad de expresión y asociación. El Estado fomentará su incorporación al trabajo en condiciones justas y dignas, con énfasis en la capacitación, la garantía de acceso al primer empleo y la promoción de sus habilidades de emprendimiento.“ –, Art. 45 Abs. 2 – „Las niñas, niños y adolescentes tienen derecho a la integridad física y psíquica; a su identidad, nombre y ciudadanía; a la salud integral y nutrición; a la educación y cultura, al deporte y recreación; [...]“ –, Art. 340 Satz 3 – „El sistema [nacional de inclusión y equidad social] se compone de los ámbitos de la educación, salud, seguridad social, gestión de riesgos, cultura física y deporte, hábitat y vivienda, cultura, comunicación e información, disfrute del tiempo libre, ciencia y tecnología, población, seguridad humana y transporte.“ –, Art. 381 – „(1) El Estado protegerá, promoverá y coordinará la cultura física que comprende el deporte, la educación física y la recreación, como actividades que contribuyen a la salud, formación y desarrollo integral de las personas; impulsará el acceso masivo al deporte y a las actividades deportivas a nivel formativo, barrial y parroquial; auspiciará la preparación y participación de los deportistas en competencias nacionales e internacionales, que incluyen los Juegos Olímpicos y Paraolímpicos; y fomentará la participación de las personas con discapacidad. (2) El Estado garantizará los recursos y la infraestructura necesaria para estas actividades. Los recursos se sujetarán al control estatal, rendición de cuentas y deberán distribuirse de forma equitativa.“ –, Art. 382 – „Se reconoce la autonomía de las organizaciones deportivas y de la administración de los escenarios deportivos y demás instalaciones destinadas a la práctica del deporte, de acuerdo con la ley.“ –, Art. 383 – „Se garantiza el derecho de las personas y las colectividades al tiempo libre, la ampliación de las condiciones físicas, sociales y ambientales para su disfrute, y la promoción de actividades para elesparcimiento, descanso y desarrollo de la personalidad.“ –, Disposicion Transitoria Primera – „En el plazo máximo de trescientos sesenta días, se aprobarán las siguientes leyes: [...] 5. Las leyes que regulen la educación, la educación superior, la cultura y el deporte.“

kanischen Staaten Guatemala und Panama. Beide Regelungen unterscheiden sich von den meisten lateinamerikanischen Vorschriften dadurch, dass sie den Sport nicht als Recht ausgestalten. Weiterhin weist die panamaische Regelung einen für lateinamerikanische Vorschriften erstaunlich geringen Detaillierungsgrad auf – dies ist auch das Ziel für die Staatszielbestimmung im Grundgesetz. Die guatemaltekische Regelung lässt trotz ihrer höheren Detailltiefe nach ihrem Inhalt auf Erkenntnisse für den hiesigen Vorschlag hoffen. Da an der Ausarbeitung der Verf-GUA auch deutsche Rechtsexperten beteiligt waren[1176], lässt sie zudem auf das deutsche Verfassungssystem übertragbare Gedanken vermuten.

Die ausführlichen Regelungen in Art. 91 und 92 Verf-GUA lauten:

„[Art. 91] Mittelzuweisung für den Sport. Die Förderung und die Entwicklung der physischen Erziehung und des Sports ist Aufgabe des Staates. Zu diesem Zweck werden nicht weniger als drei Prozent des Staatshaushalts eingesetzt. Von dieser Bewilligung gehen 50 Prozent an den organisierten Sport zu Händen der Verbände in Übereinstimmung mit einem Spezialgesetz; 25 Prozent an die physische Erziehung, die Erholung und den Schulsport; und 25 Prozent an den nicht organisierten Sport. [Art. 92] Autonomie des Sports. Die Autonomie des organisierten Sports wird anhand seiner Verbände, des Autonomen Sportbundes von Guatemala und des Guatemaltekischen Olympischen Komitees anerkannt und gewährleistet, die Rechtspersönlichkeit und eigenes Vermögen haben und von allen Steuern und Gebühren befreit sind, anerkannt und gewährleistet.“[1177]

Die im Verhältnis dazu und auch zu den Sportvorschriften in den Verfassungen der übrigen lateinamerikanischen Staaten knappe Regelung betreffend den Sport in Art. 86 Verf-PAN lautet:

[1176] Siehe dazu *Karpen*, JöR 1987, 527, 528 f.

[1177] Eigene Übersetzung unter Anknüpfung an die Übersetzung von *Karpen*, JöR 1987, 527, 566; im Original lauten Art. 91 und 92 Verf-GUA: „[Art. 91] Asignación presupuestaria para el deporte. Es deber del Estado el fomento y la promoción de la educación física y el deporte. Para ese efecto, se destinará una asignación privativa no menor del tres por ciento del Presupuesto General de Ingresos Ordinarios del Estado. De tal asignación el cincuenta por ciento se destinará al sector del deporte federado a través de sus organismos rectores, en la forma que establezca la ley; veinticinco por ciento a educación física, recreación y deportes escolares; y veinticinco pro ciento al deporte no federado. [Art. 92] Autonomía del deporte. Se reconoce y garantiza la autonomía del deporte federado a través de sus organismos rectores, Confederación Deportiva Autónoma de Guatemala y Comité Olímpico Guatemalteco, que tienen personalidad jurídica y patrimonio propio, quedando exonerados de toda clase de impuestos y arbitrios.“

„Der Staat fördert die Entwicklung von Körperkultur durch Sporteinrichtungen zur Unterrichtung und Erholung, die durch Gesetz geregelt sind.“[1178]

Beide bzw. alle drei Regelungen sehen verbindliche, aber rein objektiv-rechtliche Verpflichtungen des Staates vor, denen keine subjektiv-rechtlichen Gehalte korrespondieren. Insbesondere darf für Art. 91 Satz 2 Verf-GUA von der Festlegung einer festen staatshaushaltsbezogenen Förderungsquote nicht auf einen unmittelbar durchsetzbaren Anspruch geschlossen werden. Denn dies wäre mit der originär dem Parlament überlassenen Haushaltshoheit unvereinbar[1179]. Die Regelung hat einen offenen Charakter und erinnert eher an eine Staatsaufgabe, zumal dort der Begriff „Aufgabe“ verwendet wird. Doch unterscheidet sie sich auch etwa von den Staatsaufgaben festschreibenden Regelungen in den Verf-VEN und Verf-GR, indem sie sich nicht abstrakt auf den Sport bezieht und damit absolut offen ist, sondern auf die konkreten Pflichten der Förderung und Entwicklung, weshalb sie hinreichend verbindlich ist, um noch den Charakter einer Staatszielbestimmung zu haben. Damit stellen die Regelungen nach ihrem Wortlaut Staatszielbestimmungen dar[1180].

Durch die Kodifizierung in zwei eigenständigen Artikeln trennt die Verf-GUA klar zwischen der „Mittelzuweisung“ (Art. 91) und der „Autonomie“ (Art. 92). Dies hat den positiven Effekt, dass die Autonomie des Sports besonders hervorgehoben wird und ihre Bedeutung gegenüber einer Kodifizierung innerhalb des Förderungsauftrags als bloßen weiteren Satz oder gar Nebensatz zunimmt. Dadurch dürfte mit weniger autonomiebeschränkenden Maßnahmen des Staates zu rechnen sein. Der Mehrwert der Kodifizierung in einem eigenen Artikel ist jedoch derart hoch, dass er einen zusätzlichen Artikel zu rechtfertigen vermag. Denn die gemeinsame Kodifizierung in einem Artikel reicht bei einem entsprechenden Wortlaut zur Gewährleistung der Autonomie vollkommen aus, während der zusätzliche Artikel den normativen und unverbrüchlichen Charakter des

---

[1178] Eigene Übersetzung; im Original lautet Art. 86 Verf-PAN: „El Estado fomentará el desarrollo de la cultura física mediante instituciones deportivas, de enseñanza y de recreación que serán reglamentadas por la Ley.“

[1179] Dazu sogleich detaillierter.

[1180] Die systematische Stellung der Art. 91 und 92 Verf-GUA – auf die es hier jedoch nicht ankommt – im Kapitel 2 über „Soziale Grundrechte“ könnte dagegen auch eine anderen Bewertung gebieten.

Grundgesetzes unnötig herabsetzen würde[1181]. Deshalb ist für den hiesigen Vorschlag von einer Aufspaltung in mehrere Bestimmungen abzusehen.

Die funktionale Verpflichtung in Art. 91 Satz 1 Verf-GUA sieht nicht, wie etwa die Verf-IT, Verf-PL und Verf-RU, eine Verpflichtung zur Förderung bzw. Unterstützung der Entwicklung des Sports bzw. der Körperkultur vor, sondern eine direkte Förderungs- und Entwicklungsverpflichtung. Durch die zusätzliche Förderungsverpflichtung hätte die Befürchtung des Ausbleibens einer Förderung zur Absicherung des bereits erreichten status quo keine Berechtigung mehr[1182], weshalb eine entsprechende Ausgestaltung zur Steigerung der Sportentwicklung auch für den hiesigen Vorschlag sinnvoll sein könnte. Weil aber auch hierdurch ein Schwerpunkt auf eine entwicklungsrelevante Förderung gelegt würde und die Schwerpunktsetzung besser dem Gestaltungsspielraum des Gesetzgebers überlassen bleiben sollte, um bedarfsgerecht Schwerpunkte setzen zu können[1183], ist dieser Ansatz nicht zu übernehmen.

Art. 91 Verf-GUA schreibt schließlich in den Sätzen zwei und drei verpflichtende Förderungsquoten fest und verteilt diese unter einzelnen Sportbereichen, wie etwa dem organisierten, nicht organisierten und dem Schulsport. Dadurch wird ein zahlenmäßig greifbarer Mindestgehalt an Förderung durch die Verfassung gewährleistet und der Sport auf den ersten Blick besser gestellt. Die Regelung könnte somit auch für den hiesigen Vorschlag sinnvoll sein. Die Regelung begründet zeitgleich aber auch eine Maximalvorgabe, weshalb der Sport im Einzelfall dadurch auch mehr leiden als profitieren kann. In jedem Fall leidet darunter die nach der funktionalen Gewaltenteilung originär dem Parlament zugewiesene Befugnis, den Staatshaushalt nach seinen gesellschaftspolitischen Präferenzen festzulegen[1184]. Deshalb ist von der Festlegung fester Förderungsquoten für den hiesigen Vorschlag abzusehen.

Art. 92 Verf-GUA regelt die Autonomie des Sports ebenfalls sehr ausführlich. So sehr der dadurch der Autonomie vermittelte Stellenwert zu begrüßen ist, muss von einer Übernahme des guatemaltekischen Ansatzes abgeraten werden.

[1181] Dazu bereits oben unter 3. Kapitel, A. III. 9).
[1182] Siehe dazu nur die Ausführungen zur Regelung in der Verf-RU, 3. Kapitel, A. I. 5).
[1183] Mit einem entsprechenden Einwand bezogen auf die zu detaillierte Verf-GUA als Ganzes *Karpen*, JöR 1987, 527, 538.
[1184] Zur Beschneidung des Rechts des Parlaments, den Bundeshaushalt aufzustellen siehe bereits oben unter 2. Kapitel, C. IV. 1) f).

Dies fängt schon mit der Beschränkung der Autonomie des Sports auf den Bereich des organisierten Sports an. Zwar ist richtig, dass der in Verbänden organisierte und damit auf zahlreichen eigenen Vorschriften und mit einer eigenen Gerichtsbarkeit ausgestattete Sportbereich besonders anfällig für Autonomie-Beschränkungen ist. Aber auch staatliche Beschränkungen des Freizeitsports oder des Schulsports, als nach der Verf-GUA nicht dem organisierten Sport zuzurechnende Bereiche[1185] sind denkbar und, weil die Träger der Autonomie in letzter Konsequenz die Sporttreibenden selbst sind, genauso zu verhindern[1186]. Die weiteren Ausführungen zur Rechtspersönlichkeit und zum eigenen Vermögen der Hüter der Autonomie passen an dieser Stelle schließlich nicht und würden sich in der *BRD* aus den bereits bestehenden einfachgesetzlichen Vorschriften ergeben. Die explizite Absicherung in der Verfassung zur Gewährleistung des Fortbestehens der Regelungen schon mangels Anzeichen für deren Beseitigung ist nicht erforderlich. In jedem Falle würde ein allgemeiner Schutzauftrag dafür ausreichen. Die guatemaltekischen Regelungen sind daher trotz der zahlreichen bis hierhin nicht gesehenen Ansätze nicht übertragenswert.

Auch die Regelung in Art. 86 Verf-PAN ist, trotz ihrer Kürze, in gewissen Punkten ebenfalls zu sehr qualifiziert und in anderen zu offen gehalten, um ihr neue Ansätze für den hiesigen Vorschlag entnehmen zu können. Sie ist zwar direkt an den Staat im weitesten Sinne adressiert und enthält eine ausdrückliche aktive Förderungsverpflichtung. Doch ist die Verpflichtung nur auf eine Entwicklung der Körperkultur und nicht etwa auch auf die Gewährleistung des aktuellen status quo gerichtet[1187]. Sie ist dahingehend qualifiziert, dass die Förderung durch Sporteinrichtungen zu erfolgen hat. Damit wird dieser Förderungsart jedenfalls ein Vorrang zugewiesen, wenn nicht sogar eine Verpflichtung nur dahingehend begründet und andere möglicherweise erforderliche Förderungsarten, wie etwa direkte finanzielle Unterstützungen, nicht festgeschrieben und damit der Gesetzgeber unnötig in seinem Gestaltungsspielraum eingeschränkt. Außerdem sollen diese nur zur Unterrichtung und Erholung und nicht etwa auch zur Leistungssteigerung bis hin zu einem weltweit konkurrenzfähigen Niveau die-

---

[1185] Art. 91 Satz 3 Verf-GUA differenziert ausdrücklich zwischen einerseits dem organisierten und andererseits dem Schul-, Erziehungs-, und Erholungs- bzw. Freizeitsports sowie dem nicht-organisierten Sport.

[1186] Dazu bereits oben unter 3. Kapitel, A. I. 3).

[1187] Dazu bereits oben unter 3. Kapitel, A. I. 5).

nen. An einer anderen Stelle ist die Regelung zu weit, als sie sich nicht auf den Sport, sondern auf den zu weiten Begriff der Körperkultur bezieht.

Zusammenfassend bieten deshalb die durch einen hohen Qualifizierungsgrad und die Vermittlung subjektiv-rechtlicher Positionen gekennzeichneten Verheißungen in den Verfassungen der lateinamerikanischen Staaten keine weiteren Ansätze für den hiesigen Vorschlag.

15) Marokko, Art. 26 der Verfassung des Königsreichs Marokko vom 01.07.2011 (Verf-MK)

Außerhalb von Europa und Lateinamerika sind Regelungen mit Gewährleistungsgehalten für den Sport in den Verfassungen eher selten anzutreffen. Ausnahmen hiervon stellen Verfassungen von Staaten dar, die auf eine sozialistische Vergangenheit zurückblicken wie die Staaten des ehemaligen „Ostblocks", oder die weiterhin auf sozialistischen Grundanschauungen beruhen, wie China und Nordkorea[1188]. Da es nicht Ziel und Anspruch dieser Arbeit ist, alle Verfassungsregelungen betreffend den Sport, die es weltweit gibt, aufzuzeigen und auf ihre Übertragungsansätze hin zu untersuchen, sondern eine zweckmäßige Regelung für das Grundgesetz gefunden werden soll – wofür die voranstehenden Ausführungen bereits zahlreiche Ansätze liefern –, wird nachfolgend nur eine weitere Regelung näher behandelt, nämlich die in Art. 26 Verf-MK[1189]. Die Gründe für die Wahl der Verf-MK sind vielfältig:

Die Verf-MK ist von den Vorkommnissen in Nordafrika während der Bewegung des sog. „Arabischen Frühlings" ab Ende 2010 bzw. Anfang 2011 geprägt[1190].

[1188] Vgl. die Verfassungen von Albanien (Art. 59 Nr. 1e), Armenien (Art. 48 Nr. 6), China (Art. 21 Abs. 2), Kirgistan (Art. 45 Nr. 5), Nordkorea (Art. 13 Abs. 2), Moldawien (Art. 50 Abs. 5), Tadschikistan (Art. 38), Turkmenistan (Art. 39 Abs. 2), Ukraine (Art. 49 Abs. 4), Weißrussland (Art. 45 Abs. 3).

[1189] Im Rahmen der Recherche konnten in den Verfassungen der nachfolgend aufgeführten Staaten, Regelungen mit Gewährleistungsgehalt für den Sport ermittelt werden - wobei die Auflistung keinen abschließenden Charakter haben soll: Angola (Art. 79), Ghana (Art. 37 Abs. 5), Mosambik (Art. 93), Philippinen (Art. XIV, Sek. 19), Tunesien (Art. 43), Türkei (Art. 59), Simbabwe (Art. 32), Sudan (Art. 14), Uganda (Art. XVII).

[1190] *Madani/Maghraoui/Zerhouni*, The 2011 Moroccan Constitution: A Critical Analysis, 2011, S. III, 10.

Weil die marokkanische Monarchie frühzeitig mit der Ausarbeitung der Verf-MK durch eine Verfassungskommission reagierte, die sich mit den politischen Parteien, Gewerkschaften und Verbänden konsultierte, ging für Marokko mit dem Arabischen Frühling, im Gegensatz zu anderen nordafrikanischen Staaten, keine gesellschaftliche Revolution und kein gewaltsamer Machtwechsel einher[1191]. Trotz vereinzelter Kritik insbesondere an der Wahrung der Position des Königs, wird die Verf-MK als Meilenstein in der marokkanischen Verfassungsrechtsgeschichte gesehen, da sie, durch die Einräumung mehr politischen Handlungsspielraums der Regierung und des Parlaments gegenüber dem König, die Festschreibung der Unabhängigkeit der Justiz und die Verankerung weitreichender Grund- und Menschenrechte, „zahlreiche mutige Erneuerungen" vorangetrieben hat[1192]. Die Verf-MK ist also nicht nur relativ neu, weshalb sie die aktuellsten gesellschaftlichen Bedürfnisse berücksichtigt. Die Ausarbeitung der Verf-MK erfolgte darüber hinaus in einem für die Staaten Nordafrikas in dieser Epoche untypisch geordneten Prozess, der die diversen Strömungen in der Bevölkerung berücksichtigen konnte. Weil die Verf-MK schließlich auch durch eine starke Ausrichtung im Bereich der Rechtsangleichung nach Europa hin geprägt ist[1193], stehen die Vorzeichen günstig für neue Erkenntnisse für den hiesigen Vorschlag.

Die Regelung betreffend den Sport in Art. 26 Verf-MK lautet wie folgt:

„Die öffentlichen Gewalten gewähren durch geeignete Maßnahmen ihre Unterstützung für die Entwicklung des kulturellen und künstlerischen Schaffens, der wissenschaftlichen und technischen Forschung und der Förderung des Sports. Sie begünstigen die Entwicklung und die Organisation dieser Bereiche in unabhängiger Art und Weise und auf demokratischen und fachspezifischen Grundlagen."[1194]

[1191] *Zeino-Mahmalat*, KAS Auslandsinformationen 2014, 120, 120.

[1192] *Zeino-Mahmalat*, KAS Auslandsinformationen 2014, 120, 121, 155; ausführlich zur Kritik aber mit einer ebenfalls positiven Gesamtbewertung im Verhältnis zur Vorgängerverfassung *Madani/Maghraoui/Zerhouni*, The 2011 Moroccan Constitution: A Critical Analysis, 2011, S. 16 ff., 49 ff.

[1193] *Zeino-Mahmalat*, KAS Auslandsinformationen 2014, 120, 156.

[1194] Eigene Übersetzung aus der Übersetzung ins Englische von *Ruchti*, abrufbar unter http://www.constitutionnet.org/files/morocco_eng.pdf (letzter Abruf v. 07.06.2016), die wie folgt lautet: „The public powers lend, by appropriate measures, their support to the development of cultural and artistic creation, and of scientific and technical research, and to the pro-

Isoliert für den Sport betrachtet schreibt Art. 26 Verf-MK im Indikativ aktiv für die öffentlichen Gewalten als Subjekt des Satzes eine verbindliche rein objektiv-rechtliche Verpflichtung fest, Unterstützung für die Entwicklung der Sportförderung durch geeignete Maßnahmen zu gewähren, die die Unabhängigkeit des Sports in Entwicklung und Organisation wahren. Die Regelung ist offen formuliert und auf eine vorherige Ausgestaltung durch den Gesetzgeber angelegt[1195], weshalb sich ihr kein subjektiv-rechtlicher Gehalt entnehmen lässt. Dies bestätigt Art. 26 Satz 2, 2. HS Verf-MK, der mit der Forderung, dass die Begünstigung auf demokratischen und sportspezifischen Grundlagen erfolgen soll, ein entsprechendes Gesetz vor-aussetzt. Nach ihrem Wortlaut stellt die Regelung daher eine Staatszielbestimmung dar[1196].

Adressat der Staatszielbestimmung sind die „öffentlichen Gewalten". Dies erinnert zunächst an die Regelungen in der Verf-PL und der Verf-ES, deren Adressatenbegriff „öffentliche Gewalt" für den hiesigen Vorschlag verworfen wurde, weil davon der Primäradressat von Staatszielbestimmungen, die Legislative, nicht erfasst sein könnte[1197]. Durch die Ausgestaltung im Plural als öffentliche Gewalten könnte jedoch ein anderes Verständnis geboten sein. Denn durch die Mehrzahl wird deutlich, dass nicht nur Exekutive und Judikative, sondern alle Staatsgewalten, also auch die Legislative erfasst sein soll. Trotzdem wird hier der Adressatenbegriff „Staat" weiterhin favorisiert. Denn wegen der begrifflichen Nähe zu dem Singular „öffentliche Gewalt" kann ein daran angelehntes enges Verständnis nicht gänzlich ausgeschlossen werden. Außerdem verwendet das Grundgesetz den Plural des Begriffs an keiner Stelle, weshalb ein Rückgriff auf einen bewährten Begriff wie der „Staat" vorzugswürdig ist.

---

motion of sports. They favor the development and the organization of these sectors in independent manner and on democratic and specific professional bases."

[1195] *Madani/Maghraoui/Zerhouni*, The 2011 Moroccan Constitution: A Critical Analysis, 2011, S. 20.

[1196] Ein anderes Verständnis könnte die systematische Auslegung der Vorschrift ergeben, die im Titel II über „Grundfreiheiten und Grundrechte" kodifiziert ist. Doch wird wohl auch mit der marrokanischen Verfassungsrechtslehre, die davon ausgeht, dass die in Titel II neu verankerten Gehalte nicht prezise genug normiert sind, um sie durchzusetzen, sondern sie zuvorderst von einer Umsetzung durch die Legislative abhängen, von einer Staatszielbestimmung auszugehen sein; vgl. *Madani/Maghraoui/Zerhouni*, The 2011 Moroccan Constitution: A Critical Analysis, 2011, S. 20.

[1197] Siehe dazu unter 3. Kapitel, A. III. 6) und 11).

Die Grundverpflichtung in Art. 26 Satz 1 Verf-MK stellt sich als eine Gratwanderung zwischen qualifizierter und offener Regelung dar. So belässt die Verpflichtung auf lediglich „geeignete Maßnahmen“ zunächst einen weiten Gestaltungsspielraum. Gleiches gilt für die funktionale Unterstützungsverpflichtung, die allerdings durch den Bezug auf die Sportförderung, anders als eine reine Unterstützungsverpflichtung, wie etwa in Polen, auch einen hinreichenden Förderungsgehalt verspricht und nicht zu schwach ist. Trotzdem kommt diese kombinierte Verpflichtung, ähnlich wie soeben für Guatemala festgestellt, nicht an den Gehalt einer reinen und unmittelbaren Förderungsverpflichtung heran. Die zusätzliche Festlegung auf geeignete Maßnahmen stellt sich ferner als eine für das Grundgesetz inhaltsleere Klausel dar. Denn auch ohne diese wäre der Staat nach dem allgemeinen Verhältnismäßigkeitsgrundsatz und dem aus Art. 114 Abs. 2 GG und § 7 Bundeshaushaltsordnung folgenden Grundsatz der sparsamen und wirtschaftlichen Haushaltsführung[1198] auf ausschließlich geeignete Maßnahmen verpflichtet. Schließlich stellt die Festlegung auf eine reine Entwicklung der Förderung des Sports eine unnötige Beschränkung des Gestaltungsspielraums dar, weshalb die Gratwanderung insoweit nicht gelungen und die Übernahme von Ansätzen nicht angezeigt ist.

Art. 26 Satz 2 Verf-MK beschränkt die Förderung dadurch, dass sie nur in unabhängiger Art und Weise und auf demokratischen und fachspezifischen Grundlagen erfolgen darf. Damit enthält die Norm eine strenge und qualifizierte Regelung zur Wahrung der Autonomie des Sports. Für die Autonomiewahrung reicht jedoch eine allgemeine Beachtensverpflichtung aus, da auf diesem Wege, falls zwingend erforderlich, Eingriffe in die Autonomie möglich bleiben und der Sport zugleich hinreichend vor Autonomiebeschränkungen abgesichert wird[1199]. Damit bietet auch die Verf-MK trotz zahlreicher interessanter Ansätze keine weiteren übertragenswerten Erkenntnisse.

[1198] Siehe dazu nur *von Lewinski/Burbat*, BHO, 2013, § 7, Rn. 1 ff.; Wiesner, *Wiesner/Westermeier*, Das staatliche Haushalts-, Kassen- und Rechnungswesen, 9. Aufl. 2012, S. 50 ff.

[1199] Dazu ausführlich oben unter 3. Kapitel, A. I. 3).

IV. Fazit

Andere Staaten haben den Sport größtenteils über eine Staatszielbestimmung in ihrer Verfassung abgesichert. Tendenzen zur Kodifikation von Rechten auf Sport im weitesten Sinne lassen sich vor allem dort erkennen, wo diese Rechte auf faktische Durchsetzungsschwierigkeiten treffen wie insbesondere in den Staaten Lateinamerikas[1200]. Die Regelungen weisen zum Teil erhebliche Unterschiede im Detaillierungs- bzw. Qualifizierungsgrad sowie im Umfang der konkreten Verbürgungen auf. Erstaunlich ist dabei insbesondere, dass nur die Verf-BG, Verf-GR und Verf-SK neben Förderungs- auch ausdrückliche Schutzpflichten vorsehen, obwohl der Sport im Hinblick auf den heute insbesondere europa- aber auch weltweit hohen Stellenwert des Umweltschutzes auch dort regelmäßig in Kollisionslagen geraten dürfte und schutzpflichtbedürftige Probleme, wie Doping und Korruption weltweit ein Thema sind. Ebenfalls wenig Bedeutung scheint der Autonomie des Sports beigemessen zu werden[1201]. Deshalb konnte den betrachteten Verfassungen keine Regelung zugunsten des Sports entnommen werden, die unverändert für den hiesigen Vorschlag übernommen werden könnte. Trotzdem konnten den Regelungen zahlreiche gelungene Ansätze entnommen werden, die für den Vorschlag passen und nachfolgend zusammengefasst werden sollen:

Zunächst hat sich gezeigt, dass die Regelung nicht im Passiv, sondern im Indikativ aktiv und mit dem Adressaten der Verpflichtung als Subjekt des Satzes zu formulieren ist. Dadurch kommt der verbindliche und verpflichtende Charakter als Staatszielbestimmung deutlich zum Ausdruck. Für die eindeutige Einordnung als Staatszielbestimmung förderlich ist zudem, wenn die Verpflichtung nach dem Vorbild der Verf-SK auch ausdrücklich als solche über das Verb „verpflichten" formuliert wird. Inhaltlich sollte die Verpflichtung kumulativ einen Förderungs- und Schutzgehalt enthalten, denn nur durch diese beiden Gehalte gemeinsam kann den Gefahren für den Sport hinreichend begegnet werden. Beschränkte Förderungspflichten, mittelbare oder andere Verpflichtungen,

---

[1200] Die Ausgestaltung als Recht in der Verf-DDR ist auf den sozialistischen Staatsgrundgedanken zurückzuführen und wird ähnlichen Durchsetzungsschwierigkeiten ausgesetzt gewesen sein. Die Ausgestaltung als Recht in den Verf-BEL und Verf-PGL verwundert dagegen.

[1201] Audrücklich auf die Wahrung der Autonomie des Sports zielende Regelungen enthalten nur die Verf-BRA, die Verf-GUA und die Verf-MK.

wie etwa die zur Unterstützung oder Pflege sind dagegen unzweckmäßig. Allerdings bietet sich für den Förderungsgehalt eine Ausgestaltung als Pflicht zur Gewährleistung der Förderung nach dem Vorbild der Verf-VEN bzw. Verf-DDR an, da auf diesem Wege auch Raum für private Förderung bleibt, die Staatskasse entlastet wird und die Autonomie des Sports weniger Gefahr läuft beschnitten zu werden. Zudem sollte sich die Verpflichtung ausdrücklich und ausschließlich auf den Sport beziehen und nicht etwa auf andere oder zusätzliche Bereiche wie die Körperkultur, die sportliche Betätigung oder das sportliche Leben. Denn diese sind entweder zu weit oder zu eng oder führen zu Priorisierungen oder Auslegungsschwierigkeiten, die dem Ziel einer eindeutigen und umfassenden Verbürgung des Sports im Grundgesetz zuwider laufen. Aus der Vielzahl der unterschiedlichen Adressatenbegriffe hat sich der Begriff „Staat" als der zweckmäßigste erwiesen, da andere Begriffe zu eng – so etwa die Begriffe Bund in der BV, Republik in der Verf-IT und öffentlichen Behörden in der Verf-RO –, zu uneindeutig – so etwa der Begriff die öffentliche Gewalt bzw. Gewalten in den Verf-PL, Verf-ES und Verf-MK –, oder zu weit – so die Adressierung an jeden in der Verf-SK – sind. Zu guter Letzt bietet die Regelung in der Verf-BRA zur Absicherung der Autonomie des Sports eine sehr ausgewogene Regelung. Die dort vorgesehene Verpflichtung zur „Bewahrung" gewährleistet die Autonomie hinreichend und lässt zugleich Einschränkungen der Autonomie zu, wenn sie zum Schutze anderer wichtiger Güter wie des Lebens zwingend erforderlich sind.

B. Analyse der Regelungen in den Verfassungen der Bundesländer

Mit Ausnahme von Hamburg haben alle Verfassungen der Bundesländer den Sport über eine Staatszielbestimmung abgesichert[1202]. Die Hamburger Ausnahmestellung wird damit begründet, dass die HambVerf, im Gegensatz zu den anderen Verfassungen der Bundesländer, nach ihrer Grundkonzeptionierung arm

[1202] Vgl. Art. 3c Abs. 1 BaWüVerf; Art. 140 Abs. 3 BayVerf; Art. 35 BbgVerf; Art. 32 Ber-Verf; Art. 36a BremVerf; Art. 62a HessVerf; Art. 16 Abs. 1 MVVerf; Art. 6 NdsVerf; Art. 18 Abs. 3 NRWVerf; Art. 40 Abs. 4 RPVerf; Art. 34a SaarlVerf; Art. 11 Abs. 1, Abs. 2 SächsVerf; Art. 36 Abs. 1, Abs. 3 SAVerf; Art. 9 Abs. 3 SHVerf; Art. 30 Abs. 3 ThürVerf.

an Staatszielbestimmungen sei, allenfalls solche mit Bezug zu wirtschaftlichen Belangen enthalte und diese ausschließlich in ihrer Präambel formuliere, wo für eine neue Regelung jedoch kein Platz mehr sei[1203]. Ob dies im Hinblick auf die seit der letzten großen Kodifikationswelle gestiegene wirtschaftliche Bedeutung des Sports und die gescheiterte Bewerbung Hamburgs um die Austragung der Olympischen Sommerspiele 2024 so bleiben wird, bleibt indes abzuwarten.

Als – daher vorerst – letztes Bundesland, hat Hessen bereits im Jahr 2002 eine entsprechende Regelung in seine Verfassung integriert[1204]. Da die Kodifikationswelle in den Ländern damit vor 14 Jahren abgeschlossen wurde, ist hinreichend Literatur vorhanden, die sich ausführlich mit den Regelungen der jeweiligen Verfassungen der Bundesländer auseinandersetzt[1205]. Vor diesem Hintergrund und weil die Literatur zutreffend und oft genug zu dem Ergebnis gekommen ist, dass die Wortfassungen der Staatszielbestimmungen in den Verfassungen der Bundesländer vergleichbar seien[1206], wird hier auf eine Darstellung aller Regelungen zugunsten einer ausgewählten Betrachtung einzelner interessanter Regelungsbestandteile verzichtet, die bislang in dieser Abhandlung nicht behandelt wurden.

I. Unterhaltungsverpflichtung aus Art. 11 Abs. 2 SächsVerf und Art. 36 Abs. 3 SAVerf

Art. 11 Abs. 2 SächsVerf und Art. 36 Abs. 3 SAVerf enthalten die Förderungsverpflichtung konkretisierende Aussagen dahingehend, dass zum Zwecke der Sportförderung Sportstätten durch den Staat zu unterhalten sind[1207]. Diese Ver-

---

[1203] *Hix*, Probleme der Normierung einer Sportklausel im Grundgesetz, 2013, S. 172.

[1204] Hess-GVBl. I, Nr. 26 vom 18.10.2002, S. 626 f.

[1205] Siehe nur die besonders ausführlichen Abhandlungen von *Dreher*, Staatsziele im Bundesstaat am Beispiel des Sports, 2005, S. 105 ff.; *Hix*, Probleme der Normierung einer Sportklausel im Grundgesetz, 2013, S. 154 ff.; *Hölzl*, Der Sport als Staatszielbestimmung, 2002, S. 42 ff.; *Nolte*, Sport und Recht, 2004, S. 70 ff.; *Zimmermann*, Förderung des Sports, 2000, S. 30 ff.

[1206] *Nolte*, Sport und Recht, 2004, S. 70; *Hix*, Probleme der Normierung einer Sportklausel im Grundgesetz, 2013, S. 174; *Wiesner*, Unionsziel Sportförderung, 2008, S. 86.

[1207] Hierbei handelt es sich nicht mehr um eine reine Qualifizierung der Staatszielbestimmung, sondern um eine Einrichtungsgarantie, weil sie ausschließlich auf die Sicherung eines konkreten Bestandes abzielt, der einen Teilbereich der Staatszielbestimmung ausmacht; vgl.

pflichtung würde den Status des Sports eindeutig verbessern und könnte daher auch für den hiesigen Regelungsvorschlag sinnvoll sein. Eine derartige Bindung des Staates ist jedoch nicht angebracht, da sich die Unterhaltungsverpflichtung – natürlich mit dem nötigen Gestaltungsspielraum – bereits aus einer allgemeinen Förderungsverpflichtung ergibt und den Staat unnötig, insbesondere auch in seiner Budgethoheit, beschneidet.

II. Vorbehalt des finanziell Möglichen aus Art. 36 Abs. 3 SAVerf

Art. 36 Abs. 3 SAVerf enthält eine Beschränkung der Förderung auf eine solche „im Rahmen (ihrer) [der] finanziellen Möglichkeiten". Damit steht die Staatszielbestimmung unter dem ausdrücklichen Vorbehalt der finanziellen Möglichkeiten des Staates[1208]. Da Staatszielbestimmungen aber immer unter dem Vorbehalt des Möglichen stehen[1209], ist eine ausdrückliche Festschreibung des finanziell Möglichen nicht erforderlich, um den Vorbehalt zu begründen. Normativ hat sie somit keinerlei eigenständige Wirkung. Tatsächlich trägt sie jedoch dazu bei, dass die Kluft zwischen normativem Gewährleistungsgehalt der Staatszielbestimmung und den Erwartungen in der Bevölkerung und somit die Gefahr einer illusorischen Wirkung erheblich verringert wird[1210]. Denn durch den ausdrücklichen Vorbehalt wird die Möglichkeit einer geringeren Förderung des Sports offen gelegt, sodass das Eintreten des Vorbehaltsfalles jedenfalls kein für die Betroffenen völlig unerwartetes Ereignis mehr wäre. Diese positive Klar-

---

Degenhart, in: Degenhart/Meissner, Hdb der Verfassung Sachsens, 1997, § 6, Rn. 33; *Hix*, Probleme der Normierung einer Sportklausel im Grundgesetz, 2013, S. 157 f.; siehe zu Einrichtungsgarantien im Übrigen oben unter 1. Kapitel, A. VI. 6).

[1208] *Hix*, Probleme der Normierung einer Sportklausel im Grundgesetz, 2013, S. 172.

[1209] Siehe dazu bereits oben unter 1. Kapitel, A. VI. 1) a) aa), und im Übrigen nur *Degenhart*, Staatsrecht I, 31. Aufl. 2015, Rn. 593; *Faller*, Staatsziel "Tierschutz," 2005, S. 165; ausführlich zum Vorbehalt des Möglichen *Murswiek*, in: Isensee/Kirchhof, HdbStR, Band IX, 3. Aufl. 2011, § 192, Rn. 63 ff.

[1210] In diesem Sinne auch *Sommermann*, Staatsziele und Staatszielbestimmungen, 1997, S. 224.

stellungswirkung ist im Hinblick auf die allseits angemahnte Gefahr[1211] nicht zu unterschätzen. Deshalb bietet sich die Übernahme einer entsprechenden Klausel auch für den hiesigen Vorschlag an.

III. Förderungs- und Schutzwürdigkeit nach Art. 35 Satz 1 BbgVerf, Art. 32 Satz 1 BerlVerf

Art. 35 Satz 1 BbgVerf und Art. 32 Satz 1 BerlVerf formulieren keine ausdrückliche Verpflichtung an den Staat, sondern stellen lediglich fest, dass der Sport ein „förderungswürdiger“ bzw. „förderungs- und schützenswerter Teil des Lebens“ ist. Insbesondere durch die letztgenannte Formulierung aus der BerlVerf könnte eine hinreichend statische und dynamische Verpflichtung des Staates erreicht werden, die wegen der bloßen Förderungs- bzw. Schutzwürdigkeit normativ schwächer und weniger intensiv als eine ausdrückliche Pflicht ist[1212] und deshalb besser zur Wahrung der Autonomie des Sports beitragen könnte. Allerdings wird dadurch auch die Rechtsnatur als Staatszielbestimmung gefährdet. Denn der damit einhergehende Verbindlichkeitsverlust führt dazu, dass die Regelung zu einer bloßen Förderungs- bzw. Schutzempfehlung ohne Zielvorgabe degradiert[1213]. Ohne die Verbindlichkeit einer Staatszielbestimmung würde den Gefahren aber nicht hinreichend begegnet. Deshalb ist diese schwache Ausgestaltung nicht zu übernehmen.

IV. Adressatenbegriff in den Verfassungen der Bundesländer

Die meisten Regelungen in den Verfassungen der Bundesländer verfügen nicht über einen allgemein gehaltenen Adressatenbegriff, sondern richten sich an

---

[1211] Insbesondere der Gefahr illusorischer Wirkungen, die sich aus Haushaltsengpässen ergibt kann auf diesem Wege wirksam begegnet werden. Ausführlich dazu oben unter 2. Kapitel, C. IV. 1) i).

[1212] So auch *Hix*, Probleme der Normierung einer Sportklausel im Grundgesetz, 2013, S. 159; *Schulze*, in: Fritsch, 20 Jahre LVerf - FS LT-Bbg, 2012, S. 77 m. w. N.

[1213] *Schulze*, in: Fritsch, 20 Jahre LVerf - FS LT-Bbg, 2012, S. 77 m. w. N.

mehrere explizit benannte Institutionen[1214], beispielsweise an das „Land, die Gemeinden und die Gemeindeverbände". Auf den ersten Blick mag dies sinnvoll sein, da durch eine umfassende Aufzählung alle staatlichen Einrichtungen erfasst, für die Bürger und für die Einrichtungen ersichtlich wird, dass sie erfasst sind und somit Streitigkeiten darüber verringert werden und der Verpflichtungsgehalt erhöht wird. Allerdings führen Aufzählungen immer zu der Restriktion, dass ausschließlich nur die ausdrücklich benannten Einrichtungen erfasst werden[1215]. Werden ungewollt Einrichtungen nicht erfasst, wie die Landkreise im vorausgehenden weit verbreiteten[1216] Beispielsfall, sind diese von der Staatszielbestimmung nicht erfasst. Angesichts dieser Gefahr ist von der ausdrücklichen Benennung aller Adressaten nach dem Vorbild der Verfassungen der Bundesländer abzuraten.

C. Analyse des Entwurfs BT-Drs. 17/10644 vom 11.09.2012

Die letzte Debatte im Plenum des Bundestags zu der Frage der Aufnahme einer Staatszielbestimmung zugunsten des Sports in das Grundgesetz im Jahr 2013[1217] beruhte auf einem allgemein gehaltenen Antrag der *DIE LINKE*[1218] und einem von der *SPD* eingebrachten konkreten Gesetzesentwurf[1219]. Der Gesetzesentwurf sah die Anfügung eines weiteren Satzes an Art. 20a GG vor, der folgenden Inhalt haben sollte:

„Er [der Staat] schützt und fördert ebenso die Kultur und den Sport."[1220]

[1214] So Art. 3c Abs. 1 BaWüVerf, Art. 140 Abs. 3 BayVerf, Art. 35 Satz 2 BbgVerf, Art. 62a HesVerf, Art. 16 Abs. 1 Satz 1 MVVerf, Art. 6 NdsVerf, Art. 18 Abs. 3 NRWVerf, Art. 40 Abs. 4 RPVerf, Art. 34a SaarlVerf, Art. 36 Abs. 1 SAVerf, Art. 9 Abs. 3 SHVerf, Art. 30 Abs. 3 ThürVerf

[1215] *Hix*, Probleme der Normierung einer Sportklausel im Grundgesetz, 2013, S. 158; *Hölzl*, Der Sport als Staatszielbestimmung, 2002, S. 46 f.

[1216] So Art. 140 Abs. 3 BayVerf, Art. 35 Satz 2 BbgVerf, Art. 62a HesVerf, Art. 40 Abs. 4 RPVerf, Art. 9 Abs. 3 SHVerf; und sogar noch enger, weil auch die Gemeindeverbände nicht erfassend, Art. 3c Abs. 1 BaWüVerf, Art. 18 Abs. 3 NRWVerf, Art. 34a SaarlVerf.

[1217] BT-Plenarprotokoll Nr. 17/224 vom 07.06.2013, S. 30977 ff.

[1218] BT-Drs. Nr. 17/6152 vom 09.06.2011.

[1219] BT-Drs. 17/10644 vom 11.09.2012.

[1220] BT-Drs. 17/10644 vom 11.09.2012; BT-Plenarprotokoll Nr. 17/224 vom 07.06.2013, S. 30979.

Der Vorschlag der *SPD* bestätigt die bisherigen Erkenntnisse in mehrerer Hinsicht: Der Adressatenbegriff ist weit zu fassen, wofür sich der dort in Bezug genommene Begriff aus Art. 20a (Satz 1) GG, der Staat, besonders gut eignet. Es bedarf eines kombinierten Verpflichtungsgehalts aus Förderung und Schutz – und nicht etwa Pflege. Für einen nicht zu beschränkten, aber auch nicht zu weiten Verpflichtungsgegenstand ist der Begriff „Sport“ anderen Begriffen wie Körperkultur, körperliche Ertüchtigung oder Sporttreiben vorzuziehen. Auch die Hervorhebung einzelner Bereiche durch ein „insbesondere“ hat zu unterbleiben. Durch die ausdrückliche Benennung von Kultur und Sport bestätigt der Vorschlag, dass Kultur und Sport als eigenständige Bereiche zu verstehen sind. Eine gemeinsame Verankerung in einem Satz ist aber nicht zwingend notwendig.

Fraglich ist, wie der Bezug des Vorschlags der SPD zu den bereits in Art. 20a GG verankerten Gehalten durch die Formulierung „ebenso“ zu bewerten ist. Zunächst stellt er den Gleichrang zwischen den neuen Staatszielbestimmungen und den bereits in Art. 20a GG verbürgten sowie allen anderen Staatszielbestimmungen und Verfassungsnormen klar. Zeitgleich werden damit aber auch die in Satz 1 aufgestellten Maßgaben auch für die Kultur und den Sport verbindlich erklärt. Das bedeutete, dass auch die Kultur und der Sport „im Rahmen der verfassungsmäßigen Ordnung“ und „nach Maßgabe von Gesetz und Recht“ zu schützen und zu fördern wären. Da der Gesetzesvorbehalt aber allenfalls klarstellende Bedeutung hat, wäre er nach der hier vertretenen Auffassung überflüssig[1221]. Dies belegen die anderen im Grundgesetz verankerten Staatszielbestimmungen, die ohne entsprechende Vorbehalte auskommen, weshalb der Zusatz „ebenso“ und ein ausdrücklicher Gesetzesvorbehalt unnötig sind.

D. Analyse von Vorschlägen aus der Fachliteratur

Den Abschluss bilden diverse Vorschläge aus der Literatur. Und hierbei den Anfang machen zwei Vorschläge von Befürwortern einer Staatszielbestimmung zugunsten des Sports, die im Rahmen der Sachverständigenanhörung im Rechtsausschuss im Januar 2007 gemacht wurden (dazu unter I.). Anschließend werden zwei neuere Vorschläge von Befürwortern dargestellt, die Rückschluss auf die

[1221] Dazu ausführlich oben unter 1. Kapitel, A. VI. 1) a) aa) und bb) sowie 3) b) aa) (1).

neuesten Erkenntnisse geben können (dazu unter II.). Zuletzt wird eine Formulierung behandelt, die einer kritischen, ebenfalls im Rahmen der Anhörung im Jahr 2007 abgegebenen Stellungnahme entnommen ist (dazu unter III.). Angesichts der kritischen Haltung könnten dieser Formulierung neue Ansätze und Erkenntnisse entnommen werden, weil bei einer kritischen Herangehensweise gefahrbegründende Aspekte tendenziell eher gesehen und berücksichtigt werden als bei einer grundauf positiven Haltung.

I. Vorschläge von Staatszielbestimmungsbefürwortern aus der ersten Bundestagsdebatte um die Aufnahme der Staatszielbestimmung in das Grundgesetz im Jahr 2007

Im Rahmen der Sachverständigenanhörung im Rechtsausschuss des Bundestages im Jahr 2007 haben *Stern* und *Nolte* sich für die Aufnahme einer Staatszielbestimmung zugunsten des Sports ausgesprochen und dies mit zwei konkreten Vorschlägen kombiniert. *Stern* empfahl eine Regelung in einem eigenen Art. 20b GG mit folgendem Wortlaut:

„Der Staat pflegt und fördert den Sport. Er wahrt die Autonomie des Sports und gewährleistet seine Freiheit."[1222]

Hierbei handele es sich um eine Staatszielbestimmung, die der Staatstätigkeit eine Richtung gebe, verpflichtenden Charakter besitze und grundsätzlich keine subjektiven Rechte begründe[1223]. Durch den zweiten Satz solle der Gefahr der Kompetenzeinbuße für Sportverbände entgegenwirkt werden[1224].

Der Einordnung als Staatszielbestimmung kann nur im Hinblick auf Satz eins des Regelungsvorschlags einschränkungslos gefolgt werden. Die Wortwahl und der Satzbau lassen eine entsprechende eindeutige Bewertung zu. Satz zwei des Vorschlags könnte dagegen auch ein subjektiv-rechtlicher Gehalt entnommen

---

[1222] *Stern*, Schriftliche Stellungnahme zur Anhörung in der 44. Sitzung des Rechtsausschusses des Bundestags am 29.01.2007, S. 5.
[1223] *Stern*, Schriftliche Stellungnahme zur Anhörung in der 44. Sitzung des Rechtsausschusses des Bundestags am 29.01.2007, S. 6.
[1224] *Stern*, Schriftliche Stellungnahme zur Anhörung in der 44. Sitzung des Rechtsausschusses des Bundestags am 29.01.2007, S. 5.

werden. Die Festschreibung im zweiten Halbsatz, dass der Staat die „Freiheit" des Sports „gewährleistet", legt einen subjektiv-rechtlichen Gehalt nahe[1225]. Denn entsprechende Formulierungen werden auch bei subjektiv-rechtlichen Grundrechten verwendet. Das Grundrecht auf Pressefreiheit in Art. 5 Abs. 1 Satz 2 GG[1226] lautet: „Die Pressefreiheit und die Freiheit der Berichterstattung [...] werden gewährleistet". Von einer entsprechenden Ausgestaltung der Autonomie-regelung ist daher abzuraten. Der erste Halbsatz des zweiten Satzes wäre im Hinblick auf die Gefahren für die Autonomie des Sports jedoch sinnvoll und passend. Allerdings ist der von *Stern* verwendete Begriff „Wahrung" wegen des tendenziell größeren Gewichts gegenüber dem in der Verf-BRA verwendeten Begriff „Beachtung" weniger geeignet. Die Pflicht zur Wahrung verlangt den Erhalt des Bestehenden[1227] und legt dem Staat damit eine Schutzpflicht zugunsten der Sportautonomie auf, die im Umkehrschluss zu einer übermäßigen Beschneidung der Förderungs- und Schutzpflicht führen kann. Die Pflicht zur Beachtung dagegen ist weniger intensiv und führt damit zu weniger Beschneidungen. Außerdem würden durch die Wahrungspflicht zwingend notwendige Beschränkungen der Autonomie, übermäßig erschwert. Deshalb ist die Beachtenspflicht einer Wahrungspflicht insgesamt vorzuziehen.

Der Umstand, dass *Stern*, trotz Verwendung der gegenüber einer Schutzpflicht schwächeren Pflegepflicht, eine ausdrückliche Regelung zur Autonomiewahrung für erforderlich hält, bestätigt jedenfalls die hier beabsichtigte Aufnahme eines entsprechenden Passus[1228]. Ebenfalls wird der hier favorisierte Adressatenbegriff „Staat" und die Kombination einer statischen und einer dynamischen Verpflichtung bestätigt. Es bleibt jedoch dabei, dass eine Schutzpflicht einer Pflegepflicht vorzuziehen ist; dies gilt insbesondere dann, wenn, wie hier, eine explizite Regelung zur Autonomiewahrung aufgenommen wird. Denn dadurch wird der statische Gehalt der Pflegepflicht noch weiter abgeschwächt als er es ohnehin schon ist.

[1225] So auch *Dreher*, Staatsziele im Bundesstaat am Beispiel des Sports, 2005, S. 216, für die ebenfalls mit einer Wahrungsverpflichtung ausgestaltete Regelung in Art. 3c BaWüVerf.

[1226] Zum subjektiv-rechtlichen Gehalt der Pressefreiheit siehe nur *Bethge*, in: Sachs, GG, 7. Aufl. 2014, Art. 5, Rn. 71.

[1227] *Dreher*, Staatsziele im Bundesstaat am Beispiel des Sports, 2005, S. 216.

[1228] Die Autonomieregelung für rein deklaratorisch erachtend *Dreher*, Staatsziele im Bundesstaat am Beispiel des Sports, 2005, S. 216; *Nolte*, Schriftliche Stellungnahme zur Anhörung in der 44. Sitzung des Rechtsausschusses am 20.01.2007, S. 7.

Auch *Nolte* sprach sich für die Aufnahme einer Regelung in einen eigenen Art. 20b GG aus, die folgenden Wortlaut haben sollte:

„Der Staat schützt und fördert die Kultur und den Sport.“[1229]

Die knappe und offene Ausgestaltung ist im Hinblick auf die Wahrung des Gestaltungsspielraums und der Reaktionsmöglichkeiten des Staates zu begrüßen. Sie stimmt in wesentlichen Punkten – dem weiten Adressaten-begriff oder der kombinierten Verpflichtung aus Schutz- und Förderungspflicht – mit der hier bislang bevorzugten Ausgestaltung überein und bestätigt diese insoweit.

Nolte hat jedoch bewusst auf eine Regelung zur Wahrung oder Beachtung der Autonomie verzichtet, da nach seiner Auffassung die Autonomie ausreichend über Art. 9 Abs. 1 GG abgesichert und eine entsprechende Klausel überflüssig, weil rein deklaratorisch sei[1230]. Dem kann nicht gefolgt werden. Da die Autonomie des Sports durch einen entsprechenden Passus erstmals eine ausdrückliche Erwähnung erfahren würde, minimiert sie jedenfalls den Argumentationsaufwand für die Herleitung des Autonomiegehalts für den Sport aus Art. 9 Abs. 1 GG. Vor allem verstärkt sie aber den bereits über Art. 9 Abs. 1 GG gewährten Gehalt. Nach der hier vertretenen Auffassung hat sie daher eine eigenständige Bedeutung und sollte Einzug in die Staatszielbestimmung finden.

Im Übrigen ist *Nolte* wieder insoweit zu folgen, als er in seiner Begründung ausführt, dass Sport kein bloßer Teilbereich einer übergeordneten Kultur sei, sondern Sport und Kultur gleichberechtigte Lebenskreise darstellen, und eine gänzliche Einbeziehung des Sports in den Bereich der Kultur dessen Förderniveau unzulässiger Weise herabsetzen würde[1231]. Doch bedeutet dies nicht, dass Sport und Kultur, wie von *Nolte* vorgeschlagen, in einer gemeinsamen Regelung verbunden durch ein „und“ anstelle eines „einschließlich“ kodifiziert werden müssten, um diesem Umstand gerecht zu werden. Vielmehr sprechen die Eigenständigkeit und die jeweiligen Besonderheiten von Kultur und Sport für auch eigenständige Regelungen, die den Besonderheiten der beiden Materien hinrei-

---

[1229] *Nolte*, Schriftliche Stellungnahme zur Anhörung in der 44. Sitzung des Rechtsausschusses am 20.01.2007, S. 7.
[1230] *Nolte*, Schriftliche Stellungnahme zur Anhörung in der 44. Sitzung des Rechtsausschusses am 20.01.2007, S. 7.
[1231] *Nolte*, Schriftliche Stellungnahme zur Anhörung in der 44. Sitzung des Rechtsausschusses am 20.01.2007, S. 7.

chend Rechnung tragen[1232]. Von einer gemeinsamen Kodifikation ist daher abzusehen. In einem weiteren Vorschlag – „Der Bund schützt und fördert den Sport“[1233] – sieht dies *Nolte* wohl auch so, da er dort die Kultur nicht einbezieht. Besonders an dem letztgenannten Vorschlag Noltes ist, dass er hier den auch von der BV verwendeten Adressatenbegriff „Bund“ gebraucht. Von einer entsprechenden Beschränkung auf den Bund ist jedoch nach dem oben gesagten abzuraten[1234].

II. Aktuelle Vorschläge von Staatszielbestimmungsbefürwortern

Zwei weitere Vorschläge neueren Datums sind bei *Hammerstingl* und *Hix* zu finden. Da diese aufgrund ihrer Aktualität auch neuere Erkenntnisse berücksichtigen dürften, sind auch sie für die nachfolgende nähere Untersuchung ausgewählt worden. *Hammerstingl* fordert in seiner Abhandlung aus dem Jahr 2011 eine Regelung folgenden Wortlauts:

„Der Staat schützt und fördert den Sport“[1235].

Mit Ausnahme der Mitkodifikation der Kultur entspricht sie dem Vorschlag *Noltes*. Damit bestätigt *Hammerstingl* aber nicht nur die Formulierung im Indikativ aktiv, die Adressierung an den Staat und die Kombination aus Förderungs- und Schutzpflicht, sondern er geht auch davon aus, dass eine Absicherung der Autonomie des Sports über eine ausdrückliche Verpflichtung nicht erforderlich ist. Das bedeutet jedoch nicht, dass deswegen von der hier vertretenen Position abzurücken wäre. Denn die Absicherung über Art. 9 Abs. 1 GG allein erreicht nicht das Maß wie eine ausdrückliche Regelung in einer sportbezogenen Staatszielbestimmung. Dies sieht *Hix* in seinem noch aktuelleren Vorschlag aus dem Jahr 2013 ähnlich. *Hix'* Vorschlag, der genauso wie *Stern* und *Nolte* die Kodifizierung in einem eigenständigen Art. 20b GG empfiehlt, lautet:

[1232] So auch *Scholz*, Schriftliche Stellungnahme zur Anhörung in der 44. Sitzung des Rechtsausschusses des Bundestags am 29.01.2007, S. 2 f.
[1233] *Nolte*, in: Adolphsen/Nolte/Lehner/Gerlinger, Sportrecht in der Praxis, 2012, S. 34, Rn. 77
[1234] Siehe dazu oben unter 3. Kapitel, A. I. 1).
[1235] *Hammerstingl*, Erforderlichkeit staatlicher Regelungen im Skisport, 2011, S. 55.

„Der Staat pflegt und fördert den Sport unter Wahrung seiner Autonomie."[1236]

Sein Vorschlag sieht eine ausdrückliche Regelung zur Autonomie vor. Dieser klarstellende Hinweis auf die Autonomie des Sports sei hilfreich, da der Sport nicht nur staatlichen Einflussnahmen, sondern auch solchen von innergesellschaftlichen Kräften ausgesetzt sei[1237]. *Hix* erkennt auch zutreffend, dass der Schutz der Autonomie des Sports gegen Dritte nicht zuvorderst dem Staat obliegen darf, sondern der Sport sich zunächst versuchen müsse selbst zu sichern und der Staat hier erst subsidiär berufen sei[1238]. Deshalb darf aber nicht die von *Hix* vorgeschlagene „Wahrung", sondern nur eine bloße „Beachtung" des Sports festgeschrieben werden. Auch ist der bewusste Verzicht auf eine Schutzpflicht zugunsten einer Pflegepflicht nicht zu empfehlen. Der Grund dafür, der in der Vermeidung der Gefahr einer Schutzhaft des Staates für den Sport liege[1239], ist im Hinblick auf die zusätzliche Absicherung durch eine Autonomie-Klausel nicht mehr in dem Umfang gegeben; hinzu kommt der schwächere Schutzgehalt und die unnötige Überschneidung mit der Förderungspflicht. Im Übrigen sind jedoch *Hix'* Begründungsansätze überzeugend, wonach zwei weite Begriffe wie „Staat" und „Sport" zu wählen seien, um die notwendige Offenheit der Regelung für künftige Entwicklungen zu wahren bzw. die Gefahr zu vermeiden, dass die Regelung alsbald der Verfassungswirklichkeit nicht mehr entspricht und daher anpassungsbedürftig wird[1240].

III. Vorschlag eines Staatszielbestimmungskritikers

Zuletzt sei noch auf eine weitere Ausgestaltungsvariante aus der Literatur eingegangen, die aber wohl auf einem Vorschlag der *SPD* beruht[1241]. *Wolff* hat diese im Rahmen der Sachverständigenanhörung im Rechtsausschuss im Januar 2007 als Prämisse einer Staatszielbestimmung zugunsten des Sports seinen kritischen Ausführungen zugrunde gelegt. Die Formulierung lautete wie folgt:

[1236] *Hix*, Probleme der Normierung einer Sportklausel im Grundgesetz, 2013, S. 369.
[1237] *Hix*, Probleme der Normierung einer Sportklausel im Grundgesetz, 2013, S. 366.
[1238] *Hix*, Probleme der Normierung einer Sportklausel im Grundgesetz, 2013, S. 366.
[1239] *Hix*, Probleme der Normierung einer Sportklausel im Grundgesetz, 2013, S. 366.
[1240] *Hix*, Probleme der Normierung einer Sportklausel im Grundgesetz, 2013, S. 365 ff.
[1241] Siehe dazu *von Münch*, Rechtspolitik und Rechtskultur, 2011, S. 101.

„Sport ist als förderungswürdiger Teil des Lebens zu schützen“[1242].

Hier zeigt sich, dass auch Kritiker einer neuen Staatszielbestimmung zugunsten des Sports im Grundgesetz davon ausgehen, sollte eine entsprechende Regelung Einzug in das Grundgesetz finden, so muss sie weit gehalten sein und eine kombinierte Schutz- und Förderungsverpflichtung beinhalten.

Bemerkenswert an *Wolffs* Vorschlag ist, die Ausgestaltung des Sports in Anlehnung an Art. 35 Satz 1 BbgVerf und Art. 32 Satz 1 BLNVerf als lediglich „förderungswürdig“, während sein Vorschlag für die Kulturklausel eine ausdrückliche Förderungspflicht vorsieht[1243]. Damit zeigt er, dass er die Förderung des Sports bewusst nicht verbindlich, sondern bloß als Empfehlung bzw. Rat vorgeben wollte[1244]. *Wolff* dürfte eine bloße Förderungsempfehlung für den Sport gewählt haben, um die Finanzhoheit des Staates und die freie politische Festlegung des Staatshaushalts durch den Bundestag zu wahren. Denn als ein mitentscheidendes Argument gegen eine entsprechende Staatszielbestimmung hat er angeführt, dass dem Staat durch die Staatszielbestimmung eine Richtung bei der Entscheidung über die Verteilung der finanziellen Mittel vorgegeben werde, dies jedoch keine fest vorgebbare, sondern eine politische Frage sei, die im Wege der Diskussion im Parlament beantwortet werden müsse[1245]. Durch die rein empfehlende Förderungswürdigkeit bleibt die Beantwortung diese Frage gänzlich ohne bindende Vorgaben beim Bundestag.

Wie *Wolffs* Vorschlag belegt, kann der Gefahr der Beschränkung des Gestaltungsspielraums und insbesondere der Haushaltshoheit der Legislative durch einen mit Bedacht formulierten Wortlaut beigekommen werden. Weil aber ein Absinken des Verbindlichkeitsgrades des Förderungsgehalts von einer Pflicht zu einer bloßen Empfehlung im Hinblick auf die für den Sport bestehenden Gefahren nicht zweckdienlich ist, wird hier ein anderer Wortlaut bevorzugt, der in der

---

[1242] *Wolff*, Schriftliche Stellungnahme zur Anhörung in der 44. Sitzung des Rechtsausschusses am 29.01.2007, S. 1.

[1243] Für die Formulierung für eine Staatszielbestimmung zugunsten der Kultur siehe *Wolff*, Schriftliche Stellungnahme zur Anhörung in der 44. Sitzung des Rechtsausschusses am 29.01.2007, S. 1.

[1244] Ebenfalls die Förderungswürdigkeit in Art. 35 Satz 1 BbgVerf als unverbindliche Empfehlung bewertend *Schulze*, in: Fritsch, 20 Jahre LVerf - FS LT-Bbg, 2012, S. 77; im Übrigen siehe oben unter 3. Kapitel, B. III.

[1245] *Wolff*, Schriftliche Stellungnahme zur Anhörung in der 44. Sitzung des Rechtsausschusses am 29.01.2007, S. 4.

Intention aber mit *Wolffs* Vorschlag übereinstimmt. Durch die Kombination einer verbindlichen Förderungsverpflichtung, die jedoch als Gewährleistungspflicht ausgestaltet ist, mit einem Vorbehalt des finanziell Möglichen wird dasselbe erreicht und zudem durch den ausdrücklichen und klar verständlichen Vorbehalt die Gefahr der Enttäuschung in der Bevölkerung verringert. Trotz *Wolffs* kritischer Haltung gegenüber einer neuen Sport-Staatszielbestimmung im Grundgesetz zeigt sein „Vorschlag", in welche Richtung eine entsprechende Regelung gehen müsste, falls man sich für ihre Aufnahme entscheide – eine verbindliche Regelung, die den Staat in seinen Gestaltungsmöglichkeiten nicht übermäßig einschränkt.

E. Eigener Vorschlag für eine Ausgestaltung

Nunmehr ist es an der Zeit, die aus der vorausgehenden umfangreichen Analyse gewonnenen Erkenntnisse für einen eigenen Wortlautvorschlag für eine Staatszielbestimmung zugunsten des Sports fruchtbar zu machen. Die Erkenntnisse lassen sich wie folgt zusammenfassen:

Zuvorderst bedarf es eines weiten Adressatenbegriffs, damit die Staatszielbestimmung alle staatlichen Stellen auf allen Ebenen des föderalen Staatsgefüges erreichen kann. Für das Grundgesetz hat sich dafür der Begriff „der Staat" als besonders geeignet erwiesen, weil er allgemein weit verstanden wird und keine Auslegungsprobleme und -diskussionen nach sich ziehen dürfte.

Die Regelung muss in ihrem Gehalt einen schwierigen Spagat zwischen Verbindlichkeit und Offenheit schlagen. Sie muss verbindlich sein, um den Gefahren für den Sport hinreichend zu begegnen, und zeitgleich offen genug sein und die notwendige Flexibilität aufweisen, um insbesondere den Gesetzgeber nicht unnötig zu beschränken und den künftigen Entwicklungen auch ohne eine erneute Änderung der Regelung hinreichend Rechnung tragen zu können[1246]. Die Verbindlichkeit wird insbesondere durch den Satzbau, aber auch durch die Wortwahl gewährleistet. Besonders verbindlich ist ein Satzbau, wenn der Ver-

[1246] Mit derselben Prämisse *Hix*, Probleme der Normierung einer Sportklausel im Grundgesetz, 2013, S. 365 f.

pflichtungsadressat als Subjekt des Satzes durch ein Verb im Indikativ aktiv in die Pflicht genommen wird. Als verbindlich und im Hinblick auf die Gefahren besonders geeignet haben sich hierbei die Verben „fördern“ und „schützen“ erwiesen, da sie die erforderliche statische und dynamische Komponente der Verpflichtung hinreichend abbilden. Insbesondere ist die Schutzpflicht einer Pflegepflicht vorzuziehen, weil letztere die statische Zielkomponente weniger intensiv gewährleistet als die Schutzpflicht. Verbindlichkeitssteigernd wirkt sich aus, wenn das Verb „verpflichten“ im Indikativ aktiv am Satzanfang steht und die konkreten Verpflichtungsgehalte, Fördern und Schützen, im Infinitiv folgen. Dabei darf jedoch nicht so weit gegangen werden, dass der Eindruck eines subjektiv-rechtlichen Gehalts entsteht, weshalb insbesondere die Formulierung „Recht auf“ zu unterbleiben hat.

Zur Offenheit der Regelung tragen zunächst ein weiter Zielgegenstandsbegriff sowie ein geringes Maß an Qualifizierungen bei. Besonders geeignet ist, trotz und wegen seiner Weite und der erforderlichen Ermittlung erfasster Bereiche im Auslegungswege, der Begriff „Sport“. Er ist anderen Begriffen vorzuziehen, die entweder zu weit, zu eng, oder zu viel Kolli-sionspotential mit anderen Bereichen bieten, wie etwa die Körperkultur, die körperliche Ertüchtigung oder das Sporttreiben. Die fehlende Qualifizierung etwa im Hinblick auf eine Entwicklung des Sports oder des Spitzen-, Breiten- oder Schulsports belässt dem Staat den nötigen Gestaltungsspielraum, um auf künftige Entwicklungen mit geänderten Anforderungen reagieren zu können. Zum Erhalt des Gestaltungsspielraums trägt weiterhin ein ausdrücklicher Vorbehalt des finanziell Möglichen bei, der den Staat, im Gegensatz zu festen Förderquoten, bei Haushaltsentscheidungen nicht übermäßig bindet und vor allem bei den Bürgern keine unerfüllbaren Erwartungen schürt.

Ferner ist der Schutz- und Förderungspflicht ein „Gegenspieler“ gegenüberzustellen, der der Gefahr der Beschränkung Autonomie des Sports entgegenwirkt. Die Autonomie des Sports ist durch eine ausdrückliche Beachtenspflicht abzusichern, die wiederum einen gelungenen Spagat zwischen Offenheit und Verbindlichkeit schlägt, indem sie keine Bewahrung der Autonomie „um jeden Preis“ auch den der Förderung und des Schutzes des Sports fordert, sondern eine Beachtung etwa durch kommunikativen Austausch mit den Betroffenen im Vorfeld von Maßnahmen genügen lässt. Sie lässt damit auch zwingend notwendige Autonomiebeschneidungen eher zu als eine Gewährleistungs- oder Wahrungspflicht, ohne dabei die Autonomie des Sports außer Acht zu lassen.

Schließlich ist der Förderungsteil der Regelung nicht als direkte Förderungsverpflichtung, sondern als Verpflichtung zur Gewährleistung der Förderung auszugestalten. Auch dies trägt zum Erhalt des staatlichen Gestaltungsspielraums insbesondere bei Haushaltsentscheidungen bei, weil auf diesem Wege die Pflicht nicht nur durch direkte staatliche Förderung, sondern auch durch staatlich motivierte private Förderung erfüllt werden kann. Eine solche dient dem Sport genauso und verringert staatliche Autonomiebeschränkungen durch staatliche Förderungsbedingungen.

Dies vorausgeschickt lautet der hiesige Vorschlag für den Wortlaut einer Staatszielbestimmung zugunsten des Sports im Grundgesetz wie folgt:

„Der Staat ist verpflichtet, den Sport zu schützen, seine Förderung im Rahmen seiner finanziellen Möglichkeiten zu gewährleisten und die Autonomie des Sports zu beachten."

F. Systematische Verortung innerhalb des Grundgesetzes

Weil aber nicht nur der Wortlaut, sondern auch die systematische Stellung einer Regelung wesentlich zu ihrer Wirkung und Rechtsnatur beiträgt, muss der Wortlautvorschlag mit einem Vorschlag zur systematischen Verortung im Grundgesetz gepaart sein. Naheliegend ist eine Verortung innerhalb des Grundrechtskatalogs (Art. 1 bis 19 GG), im sich unmittelbar daran anschließenden Art. 20 GG, in Art. 20a GG oder einem neuen Art. 20b GG.

Um die Bedeutung der Staatszielbestimmung zu untermauern, könnte sie innerhalb des Grundrechtskatalogs verortet werden. Dies legt jedoch die Bewertung der Regelung als Grundrecht nahe. Weil dies die Einordnung als Staatszielbestimmung gefährden könnte, ist davon abzuraten.

Um dies zu vermeiden, die Bedeutung der Staatszielbestimmung aber weiterhin zu bekräftigen, könnte die Einordnung im sich unmittelbar an den Grundrechtsteil anschließenden Art. 20 GG sinnvoll sein[1247]. So wird für das Sozialstaatsprinzip aus Art. 20 Abs. 1 GG, das ebenfalls eine Staatszielbestimmung darstellt[1248], vertreten, dass dessen systematische Stellung unter den allgemeinen Verfassungsprinzipien in Art. 20 GG, die für sich gesehen ganz allgemein keine Rechtsansprüche zugunsten des Einzelnen begründen, im Gegensatz zu einer Verortung innerhalb des Grundrechtsteils der Art. 1 bis 19 GG gegen die Ableitung subjektiver Rechte aus dem Sozialstaatsprinzip spreche[1249]. Allerdings ist Art. 20 GG von der Ewigkeitsgarantie des Art. 79 Abs. 3 GG erfasst. Die Verortung in einem von der Ewigkeitsgarantie erfassten Bereich würde zu einer Verstärkung des Gewichts des Schutzgutes führen, was dem Primat der Gleichrangigkeit von Staatszielbestimmungen mit anderen Verfassungsnormen widersprechen würde[1250]. Denn die von der Ewigkeitsgarantie erfassten Schutzgüter haben wegen ihrer besonderen Absicherung in Kollisionsfällen tendenziell mehr Gewicht als nicht erfasste Schutzgüter[1251]. Dies hat die Gemeinsame Verfassungskommission bei der Verortung der Staatszielbestimmung zugunsten des Umweltschutzes bereits erkannt und sich deswegen gegen eine Verortung in Art. 20 Abs. 1 GG ausgesprochen[1252]. Dem ist hier zu folgen.

Um die Auslegung der Regelung als Staatszielbestimmung zu bekräftigen, bietet sich statt einer Verankerung in Art. 20 GG eine redaktionelle Nähe zu der Vorschrift und zu Art. 20a GG an. Dies bietet drei Vorteile. Zum einen wird damit die Verwandtschaft mit anderen Staatszielbestimmungen und

---

[1247] *Bundesminister des Inneren/Bundesminister der Justiz (Hrsg.)*, Kommissionsbericht, 1983, S. 97, Rn. 153.

[1248] Dazu bereits oben 1. Kapitel, A. V. 1), und im Übrigen siehe nur *Degenhart*, Staatsrecht I, 31. Aufl. 2015, Rn. 598; *Zacher*, in: Isensee/Kirchhof, HdbStR, Band II, 3. Aufl. 2004, § 28, Rn. 1 ff.

[1249] *Grzeszik*, in: Maunz/Dürig, GG, Stand: 75. Erglf., September 2015, Art. 20 VIII, Rn. 17 ff.

[1250] *Hix*, Probleme der Normierung einer Sportklausel im Grundgesetz, 2013, S. 368; siehe dazu bereits oben unter 1. Kapitel, IV. 3) b).

[1251] *Kloepfer*, in: Kahl/Waldhoff/Walter, BK Grundgesetz, Stand: 178. Akt., April 2016, Art. 20a, Rn. 26; *Sannawald*, in: Schmidt-Bleibtreu/Hofmann/Hopfauf, GG, 13. Aufl. 2014, Art. 20a, Rn. 13.

[1252] Bericht der Gemeinsamen Verfassungskommission, BT-Drs. 12/6000 vom 05.11.1993, S. 65 ff.; so die auch damals noch M. M. in der Sachverständigenkommission, vgl. *Bundesminister des Inneren/Bundesminister der Justiz (Hrsg.)*, Kommissionsbericht, 1983, S. 97, Rn. 154, S. 128, Rn. 208; so auch *Kloepfer*, in: Kahl/Waldhoff/Walter, BK Grundgesetz, Stand: 178. Akt., April 2016, Art. 20a, Rn. 26; *Scholz*, in: Maunz/Dürig, GG, Stand: 75. Erglf., September 2015, Art. 20a, Rn. 27.

Staatsstrukturprinzipen verdeutlicht, die in Art. 20 GG und Art. 20a GG verankert sind[1253]. Durch die Nähe zu Art. 20 GG wird zudem der hohe Stellenwert des Sports verdeutlicht[1254]. Und drittens werden die aus einer nachträglichen Verankerung in Art. 20 GG resultierenden Unstimmigkeiten im Verhältnis zu Art. 79 Abs. 3 GG vermieden[1255].

Damit empfiehlt sich entweder, wie bei der dem Umweltschutz zeitlich nachfolgenden Aufnahme des Tierschutzes, die Aufnahme in Art. 20a GG als weiteren Satz oder Absatz[1256] oder die Aufnahme in einem eigenständigen Art. 20b GG an[1257]. Die Einordnung in den einen oder anderen Artikel macht durchaus einen Unterschied[1258], der in Übereinstimmung mit dem Großteil der Literatur dazu führt, dass hier die Verankerung in einem eigenständigen Art. 20b GG bevorzugt wird[1259]. Denn während Umweltschutz und Tierschutz der Sache nach doch sehr verwandt sind und sich zwischen diesen Bereichen auch Überschneidungen ergeben, ist dies beim Sport und den beiden in Art. 20a GG verankerten Bereichen nicht der Fall. Im Gegenteil sind Umwelt- und Tierschutz, wie hier ausführlich herausgearbeitet wurde, oftmals Gegenspieler zum Sport. Um diese Konkurrenzsituation auch systematisch darzustellen, erscheint die Aufnahme eines neuen Art. 20b GG als die sinnvollere Lösung. Auf diesem Wege würde auch die Gleichrangigkeit von Umwelt- und Tierschutz sowie Sport sichergestellt. Denn die spätere Aufnahme des Sports und die zeitgleiche Verortung im bloßen zweiten Satz oder Absatz des Art. 20a GG könnte als ein Zeichen für ein geringeres Gewicht des Sports gewertet werden. Bei einem eigenen Artikel für

---

[1253] *Meyer-Teschendorf*, ZRP 1994, 73, 77.
[1254] *Meyer-Teschendorf*, ZRP 1994, 73, 77.
[1255] *Meyer-Teschendorf*, ZRP 1994, 73, 77.
[1256] So etwa der Gesetzesentwurf der *SPD*, vgl. BT-Drs. 17/10644 vom 11.09.2012; BT-Plenarprotokoll Nr. 17/224 vom 07.06.2013, S. 30979.
[1257] Ebenfalls die beiden Alternativen erwägend *Hammerstingl*, Erforderlichkeit staatlicher Regelungen im Skisport, 2011, S. 54 f.; *Hix*, Probleme der Normierung einer Sportklausel im Grundgesetz, 2013, S. 368.
[1258] *Hix*, Probleme der Normierung einer Sportklausel im Grundgesetz, 2013, S. 368, geht davon aus, dass die Einordnung in Art. 20a GG oder einem Art. 20b GG „keinen gravierenden Unterschied" darstelle, entscheidet sich dann aber doch für einen separaten Art. 20b GG.
[1259] So etwa auch *Hix*, Probleme der Normierung einer Sportklausel im Grundgesetz, 2013, S. 368; *Nolte*, Schriftliche Stellungnahme zur Anhörung in der 44. Sitzung des Rechtsausschusses am 20.01.2007, S. 7; *Scholz*, Schriftliche Stellungnahme zur Anhörung in der 44. Sitzung des Rechtsausschusses des Bundestags am 29.01.2007, S. 3; *Stern*, Schriftliche Stellungnahme zur Anhörung in der 44. Sitzung des Rechtsausschusses des Bundestags am 29.01.2007, S. 5.

den Sport bestünde diese Gefahr nicht. Hier wird daher die Ausgestaltung in einem eigenen Art. 20b GG bevorzugt.

Zusammenfassung der Thesen und Ausblick

Der Sport hat heute einen nicht zu leugnenden Stellenwert in der Gesellschaft erreicht. Dass dies auf lange Sicht wieder abnehmen könnte, ist nicht absehbar. Aufgrund der sich bereits heute im Ansatz stellenden Herausforderungen, die sich in Zukunft noch verschärfen dürften – zu denken ist an die im Hinblick auf die Zuwanderung notwenige Integrationsarbeit, die sich verschärfende Arbeitsmarktsituation oder den Anstieg von Erkrankungen, die oft auf belastungsbedingte Fehlernährung und Bewegungsmangel zurückzuführen sind –, wird die gesellschaftliche Bedeutung des Sports wegen seiner integrativen und sportmedizinischen Wirkung sowie seiner steigenden Wirtschaftsbedeutung tendenziell weiter zunehmen.

Der Sport sieht sich heute aber einer Vielzahl von Gefahren von außen sowie von innen ausgesetzt derer er von sich heraus nicht Herr werden kann. Doping, Korruptions-, Bestechungs- und Betrugsskandale nehmen zu – ein Indiz dafür, dass der Sport autonom hier nicht Abhilfe schaffen kann. Die Einführung der Umweltschutz-Staatszielbestimmung hat dazu geführt, dass der Sport heute Umweltbelangen regelmäßig weichen muss. Auch ist der Sport, insbesondere außerhalb des Profisports in teuer vermarkteten Ligen, auf staatliche Förderung angewiesen. Ohne die Bereitstellung der Infrastruktur und der finanziellen Mittel werden der Amateursport, der von der breiten Masse der Bevölkerung betrieben wird und somit den größten Beitrag zu den zahlreichen positiven Effekten leistet, sowie weniger gut vermarktete Sportarten Einbußen hinnehmen müssen. Auf lange Sicht könnte dies zu einer Entwicklung führen, die den Sport derart negativ beeinflusst, dass er seiner gesellschaftlichen Funktion nicht mehr gerecht werden kann.

Trotz dieser Ausgangssituation ist der Sport heute an keiner Stelle im Grundgesetz erwähnt. Er wird auf Bundesebene lediglich mittelbar und nur in Teilbereichen über Grundrechte abgesichert. Im Hinblick darauf muss jedenfalls die Diskussion um die Aufnahme einer Regelung in das Grundgesetz, die den Sport gegen die Gefahren absichert, mit dem nötigen Problembewusstsein fortgeführt werden. Denn jede Aufnahme neuer Gehalte in das Grundgesetz birgt auch nicht von der Hand zu weisende Risiken in sich, die es dem verfassungsändernden Gesetzgeber gegen die Vorteile und Chancen abzuwiegen obliegt.

Die voranstehenden Ausführungen haben gezeigt, dass eine Staatszielbestimmung zugunsten des Sports im Grundgesetz aufgrund ihrer spezifischen Wirkungsweise als verbindlich verpflichtende, aber für staatliche Gestaltungen offene Regelung ein adäquates Mittel wäre, um den Gefahren für den Sport beizukommen und dabei die aus der Verfassungsänderung selbst resultierenden Risiken durch eine wohl bedachte Ausgestaltung der Regelung auf ein Maß zu reduzieren, das im Hinblick auf die sich bietenden Chancen hinnehmbar ist. Nicht umsonst haben heute bereits 14 Mitgliedsstaaten der EU Regelungen zugunsten des Sports in ihren Verfassungen, die größtenteils als Staatszielbestimmungen ausgestaltet sind. Die Analyse dieser Bestimmungen, weiterer ausgewählter Regelungen zugunsten des Sports in den Verfassungen anderer Staaten und diverser Regelungsvorschläge für das Grundgesetz hat einen Ausgestaltungsvorschlag hervorgebracht, der die mit der Kodifikation des Sports im Grundgesetz einhergehenden Risiken derart minimiert, dass die Aufnahme der Staatszielbestimmung zugunsten des Sports in der hier vorgeschlagenen Weise befürwortet wird.

In der Hoffnung, dass die hier in Kombination mit dem Ausgestaltungsvorschlag erarbeiteten Thesen die Diskussion um die Aufnahme einer Staatszielbestimmung zugunsten des Sports in das Grundgesetz wieder anregen und eine ausgereifte Regelung schlussendlich in das Grundgesetz Einzug findet, wird die Untersuchung mit einem Zitat *Murswieks* zu der damals noch neuen Staatszielbestimmung zum Umweltschutz in Art. 20a GG geschlossen, das eines Tages hoffentlich auch für den Sport gelten möge:

„Nun lässt sich wirklich ohne jede Einschränkung sagen: Der Gesetzgeber hat nach der Verfassung jede Handhabe für einen effektiven Umweltschutz. Tut er nicht genug, um die Umwelt zu schützen, dann liegt es jedenfalls nicht daran, dass das Grundgesetz ihn hindert.“[1260]

[1260] *Murswiek*, NVwZ 1996, 222, 230.

Literaturverzeichnis

Ablonczy, Bálint, Gespräche über das Grundgesetz Ungarns: Bálint Ablonczy im Gespräch mit József Szájer und Gergely Gulyás, 2012 (**zitiert:** *Ablonczy*, Gespräche über das Grundgesetz Ungarns)

Adolphsen, Jens/Nolte, Martin/Lehner, Michael/Gerlinger, Michael, Sportrecht in der Praxis, 2012

Alen, André, Der Föderalstaat Belgien: Nationalismus - Föderalismus - Demokratie, 1995 (**zitiert:** *Alen*, Der Föderalstaat Belgien)

Alexy, Robert, Theorie der Grundrechte, 1986

Alzaga Villaamil, Oscar (Hrsg.), Comentarios a las leyes políticas - Constitución española de 1978, Tomo 4, Artículos 39 a 55, 1984 (**zitiert:** *Bearbeiter,* in: Alzaga Villaamil, Comentarios a las Leyes Politicas, Bd. IV, 1984)

Anschütz, Gerhard/Thoma, Richard, Handbuch des deutschen Staatsrechts, Band 2, 1932 (**zitiert:** *Bearbeiter*, in: Anschütz/Thoma, Handbuch des deutschen Staatsrechts, Band 2, 1932)

Aulehner, Josef, Grundrechte und Gesetzgebung, 2011

Badura, Peter, Die Daseinsvorsorge als Verwaltungszweck der Leistungsverwaltung und der soziale Rechtsstaat, DÖV 1966, S. 624 ff.

Badura, Peter, Die Rechtsprechung des Bundesverfassungsgerichts zu den verfassungsrechtlichen Grenzen wirtschaftspolitischer Gesetzgebung im sozialen Rechtsstaat, AöR 1967 (Bd. 92), S. 382 ff.

Badura, Peter, Das Prinzip der sozialen Grundrechte und seine Verwirklichung im Recht der Bundesrepublik Deutschland, Der Staat 1975 (Bd. 14), S. 17 ff.

Badura, Peter, Die Förderung des Gesellschaftlichen Fortschritts als Verfassungsziel und der Schutz der Grundrechtlichen Freiheit in: Sachs, Michael/Siekmann, Helmut (Hrsg.), Der grundrechtsgeprägte Verfassungsstaat: Festschrift für Klaus Stern zum 80. Geburtstag, 2012, S. 275 ff. (**zitiert:** *Badura*, in: Sachs/Siekmann, FS Stern)

Badura, Peter, Staatsrecht: Systematische Erläuterung des Grundgesetzes für die Bundesrepublik Deutschland, 6. Aufl. 2015 (**zitiert:** Badura, Staatsrecht)

Balz, Eckart, Sportentwicklung: Grundlagen und Facetten, 2009 (**zitiert:** *Balz*, Sportentwicklung)

Banaszak, Bogusław, Einführung in das polnische Verfassungsrecht, 2003

Bauer, Martin, Kultur und Sport im Bundesverfassungsrecht, 1999 (**zitiert:** *Bauer*, Kultur und Sport)

Baumgartner, Christian, Die Verfassung der Slowakei vom 01.09.1992, ROW 1992, S. 375 ff.

Benda, Ernst/Maihofer, Werner/Vogel, Hans-Jochen (Hrsg.), Handbuch des Verfassungsrechts der Bundesrepublik Deutschland, 2. Auf. 1994 (**zitiert:** *Bearbeiter*, in: Benda/Maihofer/Vogel, HdbVerfR BRD)

Benda, Ernst/Klein, Eckart/Klein, Oliver, Verfassungsprozessrecht: Ein Lehr- und Handbuch, 3. Aufl. 2012 (**zitiert:** *Benda/Klein/Klein*, Verfassungsprozessrecht)

Bethge, Herbert, Zur Problematik von Grundrechtskollisionen, 1977

Biaggini, Giovanni, Bundesverfassung der Schweizerischen Eidgenossenschaft und Auszüge aus dem EMRK, den UNO-Pakten sowie dem BGG, 2007 (**zitiert:** *Biaggini*, Kommentar BV)

Bock, Bettina, Umweltschutz im Spiegel von Verfassungsrecht und Verfassungspolitik, 1990 (**zitiert:** *Bock*, Umweltschutz)

Böckenförde, Ernst-Wolfgang/Jekewitz, Jürgen/Ramm, Thilo (Hrsg.), Soziale Grundrechte: 5. Rechtspolitischer Kongreß der SPD vom 29. Februar bis 2. März 1980 in Saarbrücken - Dokumentation, Teil 2, 1981 (**zitiert:** *Bearbeiter*, in: Böckenförde/Jekewitz/Ramm, Soziale Grundrechte)

Böckenförde, Ernst-Wolfgang, Staat, Verfassung, Demokratie - Studien zur Verfassungstheorie und zum Verfassungsrecht, 1991 (**zitiert:** *Böckenförde*, Staat, Verfassung, Demokratie)

Bogdandy, Armin von/Cruz Villalòn, Pedro/Huber, Peter M. (Hrsg.), Handbuch Ius Publicum Europaeum, Band I, Grundlagen und Grundzüge staatlichen Verfassungsrechts, 2007 (**zitiert:** *Bearbeiter*, in: Bogdandy/Cruz Villalòn/Huber, HdbIPE, Band I)

Borgmann, Klaus/Hermann, Martin, Soziale Grundrechte - Regelungsmodelle und Konsequenzen, JA 1992, S. 337 ff.

Breiter, Urs, Staatszielbestimmungen als Problem des schweizerischen Bundesverfassungsrechts, 1980

Brenne, Anke, Soziale Grundrechte in den Landesverfassungen, 2003 (**zitiert:** *Brenne*, Soziale Grundrechte)

Brenner, Michael, Die neuartige Technizität des Verfassungsrechts und die Aufgabe der Verfassungsrechtsprechung, AöR 1995 (Bd. 120), S. 248 ff.

Breuer, Christoph/Feiler, Svenja, Sportvereine in Deutschland - ein Überblick, in: Breuer, Christoph (Hrsg.), Sportentwicklungsbericht 2013/2014, Analyse zur Situation der Sportvereine in Deutschland, 2015 (**zitiert:** *Breuer/Feiler*, in: Breuer, Sportentwicklungsbericht 2013/2014)

Breuer, Rüdiger, Grundrechte als Anspruchsnormen, in: Bachof, Otto/Heigl, Ludwig/Redeker, Konrad (Hrsg.), Verwaltungsrecht zwischen Freiheit, Teilhabe und Bindung - Festgabe aus Anlaß des 25jährigen Bestehens des Bundesverwaltungsgerichts, 1978, S. 89 ff. (**zitiert:** *Breuer*, in: Bachof/Heigl/Redeker, FG 25 Jahre BVerwG)

Brunner, Georg, Die Problematik der sozialen Grundrechte, 1971

Bühler, Ottmar, Die subjektiven öffentlichen Rechte und ihr Schutz in der deutschen Verwaltungsrechtsprechung, 1914 (**zitiert:** *Bühler*, Die subjektiven öffentlichen Rechte)

Bull, Hans Peter, Die Staatsaufgaben nach dem Grundgesetz, 2. Aufl. 1977

Bull, Hans Peter, Staatszwecke im Verfassungsstaat, NVwZ 1989, S. 801 ff.

Bundesminister des Inneren/Bundesminister der Justiz (Hrsg.): Bericht der Sachverständigenkommission Staatszielbestimmungen, Gesetzgebungsaufträge, 1983

Canaris, Claus-Wilhelm/Larenz, Karl, Methodenlehre der Rechtswissenschaft, 3. Aufl. 1995

Contiades, Ion, Verfassungsgesetzliche Staatsstrukturbestimmungen, 1967

Degenhart, Christoph/Meissner, Claus (Hrsg.), Handbuch der Verfassung des Freistaates Sachsen, 1997 (**zitiert:** *Bearbeiter*, in: Degenhart/Meissner, Hdb der Verfassung Sachsens, 1997)

Degenhart, Christoph, Staatsrecht I: Staatsorganisationsrecht mit Bezügen zum Europarecht, 31. Aufl. 2015 (**zitiert:** *Degenhart*, Staatsrecht I)

Denninger, Erhard, Menschenrechte und Grundgesetz, 1994

Depenheuer, Otto, Politischer Wille und Verfassungsänderung - Bemerkungen zu einem legislatorischen Problem der Verfassungsänderung anläßlich der Bestrebung zur Aufnahme des Staatsziels "Umweltschutz" in das Grundgesetz, DVBl. 1987, S. 809 ff.

Diemer-Benedict, Tanja, Die Grundrechte in der neuen polnischen Verfassung, ZAOERV 1998, S. 205 ff.

Dietlein, Johannes, Die Lehre von den grundrechtlichen Schutzpflichten, 2. Aufl. 2005

Dirnberger, Franz, Recht auf Naturgenuss und Eingriffsregelung - zugleich ein Beitrag zur Bedeutung grundrechtlicher Achtungs- und Schutzpflichten für das subjektiv öffentliche Recht, 1991 (**zitiert:** *Dirnberger*, Recht auf Naturgenuss und Eingriffsregelung)

Dörfler, Reinhard, Die Vereinbarkeit sozialer Grundrechte mit dem Grundgesetz der Bundesrepublik Deutschland, 1978 (**zitiert:** *Dörfler*, Vereinbarkeit sozialer Grundrechte)

Dreher, Christian, Staatsziele im Bundesstaat am Beispiel des Sports, 2005

Dreier, Horst (Hrsg.), Grundgesetz Kommentar, Band I, 3. Aufl. 2013 (**zitiert:** *Bearbeiter*, in: Dreier, GG, Band I)

Dreier, Horst (Hrsg.), Grundgesetz Kommentar, Band II, 2. Aufl. 2006 (**zitiert:** *Bearbeiter*, in: Dreier, GG, Band II)

Dreier, Horst (Hrsg.), Grundgesetz Kommentar, Band II, 3. Aufl. 2015 (**zitiert:** *Bearbeiter*, in: Dreier, GG, Band II)

Driehaus, Hans-Joachim (Hrsg.), Verfassung von Berlin: Taschenkommentar, 3. Aufl. 2009 (**zitiert:** *Bearbeiter*, in: Driehaus, BerlVerf)

Dürig, Günther, Grundrechte und Zivilrechtsprechung, in: Maunz, Theodor (Hrsg.), Festschrift zum 75. Geburtstag von Hans Nawiasky: Vom Bonner Grundgesetz zur gesamtdeutschen Verfassung, 1956, S. 157 ff. (**zitiert:** *Dürig*, in: Maunz, FS Nawiasky)

Ehrenzeller, Bernhard/Schindler, Benjamin/Schweizer, Reiner/Vallander, Klaus (Hrsg.), Die schweizerische Bundesverfassung - St. Galler Kommentar, 3. Aufl. 2014 (**zitiert:** *Bearbeiter*, in: Ehrenzeller/Schindler/Schweizer/Vallander, St. Galler Kommentar)

Engelken, Klaas, Ergänzungsband zu Braun Kommentar zur Verfassung des Landes Baden-Württemberg, 1997 (**zitiert:** *Engelken*, Erg.-Bd. zu Braun BaWüVerf)

Epping, Volker/Hillgruber, Christian (Hrsg.), Beck'scher Online-Kommentar GG, Stand: 28. Edt., 01.03.2016 (**zitiert:** *Bearbeiter*, in: Epping/Hillgruber, BeckOK GG)

Erbguth, Wilfried/Wiegand, Bodo, Über Möglichkeiten und Grenzen von Landesverfassungen im Bundesstaat, DÖV 1992, S. 770 ff.

Faller, Rico, Staatsziel "Tierschutz" - Vom parlamentarischen Gesetzgebungsstaat zum verfassungsgerichtlichen Jurisdiktionsstaat?, 2005 (**zitiert:** *Faller*, Staatsziel "Tierschutz")

Feldhaus, Gerhard, Konturen des modernen Umweltschutzes, DÖV 1974, S. 613 ff.

Fischer, E. Hugo, Hammurabi, in: Schmökel, Hartmut/Schmid, Marion (Hrsg.), Exempla historica: Epochen der Weltgeschichte - Herrschergestalten des Alten Orients, Band I, 1985 (**zitiert:** *Fischer*, in: Schmökel/Schmid, Exempla historica, Band I).

Fischer, Peter Christian, Staatszielbestimmungen in den Verfassungen und Verfassungsentwürfen der neuen Bundesländer, 1994 (**zitiert:** *Fischer*, Staatszielbestimmungen)

Fischer, Thomas, Die Mexikanische Revolution und ihre Bedeutung, in: Schröter, Barbara (Hrsg.), Das politische System Mexikos, 2015, S. 37 ff.

Fritzweiler, Jochen, Autonomie der Sportverbände - Gefahr für den Sport?, SpuRt 2011, S. 1.

Fritzweiler, Jochen/Pfister, Bernhard/Summerer, Thomas (Hrsg.), Praxishandbuch Sportrecht, 3. Aufl. 2014

Geis, Max-Emanuel, Die Kulturhoheit der Länder, DÖV 1992, S. 522 ff.

Giesberts, Ludger/Reinhardt, Michael (Hrsg.), Beck'scher Online-Kommentar Umweltrecht, Stand: 37. Edt., 01.10.2015 (**zitiert:** *Bearbeiter*, in: Gisberts/Reinhardt, BeckOK Umweltrecht)

Graf Vitzthum, Wolfgang, Soziale Grundrecht und Staatszielbestimmungen morgen, ZfA 1991, S. 695 ff.

Graf Vitzthum, Wolfgang, Auf der Suche nach einer sozio-ökonomischen Identität? - Staatszielbestimmungen und soziale Grundrechte in den Verfassungsentwürfen der neuen Bundesländer, VBlBW. 1991, S. 404 ff.

Grimm, Christoph/Caesar, Peter (Hrsg.), Verfassung für Rheinland-Pfalz, Kommentar, 2001 (**zitiert:** *Bearbeiter*, in: Grimm/Caesar, RPVerf)

Groß, Thomas, Die Bedeutung des Umweltstaatsprinzips für die Nutzung erneuerbarer Energien, NVwZ 2011, S. 129 ff.

Grothmann, Torsten, Auswirkungen des Staatszieles Klimaschutz auf den Ermessensspielraum am Beispiel des Denkmalschutzes, ZfBR-Beil. 2012, S. 100 ff.

Gusy, Christoph, Der Freiheitsschutz des Grundgesetzes, JA 1980, S. 78 ff.

Häberle, Peter, Grundrechte im Leistungsstaat, VVDStRL 1972 (Bd. 30), S. 43 ff.

Häberle, Peter, Sport als Thema neuerer verfassungsstaatlicher Verfassungen, in: Becker, Bernd/Bull, Hans Peter/Seewald, Otfried (Hrsg.), Festschrift für Werner Thieme zum 70. Geburtstag, 1993, S. 25 ff. (**zitiert:** *Bearbeiter*, in: Becker/Bull/Seewald, FS Thieme)

Häberle Peter, Das Grundgesetz zwischen Verfassungsrecht und Verfassungspolitik - Ausgewählte Studien zur vergleichenden Verfassungslehre in Europa, 1996 (**zitiert:** *Häberle*, Das Grundgesetz zwischen Verfassungsrecht und Verfassungspolitik)

Häberle, Peter, Die Verfassungsbeschwerde im System der bundesdeutschen Verfassungsgerichtsbarkeit, JöR 1997 (Bd. 45), S. 89 ff.

Hahn, Daniel, Staatszielbestimmungen im integrierten Bundesstaat: Normative Bedeutung und Divergenzen, 2010 (**zitiert:** *Hahn*, Staatszielbestimmungen)

Hammerstingl, Simon, Die Erforderlichkeit spezifischer staatlicher Regelungen im alpinen Skisport, 2011 (**zitiert:** *Hammerstingl*, Erforderlichkeit staatlicher Regelungen im Skisport)

Häußling, Eva, Soziale Grundrechte in der portugiesischen Verfassung von 1976 - Verfassung und soziale Wirklichkeit, 1997 (**zitiert:** *Häußling*, Soziale Grundrechte in der Verf-PGL)

Hebeler, Timo, Das Staatsziel Sport - Verfehlte Verfassungsgebung?, SpuRt 2003, S. 221 ff.

Hecker, Jan, Landesrechtliche Bindung von Bundesbehörden - skizziert am Beispiel der pressegesetzlichen Auskunftspflichten, DVBl. 2006, S. 1416 ff.

Hein, Michael, Verfassungskonflikte zwischen Politik und Recht in Südosteuropa: Bulgarien und Rumänien nach 1989 im Vergleich, 2013 (**zitiert:** *Hein*, Verfassungskonflikte zwischen Politik und Recht in Südosteuropa)

Hellermann, Johannes, Städtische Kulturarbeit - eine Pflichtaufgabe auch unter den Bedingungen leerer Kassen?, in: Heckmann, Dirk/Schenke, Ralf P./Sydow, Gernot (Hrsg.), Festschrift für Thomas Würtenberger zu 70. Geburtstag, 2013, S. 1147 ff. (**zitiert:** *Hellermann*, in: Heckmann/Schenke/Sydow, FS Würtenberger)

Hermes, Georg, Das Grundrecht auf Schutz von Leben und Gesundheit: Schutzpflicht und Schutzanspruch aus Art. 2 Abs. 2 Satz 1 GG, 1987 (**zitiert:** *Hermes*, Das Grundrecht auf Schutz von Leben und Gesundheit)

Herzog, Roman, Allgemeine Staatslehre, 1971

Hesse, Konrad, Grenzen der Verfassungswandelung, in: Ehmke, Horst/Kaiser, Joseph H./Kewenig, Wilhelm A./Meessen, Karl Matthias/Rüfner, Wolfgang: Festschrift für Ulrich Scheuner zum 70. Geburtstag, 1973, S. 123 ff. (**zitiert:** *Hesse*, in: Ehmke/Kaiser/Kewenig/Meessen/Rüfner, FS Scheuner)

Hesse, Konrad, Funktionelle Grenzen der Verfassungsgerichtsbarkeit, in: Müller, Jörg Paul (Hrsg.), Recht als Prozess und Gefüge: Festschrift für Hans Huber zum 80. Geburtstag, 1981, S 261 ff. (**zitiert:** *Hesse*, in: Müller, FS Huber)

Hesse, Konrad, Grundzüge des Verfassungsrechts der Bundesrepublik Deutschland, 20. Aufl. 1999 (**zitiert:** *Hesse*, Grundzüge des Verfassungsrechts)

Hildebrandt, Uta, Das Grundrecht auf Religionsunterricht: eine Untersuchung zum subjektiven Rechtsgehalt des Art. 7 Abs. 3 GG, 2000 (**zitiert:** *Hildebrandt*, Das Grundrecht auf Religionsunterricht)

Hillgruber, Christian/Goos, Christoph, Verfassungsprozessrecht, 4. Aufl. 2015

Hix, Philip Martin John: Probleme der Normierung einer Sportklausel im Grundgesetz für die Bundesrepublik Deutschland unter Berücksichtigung des Rechts der Europäischen Union, 2013 (**zitiert:** *Hix*, Probleme der Normierung einer Sportklausel im Grundgesetz)

Holzke, Frank, Der Begriff Sport im deutschen und europäischen Recht, 2001

Hölzl, Alfons, Sport in der Verfassung und in der Verfassungswirklichkeit unter Berücksichtigung des Gemeinschaftsrechts: der Sport als Staatszielbestimmung 2002 (**zitiert:** *Hölzl*, Der Sport als Staatszielbestimmung)

Hömig, Dieter/Wolff, Heinrich Amadeus, Grundgesetz für die Bundesrepublik Deutschland, Handkommentar, 11. Aufl. 2016 (**zitiert:** *Bearbeiter*, in: Hömig/Wolff, GG)

Hopf, Wilhelm, Kritik der Sportsoziologie, 1990

Huber, Peter M., Konsensvereinbarung und Gesetzgebung, in: Koch, Hans-Joachim/Roßnagel, Alexander/Schneider, Jens-Peter/Wieland, Joachim (Hrsg.), 11. Deutsches Atomrechtssymposium, 2002, S. 329 ff. (**zitiert:** *Huber*, in: Koch/Roßnagel/Schneider/Wieland, Atomrechtssymposium)

Hufeld, Ulrich, 60 Jahre Grundgesetz – Verfassung im geteilten und für das wiedervereinigte Deutschland, APuZ 2009, S. 15 ff.

Hufen, Friedhelm, Staatsrecht II: Grundrechte, 5. Aufl. 2016 (**zitiert:** *Hufen*, Staatsrecht II)

Huf, Peter Michael, Die brasilianische Verfassung von 1988 - Originaltext mit deutscher Übersetzung, 1991 (**zitiert:** *Huf*, Die brasilianische Verfassung von 1988)

Humberg, Andreas, Die Aufnahme des Sports in das Grundgesetz, ZRP 2007, S. 57 ff.

Hurtado Márquez, Eugenio (Hrsg.), Estudios jurídicos en torno a la Constitución mexicana de 1917, en su septuagésimo quinto aniversario, 1992 (**zitiert:** *Bearbeiter*, in: Hurtado Márquez, Estudios jurídicos en torno a la Constitución mexicana de 1917)

Ipsen, Hans Peter, Das große „Staatsrecht“ von Klaus Stern, AöR 1978 (Bd. 103), S. 413 ff.

Ipsen, Hans Peter, Über das Grundgesetz: Gesammelte Beiträge seit 1949, 1988 (**zitiert:** *Ipsen*, Über das Grundgesetz)

Ipsen, Jörn, Staatsrecht I: Staatsorganisationsrecht, 27. Aufl. 2015 (**zitiert:** *Ipsen*, Staatsrecht I)

Ipsen, Jörn, Staatsrecht II: Grundrechte, 18. Aufl. 2015 (**zitiert:** *Ipsen*, Staatsrecht II)

Isensee, Josef, Grundrecht auf Sicherheit - Zu den Schutzpflichten des freiheitlichen Verfassungsstaates, 1983 (**zitiert:** *Isensee*, Grundrecht auf Sicherheit)

Isensee, Josef/Kirchhof, Paul (Hrsg.), Handbuch des Staatsrechts der Bundesrepublik Deutschland: Historische Grundlagen, Band I, 3. Aufl. 2003 (**zitiert:** *Bearbeiter*, in: Isensee/Kirchhof, HdbStR, Band I)

Isensee, Josef/Kirchhof, Paul (Hrsg.), Handbuch des Staatsrechts der Bundesrepublik Deutschland: Verfassungsstaat, Band II, 3. Aufl. 2004 (**zitiert:** *Bearbeiter*, in: Isensee/Kirchhof, HdbStR, Band II)

Isensee, Josef/Kirchhof, Paul (Hrsg.), Handbuch des Staatsrechts der Bundesrepublik Deutschland: Demokratie - Bundesorgane, Band III, 3. Aufl. 2005 (**zitiert:** *Bearbeiter*, in: Isensee/Kirchhof, HdbStR, Band III)

Isensee, Josef/Kirchhof, Paul (Hrsg.), Handbuch des Staatsrechts der Bundesrepublik Deutschland: Demokratische Willensbildung - Die Aufgaben des Staates, Band IV, 3. Aufl. 2006 (**zitiert:** *Bearbeiter*, in: Isensee/Kirchhof, HdbStR, Band IV)

Isensee, Josef/Kirchhof, Paul (Hrsg.), Handbuch des Staatsrechts der Bundesrepublik Deutschland: Rechtsquellen, Organisation, Finanzen, Band V, 3. Aufl. 2007 (**zitiert:** *Bearbeiter*, in: Isensee/Kirchhof, HdbStR, Band V)

Isensee, Josef/Kirchhof, Paul (Hrsg.), Handbuch des Staatsrechts der Bundesrepublik Deutschland: Freiheitsrechte, Band VII, 3. Aufl. 2009 (**zitiert:** *Bearbeiter*, in: Isensee/Kirchhof, HdbStR, Band VII)

Isensee, Josef/Kirchhof, Paul (Hrsg.), Handbuch des Staatsrechts der Bundesrepublik Deutschland: Allgemeine Grundrechtslehre, Band IX, 3. Aufl. 2011 (**zitiert:** *Bearbeiter*, in: Isensee/Kirchhof, HdbStR, Band IX)

Isensee, Josef/Kirchhof, Paul (Hrsg.), Handbuch des Staatsrechts der Bundesrepublik Deutschland: Deutschland in der Staatengemeinschaft, Band X, 3. Aufl. 2012 (**zitiert:** *Bearbeiter*, in: Isensee/Kirchhof, HdbStR, Band X)

Isensee, Josef/Kirchhof, Paul (Hrsg.), Handbuch des Staatsrechts der Bundesrepublik Deutschland: Normativität und Schutz der Verfassung, Band XII, 3. Aufl. 2014 (**zitiert:** *Bearbeiter*, in: Isensee/Kirchhof, HdbStR, Band XII)

Jarass, Hans Dieter/Pieroth, Bodo (Hrsg.), Grundgesetz für die Bundesrepublik Deutschland Kommentar, 14. Aufl. 2016 (**zitiert:** *Bearbeiter*, in: Jarass/Pieroth, GG)

Jellinek, Georg, Verfassungsänderung und Verfassungswandlung: eine staatsrechtlich-politische Abhandlung, 1906 (**zitiert:** *Jellinek*, Verfassungsänderung und Verfassungswandlung)

Jutzi, Siegfried, Staatsziele der Verfassung des Freistaats Thüringen - zugleich ein Beitrag zur Bedeutung landesverfassungsrechtlicher Staatsziele im Bundesstaat, ThürVBl. 1995, S. 25 ff.

Jutzi, Siegfried, Staatsziele der Verfassung des Freistaats Thüringen - zugleich ein Beitrag zur Bedeutung landesverfassungsrechtlicher Staatsziele im Bundesstaat, ThürVBl. 1995, S. 54 ff.

Karpen, Ulrich, Die Verfassung von Guatemala vom 31. Mai 1985, JöR 1987 (Bd. 36), S. 527 ff.

Kassaras, Ioannis, Die griechische Verfassung von 1975 - Entstehung und Probleme, 1983 (zitiert: *Kassaras*, Die griechische Verfassung von 1975)

Kerek, Angela, Verfassungsgerichtsbarkeit in Ungarn und Rumänien: ein Vergleich der Verfassungsgerichtsbarkeiten zweier osteuropäischer Transformationsstaaten auf ihrem Weg zum konsolidierten Rechtsstaat, 2010 (**zitiert:** *Kerek*, Verfassungsgerichtsbarkeit in Ungarn und Rumänien)

Kimmel, Adolf/Kimmel, Christiane, Verfassungen der EU-Mitgliedstaaten: Textausgabe mit einer Einführung und einem Sachverzeichnis, 6. Aufl. 2005 (**zitiert:** *Kimmel/Kimmel*, Verfassungen der EU-Mitgliedstaaten)

Klein, Eckart, Grundrechtliche Schutzpflicht des Staates, NJW 1989, S. 1633 ff.

Klein, Hans Hugo, Ein Grundrecht auf Umwelt, in: Schneider, Hans/Götz, Volkmar (Hrsg.), Im Dienst an Recht und Staat: Festschrift für Werner Weber zum 70. Geburtstag, 1974, S. 643 ff. (**zitiert:** *Klein*, in: Schneider/Götz, FS Weber)

Klein, Hans Hugo, Verwaltungskompetenzen von Bund und Ländern in der Rechtsprechung des Bundesverfassungsgerichts, in: Starck, Christian (Hrsg.), Bundesverfassungsgericht und Grundgesetz - Festausgabe aus Anlass des 25jährigen Bestehens des Bundesverfassungsgerichts, 1976, S. 277 ff. (**zitiert:** *Klein*, in: Starck, Festausgabe 25 Jahre BVerfG)

Klein, Hans Hugo, Staatsziele im Verfassungsgesetz - Empfiehlt es sich ein Staatsziel Umweltschutz in das Grundgesetz aufzunehmen?, DVBl. 1991, S. 729 ff.

Kloepfer, Michael, Zum Grundrecht auf Umweltschutz, 1978

Kloepfer, Michael, Umweltschutz als Verfassungsrecht: Zum neuen Art. 20a GG, DVBl. 1996, S. 73 ff.

Kloepfer, Michael, Staatsziel Kultur?, in: Grupp, Klaus/Hufeld, Ulrich (Hrsg.), Recht - Kultur - Finanzen: Festschrift für Reinhard Mußgnug zum 70. Geburtstag am 26. Oktober 2005, 2005 (**zitiert:** *Kloepfer*, in: Grupp/Hufeld, FS Mußgnug)

Kloepfer, Michael, Verfassungsrecht I: Grundlagen, Staatsorganisationsrecht, Bezüge zum Völker- und Europarecht, 2011 (**zitiert:** *Kloepfer*, Verfassungsrecht I)

Kahl, Wolfgang/Waldhoff, Christian/Walter, Christian (Hrsg.), Bonner Kommentar zum Grundgesetz, Stand: 175. Akt., Oktober 2015 (**zitiert:** *Bearbeiter*, in: Kahl/Waldhoff/Walter, BK Grundgesetz)

Kluge, Hans-Georg, Staatsziel Tierschutz Am Scheideweg zwischen verfassungspolitischer Deklamation und verfassungsrechtlichem Handlungsauftrag, ZRP 2004, S. 10 ff.

Kopp, Ferdinand, Grundrechtliche Schutz- und Förderungspflichten der öffentlichen Hand, NJW 1994, S. 1753 ff.

Kopp, Ferdinand/Schenke, Wolf-Rüdiger, Verwaltungsgerichtsordnung Kommentar, 21. Aufl. 2015 (**zitiert:** *Kopp/Schenke*, VwGO)

Kortmann, Constantijn AJM/Bovend'Eert, Paul/Ackermans-Wijn, Johanna/Fleuren, Joseph/van der Nat, Mattheus (Hrsg.), Grondwet voor het Koninkrijk der Nederlanden: de tekst van de Grondwet, voorzien van commentaar, 1998 (**zitiert:** *Bearbeiter*, in: Kortmann/Bovend'Eert/Ackermans-Wijn/Fleuren/van der Nat, Grondwet voor het Koninkrijk der Nederlanden, commentaar)

Kortmann, Constantijn AJM/Fleuren, Joseph WA/Voermans, Wim (Hrsg.), Constitutional law of 2 EU member states: Bulgaria and Romania: the 2007 enlargement, 2008 (**zitiert:** *Bearbeiter*, in: Kortmann/Fleuren/Voermans, Constitutional law of Bulgaria and Romania)

Küpper, Herbert, Ungarns Verfassung vom 25. April 2011: Einführung - Übersetzung - Materialien, 2012 (**zitiert:** *Küpper*, Ungarns Verfassung vom 25. April 2011)

Kröning, Volker/Pottschmidt, Günter/Preuß, Ulrich/Rinken, Alfred (Hrsg.), Handbuch der Bremischen Verfassung, 1991 (**zitiert:** *Bearbeiter*, in: Kröning/Pottschmidt/Preuß/Rinken, Hdb. BremVerf)

Landmann, Robert von/Rohmer, Gustav (Hrsg.), Umweltrecht, Band I, Stand: 78. Erglf., Dezember 2015

Leisner, Walter, Das Lebensrecht, in: Leisner, Walter/Goerlich, Helmut (Hrsg.), Das Recht auf Leben - Untersuchungen zu Artikel 2,2 des Grundgesetzes für die Bundesrepublik Deutschland, 1976 (**zitiert:** *Leisner*, in: Leisner/Goerlich, Das Recht auf Leben)

Lerche, Peter, Übermaß und Verfassungsrecht: zur Bindung des Gesetzgebers an die Grundsätze der Verhältnismäßigkeit und der Erforderlichkeit, 2. Aufl. 1999 (**zitiert:** *Lerche*, Übermaß und Verfassungsrecht)

Lewinski, Kai von/Burbat, Daniela, Bundeshaushaltsordnung, 2013 (**zitiert:** *von Lewinski/Burbat*, BHO)

Lieber, Hasso/Iwers, Steffen Johan/Ernst, Martina (Hrsg.), Verfassung des Landes Brandenburg: Kommentar, 2012 (**zitiert:** *Bearbeiter*, in: Lieber/Iwers/Ernst, BbgVerf)

Linck, Joachim/Jutzi, Siegfried/Hopfe, Jörg (Hrsg.), Die Verfassung des Freistaats Thüringen - Kommentar, 1994 (**zitiert:** *Bearbeiter*, in: Linck/Jutzi/Hopfe, ThürVerfKom)

Lindner, Josef Franz, Theorie der Grundrechtsdogmatik, 2004

Lindner, Josef Franz/Möstl, Markus/Wolff, Heinrich Amadeus, Verfassung des Freistaates Bayern, 2009 (**zitiert:** *Bearbeiter*, in: Lindner/Möstl/Wolff, BayVerf)

Link, Christoph, Staatszwecke im Verfassungsstaat - nach 40 Jahren Grundgesetz, VVDStRL 1990 (Bd. 48), S. 7 ff.

Loewenstein, Karl, Über Wesen, Technik und Grenzen der Verfassungsänderung, 1961

López Pina, Antonio (Hrsg.), Spanisches Verfassungsrecht - Ein Handbuch, 1993 (**zitiert:** *Bearbeiter*, in: López Pina, Hdb SpanVerfR)

Löwer, Wolfgang/Tettinger, Peter J. (Hrsg.), Kommentar zur Verfassung des Landes Nordrhein-Westfalen, 2002 (**zitiert:** *Bearbeiter*, in: Löwer/Tettinger, NRWVerf)

Lücke, Jörg, Soziale Grundrechte als Staatszielbestimmungen und Gesetzgebungsaufträge, AöR 1982 (Bd. 107), S. 15 ff.

Madani, Mohamed/Maghraoui, Driss/Zerhouni, Saloua, The 2011 Moroccan Constitution: A Critical Analysis, 2011

Mampel, Siegfried, Die sozialistische Verfassung der Deutschen Demokratischen Republik - Kommentar, 3. Aufl. 1997 (**zitiert:** *Mampel*, Die sozialistische Verfassung der DDR, Kommentar)

Mangoldt, Hans von, Die Verfassungen der neuen Bundesländer: Einführung und synoptische Darstellung - Sachsen, Brandenburg, Sachsen-Anhalt, Mecklenburg-Vorpommern, Thüringen, 2. Aufl. 1997 (**zitiert:** *von Mangoldt*, Die Verfassungen der neuen Bundesländer)

Mangoldt, Hermann von/Klein, Friedrich/Starck, Christian (Hrsg.); Kommentar zum Grundgesetz, Band 1, 6. Aufl. 2010 (**zitiert:** *Bearbeiter*, in: von Mangoldt/Klein/Starck, Grundgesetz, Band 1)

Mangoldt, Hermann von/Klein, Friedrich/Starck, Christian (Hrsg.), Kommentar zum Grundgesetz, Band 2, 6. Aufl. 2010 (**zitiert:** *Bearbeiter*, in: von Mangoldt/Klein/Starck, Grundgesetz, Band 2)

Maunz, Theodor/Dürig, Günter (Hrsg.), Grundgesetz Kommentar, Stand: 71. Erglf., März 2014 (**zitiert:** *Bearbeiter*, in: Maunz/Dürig, GG, Stand: 71. Erglf., März 2014)

Maunz, Theodor/Dürig, Günter (Hrsg.), Grundgesetz Kommentar, Stand: 75. Erglf., September 2015 (**zitiert:** *Bearbeiter*, in: Maunz/Dürig, GG, Stand: 75. Erglf., September 2015)

Maunz, Theodor/Schmidt-Bleibtreu, Bruno/Klein, Franz/Bethge, Herbert (Hrsg.), Bundesverfassungsgerichtsgesetz Kommentar, Stand: 48. Erglf., Februar 2016 (**zitiert:** *Bearbeiter*, in: Maunz/Schmidt-Bleibtreu/Klein/Bethge, BVerfGG)

Maurer, Hartmut, Staatsrecht I: Grundlagen, Verfassungsorgane, Staatsfunktionen, 6. Aufl. 2010 (**zitiert:** *Maurer*, Staatsrecht I)

Mayen, Thomas, Der grundrechtliche Informationsanspruch des Forschers gegenüber dem Staat, 1992 (**zitiert:** *Mayen*, Der grundrechtliche Informationsanspruch)

Merten, Detlef, Über Staatsziele, DÖV 1993, S. 368 ff.

Merten, Detlef/Papier, Hans-Jürgen (Hrsg.), Handbuch der Grundrechte in Deutschland und Europa, Band II, 2006 (**zitiert:** *Bearbeiter*, in: Merten/Papier, HdbGR II)

Merten, Detlef/Papier, Hans-Jürgen (Hrsg.), Handbuch der Grundrechte in Deutschland und Europa, Band IV, 2011 (**zitiert:** *Bearbeiter*, in: Merten/Papier, HdbGR IV)

Merten, Detlef/Papier, Hans-Jürgen (Hrsg.), Handbuch der Grundrechte in Deutschland und Europa, Band V, 2013 (**zitiert:** *Bearbeiter*, in: Merten/Papier, HdbGR V)

Messner, Verena, Verfassungsrechtliche Asymmetrien im spanischen Autonomienstaat, 2008

Meyer-Teschendorf, Klaus, Verfassungsmäßiger Schutz der natürlichen Lebensgrundlagen, ZRP 1994, S. 73 ff.

Michael, Lothar/Morlok, Martin, Grundrechte, 5. Aufl. 2015

Michel, Lutz H., Staatszwecke, Staatsziele und Grundrechtsinterpretation unter besonderer Berücksichtigung der Positivierung des Umweltschutzes im Grundgesetz, 1986 (**zitiert:** *Michel*, Staatszwecke, Staatsziele und Grundrechtsinterpretation)

Monleón, Nicole, Verfassungsrechtliche Aspekte der Krise in Venezuela, VRÜ 2004, S. 59 ff.

Mortsiefer, Lars, Entwurf eines Gesetzes zur Bekämpfung von Doping im Sport - eine Erläuterung der Vorschriften, SpuRt 2015 , S. 2 ff.

Müller-Bromley, Nicolai, Staatszielbestimmung Umweltschutz im Grundgesetz? - Rechtsfragen der Staatszielbestimmung als Regelungsform der Staatsaufgabe Umweltschutz, 1990 (**zitiert:** *Müller-Bromley*, Staatszielbestimmung Umweltschutz)

Münch, Ingo von, Rechtspolitik und Rechtskultur: Kommentare zum Zustand der Bundesrepublik Deutschland, 2011 (**zitiert:** *von Münch*, Rechtspolitik und Rechtskultur)

Münch, Ingo von/Kunig, Philip (Hrsg.), Grundgesetz Kommentar, Band 1, 6. Aufl. 2012 (**zitiert:** *Bearbeiter*, in: von Münch/Kunig, GG, Band 1)

Münch, Ingo von/Kunig, Philip (Hrsg.), Grundgesetz Kommentar, Band 2, 6. Aufl. 2012 (**zitiert:** *Bearbeiter*, in: von Münch/Kunig, GG, Band 2)

Münch, Ingo von/Mager, Ute, Staatsrecht I - Staatsorganisationsrecht unter Berücksichtigung der europarechtlichen Bezüge, 8. Aufl. 2015 (**zitiert:** *von Münch/Mager*, Staatsrecht I).

Murswiek, Dietrich, Die staatliche Verantwortung für die Risiken der Technik: verfassungsrechtliche Grundlagen und immissionsschutzrechtliche Ausformung, 1985 (**zitiert:** *Murswiek*, Die staatliche Verantwortung für die Risiken der Technik)

Murswiek, Dietrich, Umweltschutz - Staatszielbestimmung oder Grundsatznorm?, ZRP 1988, S. 14 ff.

Murswiek, Dietrich, Staatsziel Umweltschutz (Art. 20a GG), NVwZ 1996, S. 222 ff.

Murswiek, Dietrich, Das Bundesverfassungsgericht und die Dogmatik mittelbarer Grundrechtseingriffe Zu der Glykol- und der Osho-Entscheidung vom 26.06.2002, NVwZ 2003, S. 1 ff.

Nebendahl, Mathias, Grundrecht auf Arbeit im marktwirtschaftlichen System?, ZRP 1991, S. 257 ff.

Neumann, Heinzgeorg, Die Verfassung der Freien Hansestadt Bremen: Kommentar, 1996 (**zitiert:** *Neumann*, BremVerf)

Neumann, Peter, Staatszielbestimmungen in den Verfassungen der neuen Bundesländer, in: Neumann, Peter/Tillmanns, Reiner (Hrsg.), Verfassungsrechtliche Probleme bei der Konstituierung der neuen Bundesländer, 1997, S. 77 ff.

Nipperdey, Hans Carl, Die Grundrechte und Grundpflichten der Reichsverfassung: Kommentar zum zweiten Teil der Reichsverfassung, Erster Band, Allgemeine Bedeutung der Grundrechte und die Artikel 102-117, 1929 (**zitiert:** *Bearbeiter*: in: Nipperdey, Die Grundrechte und Grundpflichten der Reichsverfassung, 1. Band, 1929)

Nohlen, Dieter/Hildebrand, Andreas, Regionalismus und der historische Prozess der politischen Dezentralisierung, in: Nohlen, Dieter/Encinar, José Juan Gonzáles (Hrsg.), Der Staat der Autonomen Gemeinschaften in Spanien, 1992, S. 9 ff.

Nolte, Detlef/Horn, Philipp, Verfassungspopulismus und Verfassungswandel in Lateinamerika, GIGA Focus 2009, S. 1 ff.

Nolte, Martin, Staatliche Verantwortung im Bereich Sport - Ein Beitrag zur normativen Abgrenzung von Staat und Gesellschaft, 2004 (**zitiert:** *Nolte*, Staatliche Verantwortung im Bereich Sport)

Nolte, Martin, Sport und Recht - Ein Lehrbuch zum internationalen, europäischen und deutschen Sportrecht, 2004 (**zitiert:** *Nolte*, Sport und Recht)

Oppermann, Thomas, Kulturverwaltungsrecht, 1969

Paul, Wolf, Die brasilianische Verfassung von 1988 - Ihre Bedeutung für Rechtsordnung und Gerichtsverfassung Brasiliens, 1989 (**zitiert:** *Paul*, Die brasilianische Verfassung von 1988)

Pérez Royo, Javier, Curso de derecho constitucional, 2. Aufl. 1995

Pestalozza, Christian, Die Bedeutung gliedstaatlichen Verfassungsrechts in der Gegenwart, NVwZ 1987, S. 744 ff.

Pestalozza, Christian, Verfassungsprozessrecht: Die Verfassungsgerichtsbarkeit des Bundes und der Länder, mit einem Anhang zum internationalen Rechtsschutz, 3. Aufl. 1991 (**zitiert:** *Pestalozza*, Verfassungsprozessrecht)

Peters, Hans, Lehrbuch der Verwaltung, 1949

Peters, Heinz-Joachim, Praktische Auswirkungen eines im Grundgesetz verankerten Staatsziel Umweltschutz, NuR 1987, S. 293 ff.

Pfennig, Gero/Neumann, Manfred J. (Hrsg.), Verfassung von Berlin: Kommentar, 3. Aufl. 2000 (**zitiert:** *Bearbeiter*, in: Pfennig/Neumann, BerlVerf)

Pfister, Bernhard, Autonomie des Sports, sporttypisches Verhalten und staatliches Recht, in: Lorenz, Werner/Pfister, Bernhard/Will, Michael (Hrsg.), Festschrift für Werner Lorenz zum 70. Geburtstag, 1991, S. 171 ff. (**zitiert:** *Pfister*, in: Lorenz/Pfister/Will, FS Lorenz)

Pieroth, Bodo/Schlink, Bernhard/Kingreen, Thorsten/Poscher, Ralf, Staatsrecht II: Grundrechte, 31. Aufl. 2015 (**zitiert:** *Pieroth/Schlink/Kingreen/Poscher*, Staatsrecht II)

Polakiewicz, Jörg, Soziale Grundrechte und Staatszielbestimmungen in den Verfassungsordnungen Italien, Portugals und Spaniens, ZAOERV 1994, S. 340 ff.

Quaritsch, Helmut, Staat und Souveränität - Band 1: Die Grundlagen, 1970 (**zitiert:** *Quaritsch*, Staat und Souveränität)

Ramsauer, Ulrich, Die Dogmatik der subjektiven öffentlichen Rechte, JuS 2012, S. 769 ff.

Reich, Andreas, Verfassung des Landes Sachsen-Anhalt: Kommentar, 2. Aufl. 2004 (**zitiert:** *Reich*, Kommentar SAVerf)

Rincke, Thomas, Staatszielbestimmungen der Verfassung des Freistaates Sachsen, 1997 (**zitiert:** *Rincke*, Staatszielbestimmungen der SächsVerf)

Riz, Roland/Happacher, Esther, Grundzüge des Italienischen Verfassungsrechts: Unter besonderer Berücksichtigung der verfassungsrechtlichen Aspekte der Südtiroler Autonomie, 3. Aufl. 2008 (**zitiert:** *Riz/Happacher*, Grundzüge des Italienischen Verfassungsrechts)

Robbers, Gerhard, Sicherheit als Menschenrecht: Aspekte der Geschichte, Begründung und Wirkung einer Grundrechtsfunktion, 1987 (**zitiert:** *Robbers*, Sicherheit als Menschenrecht)

Rode, Karlheinz, Rechtsbindung und Staatszielbestimmung, 2010

Roggemann, Herwig, Die Verfassungen Mittel- und Osteuropas: Einführung und Verfassungstexte mit Übersichten und Schaubildern, 1999 (**zitiert:** *Roggemann*, Die Verfassungen Mittel- und Osteuropas)

Romanski, Eva, Sozialstaatlichkeit und soziale Grundrechte im Grundgesetz der Bundesrepublik Deutschland und in der spanischen Verfassung, 2001 (**zitiert:** *Romanski*, Sozialstaatlichkeit und soziale Grundrechte im GG und in der Verf-ES)

Rux, Johannes, Die Verfassungsentwürfe in den neuen Bundesländern, NJ 1992, S. 147 ff.

Sachs, Michael, Die Bedeutung gliedstaatlichen Verfassungsrechts in der Gegenwart, DVBl. 1987, S. 857 ff.

Sachs, Michael (Hrsg.), Grundgesetz Kommentar, 7. Aufl. 2014

Sacksofsky, Ute, Landesverfassungen und Grundgesetz - am Beispiel der Verfassungen der neuen Bundesländer, NVwZ 1993, S. 235 ff.

Sailer, Christian, Subjektives Recht auf Umweltschutz, DVBl. 1976, S. 521 ff.

Salwedel, Jürgen, Bundesbehördlicher Vollzug von Landesrecht am Beispiel des naturschutzrechtlichen Eingriffs- und Ausgleichsverfahrens, in: Jekewitz, Jürgen/Klein, Karl Josef/Kühne, Jörg Detlef/Petersmann, Hans/Wolfrum, Rüdiger (Hrsg.), Des Menschen Recht zwischen Freiheit und Verantwortung: Festschrift für Karl Josef Partsch zum 75. Geburtstag, 1989, S. 581 ff. (**zitiert:** *Salzwedel*, in: Jekewitz/Klein/Kühne/Petersmann/Wolfrum, FS Partsch)

Schmidt-Bleibtreu, Bruno/Hofmann, Hans/Hopfauf, Axel (Hrsg.), Kommentar zum Grundgesetz, 13. Aufl. 2014 (**zitiert:** *Bearbeiter*, in: Schmidt-Bleibtreu/Hofmann/Hopfauf, GG)

Scheuner, Ulrich, Staatszielbestimmungen, in: Schnur, Roman (Hrsg.), Festschrift für Ernst Forsthoff zum 70. Geburtstag, 2. Aufl. 1974, S. 325 ff. (**zitiert:** *Scheuner*, in: Schnur, FS für Ernst Forsthoff)

Schink, Alexander, Umweltschutz als Staatsziel, DÖV 1997, S. 221 ff.

Schlaich, Klaus/Korioth, Stefan, Das Bundesverfassungsgericht: Stellung, Verfahren, Entscheidungen, 10. Aufl. 2015 (**zitiert:** *Schlaich/Korioth*, Das Bundesverfassungsgericht)

Schlözer, August Ludwig, Allgemeines Statsrecht und Statsverfassungslehre, 1793

Schmalz, Dieter, Methodenlehre für das juristische Studium, 4. Aufl. 1998 (**zitiert:** *Schmalz*, Methodenlehre)

Schmidt, Rainer, Verfassung und Verfassungsgericht: Deutschland und Brasilien im Vergleich, in: Schmidt, Rainer/Alfonso da Silva, Virgilio (Hrsg.), Verfassung und Verfassungsgericht: Deutschland und Brasilien im Vergleich, 2012, S. 137 ff. (**zitiert:** *Schmidt*, in: Schmidt/da Silva, Verfassungsvergleich Deutschland und Brasilien)

Schneider, Hans-Peter, Das Grundgesetz - auf Grund gesetzt? - Die Deutschen haben wenig Talent zur Verfassungsreform, NJW 1994, S. 558 ff.

Schneider, Markus, Die Aufnahme des Sports in das Grundgesetz, ZRP 2007, S. 202

Schulze, Götz, Die Stellung des Sports in der Verfassung Brandenburgs, in: Fritsch, Gunter (Hrsg.), 20 Jahre Landesverfassung - Festschrift des Landtags Brandenburg, 2012, S. 71 ff. (**zitiert:** *Schulze*, in: Fritsch, 20 Jahre LVerf - FS LT-Bbg)

Schwarz, Kyrill-Alexander, Neue Staatsziele in der Niedersächsischen Verfassung, NdsVBl. 1998, S. 225 ff.

Schwerdtfeger, Gunther, Grundrechtlicher Drittschutz im Baurecht, NVwZ 1982, S. 5 ff.

Schwind, Joachim, Zukunftsgestaltende Elemente im deutschen und europäischen Staats- und Verfassungsrecht: Eine rechtsverbindende Untersuchung zu den deutschen Staatszwecken, Staatszielen und Staatsaufgaben sowie den europäischen Unionszielen, Querschnittsaufgaben, Bereichszielen und Unionsaufgaben, 2008 (**zitiert:** *Schwind*, Zukunftsgestaltende Elemente im deutschen und europäischen Staats- und Verfassungsrecht)

Sendler, Horst, Teilhaberechte in der Rechtsprechung des Bundesverwaltungsgerichts, DÖV 1978, S. 581 ff.

Sennekamp, Christoph, Alle Staatsgewalt geht vom Volke aus! Demokratieprinzip und Selbstverwaltung der Justiz, NVwZ 2010, S. 213 ff.

Shikano, Susumu/Behnke, Joachim/Bräuninger, Thomas (Hrsg.), Jahrbuch für Handlungs- und Entscheidungstheorie, Band 5, Theorien der Verfassungsreform, 2009 (**zitiert:** *Bearbeiter*, in: Shikano/Behnke/Bräuninger, Jahrbuch für Handlungs- und Entscheidungstheorie, Band 5)

Simon, Helmut/Franke, Dietrich/Sachs, Michael (Hrsg.), Handbuch der Verfassung des Landes Brandenburg, 1994 (**zitiert:** *Bearbeiter*, in: Simon/Franke/Sachs, Hdb BbgVerf)

Simon, Helmut, Plädoyer für die rechts- und sozialstaatliche Demokratie, EuGRZ 1978, S. 100 ff.

Skrzydło, Wiesław/Grabowska, Sabina/Grabowski, Radosław (Hrsg.), Konstytucja Rzeczypospolitej Polskiej - komentarz encyklopedyczny, 5. Aufl. 2009 (**zitiert:** *Bearbeiter*, in: Skrzydło/Grabowska/Grabowski, Konstytucja Rzeczypospolitej Polskiej - komentarz encyklopedyczny)

Smeddinck, Ulrich, Integrierte Gesetzesproduktion: Der Beitrag der Rechtswissenschaft zur Gesetzgebung in interdisziplinärer Perspektive, 2006 (**zitiert:** *Smeddinck*, Gesetzesproduktion)

Smend, Rudolf, Staatsrechtliche Abhandlungen, 1955

Sodan, Helge/Ziekow, Jan, Grundkurs Öffentliches Recht: Staats- und Verwaltungsrecht, 6. Aufl. 2014 (**zitiert:** *Sodan/Ziekow*, Grundkurs, Öffentliches Recht)

Sommermann, Karl-Peter, Staatsziel Umweltschutz mit Gesetzesvorbehalt?, DVBl. 1991, S. 34 ff.

Sommermann, Karl-Peter, Staatsziel “Europäische Union” - Zur normativen Reichweite des Art. 23 Abs. 1 Satz 1 GG n.F., DÖV 1994, S. 596 ff.

Sommermann, Karl-Peter, Staatsziele und Staatszielbestimmungen, 1997

Sorgenicht, Klaus/Weichelt, Wolfgang/Riemann, Tord/Semler, Hans-Joachim, Verfassung der Deutschen Demokratischen Republik: Dokumente, Kommentar, 1969 (**zitiert:** *Sorgenicht/Weichelt/Riemann/Semler*, Verfassung der DDR, Kommentar)

Spielmann, Christoph, Konkurrenz von Grundrechtsnormen, 2008

Spuller, Gábor, Das Verfassungsgericht der Republik Ungarn: Zuständigkeiten, Organisation, Verfahren, Stellung, 1998 (**zitiert:** *Spuller*, Das Verfassungsgericht der Republik Ungarn)

Starck, Christian, Praxis der Verfassungsauslegung, 1994

Steinberg, Rudolf, Die neuen Verfassungen der baltischen Staaten, JöR 1995 (Bd. 43), S. 55 ff.

Steinberg, Rudolf, Verfassungsrechtlicher Umweltschutz durch Grundrechte und Staatszielbestimmungen, NJW 1996, S. 1985 ff.

Stein, Ekkehart/Frank, Götz, Staatsrecht, 21. Aufl. 2010

Steiner, Udo, Staat, Sport und Verfassung, DÖV 1983, S. 173 ff.

Steiner, Udo, Kulturauftrag im staatlichen Gemeinwesen, VVDStRL 1984 (Bd. 42), S. 7 ff.

Steiner, Udo, Verfassungsfragen des Sports, NJW 1991, S. 2729 ff.

Steiner, Udo, Der Sport auf dem Weg ins Verfassungsrecht - Sportförderung als Staatsziel, SpuRt 1994, S. 2 ff.

Steiner, Udo, Von den Grundrechten im Sport zur Staatszielbestimmung "Sportförderung", in: Burmeister, Joachim (Hrsg.), Verfassungsstaatlichkeit: Festschrift für Klaus Stern zum 65. Geburtstag, 1997, S. 509 ff. (**zitiert:** *Steiner*, in: Burmeister, FS Stern)

Steiner, Udo, Was des Staates und was des Sports, SpuRt 2009, S. 222 ff.

Steiner, Udo, Staatsziel Sportförderung ins Grundgesetz?, SpuRt 2012, S. 238 f.

Stelkens, Paul/Bonk, Heinz Joachim/Sachs, Michael (Hrsg.), Verwaltungsverfahrensgesetz Kommentar, 8. Aufl. 2014 (**zitiert:** *Bearbeiter*, in: Stelkens/Bonk/Sachs, VwVfG)

Stern, Klaus, Totalrevision des Grundgesetzes?, in: Spanner, Hans/Lerche, Peter/Zacher, Hans F./Badura, Peter/Freiherr von Campenhausen, Axel (Hrsg.), Festgabe für Theodor Maunz zum 70. Geburtstag am 1. September 1971, 1971, S. 391 ff. (**zitiert:** *Stern*, in: Spanner/Lerche/Zacher/Badura/Freiherr von Campenhausen, FG Maunz)

Stern, Klaus, Zur Aufnahme eines Umweltschutzstaatszieles in das Grundgesetz, NWVBl. 1988, S. 1 ff.

Stern, Klaus, Verfassungsrechtliche und versfassungspolitische Grundfragen zur Aufnahme des Sports in die Verfassung des Landes Nordrhein-Westfalen, in: Becker, Bernd/Bull, Hans Peter/Seewald, Otfried (Hrsg.), Festschrift für Werner Thieme zum 70. Geburtstag, 1993, S. 269 ff. (**zitiert:** *Stern*, in: Becker/Bull/Seewald, FS Thieme)

Stern, Klaus, Die Schutzpflichtenfunktion der Grundrechte: Eine juristische Entdeckung, DÖV 2010, S. 241 ff.

Stern, Klaus, Das Staatsrecht der Bundesrepublik Deutschland, Band I: Grundbegriffe und Grundlagen des Staatsrechts, Strukturprinzipien der Verfassung, 2. Aufl. 1984 (**zitiert:** *Stern*, Staatsrecht I)

Stern, Klaus, Das Staatsrecht der Bundesrepublik Deutschland, Band II: Staatsorgane, Staatsfunktionen, Finanz- und Haushaltsverfassung, Notstandsverfassung, 1980 (**zitiert:** *Stern*, Staatsrecht II)

Stern, Klaus, Das Staatsrecht der Bundesrepublik Deutschland, Band III/1: Grundlagen und Geschichte, nationaler und internationaler Grundrechtskonstitutionalismus, juristische Bedeutung der Grundrechte, Grundrechtsberechtigte, Grundrechtsverpflichtete, 1988 (**zitiert:** *Stern*, Staatsrecht III/1)

Stern, Klaus, Das Staatsrecht der Bundesrepublik Deutschland, Band III/2: Grundrechtstatbestand, Grundrechtsbeeinträchtigungen und Grundrechtsbegrenzungen, Grundrechtsverluste und Grundpflichten, Schutz der Grundrechte, Grundrechtskonkurrenzen, Grundrechtssystem, 1994 (**zitiert:** *Stern*, Staatsrecht III/2)

Stern, Klaus, Das Staatsrecht der Bundesrepublik Deutschland, Band IV/1: Die einzelnen Grundrechte, 2006 (**zitiert:** *Stern*, Staatsrecht IV/1)

Stern, Klaus, Das Staatsrecht der Bundesrepublik Deutschland, Band IV/2: Die einzelnen Grundrechte, 2011 (**zitiert:** *Stern*, Staatsrecht IV/2)

Stern, Klaus, Das Staatsrecht der Bundesrepublik Deutschland, Band V: Die geschichtlichen Grundlagen des deutschen Staatsrechts, 2000 (**zitiert:** *Stern*, Staatsrecht V)

Sterzel, Dieter, Staatsziele und soziale Grundrechte, ZRP 1993, S. 13 ff.

Streinz, Rudolf, Sport als Staatsziel ins Grundgesetz?, Causa Sport 2009, S. 106 ff.

Suchy, Günther, Public Relations im Sport: Basiswissen – Arbeitsfelder – Sport-PR und Social Media, 2011 (**zitiert:** *Suchy*, Public Relations im Sport)

Tettinger, Peter Josef, Sport als Verfassungsthema, JZ 2000, S. 1069 ff.

Tettinger, Peter Josef, Sportliche Freizeitaktivitäten und Umweltschutz, SpuRt 1997, S. 109 ff.

Tettinger, Peter Josef/Stern, Klaus (Hrsg.), Kölner Gemeinschaftskommentar zur Europäischen Grundrechte-Charta, 2006 (**zitiert:** *Bearbeiter*, in: Tettinger/Stern, Europäische Grundrechte-Charta, 2006)

Timmermann, Andreas, Simón Bolívar (1783-1830) und die Verfassung der „Bolivarischen Republik Venezuela“ von 1999: eine verfassungsgeschichtliche Bestandsaufnahme, VRÜ 2005, S. 78 ff.

Uhle, Arnd, Das Staatsziel “Umweltschutz” im System der grundgesetzlichen Ordnung - Zu dem von der Verfassungskommission empfohlenen neuen Art. 20a GG, DÖV 1993, S. 947 ff.

Umbach, Dieter/Clemens, Thomas/Dollinger, Franz-Wilhelm (Hrsg.), Bundesverfassungsgerichtsgesetz: Mitarbeiterkommentar und Handbuch, 2. Aufl. 2005 (**zitiert:** *Bearbeiter*, in: Umbach/Clemens, GG MitKom und Hdb, Band I)

Unger, Christoph/Wellige, Kristian, Sport und Verfassung - Muss Niedersachsen nun auch Dart fördern?, NdsVBl. 2004, S. 1 ff.

Unruh, Peter, Der Verfassungsbegriff des Grundgesetzes: eine verfassungstheoretische Rekonstruktion, 2002 (**zitiert:** *Unruh*, Der Verfassungsbegriff des Grundgesetzes)

Verdussen, Marc (Hrsg.), La Constitution Belge, 2004 (**zitiert:** *Bearbeiter*, in: Verdussen, La Constitution Belge)

Vogelgesang, Klaus, Die Verfassungsentwicklung in den neuen Bundesländern, DÖV 1991, S. 1045 ff.

Vogel, Hans-Jochen, Die Reform des Grundgesetzes nach der deutschen Einheit - Eine Zwischenbilanz, DVBl. 1994, S. 497 ff.

Wahl, Rainer, Elemente der Verfassungsstaatlichkeit, JuS 2001, S. 1041 ff.

Wahl, Rainer, Verfassungsgebung - Verfassungsänderung - Verfassungswandel I, in: Wahl, Rainer (Hrsg.), Verfassungsänderung, Verfassungswandel, Verfassungsinterpretation: Vorträge bei deutsch-japanischen Symposien in Tokyo 2004 und Freiburg 2005, 2008, S. 29 ff. (**zitiert:** *Wahl*, in: Wahl, Verfassungsänderung)

Waldmann, Bernhard/Belser, Eva Maria/Epiney, Astrid (Hrsg.), Basler Kommentar zur Bundesverfassung, 2015 (**zitiert:** *Bearbeiter*, in: Waldmann/Belser/Epiney, Basler Kommentar).

Wegemann, Henning, Entwurf zum Sportschutzgesetz: ja - aber richtig!, Causa Sport 2010, S. 242 ff.

Weinberger, Ota, Rechtslogik, 2. Aufl. 1989

Wienholtz, Ekkehard, Arbeit, Kultur und Umwelt als Gegenstände verfassungsrechtlicher Staatszielbestimmungen, AöR 1984 (Bd. 109), S. 532 ff.

Wieser, Bernd (Hrsg.), Handbuch der russischen Verfassung, 2014 (**zitiert:** *Bearbeiter*, in: Wieser, Hdb Verf-RU)

Wiesner, Florian, Unionsziele im Europäischen Verfassungsrecht: Grundlagen, Entwicklung und Wirkung - dargestellt am Unionsziel Sportförderung, 2008 (**zitiert:** *Wiesner*, Unionsziel Sportförderung).

Wilk, Kurt, Die Staatsformbestimmung der Weimarer Reichsverfassung, 1932

Winterhoff, Christian, Verfassung - Verfassunggebung - Verfassungsänderung: Zur Theorie der Verfassung und der Verfassungsrechtserzeugung, 2007 (**zitiert:** *Winterhoff*, Verfassung)

Wittern, Andreas/Baßlsperger, Maximilian, Verwaltungs- und Verwaltungsprozessrecht: Grundriss für Ausbildung und Praxis 19. Aufl. 2007 (**zitiert:** *Wittern/Baßlsperger*, Verwaltungs- und Verwaltungsprozessrecht)

Wolff, Heinrich Amadeus, Ungeschriebenes Verfassungsrecht unter dem Grundgesetz, 2000 (**zitiert:** *Wolff*, Ungeschriebenes Verfassungsrecht)

Zeidler, Karl, Ausführung von Landesgesetzen durch Bundesbehörden, DVBl. 1960, S. 573 ff.

Zeino-Mahmalat, Ellinor, Verfassungsreform und Verfassungswirklichkeit in Marokko - Zwischen monarchischer Stabilität und demokratischer Erneuerung, KAS Auslandsinformationen 2014, S. 120 ff.

Zimmermann, Bernd, Förderung des Sports als Vorgabe des Landesverfassungsrechts zu Art. 18 Abs. 3 Verf. NW, 2000 (**zitiert:** *Zimmermann*, Förderung des Sports)

Zippelius, Reinhold, Juristische Methodenlehre, 11. Aufl. 2012

Zippelius, Reinhold/Würtenberger, Thomas, Deutsches Staatsrecht, 32. Aufl. 2008.

Zuck, Rüdiger, Das Recht der Verfassungsbeschwerde, 4. Aufl. 2013

Zuck, Rüdiger, Wider die Kriminalisierung des Sports - Zu den verfassungsrechtlichen Rahmenbedingungen einer Antidoping-Gesetzgebung, NJW 2014, S. 276 ff.